Kenneth Ring

Im Angesicht des Lichts

Kenneth Ring
und Evelyn Elsaesser-Valarino

Im Angesicht des Lichts

Was wir aus Nah-Tod-Erfahrungen für das Leben gewinnen

Aus dem Amerikanischen von
Heinrich F. Tophinke

ARISTON

Die amerikanische Originalausgabe erschien 1998 unter dem Titel
Lessons from the Light. What we can learn from the Near-Death-Experience
bei Insight Books, Plenum Press (Perseus), New York und London.

*Gewidmet den vielen Nah-Tod-Erfahrenen,
die zu diesem Buch mit beigetragen haben,
und den vielen Hunderten,
die mein Leben unermeßlich bereicherten.*

Die Deutsche Bibliothek – CIP-Einheitsaufnahme
Ring, Kenneth:
Im Angesicht des Lichts : was wir aus Nah-Tod-Erfahrungen für das Leben gewinnen / Kenneth Ring und Evelyn Elsaesser-Valarino. Aus dem Amerikan. von Heinrich F. Tophinke. – Kreuzlingen ; München : Hugendubel, 1999
(Ariston)
Einheitssacht. Lessons from the light <dt.>
ISBN 3-7205-2101-X

Lektorat: Alexandra-Henri Grünert
Redaktion: Barbara Imgrund
Umschlaggestaltung: Ute Dissmann, München
Satz: SatzTeam Berger, Ellenberg
Druck und Bindung: Clausen und Bosse, Leck
Printed in Germany

ISBN 3-7205-2101-X

Inhalt

Vorwort

Wenn es überhaupt jemanden gibt, der für sich in Anspruch nehmen kann, eine Autorität auf dem Gebiet der Nah-Tod-Erfahrungen (NTEs) zu sein, ohne selbst eine solche gehabt zu haben, dann wohl nur Kenneth Ring. Nachdem Raymond Moody 1975 mit seinem Buch *Leben nach dem Tod* die moderne Nah-Tod-Forschung begründet hatte, war es Ken, der diese Arbeit entscheidend vorantrieb. Und es war Ken, der der erste Vorsitzende jenes verstreuten Häufleins wurde, welches sich vor 20 Jahren zur International Association for Near-Death Studies (IANDS) zusammenschloß. Die freiwilligen Mitarbeiter trafen sich in seinem Büro in der University of Connecticut, und dort waren während der schwierigen ersten Dekade auch die Telefone und die beständig wachsenden Archive untergebracht. Ken war es auch, der die einzige wissenschaftliche Zeitschrift für Nah-Tod-Erfahrungen ins Leben rief und bei jährlichen Versammlungen wissenschaftlicher Gesellschaften Symposien zum Thema Nah-Tod-Erfahrung organisierte.

Wenn jemand mit mehr Nah-Tod-Erfahrenen gesprochen hat als Ken – und ich wüßte nicht, wer das für sich in Anspruch nehmen könnte –, dann sicher nicht mit seinem tiefgehendem Verständnis und seiner Aufgeschlossenheit gegenüber dem Thema. Jahrelang war sein Haus den Erfahrung Suchenden aus sämtlichen Teilen der Vereinigten Staaten als »Nah-Tod-Hotel« bekannt, wo sie vorbeikamen und oft genug auch lange blieben. Und sie alle, denen Ken sein Haus öffnete, öffneten ihm dafür ihr Herz und vertieften so seine Einsicht in das wahre Wesen der Nah-Tod-Erfahrung. Kein anderer Forscher kann wie er die wissenschaftliche Erforschung mit aufrichtigen Freundschaften, philosophische Theorien mit intuitivem Begreifen und die Kenntnis der einschlägigen Literatur mit persönlichen Fallbeispielen verknüpfen. Und was noch wichtiger ist: Kein anderer Forscher kann uns die Wirkung und die wahre Bedeutung von Nah-Tod-Phänomenen für unseren Planeten so eingängig vermitteln wie er.

1980, als Amerika begann, den Wert von fünf Jahren gesammelter anekdotischer NTEs in Zweifel zu ziehen, rettete uns Ken mit seinem Buch *Life at Death*, der ersten wissenschaftlichen Studie zum Thema. Und nach vier weiteren Jahren der Debatten darüber, ob es sich bei diesen bemerkenswerten Phänomenen um nichts weiter handelte als um so schöne wie flüchtige und vergängliche Halluzinationen, war es erneut Ken, der mit *Den Tod erfahren – das Leben gewinnen* die erste umfassende Studie ihrer Nachwirkungen vorlegte über die tiefgreifenden und lang anhaltenden Veränderungen, die sie im Leben jener bewirkten, welche solche Erfahrungen durchgemacht hatten. Heute, nach unzähligen Talk-Shows, Fernsehserien, Parodien und neurochemischen »Erklärungen«, die selbst Hollywood und die Regenbogenpresse nur mehr langweilen, entlockt uns das Thema Nah-Tod-Erfahrungen nur noch ein müdes »Und weiter?«. Aber wieder ist es Kenneth Ring, der uns der Antwort näherbringt. Was er, der Sozialwissenschaftler, uns bietet, ist eine Botschaft voller Sinn, Zielstrebigkeit und Liebe – eine Antwort also, die man eher von einem Theologen als einem Wissenschaftler erwarten würde.

Ken berichtet hier freimütig über die Bedeutung von NTEs und zieht aus seinen empirischen Studien teleologische Schlüsse. Indem er mit dem wissenschaftlichen Tabu gegenüber Begriffen wie Sinn und Zweck aufräumt, stellt er sich offen und ehrlich einem Thema, das nach Maßgabe der meisten Naturwissenschaftler in ihrem Denken keine Rolle spielt. Doch schon vor mehr als 100 Jahren schrieb der Biologe Ernst Wilhelm von Brück: »Die Teleologie ist eine Dame, ohne die kein Biologe leben kann. Aber er schämt sich, mit ihr an die Öffentlichkeit zu gehen.« Indem Ken diese Themen aufgreift, veranlaßt er uns außerdem, die eigentliche Rolle der Naturwissenschaften bei der Erforschung des Universums – wie auch die eigentliche Rolle der Romantik in der praktischen Wissenschaft – zu hinterfragen. Geht es den Wissenschaftlern mit ihrem Tun lediglich darum, unsere Fähigkeiten zur Formung und Beherrschung unserer Umwelt zu verbessern, oder wollen sie uns helfen, die Fragen nach Sinn und Zweck innerhalb des Universums zu enträtseln? Die autobiographischen Schriften unserer größten Wissenschaftler beweisen, daß die Triebfeder ihrer Arbeit tatsächlich die Sinnsuche ist.

Während Ken sich mit seinen früheren Büchern hauptsächlich an Menschen wandte, die die NTE aus eigenem Erleben kennen, richtet er sich hier an Unerfahrene, speziell an jene, die glauben, daß unser Leben und die Gesellschaft von beziehungsweise durch Nah-Tod-Erfahrungen profitieren können. Er präsentiert dem Leser praktische Lektionen, die er von Menschen mit NTEs gelernt hat, und führt ihn in leicht verständlicher Sprache durch auf Erfahrung beruhende Übungen, die sowohl durch Aussagen Nah-Tod-Erfahrener als auch von seiten der wissenschaftlichen Literatur gestützt werden. Die anhaltenden psychischen Veränderungen bei Nah-Tod-Erfahrenen, die er in früheren Arbeiten dokumentierte, können wir, so teilt er uns hier mit, alle erlangen. Tatsächlich liegt der wahre Wert jeglicher Weisheit durch Nah-Tod-Erfahrungen eben in der Möglichkeit, sie ins Alltagsleben zu transferieren. Die meisten von uns sind mit den Wahrheiten der NTEs vertraut, und viele Menschen legen Lippenbekenntnisse zu ihnen ab: daß der Tod nicht angsteinflößend ist, daß das Leben nach dem Tod weitergeht, daß die Liebe wichtiger ist als materieller Besitz, daß nichts ohne Grund geschieht. Aber wie wären wir, und wie anders wäre die Welt, wenn wir wirklich alle nach diesen Prinzipien leben würden, wenn sie nicht nur Gemeinplätze für uns wären, sondern lebendige Wahrheiten?

Kann die Lektüre dieses Buches hierbei helfen? Können Leser wirklich aus Nah-Tod-Erfahrungen lernen, ohne selbst welche gehabt zu haben? Ken argumentiert überzeugend, daß dies möglich ist, und stützt seine Ausführungen durch Material aus den Kursen, die er an der University of Connecticut über Nah-Tod-Erfahrungen gehalten hat, sowie mit dem »Love Project«, das Charles Flynn an der Miami University of Ohio durchführte. Ken hat gezeigt, daß das Wissen um Nah-Tod-Erfahrungen und ihre Wirkungen bei Menschen ohne diese Erfahrung zu ähnlichen Veränderungen führen kann. Er bezeichnet diese Wirkungen als »gutartigen Virus«, mit dem man sich bei Nah-Tod-Erfahrenen anstecken kann – oder bei Menschen, die bereits in ähnlicher Weise »infiziert« sind. Ich habe einige seiner Schüler kennengelernt und kann bestätigen, daß sie tatsächlich von diesem »Virus« angesteckt waren und dieser sie nachhaltig verändert hat. Doch für Sie, den Leser oder die Leserin, ist dieses Buch der für sich selbst sprechende Beweis, daß man durch das Wissen um NTEs verwandelt werden kann. Und nicht zuletzt ist dieses Buch auch das Zeugnis für Kens eigene Verwandlung, sein selbstloses Geschenk an die Menschheit. Seit er sich mit dem gutartigen Virus der Nah-Tod-Erfahrung infiziert hat, ist Ken zu einem jener Wissenschaftler geworden, die sich nicht mehr schämen, sich mit ihrer »Dame« in der Öffentlichkeit zu zeigen. Hier zeigt er auf, daß die Lektionen vom Licht nicht nur für Nah-Tod-Erfahrene bestimmt sind, sondern daß sie ihnen gegeben wurden, damit sie zurückkommen können, um andere mit diesem Virus zu infizieren.

Kens These wurde nicht so warmherzig aufgenommen, wie man es erwartet hätte, selbst von Theologen nicht, die doch damit vertraut sein sollten. Einige seiner Kritiker meinen, die Verlockung durch NTEs könne so groß sein, daß sie mit der biblischen Religion in Konkurrenz treten; daß sie den Weg zu einem Moralkodex und einer Spiritualität weisen, die besser miteinander in Einklang stehen als unsere jüdisch-christliche Tradition mit der New-Age-Mentalität. Aber auf dem Weg zum New Age geschah etwas Seltsames: Die Straße machte eine leichte Biegung, die uns zu unseren Wurzeln zurückbrachte, zur goldenen Regel: »Alles, was ihr wollt, daß euch die Menschen tun, das sollt auch ihr ihnen tun« (Matthäus 7,12) und zu den Worten Jesu: »Was immer ihr einem meiner geringsten Brüder getan habt, das habt ihr mir getan« (Matthäus 25,40).

Einige Theologen argumentieren, daß die mit NTEs verbundenen verlockenden Visionen deshalb, weil sie an die Stelle des grimmigen »Schnitters« Tod das Lichtwesen als Verkörperung des Todes setzen – und zwar ein Lichtwesen, das wiedergeborene Christen, praktizierende Buddhisten und atheistische Sünder offenbar unterschiedslos liebt –, daß Nah-Tod-Erfahrungen nicht göttlicher, sondern nur satanischer Natur sein können. Wie aber können wir erkennen, ob Menschen mit Nah-Tod-Erfahrungen wirklich vom göttlichen Licht gesegnet oder aber vom Fürsten der Finsternis vorgetäuscht sind? Kein Geringerer als Jesus selbst gab uns dazu die Methode mit seinen Worten: »An ihren Früchten sollt ihr sie erkennen« (Matthäus 7,20). Und wie Ken uns so beredt in diesem Buch zeigt, sind die Früchte der Nah-Tod-Erfahrung Mitleid, Demut, Ehrlichkeit, Nächstenliebe und Liebe selbst zu jenen, die nicht liebenswert scheinen.

Aber wenn Nah-Tod-Erfahrungen lediglich Bibelsätze bekräftigen, wozu brauchen wir sie dann? Was fügen sie, und auch dieses Buch, der Botschaft der Schrift hinzu? Ganz einfach – es ist der Unterschied zwischen dem Hören und der eigenen Erfahrung des Wortes. Für Nah-Tod-Erfahrene ist die goldene Regel nicht mehr nur ein Gebot, das es zu befolgen gilt, sondern ein unstrittiges Naturgesetz, das so unabwendbar ist wie etwa die Schwerkraft. Sie wissen, daß das Universum diesem Gesetz folgt, weil sie es selbst erlebt haben, indem sie direkt die Auswirkungen ihrer Handlungen auf andere erlitten. Obgleich sie sich nicht für ihre früheren Missetaten bestraft oder verurteilt fühlen, erhalten sie dennoch in ihrer Lebensrückschau alles zurück, was sie ausgeteilt haben.

Andere Theologen haben versucht, Nah-Tod-Erfahrungen des falschen Versprechens dessen zu bezichtigen, was Dietrich Bonhoeffer als »billige Gnade« bezeichnete, nämlich die bedingungslose Vergebung von Sünden ohne jegliche Reue. Billige Gnade, schrieb Bonhoeffer in *Nachfolge*, sei der Todfeind der Kirche. Aber ist es das wirklich, was Nah-Tod-Erfahrungen versprechen, oder handelt es sich hier nicht vielmehr um ein Mißverständnis ihrer Botschaft? Das Versprechen »billiger Gnade« mag zwar wohl zum großen öffentlichen Interesse an Nah-Tod-Erfahrungen beitragen, aber in Wirklichkeit geht die Gnade, die Nah-Tod-Erfahrenen zuteil wird, einher mit einer sehr teuer erkauften Jüngerschaft. Die erlebte bedingungslose Liebe, von der Nah-Tod-Erfahrene berichten, beschönigt in keiner Weise ihre Sünden, noch entschuldigt sie ihr künftiges Verhalten. Vielmehr erleben sie in ihren NTEs aus erster Hand die schmerzlichen Konsequenzen ihrer Sünden und kehren als bestärkte Jünger ins Erdenleben zurück, die aus eigener Erfahrung wissen, daß ihr Verhalten von weit größerer Bedeutung ist, als sie ursprünglich gedacht hatten. Nah-Tod-Erfahrene kommen nicht zurück mit der Vorstellung, daß sie nun perfekte Wesen seien, sondern eher mit dem unmittelbaren Wissen, was sie tun müssen, um Perfektion zu erlangen. Sie kommen nicht zurück, um sich im Glanz übergroßer Gnade zu sonnen, sondern mit dem Vorsatz, die goldene Regel zu leben und das Werk einer höheren Macht auszuführen – was oft genug mit großen emotionalen wie auch materiellen Opfern verbunden ist. Diese Gnade hat also durchaus nichts »Billiges« an sich; in der Tat ist sie eben die teure Gnade, die nach Bonhoeffer untrennbar mit Jüngerschaft verbunden ist. Weit davon entfernt, unterschiedsloses Verhalten zu fordern, verleiht die bedingungslose Liebe, die Nah-Tod-Erfahrenen zuteil wird, ihnen die Selbstachtung, den Mut und die Selbsterkenntnis, welche die den Jüngern abverlangten Veränderungen im Leben bewirken.

Wenn also NTEs keine billige Gnade verschenken – dann vielleicht dieses Buch? Dieses Buch zu lesen mag zwar weniger gefährlich sein, als dem Tode nahezukommen oder einen Herzstillstand herbeizuführen, wie es die Medizinstudenten in dem Film *Flatliners* taten, aber es ist nicht ungefährlich. Sein Ziel ist es, Sie zu verändern und Sie anzuregen, Ihre Welt zu verändern; und das sind weder leichte noch risikolose Vorhaben. Bonhoeffer hatte recht: Wahre Gnade kann nicht leicht zu erreichen sein. Was Ken uns mit diesem Buch bietet, ist nicht ein müheloser, leichter Weg zur Gnade, sondern eher eine Landkarte für die Jüngerschaft, eine Art Fahrplan für den beschwerlichen Weg zur Gnade. Ob Sie sich für diese in keiner Hinsicht einfach zu bewältigende Route entscheiden, liegt an Ihnen. Aber wie Ken uns auf diesen Seiten zeigt, ist sie trotz allem äußerst empfehlenswert.

Nach drei deskriptiven Büchern über Nah-Tod-Erfahrung hätte Ken auch mit dem Schreiben aufhören können – er wäre trotzdem unsere herausragende wissenschaftliche Autorität zu diesem Thema geblieben. Aber er setzte sein Werk fort, um der ihm gegebenen Verantwortung voll gerecht zu werden. Das Ziel seiner wissenschaftlichen Erforschung von Nah-Tod-Erfahrungen – und letztlich das Ziel aller wissenschaftlichen Forschung – ist es, die Basis für eine glaubwürdige und überzeugende

Theorie über Sinn und Ziel zu schaffen. Seine Infektion mit dem gutartigen Virus hat Ken zum »Nah-Tod-Erfahrenen zweiten Grades« – so bezeichnet er sich selbst – und zum Jünger gemacht. So gewiß, wie seinen Nah-Tod-erfahrenen Freunden und Forschungsobjekten durch ihre Erfahrungen ein großes Geschenk zuteil wurde, und so gewiß, wie sie ihrerseits Ken ein großes Geschenk zuteil werden ließen, gibt Ken nun auch an Sie weiter, womit er beschenkt wurde. Dieses Buch ist sein Beitrag zum Werk einer höheren Macht. Und ebenso wie Ken hoffe auch ich, daß jeder Leser auf ähnliche Weise infiziert wird.

Bruce Greyson
Charlottesville, Virginia

Einleitung

Dieses Buch hat einen schwierigen Entstehungsprozeß durchlaufen. Es wurde voller Enthusiasmus geplant, mußte aber dann ganz unerwartet eine Serie toxischer Verwundungen überstehen, die in einer schmerzhaften Fehlgeburt resultierten. Daraufhin wurde es als gestorben betrachtet und für mehr als ein Jahr aufgegeben, bis es durch eine Intervention, die mir damals fast göttlich erschien, auf wundersame Weise wieder zum Leben erweckt wurde. So schien es zumindest. Doch die Wiederbelebungsversuche erwiesen sich als verfrüht und ergebnislos, und so hauchte das Buch erneut sein Leben aus, dieses Mal endgültig. So schien es zumindest. Aber – der Leser mag es in Anbetracht des Themas bereits ahnen – genau an diesem Punkt erlebte es das literarische Äquivalent einer Nah-Tod-Erfahrung, und damit war es endlich geschafft. Kurz danach nahm es den normalen, wenn auch häufig unterbrochenen Entstehungsprozeß wieder auf und kam rasch und ohne einen weiteren Zwischenfall auf die Welt – sehr zur Erleichterung seiner staunenden Eltern.

Die tatsächliche Geschichte von *Im Angesicht des Lichts* ist folgende: Nachdem ich über 30 Jahre lang an der University of Connecticut unterrichtet hatte, kam mir eines Tages der Gedanke, daß ich es immer nur in unterrichtsfreien Jahren geschafft hatte, Bücher zu schreiben. Doch seit meinem letzten waren erst ein paar Jahre vergangen, und nun brodelte schon wieder ein neues Werk in mir. Ich wollte ein letztes Buch über Nah-Tod-Erfahrungen (NTEs) verfassen, mit dem ich, anstatt einfach über die Ergebnisse eines weiteren Forschungsprojekts zu berichten, meine Arbeit in dieser Thematik zu beschließen gedachte. Dazu wollte ich die wesentlichen Erkenntnisse aus der NTE-Forschung so zusammenfassen, daß Menschen ohne diese Erfahrung in praktischer Weise von diesem Wissen profitieren und ihr Leben bereichern konnten. Was mich selbst anbelangte, so war ich der Meinung, daß ich vor allem in den vergangenen 15 Jahren durch meine Studien und insbesondere durch den Kontakt mit Nah-Tod-Erfahrenen sehr viel gewonnen hatte. Außerdem wollte ich endlich auch die Dinge mitteilen, die ich in meinen früheren Büchern immer nur indirekt oder gar nicht zum Ausdruck gebracht hatte. Mit anderen Worten, ich wollte versuchen, die Früchte der NTE weiterzugeben.

Ich hatte jahrelang in diesem Obstgarten gearbeitet und dachte, nun vielleicht noch bei der Ernte helfen zu können.

Aber meine gewohnte Art und Weise, Bücher zu schreiben, konfrontierte mich schon bald mit einem so unangenehmen wie unleugbaren Gedanken: Ich würde in nächster Zeit keine Möglichkeit haben, an diesem Buch zu arbeiten. Ja, ich würde das ganze Projekt um mindestens vier Jahre verschieben müssen, bis zu meinem nächsten unterrichtsfreien Jahr.

Oder aber ich ging frühzeitig in Pension.

Ich war damals erst 56, hatte jedoch bereits 30 Jahre an der Universität gelehrt und soeben die Möglichkeit erhalten, meine Pensionierung einzureichen. Aber vielleicht konnte ich mich auch nur aus dem Lehrbetrieb zurückziehen und dann meine ganze Zeit dem Schreiben widmen! Dieser Gedanke gefiel mir, doch wegen einer ganzen Reihe praktischer Gründe konnte ich ihn damals noch nicht in die Tat umsetzen. Erst zwei Jahre später, im Sommer 1994, war es soweit – ich konnte mit der Arbeit an *Im Angesicht des Lichts* beginnen.

Und das tat ich – zwischen meinen immer noch zahlreichen Terminen, die von ausgedehnten Vortragsreisen in Europa und Australien bis zu meinen Forschungen über NTEs bei Blinden reichten. Deshalb wurde die Arbeit am Buch häufig unterbrochen und hörte öfter ganz auf, aber ich kam dennoch voran. Bis April 1995 hatte ich etwa die Hälfte zu Papier gebracht; daraufhin gab ich es meinem Agenten, und nachdem er es gelesen hatte, versicherte er mir, es auch verkaufen zu können.

Darüber hatte ich mir jedoch überhaupt keine Gedanken gemacht, denn ich hatte noch nie erlebt, daß eines meiner Buchprojekte abgewiesen wurde. Doch jetzt stand mir diese Erfahrung auf einmal bevor, und sie war ein echter Schock für mich. Der Grund war nicht etwa, daß das Buch den Verlegern mißfallen hätte, doch wurde der Markt gerade zu dieser Zeit von einer Welle autobiographischer Bestseller zum Thema NTE überschwemmt, so daß plötzlich ein Sättigungspunkt erreicht war. Nach einigen weiteren Fehlversuchen gab mein Agent frustriert auf und ließ mich zerknirscht auf meinem halbfertigen Manuskript sitzen.

Aber gut – ich konnte ja meine Forschungen weiterverfolgen und weiter Vorträge halten; also leckte ich meine Wunden, die jeder zurückgewiesene Autor hat, und machte dann einfach weiter. Doch was dieses Buch anbelangte – sosehr ich mich auch dafür engagiert hatte, jetzt war es für mich gestorben, und nach einer angemessenen Zeit der Trauer zog ich weiter – im wahrsten Sinne des Wortes.

Denn während all dies geschah, hatte ich von einem anderen, lange aufgeschobenen Vorhaben zu träumen begonnen: nach San Francisco zurückzuziehen, in die Gegend, wo ich geboren wurde und aufgewachsen war. Nun, da ich keiner Lehrtätigkeit mehr nachgehen mußte und meine Kinder erwachsen und selbständig waren, gab es nichts mehr, was mich noch an der Ostküste gehalten hätte. Natürlich war (und bin) ich nach wie vor der Universität als emeritierter Professor verbunden, aber wenn es nun möglich war, ohne sie zu leben, dann konnte mich nichts mehr aufhalten.

Und in der Tat hielt mich nichts auf. Bevor ich Connecticut den Rücken kehren konnte, mußte ich allerdings noch eine Vortragstour durch Deutschland unternehmen. Wie aber hätte ich wissen können, daß diese Reise alles verändern würde?

An diesem Punkt kommt Evelyn Elsaesser-Valarino ins Spiel.

Kennengelernt hatte ich sie schon vor einigen Jahren, als sie im Zusammenhang mit einem von ihr verfaßten Buch[1] zum Thema NTE aus der Schweiz nach Connecticut gekommen war, um mich aufzusuchen. Wir hatten uns sechs Stunden lang unterhalten, und nach ihrer Abreise waren wir in Kontakt geblieben und tauschten uns gelegentlich über Fragen zu ihrem Buch aus, zu dem ich schließlich das Vorwort schrieb.

Wir vereinbarten, uns am Ende meiner Vortragsreihe in Stuttgart zu treffen. Im Verlauf eines langen, unterhaltsamen Essens erwähnte ich unter anderem die Schwierigkeiten mit meinem Buch und wie schwer es mir gefallen sei, das Projekt aufzugeben. Evelyn war schockiert, dies zu hören, und zu meinem großen Erstaunen bot sie mir sofort an, mein halbfertiges Manuskript ihrem Verleger von Plenum Press zu zeigen. Ich hatte nichts zu verlieren, also stimmte ich zu.

Schon bald nach meiner Rückkehr in die Vereinigten Staaten teilte mir Evelyn mit, daß sich ihr Verlag bereit erklärt habe, mein Buch anzunehmen. Diese Wende der Ereignisse war eine völlige Überraschung für mich; um nicht zu sagen, ich war verblüfft und fassungslos.

Doch es war mir absolut unmöglich, die Arbeit an dem Buch sofort wieder aufzunehmen; ich mußte 34 Jahre meines Lebens in Connecticut zusammenpacken und in Kalifornien eine neue Bleibe finden – nicht gerade eine Kleinigkeit. Doch mein neuer Plan war, sobald der Umzug abgeschlossen war und ich mich neu etabliert hatte, dort wieder anzufangen, wo ich aufgehört hatte, und das Buch innerhalb eines halben Jahres zu beenden.

Inzwischen dürfte es nicht mehr überraschen zu hören, daß das Leben wieder einmal andere Pläne mit mir hatte.

In Kalifornien angekommen, brauchte ich mehr als zwei Monate, bis ich mich auch nur halbwegs wieder eingelebt hatte. Und da ich mich schon vor langem bereit erklärt hatte, im April 1997 eine Reihe von Vorträgen zu halten, mußte ich mein neues Domizil in diesen ersten Monaten häufig verlassen. Solche Umstände waren dem Neubeginn an einem Buch, das ich inzwischen so lange vernachlässigt hatte, daß ich mich kaum mehr daran erinnern konnte, nicht gerade förderlich!

Als meine Reisen dann endlich beendet waren und ich mich gerade an die Arbeit machen wollte, zwang mich eine schlimme Grippe mehr als einen Monat lang, das Bett zu hüten. Aber kaum hatte ich mich davon erholt, mußte ich feststellen, daß mein Gesundheitszustand äußerst ernst war und ich mich sofort in intensive ärztliche Behandlung begeben mußte. Mein Leben wurde zu einer scheinbar ununterbrochenen Folge von Arzt- und Klinikbesuchen, Labortests, Experimenten mit unterschiedlichen Diäten, medizinischen Alternativmethoden und so weiter, und über allem schwebte die drohende Diagnose, daß ich mit einer Wahrscheinlichkeit von 85 bis 90 Prozent an Krebs erkrankt war. Und auf einmal verringerte sich aufgrund eines Glaukoms auch noch mein Sehvermögen, das ohnehin nie sonderlich gut gewesen war, rapide.

Kurz gesagt – und ich habe hier längst nicht alle meiner plötzlichen Komplikationen wiedergegeben –, ich war nur mehr eine Handvoll Elend und für einige Zeit vollkommen verzweifelt. An Arbeit war unter diesen Umständen nicht zu denken; statt dessen versuchte ich mich damit abzufinden, daß meine berufliche Laufbahn nun zu Ende war. Und das bedeutete natürlich auch, daß mein Buch, das durch Evelyns energischen Einsatz anscheinend wieder den Weg ins Leben zurückgefunden hatte, nun erneut zum Scheitern verurteilt war.

Während dieser schlimmen Zeit hielt ich per E-Mail mit Evelyn Kontakt, die stets versuchte, das flackernde Flämmchen meiner Hoffnung am Leben zu erhalten, und mich ermutigte, mein Buchprojekt nicht ganz abzuschreiben, sondern es lediglich zu verschieben. Aber ich sah keine Möglichkeit mehr, diese Arbeit zu Ende zu bringen, und teilte ihr das mit. Sie akzeptierte meine Entscheidung, ließ mich ihre Enttäuschung jedoch erkennen. Enttäuscht war ich auch, aber was hätte ich tun können?

Schließlich erfuhr ich zu meiner großen Erleichterung, daß meine Ärzte sich geirrt hatten; ich hatte keinen Krebs. Allerdings hatte ich nach wie vor sehr mit anderen ernsten gesundheitlichen Problemen zu kämpfen, und zwischenzeitlich endete die Frist meines Vertrags für das Buch. Ich war nach wie vor darauf gefaßt, das Projekt aufzugeben, als ich Evelyn im Scherz schrieb: »Wenn du so sehr möchtest, daß das Buch geschrieben wird, warum bringst du es dann nicht für mich zu Ende?«

Und wieder hielt das Leben eine Überraschung für mich bereit. Evelyn, die überhaupt nicht registrierte, daß meine Frage lediglich als Scherz gemeint gewesen war, akzeptierte mein Angebot! Ich dachte daraufhin lediglich: »Na ja, vielleicht klappt es ja wirklich«, selbst in Anbetracht der Tatsache, daß ihre Muttersprache nicht Englisch war.

Der Rest der Geschichte ist in aller Kürze erzählt. Wir kamen überein, gemeinsam an dem Buch zu arbeiten, und Evelyn reiste für drei Tage nach New York, um mich zu treffen. Zu diesem Zeitpunkt sah es so aus, als würde ich noch einige der ausstehenden Kapitel schreiben und sie die restlichen übernehmen. Aber nun gab mir die Aussicht, wieder an dem Buch zu arbeiten, so viel Auftrieb und Enthusiasmus (mittlerweile hatte ich auch gelernt, mit meinen gesundheitlichen Problemen zurechtzukommen), daß ich das Schreiben letztendlich ganz übernahm. Evelyn half mir bei der Durchsicht tausenderlei Dokumente, die ich brauchte und die ich ihr für ihr Buch zur Verfügung gestellt hatte, und erleichterte mir durch ihren Einsatz die Arbeit enorm. So stammt zwar nun der gesamte Text von mir, aber ohne ihre umfassende und fortwährende Hilfe seit unserem Treffen in Stuttgart wäre das Buch niemals zustande gekommen. Ich schulde ihr unendlich viel.

Und aus diesem Grund sehen Sie Evelyns Namen zusammen mit meinem auf dem Umschlag: Obwohl der Text aus meiner Feder stammt, ist das Buch als Ganzes unser gemeinsames Werk. Das Foto auf der Umschlagklappe machte jemand zufällig bei unserem schicksalhaften Essen in Stuttgart, durch das dieses Buch wieder zum Leben erweckt wurde.

Natürlich ist mir auch nicht entgangen, daß es schließlich etwa zum selben Zeitpunkt publiziert wurde, zu dem es erschienen wäre, wenn ich einfach an der Universität geblieben wäre und bis zu meinem nächsten unterrichtsfreien Jahr abgewartet hätte. Ich habe mir über diese Ironie des Schicksals viele Gedanken gemacht: Ich vermute, wir meinen oft zu wissen, was das Beste für uns ist, und glauben, einen besseren Plan zu haben als jenen, den das Leben für uns bereithält. Andererseits kam mir auch der Gedanke, daß ich im Verlauf der Entstehung dieses Buches über Lektionen vom Licht eine Lektion erhielt, die ich auf andere Art und Weise offenbar nicht lernen konnte.

Ich hoffe, für Sie bedeutet die Lektüre dieses Buches einen weniger mühevollen Weg, sich genau die Lektionen anzueignen, die es für Sie zu lernen gilt.

Leben und Sterben im Licht der Nah-Tod-Erfahrung

In den mehr als 20 Jahren seit der Veröffentlichung von Raymond Moodys bahnbrechendem Werk *Leben nach dem Tod* haben viele Menschen zumindest oberflächlich mit dem Bekanntschaft gemacht, was Moody in seinem Buch als Nah-Tod-Erfahrung bezeichnete. Er schuf schlagartig ein enormes öffentliches Interesse an diesem Thema; unzählige Talk-Shows, Dokumentationen und Artikel in der Presse folgten seinem Buch auf dem Fuße. In der Tat ist das Interesse nach Berichten über NTEs seit dieser Initialzündung nie mehr nennenswert abgeflaut: Die Medien zeigen keine Anzeichen eines nachlassenden Appetits auf das Thema, und autobiographische Berichte wie etwa Betty Eadies *Licht am Ende des Lebens* werden geradezu verschlungen. Nicht zu vergessen ist hier auch die Filmindustrie, die, immer bemüht, opportunistisch am aktuellen Geschehen zu bleiben, mit so frühen Filmen wie *Der starke Wille*, *Hinter dem Rampenlicht* und *Projekt Brainstorm* mithalf, die Entdeckungen auf dem Gebiet der NTE zu verbreiten, und dazu nach wie vor mit populären Streifen wie *Ghost – Nachricht von Sam*, *Flatliners* und *Jacob's Ladder – In der Gewalt des Jenseits* beiträgt. Hauptsächlich den unverminderten Bemühungen von Presse und visuellen Medien also verdanken wir mittlerweile 20 Jahre unentwegter Aufmerksamkeit für die Berichte, die Menschen abgaben, nachdem sie eine Nah-Tod-Krise überlebten. Durch sie wurden inzwischen offenbar sehr viele mehr oder weniger mit den Zeugnissen jener vertraut, die zeitweilig ins Land des Todes reisten, und die Versicherung dieser Menschen, daß es das »Licht am Ende des Tunnels« tatsächlich gibt, hat bis heute ungezählten Millionen Trost und Hoffnung gespendet. Kann heute noch irgend jemand daran zweifeln, daß die durch die Medien weltweit verbreiteten Geschichten von Nah-Tod-Überlebenden über die Erfahrung des Sterbens uns gelehrt haben, das Angesicht des Todes mit neuen Augen zu betrachten und es als das Bild des oder der Geliebten zu erkennen?

Natürlich sind es nicht nur die Medien, die an diesen anregenden Erzählungen festhalten, um sich ein möglichst großes Publikum zu sichern. Auch Forscher wie ich selbst tun seit Jahren nichts anderes in unserem Bemühen, diese Berichte aufzuzeichnen, unsere Tabellen und Statistiken zu veröffentlichen und zu versuchen, diese außergewöhnlichen Vorkommnisse zu verstehen und zu erklären. Als ich 1977, unmittelbar nach der Lektüre von Raymond Moodys Buch, auf diesem Gebiet zu arbeiten begann, ging es mir hauptsächlich darum festzustellen, ob diese erstaunlichen Berichte wirklich glaubwürdig seien. Doch als ich von meinen Interviewpartnern genau dieselben Geschichten zu hören bekam, die Moody in *Leben nach dem Tod* wiedergegeben hatte, entwickelte sich ein anderer Wunsch in mir: Ich wollte anderen Wissenschaftlern und Gelehrten klarmachen, daß es sich hier tatsächlich um ein Phänomen handelte, das ihre Aufmerksamkeit verdiente, und sie dazu anregen, selbst Untersuchungen anzustellen. Natürlich verfolgten andere bereits dieselbe Spur, und bis *Life at Death*, mein erstes Buch zum Thema NTE, 1980 herauskam, waren die ersten NTE-Forschungen bereits voll im Gange. Zahlreiche Forscher aus den Vereinigten Staaten und anderen Ländern publizierten im Lauf des folgenden Jahrzehnts ihre Arbeiten, und allmählich wurde eindeutig klar, daß NTEs, so wie Moody sie ursprünglich beschrieben hatte, eine häufige Erfahrung darstellten – und darüber hinaus eine Erfahrung, die die Existenz jener, welche sie überlebten, tiefgreifend und in der Regel für immer veränderte. Kontrovers bezüglich der NTEs war nur, wie sie verstanden werden sollten und wie man sie, wenn überhaupt, erklären konnte. Diese Kontroverse hält bis heute an; unbestritten ist lediglich eines: NTEs existieren. Tausende, die NTEs erlebten, wurden inzwischen dazu befragt, oder Forscher befaßten sich anderweitig mit ihnen, und Umfragen zeigen, daß wahrscheinlich Millionen Menschen NTEs hatten.[1]

Nachdem die grundlegende Struktur der NTEs festgelegt war, konzentrierte sich der Großteil der Forschung auf die Dokumentation ihrer Nachwirkungen beziehungsweise Folgen. Inzwischen gibt es bereits zahlreiche Studien aus mehreren Ländern, die sich mit den Veränderungen nach solchen Erfahrungen befassen.[2] Andere Bücher, etwa *Coming back to life* von Phyllis Atwater und *Spiritual Awakenings* von Barbara Harris, befaßten sich vor allem mit den Problemen, von denen Nah-Tod-Erfahrene nach ihrer physischen Genesung häufig betroffen sind. All diese Bücher wandten sich jedoch in erster Linie an die unmittelbar Betroffenen. Selbst die beliebten autobiographischen Berichte von Nah-Tod-Erfahrenen, wie zum Beispiel *Full Circle* von Barbara Harris, *Licht am Ende des Lebens* von Betty Eadie und *Zurück ins Leben* von Dannion Brinkley, richten ihr Hauptaugenmerk auf die Autoren oder andere Nah-Tod-Erfahrene, mit denen sie Bekanntschaft machten.

So verständlich das ist, diese ausschließliche Konzentration auf Nah-Tod-Erfahrene hat doch allmählich zu einer gewissen Einseitigkeit und vielleicht, wenngleich unbeabsichtigt, auch zu einem unterschwelligen elitären Denken geführt. Millionen von Menschen mögen NTEs gehabt haben, aber noch weit mehr Menschen, die sich mittlerweile für dieses Thema interessieren, fehlt die entsprechende eigene Erfahrung. Sollen sie alle sozusagen einfach nur eine Zuhörerschaft bleiben für die glänzenden Shows der Nah-Tod-Erfahrenen? Wo ist die Literatur, die sich nicht in erster Linie an die Nah-Tod-Erfahrenen selbst wendet, sondern an den Wissensdurst der Nicht-Erfahrenen, damit auch sie davon lernen und profitieren können? Schließlich werden die meisten von uns nie eigene NTEs erleben, aber mit Sicherheit können wir alle von jenen lernen, denen welche zuteil wurden. Es ist eine Ironie, daß wir mittlerweile über eine riesige Menge an Literatur zu NTEs verfügen, doch nur sehr wenige Versuche unternommen haben, all dieses Wissen für das alltägliche Leben und für all die Menschen, die selbst nie solche Erfahrungen hatten, fruchtbar zu machen.

Dieses Buch versucht, dem Leser genau jenes Wissen zur Verfügung zu stellen und ihm in klaren Worten die praktischen Lektionen für das Leben und Sterben nahezubringen, die NTEs uns lehren. Wie bereits angedeutet, wendet es sich in erster Linie an Personen, die über keine eigenen NTEs verfügen, aber der Meinung sind, daß ihr Leben durch Einsichten bereichert werden könnte, die sich aus einer solchen Erfahrung – welche vielfach als die größte spirituelle Erfahrung unserer Zeit gesehen wird – gewinnen lassen. Mit anderen Worten, *Im Angesicht des Lichts* versucht für Sie, die Früchte vom Baum der NTE-Erkenntnis zu pflücken, ohne daß Sie sich dafür aufopfern müßten. Mit Hilfe dieses Buches können Sie Dinge für sich entdecken, die zu erfahren andere beinahe mit dem Leben bezahlt hätten, und Sie werden feststellen, daß Ihr Leben in einer Art und Weise aufblühen kann, wie sie nur für Menschen mit NTEs typisch ist.

Um auf diese Veränderungen hinweisen zu können, ist es notwendig, an dieser Stelle daran zu erinnern, daß die NTE nicht nur eine Offenbarung von größter und ergreifendster Schönheit ist, sondern daß sie, wie bereits gesagt, auch die Kraft hat, drastisch auf das Leben eines Menschen Einfluß zu nehmen und es positiv zu verändern. Häufig gehen mit ihr bleibende Veränderungen persönlicher Werte und Überzeugungen einher: Menschen mit NTEs schätzen das Leben mehr, sie erleben eine Steigerung ihres Selbstwertgefühls und ihres Mitgefühls anderen gegenüber und entwickeln eine größere Sensibilität für ökologische Belange, während gleichzeitig ein Nachlassen von Selbstsucht und materialistischen Werten registriert wird. Auch religiöse Überzeugungen verändern sich oft mit der Tendenz, universaler, umfassender und im Ausdruck spiritueller zu werden. Zudem verschwindet in den meisten Fällen vollständig die Angst vor dem Tod, und ein tief verwurzelter, auf direkter Erfahrung beruhender Glaube an ein neues Leben nach dem Tod wird zur unerschütterlichen Quelle eines immensen Wohlbefindens. Viele Nah-Tod-Erfahrene berichten ferner von einer gesteigerten Sinneswahrnehmung, erhöhten psychischen oder übersinnlichen Fähigkeiten, vermehrter intuitiver Achtsamkeit und sogar der Gabe des Heilens. Kurz, die NTE scheint menschliche Potentiale für höheres Bewußtsein zu wecken, die normalerweise schlummern, und die menschliche Fähigkeit, sensibler mit anderen Menschen und der Welt insgesamt umzugehen, zu steigern.

Offenbar kommt man also durch die NTE einem erfüllten Dasein, auf das wir eigentlich doch alle ein Geburtsrecht haben, näher. Wenn die Segnungen der NTE richtig in das Leben eines Menschen integriert werden, zeigt er sozusagen die Verhaltensmuster eines hochentwickelten Individuums. Und in der Tat sind Nah-Tod-Erfahrene – wie auch andere, die ähnliche, durch andere Umstände herbeigeführte Erweckungen erleben – unter Umständen die Vorläufer der menschlichen Evolution auf dem Weg zu einem höheren Bewußtsein; diesen Gedanken habe ich bereits in meinen früheren Büchern, vor allem *Den Tod erfahren – das Leben gewinnen* und *The Omega Project*, vorgestellt. Doch selbst wenn es sich so verhält, reicht es sicher nicht aus, diese Entwicklung passiv zu erwarten. Meiner Ansicht nach ist das Phänomen der NTE nicht nur ein Katalysator für diese Evolution, sondern sie lehrt uns vieles über das Leben, die Liebe und das Potential von uns Menschen, und aus dieser Lehre könnten alle Interessierten nun aktiv Nutzen ziehen, ihr Leben bereichern und ihre Erleuchtung beschleunigen. Deshalb richtet sich dieses Buch an alle, die von diesem Wissen Gebrauch machen, ihr Leben voll ausschöpfen und mit einer größeren Bewußtheit der transzendenten Möglichkeiten leben wollen, welche der Augenblick des Todes für uns bereithält.

Die meisten Nah-Tod-Erfahrenen betrachten es als ihre Aufgabe, anderen ihre Erfahrungen und die damit verbundenen Lehren mitzuteilen; insbesondere jenen, die dafür offen sind oder in anderer Weise davon profitieren könnten. Derselbe Gedanke liegt auch diesem Buch zugrunde. Auf der Basis meiner 20jährigen Beschäftigung mit dem Thema und meiner zahlreichen Bekanntschaften mit Nah-Tod-Erfahrenen möchte ich hier den unerläßlichen Kern dieser Erfahrungen darstellen, damit ihr praktischer Wert für das Alltagsleben auch die große Mehrheit jener Menschen erreichen kann, die keine eigenen Nah-Tod-Erfahrungen gehabt haben. Ferner werde ich aufzeigen, daß allein schon das Wissen um

NTEs Wirkungen hat, die jenen ähneln, welche von Nah-Tod-Erfahrenen berichtet werden; dies ist heute bereits erwiesen. Das bedeutet, daß NTEs sich wie ein »gutartiger Virus« verhalten, mit dem Sie sich anstecken können; und auf diese Weise können Sie von denselben Erfahrungen profitieren wie jene, die die NTE aus eigenem Erleben kennen. Das heißt, wir können von Menschen, die NTEs hatten und besser verstehen, was sie aus ihrer Begegnung mit dem Licht erfahren durften, lernen und somit wachsen wie sie. Das Ziel dieses Buches ist also einfach, Ihnen zu helfen, diese Verbindungen selbst herzustellen, damit Sie die Früchte der NTE ernten können, ohne selbst erst dem Tode nahekommen zu müssen.

Eine persönliche Anmerkung

Seit zwei Jahrzehnten bin ich nun schon als Forscher und Lehrer im Bereich der NTEs tätig. In all diesen Jahren habe ich nie aufgehört, mich immer wieder neu auf dieses faszinierende Phänomen einzulassen, und schon am Anfang meiner Studien war offensichtlich, daß die Nah-Tod-Erfahrenen, die ich kennengelernt hatte, und jene, die ich im Verlauf dieser Arbeit noch kennenlernen sollte, meine Lehrer sein würden. Ich habe ihre Worte und Einsichten aufgezeichnet und viel über sie nachgedacht, und ich habe in der Tat unendlich viel daraus gelernt.

Nachdem ich drei Bücher zum Thema NTEs geschrieben hatte, war ich jedoch zu der Meinung gelangt, daß es nun an der Zeit sei, mich anderen Forschungsgebieten zuzuwenden. Was blieb mir schließlich noch zu sagen, das nicht schon in meinen früheren Büchern oder in einem meiner vielen Artikel über NTEs gesagt worden wäre? Was hätte ich noch zu diesem Thema beitragen können, das wirklich neu gewesen oder nicht schon von anderen besser formuliert worden wäre?

Als ich mich eines Tages mit diesen Fragen beschäftigte, kam mir der Gedanke, daß ich gern den Versuch unternehmen würde, anderen etwas von dem, was ich so großzügig von Nah-Tod-Erfahrenen bekommen hatte, weiterzugeben: nicht einfach nur wieder neue Forschungsergebnisse zu präsentieren, wie ich es in meinen früheren Büchern getan hatte, sondern die unschätzbare Weisheit, die manche Nah-Tod-Erfahrene besitzen, als Geschenk anzubieten, das im Alltag von Nutzen sein kann; die Lehren der NTE also überall da zu verbreiten, wo sich ein aufnahmefähiger Ackerboden findet, in dem sie Wurzeln schlagen können.

Sie, meine Leser, sind mein Acker. Ich bin gekommen mit meiner Saat, die mir von anderen übergeben wurde, und ich will versuchen, sie Ihnen einzupflanzen. Ich kann sie Ihnen allerdings nur sanft auflegen. Wenn Sie wollen, daß Wachstum daraus entsteht, müssen Sie selbst sie nähren und sich um ihr Wohlergehen kümmern. Wenn Sie am Ende etwas ernten möchten, dann müssen auch Sie sich Mühe geben.

Jetzt, zu Beginn des Buches, kann ich Ihnen nur wünschen, daß Ihre Ernte überreich sein möge. Aber am Anfang steht die Saat, und die Saat besteht aus dem Licht. Möge es Sie erleuchten, wenn es in Sie eindringt.

1

Reisen ins Licht

Seit zehn Jahren gebe ich an meiner Universität Kurse über die Nah-Tod-Erfahrung. Jedes Semester kommen 35 bis 40 Studenten zu mir; anfangs sind die meisten für gewöhnlich noch ziemlich nervös wegen des ungewöhnlichen Themas, aber auch voller Wissensdurst, Begeisterung und Interesse.

Normalerweise ist unter diesen Erstsemestern eine Person – und für gewöhnlich ist es tatsächlich nicht mehr als eine –, die mit einem ganz anderen Ziel kommt als die anderen und diesen gegenüber einen deutlichen Vorteil mitbringt. Das ist der Student oder die Studentin, der bzw. die bereits eine NTE gehabt hat; das erfahre ich allerdings erst im Verlauf des Kurses. Die Motive dieser Person sind ganz andere, aber es können Wochen oder sogar der Großteil des Kurses vergehen, ehe die anderen Studenten und ich erfahren, daß wir die ganze Zeit über schon einen Nah-Tod-Erfahrenen in unserer Mitte hatten. Zum Ende des Semesters hin aber zieht der oder die Betreffende uns für gewöhnlich ins Vertrauen und teilt uns seine/ihre Geschichte mit; an diesem Tag ist er/sie dann der eigentliche Lehrer.

Craig

Ich erinnere mich noch genau an das erste Mal, als einer dieser »unsichtbaren« Nah-Tod-Erfahrenen sich meinen Studenten und mir offenbarte. Craig – so nenne ich ihn hier – war Ende 20, ein wenig älter als die meisten anderen, aber er hatte noch etwas sehr Jungenhaftes an sich, so daß er ganz wie ein Gleichaltriger auf sie wirkte. Mir war bereits aufgefallen, daß Craig vor allem bei unseren Diskussionen besonderes Interesse zeigte; gepaart mit seinem attraktiven, sportlichen Äußeren wurde er schon relativ bald zur zentralen Gestalt dieses Kurses. Was ihn zudem von seinen Kommilitonen unterschied, war sein leuchtender Blick, den ich mir zunächst mit seinem außergewöhnlich starken Interesse an unserem Thema erklärte; bald schon sollte sich jedoch herausstellen, daß Craigs strahlendes Erscheinungsbild und seine geradezu ansteckende Frohnatur Gründe hatten, die weitaus tiefer lagen.

Das zeigte sich natürlich an dem Tag, als er uns etwas scheu eingestand, daß er schon vor ungefähr zehn Jahren eine solche Erfahrung gemacht hatte. Es verstand sich von selbst, daß ich ihn daraufhin nach vorne bat und ihn seine Geschichte erzählen ließ, was er nach anfänglichem Zögern freimütig tat. Danach fragte ich ihn, ob er so freundich sei, sie für mich niederzuschreiben. Im folgenden gebe ich Auszüge seiner schriftlichen Darstellung wieder; um sie in den richtigen Kontext zu stellen, habe ich sie mit einigen Kommentaren versehen. Ich möchte Sie aber auch bitten, beim Lesen von Craigs Schilderung nicht nur sorgfältig seinen Worten zu folgen, sondern selbst so einfühlend, wie es Ihnen möglich ist, in seine Erfahrung *hineinzugehen* – mit der Vorstellung, daß es Ihr eigenes Erleben ist. Je besser Ihnen das gelingt, desto mehr wird die Erfahrung Craigs zu Ihrer eigenen werden, und die Kraft seines Erlebnisses wird auf Sie übergehen.

Craigs NTE ereignete sich im Sommer bei einer Wildwasserfahrt mit einem Schwimmreifen, bei der er beinahe ertrunken wäre. Er war nur etwa 30 Sekunden mit seinem »Fahrzeug« in dem reißenden Fluß unterwegs gewesen, als er erkannte, daß er in Lebensgefahr war. In diesem panikartigen Moment wurde er gewahr, daß

> mich die Strömung in die Mitte des Flusses trieb, auf einen kleinen Wasserfall zu. Der Fluß fällt dort etwas über einen Meter senkrecht ab, und man kann seine Kraft einfach nicht übersehen. Die Felsen unterhalb sind so ausgewaschen, daß sich dort eine Art Wanne gebildet hat … Ich versuchte, mit den bloßen Händen auf die Route zuzupaddeln, die [sein Freund und Begleiter] Don gewählt hatte, aber es gelang mir nicht. Die Strömung war zu stark, und durch das Paddeln drehte ich mich lediglich, so daß ich jetzt mit dem Rücken voran auf den Wasserfall zutrieb. Als ich über meine Schulter blickte, begann mein Herz wie rasend zu schlagen, denn ich bemerkte, daß es keine Möglichkeit mehr gab, dem Wasserfall noch auszuweichen. Ich versuchte, mich an dem Schwimmreifen festzuklammern, aber er war zu glatt. Und schon sauste ich den Wasserfall hinab, der Schwimmreifen tauchte unter, und dann katapultierte er mich durch seinen Luftdruck wieder nach vorn aus dem Wasser heraus. Ich stürzte mit dem Kopf voran nach unten und fiel aus dem Reifen heraus. Dann schlug ich mit brutaler Wucht auf dem Boden auf und konnte mich nicht mehr von der Stelle bewegen; die unvorstellbare Kraft des herabstürzenden Wassers drückte mich in die Wanne und ließ mir keine Chance zu entkommen.

Craig war also unentrinnbar in der Falle, mit dem Gesicht auf den Boden gedrückt; er konnte zwar die Hände noch bewegen, fand aber nirgendwo einen Halt. Rasch erkannte er, daß es keine Hoffnung mehr gab; da er sich nicht befreien und nicht mehr atmen konnte, würde er mit Sicherheit sterben. Er bemerkte, wie sein Denken rasend schnell wurde und viele Dinge und Gedanken sich gleichzeitig zu ereignen schienen. Er verlor sein Zeitgefühl vollends, als die Realität seiner verhängnisvollen Situation mit ihrer ganzen Macht über ihn hereinbrach.

Ich konnte einfach nicht glauben, daß mein Leben hier und jetzt enden sollte ... Ich hatte nie daran gedacht, daß ich einmal ertrinken würde, und auch nicht daran, daß ich so jung schon sterben könnte ... Es kam mir komisch vor, daß ich schon mehrmals in dieser Gegend gewesen war und nie gewußt hatte, daß ich hier später einmal sterben würde. Szenen aus meinem Leben begannen rasend schnell vor meinen Augen abzulaufen. Es war, als sei ich bei diesem Prozeß ein passiver Zuschauer, und jemand ließe für mich den Projektionsapparat laufen. Ich sah zum ersten Mal objektiv auf mein Leben; ich sah genau, was gut und was schlecht gewesen war. Und ich erkannte, daß diese Bilder so etwas wie das letzte Kapitel meines Lebens waren, und wenn sie aufhörten, würde ich für immer das Bewußtsein verlieren. Ich mußte daran denken, daß eine Glühbirne oft am hellsten leuchtet, bevor sie endgültig erlischt.

Craig erlebte an diesem Punkt, wovon viele Menschen berichten, die kurz vor dem Tode standen – eine Art panoramische Rückschau auf sein Leben. Dann beschrieb er verschiedene Szenen aus seiner Kindheit bis zurück zum Babyalter.

Ich war erstaunt, als ich mich sah, wie ich in einem Babystuhl saß, mit der rechten Hand etwas zum Essen aufnahm und es zu Boden warf. Und dann sah ich meine Mutter, um Jahre jünger, wie sie mir sagte, daß brave Kinder ihr Essen nicht auf den Boden werfen. Ich sah mich auch an einem See, in den Sommerferien, als ich drei oder vier Jahre alt war. Mein älterer Bruder und ich mußten mit einer Luftblase auf dem Rücken schwimmen, die uns über Wasser hielt, weil wir beide noch nicht richtig schwimmen gelernt hatten. Aus irgendeinem Grund war ich wütend auf ihn, und deshalb warf ich seine Luftblase in den See. Er wurde zornig und begann zu weinen, und mein Vater kam und erklärte mir, was ich getan habe, sei nicht nett; ich müsse jetzt im Boot mit ihm hinausfahren, um die Luftblase zu holen, und außerdem müsse ich mich bei meinem Bruder entschuldigen. Dann erlebte ich einen Bootsunfall noch einmal, der sich ereignet hatte, als ich sieben Jahre alt war; er war sehr schlimm für mich gewesen, weil ich meinen Bruder mit dem Boot umgestoßen hatte und er beinahe gestorben wäre. Ich war erstaunt darüber, wie viele Szenen ich sah, die ich längst völlig vergessen hatte ... Es waren anscheinend alles Szenen, aus denen ich etwas gelernt hatte oder die für mich traumatisch gewesen waren. Die Bilder liefen in schnellem Tempo immer weiter, und ich wußte, daß die Zeit zu Ende ging, denn sie näherten sich immer mehr der Gegenwart ... Dann hörten die Bilder auf ... und es war nur mehr dunkel.

An diesem offensichtlichen Endpunkt, so Craig, beginnt er, sich etwas zu entspannen und sich dem Unvermeidlichen zu fügen. Er bemerkt jedoch ein Kribbeln oder Prickeln, das in seinen Füßen beginnt, sich dann im ganzen Körper ausbreitet und ihn zusehends entspannter werden läßt. Sein Körper wird vollkommen ruhig, und sein Herz hört zu schlagen auf. Er verspürt kein Bedürfnis nach Luft mehr und bemerkt, daß er sich nun paradoxerweise überhaupt nicht mehr unwohl fühlt. Es tritt eine Pause ein, und dann, plötzlich,

spürte ich, wie ich mich durch eine dunkle Leere bewegte. Es war wie ein Tunnel, aber er war so dunkel, daß sein Durchmesser ebensogut einen Meter wie auch Tausende von Kilometern hätte sein können. Ich schien immer schneller zu werden und mich auf einer absolut geraden Linie durch die Leere zu bewegen. Es fühlte sich an, als ob Wind über mein Gesicht strich. Es war aber kein wirklicher Wind, sondern nur die Wahrnehmung, die man hat, wenn einem der Wind ins Gesicht bläst. Ich hatte ein Gefühl, als würde ich mich mit Lichtgeschwindigkeit durch das Dunkel bewegen, und ganz weit weg, in der Ferne, sah ich einen kleinen Lichtpunkt, der allmählich größer zu werden schien; irgendwie wußte ich, daß das mein Ziel war. Ich eilte darauf zu, bis er zu einer riesigen Masse von wunderschönem leuchtendweißem Licht geworden war. Aber kurz bevor ich das Licht erreichte, hielt ich inne, weil ich plötzlich das Gefühl bekam, daß ich, wenn ich ihm zu nahe käme, meinen Weg zurück zur Erde nicht mehr finden würde; und ich glaube, ich hatte ein Gefühl, das man mit Heimweh vergleichen könnte.

Ich saß also reglos da, und auf einmal schien das Licht auf mich zuzuströmen, als wolle es die Distanz ausfüllen, die ich zu ihm gelassen hatte. Schon bald war ich vollkommen davon umgeben und bekam das Gefühl, als würde ich eins mit dem Licht. Es schien alles zu wissen, was man wissen kann, und es akzeptierte mich als einen Teil seiner selbst. Für einige Minuten hatte ich selbst das Gefühl, alles zu wissen. Alles schien plötzlich absolut sinnvoll zu sein. Die ganze Welt schien sich in völliger Harmonie zu befinden. Ich weiß noch, daß ich dachte: »Ach, das ist es also. Alles ist so kristallklar und in vieler Hinsicht so einfach.« Von diesem Standpunkt hatte ich es noch nie sehen können.

Wenn ich heute auf diesen Punkt zurückblicke, dann kann ich mir die Fragen, die beantwortet wurden, und auch die Antworten selbst nicht mehr erklären. Ich weiß nur, daß sie sich auf einem viel höheren gedanklichen Niveau befanden, das man mit der begrenzten physischen Natur des Verstandes nicht erreichen kann … Innerhalb des Lichtes fühlte ich zwar nach wie vor die Begrenzungen meines Körpers, aber gleichzeitig fühlte ich mich eins mit dem Licht. Ich hatte das Gefühl, als würde ich durch das Licht über eine kilometerweite Fläche expandieren und mich dann wieder auf meine vorherige Größe zusammenziehen, die zu diesem Zeitpunkt ungefähr eine ein Meter große eiförmige Energiemasse war. Ich fühlte mich besser als je zuvor in meinem Leben. Es war, als würde ich in absoluter Liebe und totalem Verstehen baden und mich in diesem Glanz sonnen … Es vermittelte mir das Gefühl, eine lange Reise zu machen und schließlich zu Hause anzukommen. Ich spürte, daß ich hier schon einmal gewesen war, vielleicht, bevor ich in diese Welt geboren wurde.

In diesem Augenblick offenbar größter Erhebung, der die absolute Kulmination der NTE in unsagbarer Einheit mit dem Licht vermuten läßt, nimmt Craig erstaunt wahr, daß ihm noch weitere Offenbarungen zuteil werden.

Plötzlich hatte ich das Gefühl, nach oben zu schweben. Ich stellte schockiert fest, daß ich mich in die Höhe bewegte, hinauf in die Luft über dem Fluß. Ich erinnere mich genau daran, wie der Wasserspiegel an meinen Augen vorbeistreifte. Auf einmal konnte ich so gut sehen und hören wie noch nie in meinem ganzen Leben. Das Geräusch des Wasserfalls war so frisch und klar, daß man es nicht in Worten ausdrücken kann. Ich hatte mir vor einiger Zeit mein rechtes Ohr verletzt, als jemand einen Knallkörper in eine Musikbar warf, der dicht neben meinem Kopf explodierte. Aber jetzt hörte ich absolut klar, besser als jemals zuvor. Mein Sehvermögen war sogar noch verblüffender: Dinge in der Nähe waren ebenso klar wie solche in großer Entfernung, und das gleichzeitig, im selben Augenblick, und das erstaunte mich. Alles, was ich sah, war absolut klar. Mir war, als sei ich mein Leben lang durch meine Sinne eingeschränkt gewesen und hatte die Realität die ganze Zeit über verzerrt wahrgenommen.

Als ich ungefähr knapp zwei Meter so über dem Wasser schwebte, blickte ich nach unten, den Wasserfall hinab. Ich wußte, daß mein physischer Körper fast drei Meter unter der Wasseroberfläche lag, aber das schien mich nicht zu bekümmern … Jetzt war ich von meinem physischen Körper getrennt und stellte fest, daß ich auch ohne die Schmerzen und das Leid meiner physischen Existenz leben konnte. Ich hatte mein Leben nie als leid- und sorgenvoll empfunden, aber jetzt, nachdem mir diese vollkommene Glückseligkeit und Harmonie zuteil wurde, kam mir alles, was zuvor gewesen war, vor, als sei ich in einem Käfig eingesperrt gewesen.

Ich hatte das Gefühl, eine Form von Energie zu sein, die nie zerstört werden kann. All die vielen Menschen auf der ganzen Welt, die mit Behinderungen leben müssen, kamen mir in den Sinn; Leute, die nicht hören oder nicht sehen können oder die verstümmelt oder gelähmt sind. Und ich erkannte, daß sie diese körperlichen Handicaps mit ihrem physischen Tod einfach hinter sich lassen und sich wieder ganz fühlen … Es war ein so beruhigendes Gefühl zu wissen, daß all diese Menschen eines Tages von ihren Behinderungen befreit sein würden.

Jetzt wird Craig auf seinen besorgten Freund Don aufmerksam und versucht, mit ihm Kontakt aufzunehmen.

Ich blickte auf den Fluß hinab und sah Don, der, an einen Felsen geklammert, bestürzt auf den Wasserfall starrte. Ich rief ihm zu: »Don, ich bin hier oben. Mir geht es gut, schau, schau hier herauf!« Aber er reagierte nicht. Es schien keine Möglichkeit zu geben, Kontakt mit ihm aufzunehmen, und so gab ich es rasch auf.

Zu diesem Zeitpunkt in Craigs Reise aus dem Licht zurück zur Erde hat er noch einige weitere seltsame Erlebnisse, die ähnlich aber auch von anderen Nah-Tod-Erfahrenen beschrieben wurden: Er stellt fest, daß sein körperloses Wesen in Elemente der Natur eindringen und diese erfahren kann – Bäume oder Felsen etwa –, und vergnügt sich mit den damit einhergehenden eigenartigen, fremden Empfindungen. Kurz, er amüsiert sich prächtig und sieht in diesem neuen Zustand grenzenlose Möglichkeiten.

Ich fühlte mich besser als je zuvor in meinem Leben. Ich hatte das Gefühl, als könne ich mich innerhalb eines Augenblicks an jeden Punkt des Universums begeben. Ich erinnere mich, daß ich an meine Familie dachte, und plötzlich befand sich meine Energie bei uns zu Hause im Hinterhof, wo sie über der Veranda schwebte und durch das Küchenfenster ins Haus hineinsah. Auf dem Fenstersims saß ein Vogel, und ich wunderte mich, daß ich so nahe an ihn herankommen konnte, ohne daß er davonflog. Ich sah auch den Schatten eines Menschen durch die Küche gehen, konnte aber nicht mit Sicherheit erkennen, wer es war. Als nächstes fand ich mich in einer Stadt über einer verkehrsreichen Straßenkreuzung schweben. Es war genau wie eine Szene, die ich bei einem Besuch in San Francisco gesehen hatte. Und nach jeder dieser Exkursionen fand ich mich wieder am Fluß über dem sandigen Ufer schweben.

Ich war auf dem Höhepunkt meiner Euphorie und suchte gerade nach einem neuen Experiment, als in meinem Kopf eine donnernde Stimme erklang. »Was machst du denn eigentlich?« fragte sie mich. »Du sollst doch noch gar nicht sterben! Du bist selbstsüchtig. Sicher, dir geht es gut, und du hast Freude an dieser neuen Erfahrung, aber du mußt begreifen, daß es so nicht geschehen sollte. Du hast versprochen, nicht aufzugeben, bis dein letztes Quentchen Energie verbraucht ist. Erinnerst du dich noch an deinen Ringkampf in der High School, bei dem dich dein Gegner zu Boden drückte, und hinterher warst du enttäuscht, weil du aufgegeben hast? Jetzt hast du auch einfach aufgegeben. Ich bin ein wenig enttäuscht, daß du nicht stärker versucht hast, dich zu befreien.«

Ich dachte über diese Worte nach und erinnerte mich lebhaft an meinen

Unfall. Die Stimme hatte absolut recht. Ich hatte ziemlich rasch aufgegeben und bestimmt nicht meine ganze Kraft eingesetzt, um mich zu befreien, aber ich erklärte, ich hätte keine Möglichkeit gesehen freizukommen. »Und außerdem«, fügte ich hinzu, »ist es jetzt ohnehin schon zu spät, mein Körper ist inzwischen sicher schon voller Wasser.« Wir schienen uns nicht mit Worten zu verständigen, sondern direkt auf der gedanklichen Ebene.

Jetzt begann ich, die Gestalt eines Mannes zu erkennen; sie war zum Teil durchsichtig und wirkte ziemlich alt. Sobald ich begriff, daß er es war, mit dem ich gesprochen hatte, fielen mir noch fünf weitere Gesichter links von ihm auf: [es kommen weitere Ermahnungen von diesen anderen, und] ich bemerkte dann, daß diese Geister oder Seelen mich offenbar sehr gut kannten; sie schienen Blutsverwandte aus meiner Vergangenheit zu sein, die mir jedoch nicht bekannt waren.

Die Hauptstimme erklärte mir sodann, es sei noch nicht zu spät zur Rückkehr, und plötzlich sah ich eine dünne orangefarbene Linie, die sich über einen schwarzen Hintergrund zog. Sie war horizontal und schien sich links und rechts von einer kleinen Fläche, die rot und dicker war als die Linie, endlos hinzuziehen. »Diese rote Fläche ist dein Leben«, sagte die Stimme. Dann schnitt, etwa nach einem Viertel ihrer Länge, eine vertikale schwarze Linie durch die rote Fläche. »Wenn du heute stirbst«, fuhr die Stimme fort, »dann endet dein Leben hier, aber du siehst, wenn du dich für das Leben entscheidest, dann hast du noch dreimal soviel vor dir, wie du bisher erlebt hast.«

Dann zeigte mir das Wesen Szenen dessen, was geschehen würde, wenn ich mich für das Sterben entschied. Ich sah meine weinende Familie, ich sah Bilder von Polizeiautos, ein Sanitätsfahrzeug, Taucher mit Sauerstoffflaschen und Leute aus der Nachbarschaft, die am Ufer herumstanden und versuchten, einen Blick auf das Geschehen zu erhaschen. Auch Don sah ich, wie er der Polizei erklärte, was vorgefallen war. Diese Bilder beunruhigten mich; solch schlimme Szenen wollte ich meiner Familie und meinen Freunden ersparen. Dann fragte mich die Stimme, was mir am Leben gefalle. Ich antwortete, ich würde Musik lieben. Die nächste Frage war, ob ich mit meiner Musik schon alles erreicht habe, was ich wollte. Ich verneinte und sagte, ich hätte mir immer gewünscht, im Vorprogramm eines berühmten Künstlers aufzutreten. Ich hätte gern vor jemandem gespielt, der beim Woodstock Festival aufgetreten sei, Arlo Guthrie zum Beispiel.

Die Stimme erkannte, daß ich Arlo Guthrie eine Art Heldenimage anhängte, und erklärte mir, er sei nicht anders als alle anderen Menschen auf der Welt, und wenn man etwas stark genug wünsche, dann könne man es auch erreichen – man müsse nur erkennen, daß man, sobald man es erreicht hat, womöglich feststellt, daß es gar nicht das war, was man eigentlich suche. Sie schien mir sagen zu wollen, daß die Welt wesentlich besser wäre, wenn die Menschen erkennen würden, wie wichtig die Liebe und das Füreinanderdasein seien, anstatt immer nur daran zu denken, ihre Mitmenschen auszustechen. Sie trug mir auf, meinen Verstand bestmöglich einzusetzen und so viel Wissen zu sammeln, wie ich könne. Ich dachte erneut an die Zeitlinie und wie sie sich über den Punkt hinaus, an dem mein Leben enden würde, fortsetzte und sich weit vor den Beginn meiner menschlichen Existenz hin erstreckte. Wenn es vor und nach meinem Leben nichts gab, weshalb, so fragte ich mich, sah ich dann, wie sich die orangefarbene Linie in beiden Richtungen in die Unendlichkeit erstreckte und nicht einfach nur die rote Fläche, die als mein Leben auf dieser Welt bezeichnet worden war? Das schien mir zu sagen, daß ich in irgendeiner Form schon vor meinem Erdenleben existiert hatte und daß ich auch danach weiterexistieren würde. Dann sagte die Stimme: »Dieser Ort wird immer hiersein und dich erwarten, und wenn du jetzt bleiben willst, werde ich dich aufnehmen, doch ich wäre etwas enttäuscht, wenn du nicht die Gelegenheit zur Rückkehr ergreifen würdest – aber es ist deine Entscheidung.«

Plötzlich bemerkte ich, daß es fast einer persönlichen Beleidigung gleichkommen würde, wenn ich mich dafür entschied, nicht ins Leben zurückzukehren. Es war, als wolle die Gestalt mir sagen, daß eine irdische Existenz doch auch wunderbar sein könne, wenn man sie nur mit der richtigen Einstellung betrachtete. Ich brauchte nicht lange, bis ich merkte, daß ich in meinem Innersten wirklich zurückkehren und mein Leben voll und ganz leben wollte. Wenn es mir an diesem Ort auch sehr gut ging, so konnte ich doch auch später einmal hierher zurückkommen; es war keine Eile geboten. Ich sagte also »okay«, und noch ehe ich die Worte »Ich bin bereit« aussprechen konnte, schoß ich wie ein Blitz zurück in meinen Körper.

Schon im nächsten Augenblick wird Craig sich der Schwere seines Körpers und seiner physischen Schmerzen bewußt, aber gleichzeitig spürt er eine so gewaltige Energiezufuhr, daß er seine Schmerzen nahezu außer acht lassen kann. Er hat das Gefühl, plötzlich »die Kraft von drei Männern« zu besitzen, kämpft sich entschlossen aus seiner prekären Lage heraus und schafft es, ans Ufer zu schwimmen, wo er völlig erschöpft zusammenbricht. Doch gedanklich ist er noch immer voll mit der Erfahrung seines Todes beschäftigt; während er am Ufer liegt, befindet er sich also noch immer in zwei Welten. »Ich versuchte, mir ein Bild davon zu machen, was mir soeben widerfahren war. Ich wußte, daß ich einen Blick in eine Welt auf der anderen Seite des uns bekannten Lebens getan hatte, und es war so ein gutes Gefühl, wieder hier zu sein. Sogar der Schmerz in meiner Lunge war ein gutes Gefühl.«

Zehn Jahre später schrieb Craig im Gedanken an die Lektionen und die Nachwirkung seiner NTE:

Diese Erfahrung veränderte mein Leben in vielfacher Hinsicht. Zum einen habe ich überhaupt nicht mehr Angst vor dem Sterben. Ich weiß, daß ich nicht leiden möchte, aber ich weiß auch, daß der eigentliche Prozeß des Sterbens nichts mit dem zu tun hat, was ich mir darunter vorstellte, und daß er wahrscheinlich die schönste und friedvollste Erfahrung war, die ich je gemacht habe. Ich weiß jetzt, daß unsere Zeit hier relativ kurz ist, und deswegen möchte ich mein Leben voll ausschöpfen. Ich habe erkannt, daß zu dem Wenigen, das wir Menschen bei unserem Tod mit uns nehmen können, die Liebe gehört und daß sie davon wahrscheinlich das Kostbarste ist. Das einzige, was einem Menschen nach dem Verlassen seines Körpers bleibt, ist Energie, Liebe, seine Persönlichkeit und sein Wissen. Sich in materialistischem Denken zu verstricken kommt mir vor wie eine enorme Verschwendung kostbarer Zeit. Es ist so schön, wenn ich die Vögel singen höre, dann geht es mir so gut. Bäumen und anderen Pflanzen und Lebewesen schenke ich heute mehr Beachtung als früher. Ich glaube, was mich im Leben glücklich macht, sind heute mehr die kleinen Dinge und nicht solche, die großen Geldwert besitzen. Überhaupt erscheint mir das ganze Leben heute viel komplexer und staunenswerter als je zuvor. Meiner Meinung nach ist unser Körper das größte Geschenk für uns Menschen, aber für die meisten ist er etwas völlig Selbstverständliches. Die meisten von uns gehen nicht in sich, um einmal festzustellen, welches Glück es bedeutet, einfach am Leben zu sein. Ich weiß, daß ich eine zweite Chance erhalten habe, und seitdem ist jeder Tag für mich um soviel kostbarer. Ich kann dieses Gefühl nicht mit Worten beschreiben, wenn ich morgens aufwache, die Sonne scheint in mein Fenster, und ein neuer Tag beginnt, der mir alle möglichen Gelegenheiten bietet, Neues zu erleben und daraus zu lernen. Ich weiß jetzt, daß uns alle nach diesem Leben ein neues, anderes erwartet und daß der Tod nicht das Ende ist, sondern einfach nur ein neuer Beginn.

Doch auf Craig wartete noch eine Überraschung und die fast unglaublich zu nennende Bestätigung von etwas, das ihm die Stimme während seiner NTE mitgeteilt hatte. Er schreibt am Schluß seines Berichts:

Nach diesem Erlebnis ereignete sich noch etwas Seltsames: Drei Jahre später beschloß ich, Flöte spielen zu lernen. Schon nach einigen Monaten bemerkte ich, daß ich mit meinem Spiel viele Menschen in ihrem tiefsten Innern berühren konnte – manche begannen sogar zu weinen. Ich erkannte, daß dies meine Art und Weise war, viele Menschen gleichzeitig zu erreichen. Zwei Jahre, nachdem ich mit der Flöte angefangen hatte, spielte ich in einer Bar, und ein Mann kam zu mir und fragte mich, ob ich im Shaboo Inn, einem Musiklokal am Ort, im Vorprogramm für Arlo Guthrie auftreten wolle. »Natürlich!« erwiderte ich ganz aufgeregt und mußte sofort daran denken, was im Verlauf meiner Nah-Tod-Erfahrung passiert war. Damit erfüllte sich mein größter Traum. Aber nach meinem Auftritt blickte ich mit Tränen in

KONSEQUENZEN

den Augen auf die Bühne zurück und sagte zu mir selbst: »Vielleicht hatte die Stimme recht. Vielleicht war es gar nicht das, wonach ich immer gesucht habe. Vielleicht war das, was ich ganz tief im Inneren immer wollte, das Gefühl, gebraucht und geliebt zu werden und imstande zu sein, die Herzen vieler Menschen zu berühren.«

Ich habe Craigs Bericht so ausführlich zitiert, damit Sie gleich hier zu Beginn des Buches die Möglichkeit haben, sich in eine tiefe, aber sehr typische NTE einzufühlen. Was Craig sah, was er begriff, und die Veränderungen, die er im Gefolge seines Erlebnisses durchmachte, all das ist für Tausende Überlebende von NTEs auf der ganzen Welt sowohl gemeinsames Resultat als auch Zeugnis. Es mag Ihnen genügen, über diese Erfahrung nachzulesen und sie zu überdenken, denn sie spricht wirklich höchst beredt für sich. Aber vielleicht – und um sicherzugehen, daß wir nicht etwas von größter Bedeutung übersehen – ist es doch nützlich, hier noch einen Augenblick zu verweilen, bevor wir zum nächsten Bericht weitergehen, und uns gewisse Züge von Craigs Erfahrung vor Augen zu halten: vor allem jene, die besonders für uns, die über keine eigene NTE verfügen, von Bedeutung sind.

Natürlich weist Craigs NTE viele bekannte Elemente dieser Erlebnisse auf – die Gefühle großen Friedens und äußersten Wohlbefindens, die außerkörperliche Perspektive, die »Reise« durch eine dunkle Leere auf ein strahlend schönes Licht zu, das Gefühl, vollkommen akzeptiert zu sein, allumfassendes Wissen, die Rückschau auf das gesamte Leben, Begegnungen mit anderen und die Entscheidungsfreiheit, wieder in den physischen Körper zurückzukehren oder nicht. Andere Züge seiner Erfahrung waren etwas ungewöhnlicher, wenngleich auch durchaus nicht einmalig: etwa seine offenkundige Fähigkeit, sich in weit entfernte Szenen einzuschalten, oder das Eindringen in Elemente der Natur. Was uns jedoch besonders interessiert, ist in erster Linie das Wissen, das Craig während seiner NTE vermittelt wurde, und wie es sein Leben danach beeinflußte. Wenn wir damit beginnen wollen, diese Lektionen in uns aufzunehmen, dann könnte es hilfreich sein, einige der wichtigsten kurz zusammenzufassen.

Was Craig – der, wie wir sehen werden, für so viele andere Nah-Tod-Erfahrenen spricht – aus seiner Erfahrung mitnehmen konnte, ist folgendes:

1. Man braucht vor dem Tod keinerlei Furcht zu haben.
2. Sterben ist friedvoll und schön.

3. Das Leben beginnt nicht mit der Geburt, und es endet nicht mit dem Tod.
4. Das Leben ist kostbar – leben Sie also in vollen Zügen.
5. Der Körper und seine Sinne sind großartige Geschenke, die Sie schätzen sollten.
6. Das Wichtigste im Leben ist die Liebe.
7. Ein Leben zu führen, das auf materialistische Ziele ausgerichtet ist, bedeutet, das Wesentliche zu verpassen.
8. Füreinander dazusein, und nicht Wettbewerb, schafft eine bessere Welt.
9. Erfolg zu haben ist nicht das einzige im Leben.
10. Wissen zu suchen ist wichtig – denn Sie nehmen es mit.

Viele dieser Sätze mögen Ihnen selbstverständlich erscheinen, und vielleicht fragen Sie nun mit einem Anflug von Zynismus: »Ist es wirklich notwendig, beinahe zu sterben, um solche Gemeinplätze zu erfahren?« Natürlich nicht – eben das ist die Prämisse dieses Buches –, aber was die NTE für den bewirkt, der sie erlebt, ist, daß sie diese Sätze von reinen Lippenbekenntnissen in *gelebte Wahrheiten* verwandelt. Der Nah-Tod-Erfahrene vergißt diese Dinge nie mehr; sie sind unauslöschlich und für immer in seine Psyche eingeprägt und haben eine sofortige und nachhaltige Wirkung auf sein Verhalten. Diese »Arbeit« selbst zu verrichten bleibt uns jedoch nicht erspart, wenn wir von Nah-Tod-Erfahrenen lernen wollen – wir müssen uns darum bemühen, das zu erreichen, was dem Nah-Tod-Erfahrenen direkt zuteil wird. Zu lesen und sich über das Gelesene Gedanken zu machen – nötigenfalls auch mehrmals – ist ein guter Anfang, und das gilt auch für die Liste der Einsichten, die Craig durch seine NTE empfing; letztlich sind sie sein Geschenk an Sie. Sie könnten sie zum Beispiel abschreiben und an die Tür Ihres Kühlschranks heften, damit Sie sie nicht vergessen.

Was Craig selbst betrifft – er legte sein Universitätsexamen ab, und das letzte, was ich von ihm in Erfahrung brachte, war, daß er bei einer großen Fluggesellschaft arbeitete und im Begriff war, in den Westen der USA zu ziehen. Er war mein erster Student mit einer NTE, aber bestimmt nicht der letzte – diesen, das heißt den neuesten, möchte ich Ihnen nun vorstellen.

Neev

Letztes Jahr machte ich die Bekanntschaft eines jungen Mannes namens Neevon (er wird allgemein Neev genannt). Im Gegensatz zu Craig, der sich im Kurs sehr lebhaft verhielt, war Neev still und unauffällig. Ich muß gestehen, daß dieser ganz gewöhnlich aussehende, etwas untersetzte Schwarzhaarige zunächst überhaupt keinen Eindruck auf mich machte; das einzige, was ich an ihm bemerkte, war, daß er nie fehlte. Gegen Ende des Semesters lud ich drei Personen mit NTEs ein, um die Nachwirkungen ihrer Erfahrungen mit meinen Studenten zu diskutieren; zufälligerweise war eine dieser drei eine Frau, die ein Semester zuvor bei mir studiert hatte. Später teilte Neev mir mit, er sei sehr erstaunt gewesen, diese Frau hier zu sehen, denn er hatte sie ganz gut gekannt, ohne jedoch zu wissen, daß sie eine NTE gehabt hatte (aus gutem Grund: Als Studentin in den Anfangssemestern hatte sie mit keinem ihrer Kommilitonen über ihre Erfahrung gesprochen, aus Angst, ausgelacht zu werden). Doch nachdem sie vor der Klasse darüber gesprochen hatte, fühlte Neev sich ermutigt, mir seine NTE zu eröffnen. Natürlich bat ich auch ihn, sein Erlebnis für den Kurs niederzuschreiben; Auszüge daraus präsentiere ich Ihnen im folgenden. Auch hier möchte ich Ihnen wieder empfehlen, Neevs NTE quasi von innen zu erleben, indem Sie sich in ihn hineinversetzen.

Im März 1988, als Neev im zweiten Jahr die High School besuchte, wurde er bei einem Baseballspiel schwer verletzt: Ein stämmiger Catcher überrannte ihn mit brutaler Gewalt, und »das nächste, was ich wußte«, so seine eigenen Worte, »war, daß die Welt, so wie ich sie kannte, fort war«. Bald entdeckte er jedoch, daß er trotzdem ganz »da« war – nur, daß er sich nicht mehr in seinem Körper befand.

> Ich bemerkte … daß ich mich nicht in meinem physischen Körper befand. Ich spürte keinen Schmerz oder sonstiges Unbehagen, sondern ich war vollkommen im Frieden mit mir. Ich stand hinter meinem Trainer und dem Vater eines der anderen Spieler. Sie knieten am Boden und beugten sich über mich; ich lag im Infield auf dem Rücken. Das erste, was mich interessierte, war, ob ich den Ball im Handschuh hatte [er hatte ihn].

Dann beobachtete Neev – von seinem Standpunkt außerhalb seines Körpers aus, wie er sagt –, wie sein Körper zum Wagen des Vaters eines seiner Mitspieler getragen wurde. Sein Gesicht war bereits stark verschwollen. Er behauptet, alles gehört zu haben, was dabei gesprochen wurde, und bei der Fahrt zum nächsten Krankenhaus das Gefühl gehabt zu haben, daß er dem Auto, in dem sein Körper transportiert wurde, *folgte*. Er konnte jedoch klar und deutlich ins Innere des Wagens sehen, wie er auch alles andere im Blick hatte, worauf sich während der Fahrt sein Interesse lenkte.

Bei der Ankunft in der Notaufnahme wurde Neevs Körper auf eine Trage gelegt – auch dies erlebte er als Zuschauer von außerhalb seines Körpers:

> Ich beobachtete, wie die Sanitäter meinen Körper auf eine fahrbare Liege hievten und sie durch die beiden großen Türen in die Notaufnahme schoben. In dem langen, hell erleuchteten Korridor kamen sofort die Assistenzärzte auf mich zugerannt; sie fühlten meinen Puls und maßen meinen Blutdruck. Mehrere Ärzte machten sich gleichzeitig an mir zu schaffen. Meine Vitalfunktionen waren schwach, und es wurde eine Röntgenaufnahme für meinen Kopf angeordnet. Ich sah zu, wie ich in den Röntgenraum geschoben wurde; dort deckten sie mich mit einer Bleidecke zu, und dann ging das Licht aus.
>
> Ich konnte meinen Körper nicht mehr im Röntgenraum sehen. Ich war noch immer außerhalb meines Körpers, konnte aber jetzt nichts mehr sehen. Meine Welt war völlig dunkel. Ich spürte mich, aber es war nichts da … Nur ein unbeschreibliches Gefühl von Liebe und Wärme; vielleicht wie bei einem Kind vor der Geburt, im Bauch der Mutter. Ich spürte nichts – nur Frieden und Ruhe. Ich wollte nie mehr von hier weg; es war, als habe ich mein Leben lang genau nach diesem Ort gesucht. Dieser Ort war in jeder Hinsicht perfekt – bis auf den Umstand, daß ich allein war. Aber sobald mir dieser Gedanke kam, veränderte sich mein Gefühl der Stille inmitten der Dunkelheit zu einer Bewegung mit hoher Geschwindigkeit. Und in diesem Augenblick wußte ich plötzlich, daß ich nicht allein war.
>
> Es kam mir vor, als ob mir alles, was ich jemals wissen mußte oder wissen wollte, verfügbar sei. Aber als ich fragte »Weshalb bin ich hier?«, spürte ich ein abruptes Ende dieses Gefühls. Es war, als würde all dieses Wissen aus meinem Inneren kommen, denn ich mußte mit niemandem sprechen – alles geschah einfach. Jedesmal, wenn mir eine Frage in den Sinn kam, war es wie eine Epiphanie.
>
> Eine meiner Fragen führte plötzlich zu meinem Lebensrückblick. Es war, als würde ich mein Leben von Anfang bis Ende in einer auf Schnellvorlauf gestellten Filmschneidemaschine sehen. Es begann mit meiner Zeugung – sie kam mir vor wie die Schwärze, die ich bei meiner außerkörperlichen Erfahrung erlebte –, dann folgten die Kindheit, Jugendzeit und so weiter bis zu meiner Nah-Tod-Erfahrung, die ich noch einmal erlebte. Ich sah mein Leben, lebte es noch einmal. Alles, was ich je gefühlt hatte, fühlte ich noch einmal – jeden Schnitt, jeden Schmerz, jedes Gefühl und alles, was zu dem jeweiligen Abschnitt meines Lebens dazugehörte. Gleichzeitig sah ich die Auswirkungen meines Lebens auf meine Mitmenschen … Ich fühlte alles, was sie fühlten, und dadurch begriff ich die Folgen meines gesamten Tuns, des

guten wie des schlechten. Dieser Lebensrückblick war das schönste Erlebnis, das ich je gehabt habe, aber gleichzeitig auch das erschreckendste.

Als er endete, mußte ich an meine jüngere Schwester denken und spürte den Wunsch, bei ihr zu sein. Im selben Augenblick … wurde ich auf die Welt zurückgebracht, und sie war so, wie ich sie zuvor gekannt hatte, aber nicht mehr so, wie ich sie zuvor verstanden hatte!

An diesem Punkt ist Neevs NTE offenbar vorbei, und er wacht auf und findet sich auf der Trage wieder. Doch jetzt sind seine Eltern bei ihm. Er hat sich eine schwere Gehirnerschütterung und innere Blutungen zugezogen; sein Arzt sagt ihm, er habe zwar Glück gehabt, überhaupt mit dem Leben davongekommen zu sein, werde sich aber dennoch bald erholen. Tatsächlich wird er schon bald entlassen; sein Vater fährt ihn nach Hause. Dort angekommen, verliert er jedoch auf der linken Körperseite jegliches Gefühl; bald darauf ist er halbseitig gelähmt und verliert vollständig sein Augenlicht.

Nach zwei Tagen kann Neev wieder sehen, doch die Lähmung hält eine ganze Woche an, und er muß für insgesamt zwei Monate das Bett hüten. Sein Gesicht ist selbst nach dieser langen Zeit noch enorm geschwollen. Während der ersten beiden Tage zu Hause, in denen er noch blind ist, wird er immer wieder bewußtlos und fällt häufig in den Nah-Tod-Zustand zurück, in dem er weitere Informationen über sein Leben erhält. Er habe sich erneut im Rückblick auf sein Leben gesehen, berichtet er, »und was ich sah, mochte ich ganz und gar nicht. Es war der Lebensrückblick, der in mir den Wunsch nach Veränderung entstehen ließ«. Ebenso wie Craig wurde auch Neev bewußt, daß er einen Führer hatte.

Bei diesen Sprüngen hinüber auf die andere Seite hatte ich immer das Gefühl, daß jemand bei mir war. Eine Person, die nicht im physischen Sinne da war, sondern eher wie ein geistiger Führer … Mein Führer bei diesen Reisen [in seinen Lebensrückblick] kam mir vor wie eine Vaterfigur. Er schien immer zur rechten Zeit die rechten Fragen zu stellen. So konnte ich alles, was ich brauchte, um mich zu verändern, genau benennen. Jedesmal, wenn ich in meine andere Welt, die Welt der Wärme und der Antworten, hinüberschlüpfte, war es, als ob meine Nah-Tod-Erfahrung sich wiederholte.

Im weiteren Verlauf seiner Genesung beginnen sich die Veränderungen, die er bereits mit der Hilfe seines Führers in sich in Gang gesetzt hat, zu stabilisieren – in seinen eigenen Worten: »Sie fingen einfach an zu geschehen.« Und diese Veränderungen, die sich nun anscheinend ganz natürlich ereigneten, waren enorm, wie Neev in seinem schriftlichen Bericht ausführte.

Die Veränderungen, die ich mit meiner NTE in Zusammenhang sehe, scheinen so natürlich zu sein, aber gleichzeitig hätte ich sie ohne meine Erfahrung nicht zuwege gebracht. Vor meiner NTE war mein Leben völlig anders. Es kommt mir heute vor, als sei das eine Ewigkeit her, dabei sind es nur fünf Jahre. Wie ich schon sagte, verachtete ich mich, als ich noch jung war. Ich wuchs vollkommen anders auf als die Kinder in meiner Nachbarschaft. Ich gehöre in meiner Familie zur ersten Generation, die in Amerika geboren wurde: Meine Eltern kamen aus Israel und sprachen zu Hause hebräisch. Deshalb versuchte ich anfangs immer, mit allen hebräisch zu sprechen, aber niemand verstand mich. Der Kulturunterschied erschwerte es mir sehr, mich zu den anderen Kindern zugehörig zu fühlen; deshalb gab ich diesen Versuch bald auf. Ich war ein sehr introvertiertes Kind und hatte fast keine Freunde. Verspottet und gehänselt zu werden war für mich alltäglich; dadurch verlor ich mein Selbstwertgefühl praktisch vollständig. Ich war als Kind zwar sehr clever und neugierig, aber wenn ich in der Schule mein Wissen demonstrieren wollte, stand ich im Rampenlicht, und dann wurde ich noch mehr gehänselt als sonst. Das Ergebnis war, daß ich bei meinen schulischen Leistungen viel schlechter abschnitt, als es meinem Wissen entsprach.

Mit zehn Jahren entdeckte ich, daß ich mich im Sport gut selbst ausdrücken konnte. Ich wurde einer der besten Fußballspieler in meinem County, und der Wettbewerb spornte mich an. Das Problem dabei war nur, daß die anderen Kinder neidisch wurden und mich deshalb noch mehr piesackten. Inzwischen war ich auf die Junior High School übergewechselt. Um mich gegen die Folgen meiner sozialen Unzulänglichkeiten zu schützen, hatte ich mir einen dicken Panzer zugelegt, der aber alles nur noch schlimmer machte. Ich war extrem antisozial. Mein Leben bestand aus der Schule, wo ich meine Leistungen so niedrig hielt, daß ich nur mäßige Noten bekam, und Fußball – ich spielte in jeder freien Minute, die ich nicht schlafend oder vor dem Fernseher verbrachte. Ich hatte vor allem und jedem schreckliche Angst, insbesondere davor, zurückgewiesen zu werden, vor Menschen zu sprechen, vor geselligen Ereignissen, vor Mädchen und so weiter, so daß ich sehr rebellisch wurde und schließlich Probleme wegen Vandalismus und ähnlichen Dingen bekam.

Neev zufolge veränderten seine NTE und die darauffolgende umfassende Neuorientierung seines Lebens jedoch alles. Sie führten zu einer völligen Umkehrung seiner bisherigen Lebensrichtung und sogar zu einer Besserung seiner chronischen gesundheitlichen Probleme. Dieser Wandel ist so bemerkenswert und tiefgreifend, daß ich Neevs Bericht noch einmal eingehend zitieren möchte.

Ich wandelte mich schlagartig vom Pessimisten zum Optimisten. Auf einmal konnte ich an allem etwas Gutes sehen, und plötzlich wußte ich auch, daß nichts ohne Grund geschieht. Manchmal ist der Grund vielleicht nicht von Anfang an klar erkennbar, aber am Ende macht trotzdem alles einen Sinn.

Die NTE führte bei mir in gewissem Sinn auch zu einer physischen Heilung. Körperliche Probleme, die ich bis dahin mein ganzes Leben lang gehabt hatte, verschwanden danach: chronische Migräne, die ich jahrelang mit Tabletten bekämpft hatte, Krämpfe und ein schrecklich empfindlicher Magen, der mir jeden Tag vor der Schule, vor Fußballspielen, Prüfungen und in praktisch allen Situationen mit anderen Menschen Probleme bereitete. Vor meiner NTE war ich der unbeholfenste, ständig zu Unfällen neigende Trottel, den man sich denken kann. Aber all diese Probleme verschwanden danach.

Doch nicht nur meine physischen Probleme wurden geheilt – auch mein geistiger Zustand verbesserte sich beträchtlich. Meine Einstellung zum Leben war nicht mehr düster und trostlos. Jetzt hatte ich vielmehr das Gefühl, daß mein Dasein einen Sinn hatte, nämlich Menschen zu helfen und meine positive Perspektive mit anderen zu teilen. Meine Abhängigkeit von der Zeit schien aufzuhören. Die Uhr konnte mich nicht mehr unter Druck setzen – es war immer noch genug Zeit, etwas anderes oder noch mehr zu tun. Ich versuchte, jeden Tag soviel wie möglich zu erledigen. Ich erlebte alles so, wie es war – und nicht mehr mit der Frage danach, was mir dabei passieren oder was es mir geben könnte. Auch wie »die Gesellschaft« mein Leben beurteilte, interessierte mich nicht mehr. Es war mir egal, was die Leute über mich dachten oder wofür sie mich hielten oder ob ich gut aussah oder nicht. Ich lernte, daß ich viel mehr bin als mein Körper.

Dadurch begannen meine Mitmenschen mich mehr als den zu akzeptieren, der ich bin. Mein Gefühl von Liebe und Wärme strömte durch meinen Körper und brachte mir viele neue Freunde. Ich fühlte mich in Gruppen so wohl, daß ich sie geradezu brauchte; meine Ängste, verlegen zu sein oder abgelehnt zu werden, verschwanden, denn dies waren alltägliche Dinge, die für die größeren Zusammenhänge keine Folgen hatten.

Körperlicher wie auch seelischer Schmerz schien nur mehr in meinem Geist oder Bewußtsein zu existieren. Physische Schmerzen waren nach meiner NTE für mich nur noch geringfügige Beschwerden. Im Gegensatz zu den meisten meiner Freunde erkannte ich meine Sterblichkeit. Die Todesnähe, die ich erfahren hatte, bewahrte mich davor, unüberlegt mit meinem oder dem Leben anderer zu spielen, wie ich es zuvor getan hatte. Durch die Erfahrung meiner Sterblichkeit lernte ich auch, den Tod zu akzeptieren, und auf eine seltsame Art und Weise freue ich mich sogar darauf. Ich habe vor vielen Dingen keine Angst mehr; ich nehme sie an und integriere sie in mein Leben. Ich bin jetzt eher bereit, Neues auszuprobieren, weil ich aus meinem Leben das Beste machen und möglichst nichts versäumen will.

Seit meiner tiefgreifenden persönlichen Veränderung ist vieles, was mir früher kostbar war, unbedeutend geworden. Geld und materieller Besitz bedeuten mir kaum mehr etwas. Ich habe gelernt, mit meiner Zeit und allem, was ich besitze, sehr großzügig umzugehen, trat mehreren gemeinnützigen Gruppen bei und arbeite unentgeltlich in sozialen Einrichtungen. Die wichtigste Veränderung, die ich feststellte, war, daß ich seither keine Lust mehr habe, mich in Konkurrenzsituationen zu begeben. Wettbewerb war früher meine treibende Kraft, aber seit meiner NTE erscheint er mir dumm und unwichtig. Sport macht mir zwar immer noch Spaß, aber ich habe diesen »Killerinstinkt« verloren, der mir einige Angebote von Universitätsteams eingebracht hatte.

Diese Zeilen machen klar, daß praktisch jeder Aspekt von Neevs Leben durch die NTE ins Gegenteil verkehrt wurde. Wir werden auf einige dieser spezifischen Veränderungen noch näher eingehen; für den Moment aber genügt es festzuhalten, daß seine NTE ihm die falsche Schutzmaske abriß und dadurch sein wahres und weitaus liebenswerteres Gesicht zum Vorschein kam. Und dementsprechend veränderte sich seine Umwelt.

Aber es fanden noch weitere Veränderungen statt. Neev stellte fest, daß er die Fähigkeit erlangt hatte, im Schlaf in diesen anderweltlichen Zustand einzutreten und darin Dinge gleichsam zu proben, bevor er sie dann in der physischen Welt zur Ausführung brachte. Und wie bei vielen anderen Nah-Tod-Erfahrenen erweiterte sich auch seine Wahrnehmung in den intuitiven und hellseherischen Bereich hinein, so daß er gelegentlich den Ausgang von Ereignissen wußte oder spürte, noch bevor sie stattgefunden hatten. Aber seine vielleicht größte Gabe war sein gesteigertes Einfühlungsvermögen. Dazu schreibt er:

Diese Instinkte ermöglichen es mir auch, mich in fast jeden anderen Menschen einzufühlen. Wenn ich mit jemandem spreche, dann spüre ich physisch und emotional, was bei ihm gerade innerlich vorgeht. Es ist, als würde ich für einen Augenblick der andere werden ... Diese Gabe der Einsicht ermöglicht es mir, vielen Menschen zu helfen, aber manchmal komme ich an den Punkt, daß es zu viele werden und ich mich in ihnen verliere.

Bei einer generellen Bewertung der Auswirkungen seiner NTE auf sein Leben kommt Neev zu folgendem Schluß:

Ich betrachte die Folgen meiner NTE als einen psychischen Heilungsprozeß. All diese Veränderungen, wie auch viele Kleinigkeiten, die ich gar nicht alle anführen kann, bedeuten für mich eine Verbesserung. Meiner Meinung nach ist meine NTE das Beste, was mir je widerfahren ist ... Ich halte sie für das bedeutendste Ereignis in meinem Leben. Ohne meine NTE wäre ich heute kein glücklicher Mensch.

Wenn man Neevs NTE überdenkt, wird klar, daß sie eine tiefgreifende, lebensverändernde Transformation seiner Persönlichkeit und seines gesamten Verhaltens zur Folge hatte und in der Tat »eine große Verbesserung« für ihn bedeutete. Möglicherweise ist es nicht einmal zu gewagt, allein auf der Basis seines Zeugnisses zu behaupten, die Vorsehung habe seine NTE zeitlich genau so gelegt, daß sein Leben durch den Nah-Tod letztlich sogar gerettet wurde. Zumindest scheint Neevs NTE die Richtung seines Lebens dahingehend verändert zu haben, daß sein Abwärtsgleiten in wiederholtes Schulversagen und Selbsthaß bis hin zum Vandalismus durch die NTE abrupt gestoppt und umgekehrt wurde. Natürlich ist es durchaus möglich, daß er auch dann einen Ausweg aus seinen seelischen Qualen gefunden hätte, wenn seine NTE *nicht* zu diesem Zeitpunkt in sein Leben eingetreten wäre. Er selbst scheint diese Möglichkeit allerdings nicht in Betracht ziehen zu wollen, sondern vielmehr zu denken, daß die NTE ihn ganz gezielt rettete, als er an seinem persönlichen Tiefpunkt angelangt war.

Aber wie dem auch sei, unsere Aufgabe ist nicht, über die mögliche Bedeutung von Neevs Erfahrung zu spekulieren, sondern daraus für unser eigenes Leben zu lernen. Welche generell anwendbaren Lektionen können wir also aus Neevs Transformation ableiten? Wenn Sie seinen Bericht auf solche Einsichten hin untersuchen, erkennen Sie zunächst folgendes:

1. Es gibt für alles, was geschieht, einen Grund.
2. Finden Sie heraus, was Sie in Ihrem Leben wollen.
3. Lassen Sie sich nicht zum Sklaven der Zeit machen.
4. Nehmen Sie die Dinge, wie sie sind – beurteilen Sie sie nicht danach, was Sie ihnen abgewinnen können.
5. Lassen Sie sich nicht von den Gedanken oder Erwartungen anderer dominieren.
6. Denken Sie nicht darüber nach, was andere über Sie denken.
7. Sie sind nicht Ihr Körper – denken Sie immer daran.
8. Fürchten Sie sich nicht – nicht einmal vor Schmerzen, und schon gar nicht vor dem Tod.
9. Seien Sie für das Leben offen und leben Sie es in vollen Zügen.
10. Geld und materieller Besitz sind nicht eigentlich wichtig.
11. Was zählt im Leben, ist, anderen zu helfen.
12. Belasten Sie sich nicht mit Konkurrenzsituationen – freuen Sie sich einfach am Zusehen.

Wie bei der Liste, die wir aus Craigs Erfahrung gewannen, klingen auch hier viele Punkte altbekannt und selbstverständlich. Aber bevor Sie sie als bloße Platitüden beiseite schieben, sollten Sie sich fragen: *Was wäre, wenn ich wirklich so leben könnte?* Was für ein Mensch wäre ich dann?

Meiner Meinung nach wären Sie dann ein wahrhaft freier Mensch. Sie wären für immer befreit von der Tyrannei der Meinungen anderer, von Selbstzweifeln, Angst vor dem Leben sowie vor dem Tod und den Anforderungen der Zeit. Sie würden sich freuen über das Leben, wie es ist, und Erfüllung darin finden, Ihren Mitmenschen zu helfen.

Dies ist letztlich das Geschenk, das die NTE bereithält – allerdings nur für den, der sich wirklich darum bemüht. Und es ist das Versprechen der NTE an jeden, der sich bemüht, ihre Lehren in sich aufzunehmen und in seinem Lebensalltag umzusetzen. Denken Sie immer daran – Neevs Geschichte wird zu Ihrer eigenen, wenn Sie sich mit ihr identifizieren. Wenn Sie das tun und seine Geschichte tief in sich aufnehmen, wird das, was ihm geschah, auch Ihnen widerfahren. Dann haben Sie einen Schritt in Richtung Befreiung und zur Findung Ihres authentischen Selbst getan.

Anders als mit Craig habe ich mit Neev nach wie vor Kontakt und hatte Gelegenheit, einige Zeit mit ihm zu verbringen. Sofort nach dem Besuch meines NTE-Kurses schrieb er sich für ein Fortgeschrittenenseminar zum selben Thema ein und führte ein Projekt durch, mit dem er feststellte, wie Studenten in den Anfangssemestern reagieren, wenn sie erstmals von NTEs hören. Unter anderem hielt er einige Vorträge vor Studenten, in denen er natürlich auch über seine eigene Erfahrung berichtete, und danach eruierte er mit Hilfe eigens dafür ausgearbeiteter Fragebögen die Wirkung seiner Präsentation. Im Verlauf dieses Semesters hatte ich oft Gelegenheit, Neev bei der Arbeit mit seinen Studienkollegen wie auch in Konferenzen mit mir zu beobachten, und am Ende des Semesters machte ich mit ihm sogar ein Interview über seine Lebensrückschau. Aufgrund dieser Beobachtungen kann ich voll und ganz bestätigen, daß Neev wirklich so ist, wie er sich beschreibt. Ich konnte feststellen, daß er selbst in Streßsituationen immer fröhlich und heiter ist und sich durch Großherzigkeit, demutsvolle Weisheit und einen erfrischenden Humor auszeichnet. Als ich das letzte Mal mit ihm sprach, war er gerade im Begriff, nach Israel zu reisen, um dort als Berater für Jugendliche zu arbeiten; diese Tätigkeit, so sagte er, wolle er nach seinem Examen fortführen.

Aber mein wohl bleibendster Eindruck von Neev entstand dadurch, wie er ein Semester, nachdem er meinen NTE-Einführungskurs besucht hatte, in ebendieser Veranstaltung zu den Studenten sprach. Zum Schluß seines Vortrages referierte er über seine eigene NTE. Sein Bericht war faszinierend, ja ergreifend, und humorvoll – als er die auf seine Verletzung folgende Erscheinung beschrieb, wurde immer wieder aus vollem Halse gelacht. Mehrere Zuhörerinnen und Zuhörer kamen danach bewegt zu ihm, um ihn zu umarmen; einige waren zu Tränen gerührt. Neev erzählte mir später, daß diese Mitteilung seiner NTE womöglich noch besser für ihn war als die Erfahrung an sich. Für mich war es in diesem Semester der absolute Höhepunkt dieses Kurses.

Laurelynn

Am selben Tag, an dem Neev meinen Studenten seine NTE mitteilte, kam auch eine andere, mir unbekannte Nah-Tod-Erfahrene aus einer nahe gelegenen Stadt, um ihre Geschichte zu erzählen. Sie hieß Laurelynn Glass Martin und war eine schlanke, brünette Frau mit einer angenehmen Ausstrahlung, die sich mit meinen Studenten rasch verstand. Laurelynn ist heute etwa Mitte 30; sie begann ihre Darstellung damit, daß sie 1982, als sie noch im College war, vorhatte, mit einem Stipendium am National Collegiate Tennisturnier teilzunehmen und danach professionelle Tennisspielerin zu werden. Aber ein simpler chirurgischer Eingriff am 9. Dezember 1982 veränderte alles.

Sie war in die Klinik gegangen, um eine routinemäßige Bauchspiegelung vornehmen zu lassen, die nur 20 Minuten dauern sollte. Doch wie sie später erfuhr, unterlief dem Arzt beim ersten Schnitt ein Kunstfehler, mit dem er die Bauchaorta, die rechte Darmbeinaorta, die Vena cava inferior und den Darm durchtrennte und bis auf die Wirbelsäule stieß. Dadurch verlor Laurelynn fast 60 Prozent ihres Blutes – und offenbar beinahe auch ihr Leben. Bevor ein zweiter Arzt eingriff und ihr mit einer Notoperation das Leben rettete, war sie bereits in den Nah-Tod-Zustand eingetreten. Nach einer fünfstündigen Operation wurde sie in kritischem Zustand zur weiteren Beobachtung in den Aufwachraum gebracht. Später erzählte Laurelynn, der Arzt, der sie rettete, habe ihr gesagt, er habe sie »dem Rachen des Todes entrissen – Ihre Chance war fast gleich null«.

Bei der Wiedergabe von Laurelynns NTE stütze ich mich auf eine schriftliche Darstellung, die sie mir bereits früher hatte zukommen lassen.[1] Darin, wie auch bei ihrem Bericht für meinen Kurs, schildert sie, daß sie sich plötzlich ohne jegliche Vorwarnung rechts über ihrem physischen Körper schwebend gewahrte und beobachtete, wie der Arzt und sein Team versuchten, ihre leblose Hülle wiederzubeleben. Versuchen Sie nun erneut, bei Laurelynns Erzählung in ihre Rolle zu schlüpfen und alles so zu erleben, als sei es Ihnen passiert.

Die Chirurgen waren verzweifelt. Alles war blutrot, ihre Kleider, der Boden, und auch in der jetzt weit geöffneten Bauchhöhle war eine leuchtendrote Blutlache zu sehen. Ich begriff nicht, was da unten vor sich ging. Ich begriff in diesem Augenblick nicht einmal, daß der Körper, der dort bearbeitet wurde, meiner war. Aber das war ohnehin belanglos. Ich fühlte mich frei und unheimlich gut. Am liebsten hätte ich den gestreßten Leuten dort unten zugerufen: »Hey, mir geht es gut, es ist toll hier oben!« Aber sie waren so beschäftigt, ich wollte sie nicht unterbrechen.

Dann reiste ich in ein anderes Reich. Dort herrschte absoluter Friede; es gab keinen Schmerz, sondern nur ein wohliges Gefühl in einem warmen, dunklen, weichen Raum. Ich war umgeben von absoluter Glückseligkeit in einer Atmosphäre bedingungsloser Liebe und vollkommenen Angenommenseins. Die Dunkelheit war wunderschön, und sie erstreckte sich endlos. Diese Freiheit totalen Friedens war stärker als die größte Ekstase, die man auf Erden je erfahren könnte. In der Ferne sah ich einen Horizont aus weißlich-gelblichem Licht. Es fällt mir sehr schwer zu beschreiben, wo ich war, denn die Worte, die uns hier, auf dieser Ebene, zur Verfügung stehen, reichen dafür einfach nicht aus.

Ich bewunderte die Schönheit dieses Lichts, kam ihm jedoch nicht näher, denn als nächstes spürte ich, daß sich etwas von rechts oben mir näherte. Dann entdeckte ich, daß es mein 30jähriger Schwager war, der vor sieben Monaten gestorben war, und damit wuchs mein Gefühl von Glück und Frieden sogar noch an. Ich konnte zwar nicht mit meinen Augen sehen oder mit den Ohren hören, aber ich wußte instinktiv, daß er es war. Er hatte auch keine physische Gestalt, er war einfach präsent. Ich konnte sein Lächeln sehen, hören und fühlen, sein Lachen und seinen Humor. Es war, als ob ich nach Hause gekommen sei und mein Schwager mich willkommen hieß. Ich dachte sofort, wie froh ich war, bei ihm zu sein, denn jetzt konnte ich das nachholen, was ich versäumt hatte, als ich ihn das letzte Mal vor seinem Tod traf – damals hatte er sich mit mir aussprechen wollen, aber ich hatte mir nicht die Zeit dazu genommen. Und ich spürte jetzt überhaupt keine Gewissensbisse mehr deshalb, sondern fühlte trotz meines damaligen Verhaltens nur absolute Akzeptanz und Liebe von ihm ausgehen.

Das Nachdenken über ihr Verhalten dem Schwager gegenüber scheint Laurelynn in ihrem Leben weiter zurückzuführen, und noch ehe sie es richtig begreift, tauchen in chronologischer Reihenfolge Ereignisse aus ihrer Kindheit auf. Sie erwähnt zwei besondere Vorfälle. Beim ersten

hatte ich ein Mädchen in meinem Alter (fünf Jahre alt) gehänselt, bis es zu weinen anfing. Jetzt spürte ich ganz deutlich, was dieses Mädchen gefühlt hatte. Seine Frustration, seine Tränen und sein Gefühl des Alleingelassenseins waren jetzt meine Gefühle. Ich spürte schreckliches Mitleid mit diesem Kind. Dieses Kind, das eigentlich ich selbst war, brauchte Liebe, Geborgenheit und Vergebung. Ich hatte nicht erkannt, daß ich letztlich mir selbst weh tat, wenn ich jemand anderen verletzte.

Hier der zweite Vorfall, den Laurelynn noch einmal durchlebte:

Ich hatte mich über einen Jungen meines Alters (zwölf Jahre) lustig gemacht, weil er mir einen Liebesbrief geschrieben hatte. Und auch hier wurde sein Schmerz der Zurückweisung zu meinem eigenen Schmerz, und gleichzeitig spürte ich eine sehr große Liebe für diesen Jungen und für mich. Er starb einige Jahre später an einem Hirnaneurysma. Ich hatte diese Ereignisse längst vergessen und gedacht, sie seien unbedeutend, bis ich mich unvoreingenommen und mit Liebe wieder an sie erinnerte. Und jetzt erkannte ich, wie wichtig Menschen im Leben sind, wie wichtig es ist, sie zu akzeptieren, und vor allen Dingen, sie zu lieben. Ich war nicht stolz auf diese Erlebnisse, aber sie waren ein Teil von mir, und ich akzeptierte sie.

Auch andere Gedanken wurden mir übermittelt; ich erinnere mich zum Beispiel daran, daß ich dachte: »Wow, jetzt verstehe ich alles. Alles in unserem Leben macht jetzt endlich einen Sinn.« Schließlich fragte ich meinen Schwager (nicht mit Worten, sondern eher durch eine Art Übertragung), was eigentlich los sei und ob ich hier bleiben könne. Er antwortete, für mich sei es noch nicht an der Zeit, es sei ein Fehler passiert und daß ich zurückkehren müsse. Ich weiß noch, daß ich daraufhin dachte: »Okay, ich gehe zurück, aber ich weiß jetzt, wie ich hier wieder heraufkomme.« Doch im selben Moment waren seine Gedanken auch die meinen, und sie lauteten: »Du kannst dir nicht selbst das Leben nehmen (Selbstmord).[2] Das ist keine Lösung, so geht es nicht. Du mußt dein Leben sinnvoll leben.« Ich verstand, aber ich weiß noch, daß ich dachte »Ich will aber nicht zurückgehen«, und daraufhin kam dieser Gedanke von ihm zu mir: »Schon gut, wir gehen ja nicht weg. Wir bleiben hier und warten auf dich.« Sein letzter Gedanke war: »Sag deiner Schwester, daß es mir gutgeht.«

Bei diesen letzten Gedanken spürte ich mich bereits zurückkehren – ich fiel durch Dunkelheit nach unten. Ich hatte nicht das Gefühl, eine Wahl zu haben. Ich spürte auch keine Angst, sondern war ziemlich ruhig. Dann merkte ich, wie ich in meinen Körper zurückfiel … In diesem Augenblick spürte ich einen wahnsinnigen Schmerz im Bauch, bis zum Rückgrat … Ich konnte nicht glauben, daß ich in eine derart höllische Umgebung zurückkehren sollte, aber dann flutete die ganze Schönheit meiner Erfahrung wieder in mich und gab mir den heitersten Frieden und die schönste Ruhe, die man sich unter diesen Umständen vorstellen kann.

Laurelynn war zurückgekehrt, aber ihr Martyrium war noch nicht vorüber. Wegen eines Blutgerinnsels mußte sie noch einmal operiert werden, und mehrere Tage lang war nicht klar, ob sie überleben würde. Doch sie schaffte es, und nach ihrer Tortur führte sie ein Tagebuch, in dem sie festhielt, was damals mit ihr geschehen war. Doch

die NTE … ließ ich aus, weil ich niemandem vertraute. Die erste Reaktion, die von meiner Familie kam, war: »Sei still, wir wollen nicht darüber reden. Wir wollen nur, daß es dir wieder bessergeht.« Und das medizinische Personal meinte nur achselzuckend: »Sie bekommen hohe Dosen Medikamente – alle zwei bis drei Stunden eine Morphiumspritze.«

Beim Verfassen dieses Berichts, Jahre später, bemerkt sie:

Wenn ich nur gewußt hätte, daß meine Heilung viel leichter gewesen wäre, wenn ich über meine NTE gesprochen und sie akzeptiert hätte! Aber anscheinend hatte ich noch einige weitere Lektionen zu lernen, denn meine nächsten sieben Jahre waren angefüllt mit Rehabilitation (physikalische Therapie), Diagnosetests und weiteren Operationen.

Doch Laurelynn war über ihre NTE nicht verbittert, auch wenn ihre Familie und andere sich nur abfällig darüber äußerten. Wie die meisten Nah-Tod-Erfahrenen ist sie dankbar für ihre Erfahrung, und ihre Gedanken darüber ähneln jenen von Craig und Neev.

Nach der NTE veränderte sich mein Wertesystem. All das materielle, äußerliche Zeug, das mir zuvor so wichtig gewesen war, spielte plötzlich keine Rolle mehr. Meine Prioritäten verkehrten sich ins krasse Gegenteil. Ich bekam das Gefühl, daß mein Leben Sinn und Zweck hat, selbst bis hin zur kleinsten Kleinigkeit, wie etwa, zu anderen spontan und aus freien Stücken nett zu sein, mehr Liebe zuzulassen und sich selbst und anderen gegenüber unvoreingenommener und annehmender zu sein. Ich erhielt auch eine deutliche Botschaft des Inhalts, daß es von großer Bedeutung ist, immer nach Wissen zu suchen. Außerdem habe ich keine Angst mehr vor dem Tod, ja, ich werde ihn sogar willkommen heißen, wenn es einmal soweit ist – und das kann nur die universale, höchste Macht entscheiden. Aber bis dahin versuche ich, jeden Tag zu leben, als sei es mein letzter, und den Augenblick bewußter zu leben. Jetzt, da ich meine NTE akzeptiert habe und mit ihr zurechtkomme, sehe, fühle und durchlebe ich einige wunderbare Veränderungen. Endlich fühle ich mich wesentlich gesünder: physisch, geistig, emotional und spirituell. Ich nehme keine Medikamente mehr – nach einer Zeit mit bis zu 36 Tabletten pro Tag war das ein gewaltiger Schritt für mich. Ich empfinde eine Liebe zum Leben, die von der puren Freude über jeden neuen Tag gespeist wird. Ich weiß, daß meine Heilung ein Prozeß ist, der von innen kommt. Ich glaube, daß ich eine zweite Chance bekommen habe, und je mehr ich mit anderen teile, desto mehr fühle ich Frieden und Einssein mit dem Universum.

Als Anhang fügte Laurelynn ihrem Bericht eine kurze Erklärung hinzu, in der sie die grundsätzlichen Nachwirkungen ihrer Erfahrung spezifizierte. Als ich sie zum erstenmal las, mußte ich schmunzeln, denn was die Wirkungen ihrer NTE anbetraf, schien Laurelynn ein wirklich klassischer Fall zu sein. Bei der Recherche für meine Bücher *Den Tod erfahren – das Leben gewinnen* und *The Omega Project* zum Beispiel hatte ich für fast alle jene Veränderungen, die Laurelynn bei sich beschrieb, stichhaltige Beweise gefunden. Doch als wir nach ihrer Präsentation zum Mittagessen gingen, erwartete mich eine Überraschung: Laurelynn gestand mir reichlich verlegen, daß sie kein einziges meiner Bücher gelesen hatte! Man konnte ihr also kaum vorwerfen, sie habe mir lediglich eine aufgewärmte Version meiner eigenen Feststellungen liefern wollen, um sich bei mir einzuschmeicheln oder ähnliches.

Natürlich möchte ich Ihnen Laurelynns Liste nicht vorenthalten, denn sie veranschaulicht bestens, welche Lektionen sie aus ihrer NTE bezog, wie auch, was wir allgemein daraus lernen können. Ferner zeigt sie Ihnen, was für viele Menschen nach ihrer NTE zutrifft; in der Tat stellt sie ein hervorragendes und prägnantes psychologisches Porträt eines Nah-Tod-Erfahrenen dar.

Vermehrte Liebe für alle Menschen und alle anderen Wesen
Erhöhte parapsychologische Sensitivität
Elektromagnetische Veränderungen
Gesteigerte übersinnliche Fähigkeiten
Sehen von Energie-Auren, Chakras
Keine Angst mehr vor dem Tod
Allgemein verringerte Angst
Sich weniger Sorgen machen – der göttlichen Vorsehung vertrauen
Glaube an die Reinkarnation
Vegetarische Lebensweise
Tiefgreifende Beziehungsveränderungen – Scheidung
Berufliche Neuorientierung
Weniger religiös, mehr spirituell
Jeden Tag leben, als sei es der letzte
Bewußter im Augenblick leben
Vermehrte Anteilnahme für unseren Planeten, Mutter Erde
Größere Wertschätzung von Natur und Umwelt
Das Wissen, daß sich selbst und anderen Liebe zu geben das größte Geschenk ist
An alle Menschen und die ganze Schöpfung vorurteilsfrei und mit vollkommener Akzeptanz herantreten

Weniger Materialismus – die Gesamtheit des Lebens sehen
Verstehen, daß wir mit unserem Leben einen göttlichen Plan erfüllen
Verstehen, daß die Herausforderungen, denen wir uns gegenübersehen, einfach Lektionen sind, die wir auf der Erde lernen müssen
Das sichere Wissen, immer meiner Wahrheit zu folgen und mich dem Fluß des Universums hinzugeben

Laurelynn kennenzulernen und ihr zuzuhören war für sich genommen schon ein spirituelles Erlebnis. Wie andere Nah-Tod-Erfahrene, die ich kenne, teilt sie direkt mit, was sie lebt und was sie verkörpert. Vielleicht hat sie Ihnen sogar allein durch ihre Worte schon etwas von ihrem Wesen vermittelt. Jedenfalls hoffe ich, daß Sie mit Gewinn über ihre Geschichte und die Lektionen für das Leben, die durch sie hindurchscheinen, nachdenken und dabei verweilen, ehe Sie zum nächsten Bericht fortschreiten.

Ich habe Laurelynn seither nicht mehr getroffen, halte aber telefonisch und schriftlich Kontakt mit ihr. Sie ist inzwischen glücklich wieder verheiratet und arbeitete bis vor einiger Zeit als physikalische Therapeutin – bis sie ihr Baby bekam (die Empfängnis war selbst schon fast ein Wunder, erzählte sie mir). Als sie und ihr Mann in die Universität kamen, um mit mir zu sprechen, gewann ich den Eindruck, daß es ihr sehr ernst damit ist, ihr Leben in Übereinstimmung mit den spirituellen Prinzipien und dem Verständnis zu gestalten, das ihr durch ihre NTE zuteil wurde. Obwohl sich ihre Erfahrung vor mehr als zwölf Jahren zutrug, vermittelte sie mir am Tag unseres Treffens eindeutig den Eindruck, im Licht zu leben.

Beim Lesen der bisher vorgestellten Berichte sind Sie womöglich versucht anzunehmen, daß allein schon die Schönheit seines Erlebnisses für das Leben eines Nah-Tod-Erfahrenen eine reine Wohltat bedeutet. Sollte das tatsächlich der Fall sein, dann muß ich Sie jedoch sofort von diesem idealisierenden, wenngleich verständlichen Eindruck befreien. Vielen, wenn nicht gar den meisten Nah-Tod-Erfahrenen fällt es schwer, mit ihrem Erlebnis zurechtzukommen, und der Prozeß der Integration dauert oft sehr lange – und in manchen Fällen wird er sicherlich überhaupt nicht bewältigt. Langjährige Beziehungen können bis zum bösen Ende strapaziert werden, Ehen zerbrechen, Mißverständnisse sind an der Tagesordnung, und Perioden qualvoller Innenschau oder gar Depression sind keine Seltenheit. Wie wir gesehen haben, tendiert die NTE dazu, das Leben des Betroffenen von Grund auf zu verändern, und die radikale Neuorientierung sowie der persönliche Mut, die erforderlich sind, um die Wahrheit seiner NTE zu leben, können für den Nah-Tod-Erfahrenen, seine Familie und Freunde eine immense Herausforderung darstellen.

Sally

Sally ist ein ganz typischer Fall. Vor einigen Jahren nahm sie mit mir Kontakt auf, weil sie dringend jemanden brauchte, mit dem sie über die Probleme sprechen konnte, die sich nach ihrer bereits 1977 erfolgten NTE entwickelt hatten. Sally, die in einer Kleinstadt in Colorado lebt, teilte mir einige ihrer Schwierigkeiten, speziell im Hinblick auf ihre Familie, telefonisch mit, aber zum Glück konnten wir uns bald danach persönlich kennenlernen, als ich in Colorado Urlaub machte. Ich verbrachte fast einen ganzen Tag bei ihr zu Hause und traf einige ihrer Kinder. Seither sind wir Freunde, und über die Jahre habe ich viele Briefe von ihr bekommen, in denen sie offen über die Schwierigkeiten berichtete, die das Leben mit der NTE für sie und ihre Familie aufwarf.

Sally ist mexikanischer Abstammung, 47 Jahre alt und katholisch. Sie hat die High School besucht und jung geheiratet. Ihren vier Kindern, sie sind jetzt zwischen 17 und 24 Jahre alt, steht sie sehr nahe. Wegen einer Erkrankung ist sie seit kurzem arbeitslos, doch meistens war sie in verschiedenen sozialen Berufen tätig und hat viel freiwillige, unbezahlte Arbeit geleistet. Sie ist relativ klein, leicht übergewichtig und hat dunkle, sehr leidenschaftliche Augen. Als ich sie kennenlernte, machte sie den Eindruck einer liebevollen, allerdings von Sorgen geplagten Frau auf mich, und ihre Briefe haben diese Wahrnehmung bestätigt.

Sallys NTE wurde durch schwere Blutungen herbeigeführt, die zehn Tage nach der Geburt ihres jüngsten Kindes auftraten. Die Verwandtschaft wurde zusammengerufen und ein Krankenwagen angefordert. Während des Transports in die Klinik befand sie sich wie Neev bereits außerhalb des Rettungsfahrzeugs. In einem Brief teilte sie mir mit:

Auf dem Weg ins Krankenhaus kam es mir vor, als würde ich über dem Notarztwagen schweben, obwohl mein Körper doch darin lag. Als wir ankamen, mußten wir warten, bevor ich in die Notaufnahme gebracht wurde. Ich hatte das Gefühl zu sterben, aber ich spürte keine Angst.

Ein Arzt versuchte erfolglos, die Blutung zu stoppen; deshalb wurde ein operativer Eingriff erwogen. Sally erinnert sich daran, daß um sie herum Ärzte und Pflegepersonal beschäftigt waren, doch

mir ging es so gut. Ich hatte keinerlei Schmerzen … Vor der Narkose sagte der Arzt zu mir: »Es wird schon alles gutgehen, aber Sie bluten sehr stark.« Ich wurde als Fall mit hohem Risiko eingestuft. [Ich habe Kopien aller medizinischen Unterlagen von Sally; sie bestätigen sämtliche wesentlichen Details bezüglich ihres Zustandes, aber natürlich wird darin nicht erwähnt, was der

Arzt zu ihr sagte.] Doch ich dachte nicht weiter darüber nach, weil ich mich so gut fühlte.

Das letzte, woran ich mich erinnere, war, daß der Assistenzarzt neben meinem Bett stand, und dann spürte ich, wie ich meinen Körper verließ, und konnte ihn unter mir auf dem Bett liegen sehen. Ich weiß nicht, wie lange ich da oben blieb und herunterschaute, [aber] plötzlich war ich im allerschönsten goldenen Licht, und dort blieb ich. Ich fühlte mich so sehr geliebt, ruhig, friedvoll und glücklich. Ich kann es nicht mit Worten ausdrücken, wie schön das war. Ich war ganz von dem goldenen Licht umgeben, und es war auch in mir. Ich war vollständig im goldenen Licht, ohne ein Gefühl, von ihm abgetrennt zu sein. Ich dachte an nichts und niemanden, ich brauchte dort absolut nichts. Es war eine solch mächtige Liebe, ja – soviel Liebe und Schönheit war dort. Ich spürte Liebe, Mitgefühl, Verständnis, Wissen. Dort ist mein wahres Zuhause, und hier ist mein irdisches Zuhause, dachte ich.

Später sah ich wunderschöne Blumen und ging einen herrlichen Weg mit jemandem an meiner rechten Seite, der ein braunes Kleid trug. Wir gingen einen Berg hinauf – Schönheit, alles war einfach nur schön – Blumen, die ich noch nie gesehen hatte.

Ich weiß nicht, wie lange ich in dem goldenen Licht war, aber auf einmal spürte ich, daß ich wieder in meinen Körper zurückkehrte ... und ich öffnete die Augen, und eine Krankenschwester sagte, sie hätten sich große Sorgen um mich gemacht. Ich war so wütend, daß ich sie am liebsten geschlagen hätte! Eine wütende Mexikanerin! Ich wollte, daß man mich in Ruhe ließ.

Im weiteren berichtet Sally, daß sie ihre Familie dringend bat, sie allein zu lassen, obwohl sie deswegen ein schlechtes Gewissen hatte; sie hatte ihnen nichts zu sagen. Auch nach ihrer Entlassung aus dem Krankenhaus fühlte sie sich weiterhin von ihren Angehörigen gestört und »anders«.

Es kam mir vor, als sei ich zwei Personen, verärgert, depressiv, und ich wollte einfach nicht hiersein. Ich wollte zurück in das schöne Licht, aber meine Kinder brauchten mich. Ich fühlte mich [nach sechs Monaten] immer noch anders, seltsam, komisch, depressiv, ich weinte die ganze Zeit ... Ich hatte immer sehr viel zu tun und niemanden, mit dem ich über meine NTE reden konnte, und ich wußte ja auch noch gar nicht, welch eine Erfahrung ich gemacht hatte. Ich erwähnte sie einmal [meinem Mann gegenüber], aber er zeigte kein Interesse dafür ... Ich versuchte auch, mit Krankenschwestern, Ärzten und so weiter darüber zu sprechen, [aber] sie meinten nur, das sei ein Traum gewesen, eine Halluzination, die Wirkung der Medikamente oder ähnliches, und rieten mir, es einfach zu vergessen, [aber] ich kann es nicht vergessen und will das auch gar nicht.

Glücklicherweise erfuhr Sally dann von NTEs, las einige Bücher darüber und rief mich schließlich an. Als nächstes lernte sie einige Menschen in ihrem Umfeld kennen, die sensibel und mit Verständnis auf ihre Probleme reagierten, so daß sie sich damit nicht mehr so allein gelassen fühlte. Es war sehr wichtig für Sally, Menschen zu finden, die für das, was sie durchgemacht hatte, wie auch für die Folgen ihrer NTE Verständnis aufbringen konnten, denn ihr Leben wurde danach durchaus nicht einfacher. Weil sie von ihrem Mann weder eine nennenswerte Unterstützung noch Verständnis erfuhr, erwog sie öfter, ihn zu verlassen, doch der Kinder wegen konnte sie sich letztlich nicht zu diesem Schritt entschließen.

Dennoch drückte sie in ihren vielen Briefen an mich ihren tiefempfundenen Dank für ihre NTE aus, für den anhaltenden Trost, den sie daraus bezieht, und für die Lektionen der Liebe und des Mitgefühls, welche ihr aus ihrer Erfahrung erwuchsen. So schrieb sie mir einmal:

Ich setze meine ganze Kraft hier auf Erden ein, aber ich weiß, wo meine wahre Heimat ist und wie es dort ist. Ich erinnere mich daran, als sei es erst gestern gewesen. Ich ging direkt in das wunderbarste goldene Licht ein. Wirkliche, wahre Liebe. Solch ein Friede, Geborgenheit, Ruhe. Ich dachte an nichts und machte mir keine Sorgen. Mein wunderbares goldenes Licht war überall um mich herum, es durchdrang mich, und ich danke Gott für die Wärme dieses besonderen goldenen Lichts. Ich spüre es so stark in mir, Tag und Nacht … Heute noch spüre ich das Licht in mir und fühle mich davon umgeben. Auch den Tod fürchte ich nicht, Ken. Ich möchte so vieles tun, für die Familie, für andere, für mich selbst. Und ich werde weiterhin ehrlich und fair sein und mich von Gott leiten lassen.

Natürlich hält auch Sallys Erfahrung Lektionen für uns bereit, doch sind sie von anderer Art und sicherlich beunruhigender als jene, die wir bislang betrachtet haben. Meistens werden die Menschen, wenn sie von NTEs hören, etwas neidisch und wünschen sich, selbst so eine Erfahrung zu machen (wenngleich sie natürlich nicht gerade darauf aus sind, dafür beinahe sterben zu müssen). Aber wenn sie sich wirklich in einen Nah-Tod-Erfahrenen hineinversetzen könnten, würden sie rasch feststellen, daß die NTE ein durchaus zwiespältiger Segen sein kann und dem Betroffenen oft genug großes Leid beschert, wie wir es bei Sally gesehen haben.

Ich möchte dies ausdrücklich betonen und Sie darauf aufmerksam machen, daß Sie, wenn Sie beginnen, diese Veränderungen in Ihrem Leben deutlich zu machen und gemäß den Lektionen und Werten der NTE zu leben, auch damit rechnen sollten, auf Probleme und unerwartete Herausforderungen zu stoßen. So sollten Sie etwa nicht davon ausgehen, daß Ihre Familie oder Ihre Freunde Verständnis für Ihr neues Verhalten und Ihre veränderten Einstellungen aufbringen werden. Und sicher werden

Sie auch inneren Konflikten bis hin zu tiefgreifender emotionaler Unruhe begegnen.

Veränderung ist schwer, und ohne Unterstützung durch die Umwelt sogar noch schwerer. Aber wenn Sie die Vorteile der NTE genießen wollen, müssen Sie etwas dafür tun und die Widerstände, denen Sie begegnen werden, überwinden. Denn auch wenn unsere Gesellschaft vielen Idealen der NTE verbal durchaus Anerkennung zollt, untergräbt sie diese dennoch in der Praxis. Die meisten Menschen kommen schon nach kurzem Nachdenken über die Implikationen der NTE für unser Verhalten zu dem Schluß, sie sei subversiv in dem Sinne, daß sie manche Formen unserer konsumorientierten Lebensweise aushöhlt. Wenn Sie lange genug im Strom der NTE mitschwimmen, werden auch Sie sich früher oder später mächtigen Gegenkräften gegenübersehen; seien Sie darauf vorbereitet, und suchen Sie Schutz, wenn es notwendig wird. Und wie Sally werden auch Sie womöglich feststellen, daß Sie sich neue Freunde suchen müssen.

Steve

Ein weiterer Mensch, der nach seiner NTE viele Turbulenzen und innere Konflikte zu überstehen hatte, ist mein Freund Steve. Von den Nah-Tod-Erfahrenen, die ich Ihnen in diesem Kapitel vorstelle, ist er der einzige, den ich noch nicht persönlich kenne (wir planen jedoch, das bald nachzuholen), aber ich habe den Eindruck, daß ich ihn durch die vielen Briefe und E-Mails, die wir im Verlauf des letzten Jahres austauschten, sowie durch einige ausführliche Telefonate sehr gut kennengelernt habe. Ich schätze, daß ich seit unserem ersten Kontakt im Oktober 1993 mehr als 300 Seiten Post von Steve erhalten habe, so daß ich für ihn nun bald einen eigenen Ordner brauchen werde! Ohne Frage ist er einer der hervorragendsten, einsichtigsten und spirituellsten Nah-Tod-Erfahrenen, die ich in meinen nahezu 20 Forscherjahren angetroffen habe. Und auch er hat in seinem Leben viel gelitten und leidet nach wie vor aufgrund dessen, was er aus seiner NTE und ähnlichen Erfahrungen gelernt hat.

Steve ist 43 Jahre alt, lebt in Südkalifornien, ist verheiratet, hat drei Kinder und arbeitet als Entwickler von Computer-Software. Er hat das College nicht abgeschlossen, sondern ist Autodidakt, wie Sie sehen werden.

Mit seinem ersten Brief an mich wollte er sich von einigen Konflikten befreien, in die er geraten war durch den Versuch, das, was er durch seine NTE gelernt hatte, mit seinem Alltagsleben in Einklang zu bringen. Doch zuvor schilderte er mir seine NTE und wie sie ihn verändert hatte.

Es ist mir in Steves Fall nicht klar, ob er tatsächlich dem Tod nahe war. Seine Erfahrung ereignete sich bei einem eigentlich geringfügigen chirurgischen Eingriff, doch dieser dauerte wesentlich länger als erwartet, und danach teilte man ihm mit, daß der Chirurg im Verlauf der Operation »einige Probleme« gehabt habe. Inzwischen ist aber zur Genüge belegt, daß man, um eine NTE zu erlangen, nicht unbedingt an der Schwelle zum physischen Tod gestanden haben muß; vielmehr gibt es auch zahlreiche nicht lebensbedrohliche Streßsituationen, die zu einer NTE oder einer ähnlichen Erfahrung führen können. Letztlich ist das, was zählt, die Erfahrung, unabhängig davon, wie sie zustande kam.

1975, im Alter von 24 Jahren, mußte sich Steve einen Weisheitszahn ziehen lassen. Vor der Operation bekam er ein Beruhigungsmittel in den linken Arm gespritzt und danach Natrium-Pentothal. Dieses schien jedoch nicht zu wirken, so daß ihm der Arzt etwas verärgert insgesamt vier Spritzen gab. Nach dem Eingriff – der etwa zwei Stunden dauerte! – wurde Steve in einen dunklen, fensterlosen Postoperationsraum gebracht, und dort kam es zu seiner Erfahrung.

Als ich aufwachte, war ich von einem fließenden weißen Licht geblendet. Ich dachte, das sei eine Nachwirkung der Narkose und wie seltsam es sei, daß es über meinen Sehnerv und durch meinen ganzen Körper floß. Ich stand sofort auf und blickte die Krankenschwester an, die mir auf die Beine geholfen hatte.

Es war keine Krankenschwester. Sie war in Licht gekleidet, unglaublich schön und liebenswert. Sie war die schönste Frau, die ich je gesehen hatte; ich muß fast weinen, wenn ich daran denke. Sie trug ein weites weißes Gewand, das Licht ausstrahlte ... Das Licht, das sie umgab, floß in mich, es schien sich in alles hinein zu ergießen ... Das Licht, das aus ihrer Mitte leuchtete, war strahlend schön. Dieses Licht und die Gesichtsfarbe der Frau hatten eine erstaunliche Wirkung auf mich. Ihre Gesichtszüge wurden von diesem inneren Licht überstrahlt. Ich konnte ihre Liebe und Fürsorge im wahrsten Sinn des Wortes fühlen ... Ich hatte den Eindruck, daß sie mich sehr gut kannte, daß ich ihr sehr vertraut war, aber sie sagte nichts dergleichen.

Dann blickte ich zurück und auf meinen Körper hinab, der noch zugedeckt auf dem Krankenbett lag. Da war ich also, ich stand neben einem Wesen aus Licht, und gleichzeitig schaute ich auf meinen daliegenden Körper. Irgend etwas stimmte hier nicht.

Aber noch ehe ich darüber nachdenken konnte, griff sie meinen Gedanken auf und sagte: »Mach dir keine Sorgen, du bist nicht tot. Du bist vollkommen lebendig. Dein Herz schlägt noch. Schau!« Ich sah hin – ich konnte hineinsehen. Ich sah, wie sich die Kammern mit Blut füllten und wieder leerten. Ich sah mein Gefäßsystem und die lebenserhaltenden Substanzen, die sich ihren Weg durch den ganzen Körper bahnten. Zufrieden, daß alles in Ordnung war, wandte ich mich wieder ab.

Gerade, als ich mich zu fragen begann, weshalb sie hier sei und was mit meinem Körper vorgehe, griff sie meinen Gedanken erneut auf und sagte: »Du atmest nicht regelmäßig, womöglich fällt deine Atmung ganz aus. Ich bin hier, um sie zu stabilisieren und dafür zu sorgen, daß dein Problem sich nicht verschlimmert. Du bist sehr wertvoll, niemand will bezüglich deines Lebens ein Risiko eingehen.«

Sie führte mich zur Seite, und ich blickte [wieder] zurück auf meinen Körper auf dem Bett. Zwei Wände trennten uns. Sie hatte einen Schleier aus Energie an ihrem Rücken, der ihre Welt von der meinen abtrennte ... Ich begriff sofort, daß mir nicht erlaubt war, dort hindurchzugehen. »Es ist eine Einbahnstraße. Wenn du dort durchgehst, kannst du nicht mehr hierher zurück. Dann ist dein Leben vorbei, und dann hast du nicht getan, was du tun mußt.« Herrliche Lichtscherben in sämtlichen Farben umspielten die Öffnung. Sie erschienen und verschwanden wieder, als würde die Lichtenergie gebrochen und am Kontaktpunkt der beiden Welten mit ihren unterschiedlichen Energiestufen zertrümmert.

Ich fühlte mich wunderbar und war auch gar nicht allzusehr überrascht – dies war nicht das erstemal, daß ich jemanden wie sie getroffen hatte. Ihr Licht war ein Zeichen, an dem ich sie erkannte; ich hatte dieses Licht schon einmal gesehen. Sie anzuschauen war gleichbedeutend damit, sich auf der Stelle in sie zu verlieben. Ich wollte sie nie mehr verlassen. Vielleicht hatte sie das Gefühl, daß die Umstände für meine Frau einen unfairen Vergleich bedeuteten. Sie zeigte mir einige Einzelheiten zu meinen Kindern [die damals noch nicht geboren waren] und offenbarte mir einen Blick auf eine andere Frau, die noch liebenswerter und begehrenswerter aussah als sie – meine Frau, mit der ich verheiratet war. Dann sagte sie, es sei jetzt an der Zeit, zurückzukehren, meine Atmung habe sich stabilisiert, und mein Nervensystem könne jetzt wieder selbständig arbeiten ... Ich sah, wie sich ihr Licht von mir zurückzog, während sie meinem Blick entschwand. Es hielt noch zwei oder drei Sekunden an, als ich bereits wach war und bemerkte, daß meine Frau mein Gesicht in ihren Händen hielt.

War Steves Erlebnis lediglich eine Folge der Drogen, die er bekommen hatte? Er dachte über diese Möglichkeit nach – und verwarf sie dann.

Man sagte mir, das sei eine drogeninduzierte Halluzination gewesen. Aber ich hatte schon öfter Natrium-Pentothal bekommen und nie diesen Effekt gehabt. Als ich es zum erstenmal bekam, war es alles andere als angenehm ... [Jahre später], nachdem ich Melvin Morses[3] Bericht über Leute, die sich mit NTE-Studien beschäftigten, aber nicht glaubten, selbst eine NTE gemacht zu haben, gelesen hatte, fand ich einen Bericht, der meiner Darstellung ganz ähnlich war, und daraufhin wurde mir klar, daß es wohl keine Halluzination aufgrund von Drogen gewesen war.

Natürlich ziehen drogeninduzierte Halluzinationen auch keine tiefgreifenden Lebensveränderungen nach sich, aber wie wir gleich sehen werden, waren die Auswirkungen dieser und anderer ähnlicher Erfahrungen auf Steves Leben sehr erstaunlich. Bevor wir diese Auswirkungen näher betrachten, muß ich jedoch noch etwas klären, was Sie bei Steves NTE womöglich verwundert hat. Und zwar sagt er uns, daß ihm das Licht, das er sah, bereits bekannt war – er hatte es schon einmal gesehen. Aber wann?

Nun, Steve hatte bereits fünf Jahre zuvor infolge einer Leberinfektion eine NTE und in derselben Lebensphase auch einige »Lichterlebnisse«, wie er sie nennt, gehabt, die jedoch nicht mit lebensbedrohlichen Krisen in Zusammenhang standen. Im Gesamtkontext seines Lebens könnte man Steves NTE also als eine Art Kulmination einer Serie miteinander in Zusammenhang stehender transzendentaler Erfahrungen betrachten. Jedenfalls signalisierten sie den Beginn einiger bedeutsamer Veränderungen in seinem Leben, und sie scheinen auch mit der Entwicklung einiger außergewöhnlicher Neigungen in Zusammenhang zu stehen.

Nach diesen Erlebnissen veränderte sich meine Persönlichkeit; ich kam danach nicht mehr mit meinen Eltern und meiner Familie zurecht. Sie nannten mich einen Hippie, einen Außenseiter ohne Lebensziel. Man hielt mich für schwach und nicht leistungsfähig.

Ich selbst kam mir plötzlich schrecklich unwissend vor. Ich begann, Bücher zu kaufen. Ich füllte ganze Hefte mit Aufzeichnungen über die Geschichte verschiedener Länder sowie archäologische und philosophische Themen.

Ich stellte fest, daß ich plötzlich innerhalb von ein paar Stunden ein Präludium und eine Fuge von Bach auswendig lernen konnte, während ich früher wochenlang zu kämpfen gehabt hatte, um ein Musikstück zu lernen.

Nachdem er mit 24 Jahren seine NTE gehabt hatte, so Steve, begannen sich viele der Veränderungen, die er bereits zuvor bemerkt hatte, zu beschleunigen, und einige seiner Konflikte und Probleme wurden zunehmend schmerzlich.

Ich arbeitete[damals] im Geschäft meiner Familie mit. Als Unternehmer war mein Vater natürlich sehr wettbewerbsorientiert; zudem war er ein angesehener Mann in der Kirchengemeinde und äußerst bibelfest. Als Redner und Verkaufsstratege war er hervorragend und landesweit bekannt. Er schärfte mir ein, wenn ich nicht einen intensiven, brennenden Wunsch nach Geld und Reichtum entwickelte, würde ich nie Erfolg haben. Ich habe es wirklich versucht, aber ich habe es nie geschafft, einen brennenden Wunsch nach Geld zu verspüren. Was ich schaffte, war, effektiv zu arbeiten: Ich gewann ein paar Verkaufswettbewerbe, und danach leitete ich sein Geschäft gut genug, um mir den Respekt seiner Klienten und Konkurrenten zu verdienen. Aber meinen »weichen« Charakter akzeptierten sie nie. »Zurückhaltend« war die netteste Bezeichnung, die sie für mich übrig hatten.

Sie fanden meinen veränderten Standpunkt unerträglich. Die Geschäftspartner meines Vaters ärgerten sich sehr über meine Fähigkeit, die Zukunft zu sehen, und meine Tendenz, eher auf ihre intimen Gedanken und Intentionen zu reagieren als auf ihre äußerlichen polierten Manieren. Ich mußte mir wieder angewöhnen, auf einer Ebene zuzuhören und auf einer anderen zu denken – der Ebene des äußeren Scheins und der meiner wahren Gefühle. Wenn ich nicht aufpaßte, antwortete ich auf Fragen gemäß den verborgenen Gedanken und Motiven meines Gegenübers anstatt seinen ausgesprochenen Worten entsprechend. Mein Erfolg war so gesehen ein Zufall. Ich war nie in Eile. Ich war nie um Wettstreit bemüht. Die, die weniger nett oder gutmütig waren, sagten mir einfach, ich sei kein Mann.

In der Zwischenzeit verbrachte Steve die Zeit, die er nicht dem Geschäft widmen mußte, damit, sich zu bilden, was schließlich dazu führte, daß er sich aus dem Gefängnis seines Familienunternehmens befreite.

Mit 26 Jahren begann ich, Bücher zu kaufen und Sprachen zu lernen – zuerst Französisch, dann Spanisch. Nach zwei Semestern begann ich mit der Lektüre des Don Quijote und las Voltaires Philosophische Briefe. Dann fing ich wieder mit Portugiesisch an [er hatte zuvor in Brasilien gelebt]. Mit 28 studierte ich Geschichte und Philosophie, ein Jahr darauf begann ich mit Exkursionen in die Teilchenphysik und Elektronik. Mit 32 fing ich an, Oszillatoren und rauscharme Verstärker zu bauen; einer von ihnen ist ein Satellit, der die Erde umkreist. Mit 36 Jahren begann ich, Mikroprozessoren zu bauen. Jetzt bin ich 42 und schreibe als professioneller Programmierer etwa 40 000 Lines of Code in C pro Jahr.

Steve liest nach wie vor sehr viel und breit gestreut:

Letztes Jahr habe ich circa 150 Bücher zu den Themen Geschichte, Philosophie, Religion, Astronomie, Physik und Archäologie gekauft und die meisten davon auch gelesen. Belletristik lese ich, abgesehen von Meisterwerken und Klassikern, nicht mehr.

Heute ist Steve sehr erfolgreich in seiner Arbeit und ein offenkundiger Bücherfreund, aber dennoch bleibt ihm noch Zeit für Hobbys wie Astronomie (er besitzt zwei Teleskope) und Fotografie (mit Spezialisierung auf Vögel und Blumen). Aber wie viele andere Nah-Tod-Erfahrene klagt auch er, daß er zu sensibel ist.

Fernsehkrimis kann ich mir nicht ansehen. Ich empfinde es als widerlich, wenn ein kaltblütiger Mord gezeigt wird. Mit meinen Kindern – sie sind jetzt Teenager – streite ich immer wieder wegen der Fernsehprogramme, die sie sich ansehen. Ein Film, in dem ein Mord anschaulich dargestellt wird, fällt bei uns zu Hause unter die Zensur. Wenn sie Gewaltszenen anschauen, spüre ich das, was sie sehen, sogar wenn ich in einem anderen Zimmer bin, und es ärgert mich. Sie denken, ich sei ein bißchen verrückt. Aber mir bereitet nichts größeren Schmerz, als wenn meine Familie sich streitet.

Doch ich kann das, was ich gesehen habe, nicht einfach wegwerfen. Alles andere zählt für mich im Grunde nicht. Schon allein, wenn ich auf der Autobahn unterwegs bin und den Zorn der anderen Leute spüre, tut es mir weh.

Selbst in der Kirche hat Steve Probleme:

Ich liebe Gott über alles. Aber ich kann fast nicht mehr zur Kirche gehen. Mit der Schuld und Scham, über die dort gesprochen wird, kann ich nichts anfangen. Diese Diskussionen über Schuld und Sünde sind für mich nicht relevant, sie machen mich nur unglücklich. Sie haben absolut nichts mit den Erfahrungen zu tun, die ich gemacht habe … Ich habe versucht, diese Themen vorsichtig bei Priestern anzusprechen, aber sie reagierten negativ. Deshalb hörte ich damit auf.

Wenn mein Leben nicht ist, wie es sein sollte, bekomme ich seelische Schmerzen und ändere mich so schnell wie möglich. Aber all diese Regeln und Vorschriften sind für mich bedeutungslos. Sie berühren mich innerlich nicht im geringsten. Gesetze erscheinen mir wie vorbereitende Stufen, die zu etwas Besserem hinführen. Aber ich weiß, daß es noch mehr gibt.

Trost findet Steve in der Literatur, vor allem solcher, die sich mit »wirklicher Religion« befaßt. Er ist begeistert von Antoine de Saint-Exupéry, der hauptsächlich durch seine wunderbare Geschichte *Der kleine Prinz* bekannt wurde. Steve sagte mir, in *Wind, Sand und Sterne*, einem anderen Buch dieses Autors, habe er eine Erzählung gefunden, die offenbar auf Saint-Exupérys Erfahrungen als Pilot beruht.

Sein Flugzeug war abgestürzt, und er hatte sieben Tage praktisch ohne Wasser ausgeharrt. Er hatte den Todesschmerz bereits überwunden, als ein Beduine ihn fand und sein Gesicht vorsichtig in eine Schüssel mit Wasser tauchte. Er blickte auf in das runzlige Gesicht des Mannes der Wüste und sah darin all seine Freunde, all seine Feinde, die ganze Menschheit, und er verspürte eine ewige Liebe. Nach diesem Erlebnis, sagte er, konnte er keinen

Haß für Araber, Türken oder irgendein anderes Volk mehr empfinden. Das einzige, was er haßte, waren bewußte Ignoranz und Unsensibilität für die Gefühle anderer.

Es ist leicht nachvollziehbar, weshalb Steve sich durch Saint-Exupérys Epiphanie in der Wüste so angesprochen fühlt – vor allem, weil er sich ja auch selbst in einer Art spiritueller Wüste befindet und nach einer Oase des Verständnisses sucht, nach Menschen, zu denen er sich hingezogen fühlt. Für mich ist er ein ernüchterndes Beispiel eines Menschen, der vielleicht zuviel gesehen und erfahren und zuviel von dem Licht in sich aufgenommen hat, um sich je wieder in dieser Welt wirklich wohl fühlen zu können. Er leidet durch sein Wissen und wegen der Schmerzen jener, die von den Lehren des Lichts nicht erreicht werden. Aber gleichzeitig ist er denen, die sich zu dem Wissen, das er besitzt, hingezogen fühlen, ein leuchtendes Beispiel und ein unvergleichlich guter Lehrer. Ich persönlich sehe Steve als ein Lichtwesen, eine Quelle der Erleuchtung; er lehrt uns durch sein aufrichtiges Sein und durch das Medium der einfachen Sprache seines Herzens.

In einem seiner Briefe schrieb er mir: »Es gibt keine bessere Belehrung als das Leben selbst (und keine besseren Beobachter als unsere Kinder).« Steve war auch einer meiner Lehrer; seine Lektionen zählen – und ich hoffe, darin stimmen Sie mir zu – zum Wertvollsten, was die NTE uns bieten kann.

Peggy

Unser letzter Bote des Lichts ist eine Frau namens Peggy Holladay, die mich 1989 in einem 17seitigen Brief über ihre NTE und die Lektionen unterrichtete, die sie zu lernen hatte. Ihre Schilderung ist so kraftvoll und tiefschürfend, daß ich sie am liebsten komplett wiedergeben würde; aus Platzgründen muß ich mich jedoch auf einige Auszüge dieses und eines zweiten Berichts beschränken, den Peggy mir später per E-Mail zukommen ließ. Aber ich denke, das wird ausreichen, um zu zeigen, daß sie ihre Reise ins Licht letztlich zugunsten von uns allen unternahm.

Nachdem ich von Peggy gehört hatte, schrieb ich ihr natürlich zurück, um ihr meine tiefe Anerkennung auszusprechen, und ein Jahr später hatten wir Gelegenheit, uns bei einer Konferenz zum Thema NTEs in Washington kennenzulernen. Sie war eine attraktive dunkelhaarige Frau etwa Mitte 30, verheiratet und Mutter von zwei Kindern. Ihre größte Freude im Leben war das Singen; sie war in einigen Musicals aufgetreten (später schickte sie mir ein Video, das sie in Jerome Kerns *Showboat* zeigte) und außerdem eine talentierte Porträtmalerin und Erfinderin. Kurz gesagt, Peggy ist eine sehr kreative Person und darüber hinaus von großem Enthusiasmus und menschlicher Wärme.

An Weihnachten 1973, also im Alter von Anfang 20, hatte Peggy, die damals in Dallas lebte, einen schweren Autounfall, bei dem sie sich einen komplizierten Schädelbruch zuzog. Sie weiß nicht, ob sie damals eine wirkliche NTE hatte (der Begriff existierte damals noch nicht), erinnerte sich aber im nachhinein daran, daß sie erstaunliche Bilder gesehen hatte, in denen ihr Körper auf dem Boden lag und dann in einen Krankenwagen gelegt wurde. Dieses Erlebnis erwies sich als ein Wendepunkt in ihrem Leben, der radikale Veränderungen ihrer Persönlichkeit, ihrer Ansichten und ihres sozialen Verhaltens nach sich zog.

Zum einen entwickelte sich bei ihr der Wunsch, noch einmal ein College zu besuchen. Sie entschied sich für Fächer, die sie früher nicht gemocht hatte, nämlich Chemie und Biologie, und stellte fest, daß sie darin glänzte. Sie lernte auf eine völlig neue Art, und ähnlich wie Steve sagt auch sie:

> Es war, als würde ich alles aus einem viel tieferen Verstehen heraus »sehen«! Das machte das Lernen natürlich absolut neu und zu einer Freude für mich; ich »hungerte« geradezu nach neuem, interessantem Wissen. Ich konnte es mir gar nicht schnell genug aneignen.

Zum anderen stellte sie fest, daß sich ihre Freundschaften und ihr ganzer Lebensstil veränderten. Hatte sie früher keine Party ausgelassen und als Stimmungskanone gegolten, so bemerkte sie allmählich, daß ihr solch oberflächliche Rollen nicht mehr genügten: »Nach meiner Kopfverletzung konnte ich meinem früheren Lebensstil nichts mehr abgewinnen. Ich war ein anderer Mensch geworden, und jeder, der mich gekannt hatte, merkte es.«

Ungewöhnliche mystische Erfahrungen stellten sich bei ihr ein, in denen sie »die tiefste Freude, die ich je erlebt habe«, empfand; bewußte außerkörperliche Erlebnisse kamen hinzu. Sie war als Baptistin erzogen worden und spürte nun auch einen Drang, in ihre alte Glaubensgemeinschaft zurückzukehren, doch nach einigen Monaten merkte sie, daß sie mit der »althergebrachten christlichen Lehre« nichts mehr anfangen konnte. Doch der vielleicht gravierendste emotionale Wandel, den Peggy damals durchlebte, war ihre Erfahrung empathischer Liebe, wie es die folgenden von ihr geschilderten Vorfälle illustrieren:

Ich erinnere mich, daß ich oft den Drang hatte, völlig fremde Menschen einfach zu umarmen, weil ich so überwältigende Gefühle empfand. Ich hatte keine Ahnung, woher dieses riesige Mitgefühl kam; ich wußte nur, daß es wunderbar war, auch wenn ich die Leute nicht umarmen konnte ... Einige Male konnte ich die Gedanken der betreffenden Person erkennen. Ich konnte sie richtig lesen, und gleichzeitig spürte ich sehr viel Liebe für diesen Menschen.

Aber das denkwürdigste Erlebnis nach meiner Kopfverletzung hatte ich mit zwei Kommilitonen aus meinem Englischkurs. Wir hatten uns nur ein paarmal kurz über die gestellten Aufgaben unterhalten, aber ich weiß noch, daß ich eine eigenartige Verbindung zu ihnen fühlte – fast, als wären sie meine jüngeren Geschwister. Und eines Tages, als wir miteinander sprachen, empfand ich ein Gefühl für die beiden, auf das ich absolut nicht vorbereitet war. Es hielt nur eineinhalb bis zwei Minuten an, aber es war eine Liebe, die so unglaublich stark und unermeßlich tief war, daß ich erstaunt und beinahe schockiert war, als es mich durchströmte. Ich hatte nicht gewußt, daß es eine solche Liebe gibt. Als ich mit ihnen redete und ihnen in die Augen sah, liebte ich sie auf eine Art und Weise, zu der menschliche Wesen nicht fähig sind (zumindest jetzt noch nicht). Ich wußte nicht nur, was sie dachten, sondern – stellen Sie sich das vor – ich wurde sogar sie selbst! Es gibt keine Worte, und nicht einmal menschliche Gefühle, mit denen sich ausdrücken ließe, wie sehr ich die beiden in diesen eineinhalb Minuten liebte. Ich habe nie zuvor und auch danach nie mehr eine solche Liebe gefühlt, nicht einmal für meine Kinder, die ich anbete! Ich war mir zwar nie ganz sicher, woher dieses Gefühl kam, aber ich weiß, daß es nicht von dieser Welt war.

Jeder, der mit der Literatur über die Nachwirkungen von NTEs vertraut ist, wird mittlerweile erkannt haben, daß die Veränderungen, die Peggy nach ihrer Kopfverletzung durchlief, für Menschen mit dieser Erfahrung typisch sind. Hatte also auch sie eine NTE erlebt, ohne sich dessen jedoch voll bewußt geworden zu sein?

Die Antwort ist mit großer Sicherheit: ja. Ich habe im Verlauf meiner Forschungen mehrmals Menschen angetroffen, die für einige Zeit, in manchen Fällen sogar jahrelang, keine bewußte Erinnerung an ihre NTE hatten – vor allem, wenn sie in Autounfälle verwickelt waren. Diese Personen leiden an einer sogenannten »retrograden Amnesie«: Irgendwann wird durch ein Ereignis dann eine teilweise Erinnerung ausgelöst, und dadurch kommt die Erfahrung zurück wie ein längst vergessener Traum.

Offenbar ist dies auch mit Peggy geschehen, denn 13 Jahre später scheint sie in einem ähnlichen Wagen wie dem damaligen bei einer Fahrt nach Dallas, wo sich ihr Unfall ereignete, eine *bewußte*, wenn auch fragmentarische, Erinnerung an ihre Erfahrung von damals gehabt zu haben.

Aber wie auch immer die Erklärung lauten mag: Was ihr an diesem Tag zuteil wurde, ist die Essenz der höchsten Lehren des Lichts, wie sie Nah-Tod-Erfahrenen vermittelt wird, und schon allein aus diesem Grund ist ihr Bericht von größtem Wert für uns.

Am 22. August 1986 waren Peggy und ihr Mann in dessen Bus unterwegs. Als im Autoradio ein trauriges Lied gespielt wurde, fühlte sie sich sehr ergriffen. Sie spürte eine Welle von alles verzehrendem Mitgefühl für die Menschen, die so stark wurde, daß sie in den Fond des Wagens ging, um sich hinzulegen. Sie versuchte, sich zu entspannen, mußte jedoch feststellen, daß ihr Herz wie rasend schlug, »als ob ich 25 Minuten lang intensiv Aerobic gemacht hätte«. Als sich ihr Atem allmählich wieder verlangsamte, fand sie sich in der »schwärzesten Dunkelheit« wieder, ohne jedoch Angst zu spüren. Sie fühlte sich absolut friedvoll und ekstatisch und gleichzeitig »eingesperrt« in die Erfahrung, die ihr nun bevorstand.

Ich erinnere mich, daß ich nicht wußte, wo ich war, während ich schwebte; aber es ging mir so gut, und das schien mich so sehr zu beschäftigen, daß ich mir keine Gedanken machte. Das heißt so lange, bis ich über meiner linken Schulter ein kleines helles Licht sah. Ich hatte nicht das Gefühl, mich durch einen Tunnel auf das Licht zu zu bewegen, sondern ich schwebte einfach ganz heiter in der Schwärze, und das Licht kam auf mich zu. Es war rund und wurde sehr schnell immer größer; womöglich bewegte ich mich also doch durch einen Tunnel, aber ohne es zu bemerken. Wie jeder sagt, der dieses Licht gesehen hat – es sieht aus wie das hellste blauweiße Licht, das man sich vorstellen kann, und das noch um das Zehntausendfache vervielfacht. Anfangs hatte ich ein wenig Angst, als es auf mich zukam (oder ich auf es), obwohl es mir nicht in den Augen weh tat, wie ich geglaubt hatte. Im Gegenteil, je länger ich es ansah, desto mehr faszinierte mich diese Friedfertigkeit. Dieses Licht war äußerst angenehm; es »in mich aufzunehmen« war schiere Freude ... Ich wußte auch sofort, daß das nicht einfach nur ein Licht war, sondern daß es lebte! Es hatte einen Charakter und war eine Intelligenz jenseits allen Begreifens ... Ich wußte, dieses Licht war ein Wesen. Und ich wußte, daß dieses Lichtwesen Gott war und kein Geschlecht hatte.

Außerdem hatte ich das Gefühl, daß das Licht »sprach« ... es kommunizierte so geistig hochstehend, daß mein Verstand nicht entschlüsseln konnte, was es sagte ... Unmittelbar, bevor das Licht mich vollkommen umgab, begann ich zu spüren, daß es mich sehr gut kannte.

Dennoch begriff Peggy, was das Licht ihr mitteilte, und sie erfuhr auch seine Energie. »Ich wußte absolut und ohne jeden Zweifel, daß es die stärkste Macht ist, die es gibt. Es war die Energie der reinen Liebe. Ich dachte: ›Ich kann es nicht erwarten, das allen Leuten zu sagen.‹«

Heute ist Peggy der Überzeugung, daß das Licht sie als Reaktion auf Fragen, die sie stellte, zu belehren begann:

Das Licht zeigte mir, daß die Welt eine Illusion ist. Alles, woran ich mich diesbezüglich erinnern kann, ist, daß ich hinabschaute [auf das, was sie für die Erde hielt] … und dachte: »Mein Gott, es ist nicht wirklich, es ist nicht wirklich!« Es war, als ob alle materiellen Dinge lediglich »Requisiten« für unsere Seelen seien, unsere Körper mit eingeschlossen. Schwerere Dinge, die wir sehen können, sind von einer niedrigeren Realität, und sie sind wirklich, aber nicht so, wie wir es uns vorstellen. Wir haben Unsichtbares aus höheren Ebenen an uns, die weitaus realer sind. Ich dachte: »Ich darf das nicht vergessen!«

In diesem Zustand bemerkte Peggy, daß ihr Verstand auf eine ungewöhnliche Art und Weise funktionierte; er ließ viele der Einsichten, die ihr zuteil wurden, als selbstverständlich erscheinen:

Ich hatte an diesem Ort, welcher Art er auch immer sein mag, nicht das begrenzte Bewußtsein, das man auf der Erde hat. Du hast das Gefühl, als hättest du 125 Sinne und nicht nur fünf wie sonst. Du kannst ohne jede Anstrengung alles tun, denken, begreifen und ich weiß nicht, was sonst noch alles. Es ist, als hättest du die Fakten unmittelbar vor dir, ohne jedes Risiko einer Falschinterpretation, weil die Wahrheit einfach da ist! Nichts ist verborgen. Kommunikation geschieht, indem du Fragen und Antworten einfach denkst. Gut ausformulierte Gedanken kommen dir wie von selbst in den Sinn, und du weißt, sie rühren von einer anderen Quelle her. Auch eigene Gedanken ließen sich auf diese Art und Weise projizieren. In diesem anderen Reich liegt alles, auch Wahrheiten zum Beispiel, einfach vor dir, und das einzige, was du zu tun hast, ist, einfach nur an das zu denken, was du wissen willst, und schon hast du es. Der Geist steht an oberster Stelle. Was mich erstaunte, war meine Fähigkeit, gleichzeitig so viele Dinge zu denken, wie ich wollte. Ich weiß noch, wie verblüfft ich war, als ich merkte, daß ich viele, viele Gedanken gleichzeitig hatte und alles problemlos verstand.

Weitere Offenbarungen strömten auf Peggy ein. Sie lernte, daß auch die Zeit eine Illusion ist. Schreckliche Ereignisse auf der Erde hatten eine innere Bedeutung, die Menschen mit ihrem begrenzten Begriffsvermögen nicht ergründen konnten. »Ich hätte am liebsten geweint vor Freude über die Vollkommenheit der ganzen Schöpfung«, sagt Peggy. Aber für sie – und vielleicht auch für uns – am bedeutendsten von allem, was ihr in diesem Zustand enorm erweiterten Bewußtseins zuteil wurde, war die Erfahrung der alles durchdringenden ursprünglichen Liebe, die das Universum beherrscht.

Ich sah auch noch andere erstaunliche Wahrheiten … zum Beispiel, als das Licht mir sagte, daß alles Liebe ist – wirklich alles! Ich hatte immer geglaubt, Liebe sei lediglich ein menschliches Gefühl, das man von Zeit zu Zeit spürt; nie hätte ich geglaubt, daß im wahrsten Sinne des Wortes alles Liebe ist!

Ich sah, wie sehr alle Menschen geliebt werden. Und es war sonnenklar, daß das Licht jeden gleichermaßen liebte, ohne Einschränkungen! Das muß ich wirklich betonen, weil es mich so glücklich machte zu erfahren, daß wir nicht glauben oder bestimmte Dinge tun müssen, um geliebt zu werden. *Wir wurden und werden geliebt, ohne Bedingungen!* Das Licht war für alle Menschen da und liebte jeden gleichermaßen. Ich erinnere mich, wie ich die Leute anschaute und das Licht mich bat, »alle Menschen« zu lieben. Ich wollte weinen, so tief empfand ich für sie … Ich dachte: »Wenn sie nur wissen könnten, wie sehr sie geliebt werden, vielleicht würden sie sich dann nicht mehr so ängstlich und einsam fühlen.«

Damit sie diese unbegreifliche, unermeßliche Liebe nie mehr vergessen würde, erhielt Peggy sodann eine »Infusion« mit Energie des Lichts:

Ich erinnere mich lebhaft daran, wie das Licht einen Strom reiner, unverfälschter, konzentrierter und bedingungsloser Liebe sozusagen einschaltete. Diese Liebe, die ich im Licht erfuhr, war so machtvoll, daß man sie nicht mit irdischer Liebe vergleichen kann, wenngleich diese eine abgeschwächte Version davon ist. Als dieser Strom reiner Liebe durch mich floß, kam es mir vor, als würde das Licht gleichzeitig sagen: »Ich liebe dich *vollkommen*, so, wie du bist, und *weil du bist*.«

Da begann ich, heftig zu schluchzen, denn ich hatte das Gefühl, soviel reine Liebe nicht zu verdienen, weil ich zuviel falsch gemacht hatte. Aber während ich diese schreckliche Traurigkeit und diesen schmerzlichen Unwert spürte, fühlte ich auch die Liebe des Lichts. Es hörte nicht auf, mich zu lieben, und ich werde nie den Eindruck vergessen, den das auf mich machte. Ich dachte: »Hier ist mehr Liebe als sonst etwas…« Es war, als würde ich in Energieteilchen aus reiner Liebe gebadet. Und während diese strahlende, energiespendende Liebe mich durchströmte, wußte ich, wenn auch nur für ein paar Sekunden, daß ich vollkommen eins war mit dem Licht. Ich wußte, daß nichts an mir falsch war. Nichts! Ich dachte oder fühlte keine Perfektion in diesen Augenblicken – *ich war perfekt*. Ich war nicht nur im Licht. Ich wurde zum Licht. Ich wurde alles gleichzeitig!

Vielleicht erinnern wir uns an dieser Stelle noch einmal, nunmehr mit größerem Verständnis ihrer Quelle, an die heftige empathische Liebe, die Peggy für ihre beiden Kommilitonen empfand. (»Ich hatte nicht gewußt, daß es eine solche *Liebe* gibt … ich weiß, daß sie nicht von dieser Welt war.«) Heute meint sie, daß sie damals eine wichtige Lektion über die heilende Kraft bedingungsloser Liebe empfing.

Eine meiner vielen aus dieser Erfahrung gewonnenen Überzeugungen ist, daß ein Mensch, dem bedingungslose Liebe zuteil wird – gleichgültig, wie stark sie ist oder woher sie kommt (von einer anderen Person oder vom Licht) –, immer von »liebloser Energie« oder Selbsthaß (beides sind Illusionen) gereinigt wird. Diese negativen Energien treten dabei in sein Bewußtsein und können so geprüft und dann entladen werden. Dadurch wird das Bewußtsein des betreffenden Menschen auf eine höhere Ebene gehoben.

Doch Peggy selbst begann an diesem Punkt ihrer Reise und, nachdem sie diese und andere Lektionen vom Licht in sich aufgenommen hatte, ihre Rückkehr zur Erde. Während sie noch vom Licht umflutet war, wurde sie gefragt, ob sie hier »auf immer und ewig bleiben« könne:

Ich erinnere mich, daß ich eine Sekunde zögerte und wohl an meine Familie dachte, aber ich sagte definitiv ja ... Jeder Mensch, der auch nur einen Augenblick lang diese reine Energie gespürt hat, würde auf die Knie fallen und vor Freude über die Vollkommenheit des Universums ungeniert schluchzen. Ich war bereit, alles aufzugeben, was ich auf der Erde geliebt hatte, um in diesem Zustand absoluter Gnade bleiben zu können.

Aber aus Gründen, die wir nie erfahren werden, lehnte das Licht es ab, Peggys Wunsch zu erfüllen; sie mußte zurückkehren und wieder in ihren Körper eintreten. Dabei bemerkte sie, daß ihre Augen voller Tränen waren, »und ich war wie im Schock und fragte mich, was mit mir passiert war«.

Dennoch flossen die vom Licht kommenden Einsichten nach diesem Erlebnis weiter in sie ein, wie es auch bei Neev der Fall war; und wie wir zuvor sahen, haben sie an diesem Punkt weniger die Qualität ultimativer Offenbarungen, sondern tendieren mehr dazu, eine persönliche Bedeutung für das Individuum zu haben. Es ist fast so, als ob das Licht, nachdem es seine universalen Wahrheiten geäußert hat, dem Betreffenden nun nahebringen möchte, wie er oder sie all dieses Wissen in sein Alltagsleben einbringen kann. In Peggys Fall waren diese Hinweise ähnlich wie bei Craig und hatten mit Musik zu tun.

Doch zunächst bringt Peggy noch eine allgemeinere Lektion vor:

Eines [was ich lernte] ist, daß wir alle hier sind, um eine »Aufgabe der Liebe« zu erfüllen. Wir müssen das nicht tun; wir können so viel davon erfüllen, wie wir wollen, das ist ganz uns selbst überlassen. Unsere »Aufgabe« wird uns bei der Geburt einprogrammiert, und sie ist genau das, was wir am meisten lieben. Ich war solch ein Dummkopf. Ich dachte immer, zu tun, was man am liebsten tut, sei ungeheuer selbstsüchtig. Ich weiß noch gut, wie erstaunt und glücklich ich war, als diese Information »zu mir kam«. Diese andere Energiequelle sagte mit meiner Stimme: »Das ist das Konstruktivste und am wenigsten Selbstsüchtige, was du für die Welt tun kannst, denn das ist die dir zugewiesene Energie, und wenn du das tust, dann bist du am glücklichsten und am besten, und man wird dich dafür am meisten respektieren!«

Während meiner NTE erinnerte ich mich daran, daß ich mit ungefähr sieben Jahren gerne und fast immer sang. Ich erlebte diese Momente noch einmal und spürte die Freude, die ich beim Singen hatte. Ich erinnere mich daran, daß das Licht mich aufforderte, es wieder zu versuchen. Es sagte nichts von Ruhm oder Geld und auch nichts von einer guten Stimme.

Ich weiß, daß das, was ich sage, absolut verrückt klingt – glauben Sie mir das … Aber das war ein großer Teil dieser unglaublichen Begegnung, und wenn ich ihn wegließe, wäre die ganze Geschichte weniger wahr, oder zumindest hätte sie dann weniger Bedeutung für mich. Aber obwohl ich tief in meinem Inneren weiß, daß das Licht mir »auftrug« zu singen, und obwohl ich unbedingt singen möchte und wie verrückt daran arbeite, werde ich versuchen, für alles offen zu sein, was auf mich zukommt … Ich habe schon unheimlich viel Spaß dabei, es nur zu versuchen, und ich werde einmal nicht mit dem Wissen ins Grab steigen müssen, es nicht versucht zu haben.

Seit ich die Quelle dieses liebenden, euphorischen Zustandes gesehen und erfahren habe, werde ich ihr mein Leben lang nachjagen und alles tun, was mein Gefühl mir sagt, weil ich weiß, daß es das Licht ist, was mich antreibt. Früher dachte ich, es sei die Künstlerin in mir, die mich malen ließ. Seit meiner NTE weiß ich, daß ich lediglich der Pinsel bin; meine Lebenserfahrungen sind die Farbe, mein Leben ist das Bild, die Welt das Studio, und die Liebe ist mein Sujet.

Wie so viele Nah-Tod-Erfahrene beschließt auch Peggy ihren Bericht mit einem Dank an das Licht für ihre Begegnung mit der höchsten Wahrheit, auch wenn ihr Leben dadurch in unvorhergesehene Bahnen gelenkt wurde:

Es ist meine Lebensaufgabe geworden, mich diesem Licht irgendwie dafür erkenntlich zu zeigen, daß es zu mir gekommen ist und mir seine Liebe offenbarte, als ich es am meisten brauchte. Ich glaube, das wird mich mein Leben lang beschäftigen. Mein »altes Ich« ist Vergangenheit; ich entdecke jeden Tag aufs neue mein »neues Ich«. Ich weiß nicht, was die Zukunft bringt, aber ich werde mein Bestes tun, um für Veränderung und Wachstum offenzubleiben. Ich weiß, daß ich wahrscheinlich den Rest meines Lebens damit verbringen werde, mich in der einen oder anderen Weise dem zu fügen, was an jenem Tag im August mit mir geschah. Aber ich möchte um nichts in der Welt, daß es anders wäre! Es wird mich immer begleiten, und ich hoffe, daß ich es einmal mit anderen teilen kann.

Nun, letzteres hat sie sicher getan! Ich wünschte nur, Ihnen noch mehr von Peggys Erfahrung präsentieren zu können, aber vielleicht können Sie sich inzwischen aufgrund ihres und der anderen Berichte bereits ein Bild davon machen, was einem bei diesen Reisen ins Licht begegnet und was es dabei zu lernen gilt – und auch, wie tief empfunden der Wunsch jener ist, die diese Reise getan haben, ihre Erfahrungen mit anderen zu teilen.

Mit Peggy bin ich über all die Jahre seit unserer Begegnung in Washington in Kontakt geblieben. Wir trafen uns zwar nur dieses eine Mal, doch kürzlich rief ich sie an, um zu erfahren, wie es ihr zur Zeit geht. Sie klang heiter und lebendig wie immer und erzählte, sie habe das Singen tatsächlich intensiviert und es bereite ihr nach wie vor große Freude; daneben arbeite sie aber auch an einigen neuen Erfindungen. Alles in allem gewann ich den Eindruck, daß sie immer noch glücklich dem Weg des Lichtes folgt und es auch weiterhin anderen zukommen läßt, denen sie auf ihrem Lebensweg begegnet.

Die goldenen Fäden zusammenziehen

Bei der Betrachtung der in diesem Kapitel wiedergegebenen Reisen ins Licht wird rasch ersichtlich, daß ihnen bestimmte Motive gemeinsam sind. Meiner Ansicht nach repräsentieren diese Motive drei unterschiedliche *Ebenen* des Verständnisses, was ich nun noch verdeutlichen will, damit das gesamte Spektrum der aus der NTE zu ziehenden Lektionen voll und ganz verständlich werden kann.

Die erste dieser Ebenen möchte ich ganz einfach als die *beseligende Vision* bezeichnen. Sie ist der höchste, umfassendste und universale Aspekt der NTE. Im Banne dieser beseligenden Schau erkennt das Individuum die Vollkommenheit des Universums und, da es von diesem nicht getrennt, sondern ein unerläßlicher und integraler Bestandteil desselben ist, auch seine eigene Vollkommenheit. Dies ist das Reich der reinen, bedingungslosen Liebe, ein uranfänglicher Lichtschoß, der unermeßliche Pracht und Schönheit ausstrahlt, in dem alles Wissen offenbart wird und in dem man mit absoluter Gewißheit erkennt, daß dies unsere wahre und ewige Heimat ist.

Die nächste Ebene nenne ich die der *irdischen Erkenntnisse*. Auf diesem

Level der NTE sieht man ganz unverfälscht die Bedeutung gewisser menschlicher Werte, Überzeugungen und Bestrebungen, die dem Leben auf der Erde Gestalt geben sollten. Dazu gehört allen voran der Ausdruck empathischer Liebe und Fürsorge für andere, das Streben nach Wissen um seiner selbst willen, der Imperativ, das Leben voll und ganz zu leben und sich immer vor Augen zu halten, wie kostbar es ist, die Notwendigkeit, sich von einem Leben abzuwenden, das sich auf Wettbewerb oder Materialismus gründet, die Überzeugung, daß der Tod nichts Furchterregendes ist, sondern lediglich eine Fortsetzung des Lebens, und so weiter.

Die letzte Ebene ist die der *persönlichen Offenbarung*. Diese besteht in Informationen, die, wie wir gesehen haben, dem Individuum normalerweise gegen Ende seiner NTE zukommen. Ferner werden ihre Lektionen den Bedürfnissen und Umständen der NTE entsprechend spezifiziert, und zwar entweder vom Licht selbst oder von einem Führer, der im Reich des Lichts angetroffen wird. Da wir uns mit der beseligenden Vision und den irdischen Erkenntnissen noch in späteren Kapiteln auseinandersetzen werden, möchte ich dieses mit einem näheren Blick auf diesen letzten Typus des Verständnisses beschließen. Einer der Gründe hierfür ist, daß ich Ihnen erklären möchte, wie Sie diese persönlichen Lektionen in Ihrem Leben anwenden können, auch wenn Sie selbst keine NTE gehabt haben.

Erinnern wir uns zunächst noch einmal an gewisse herausragende Eigenschaften der NTE, die auf das Wesen und die Bedeutung dieser persönlichen Offenbarungen Einfluß nehmen. Denken Sie bitte daran, daß in jedem der von uns betrachteten Fälle das Individuum innerhalb des Lichtes etwas oder jemanden antrifft, der oder das den Eindruck allumfassenden Wissens und unendlicher Sorge um das Wohlergehen dieser Person erweckt. Mithin stellen wir im Angesicht des Todes fest, daß wir nicht allein sind und es vermutlich auch nie waren. Offenbar gibt es etwas oder jemanden, das oder der uns unsichtbar in unserem Leben auf Erden führt und in kritischen Momenten auch intervenieren, ja sogar, wie im Zustand des Nah-Todes, sich unserem Bewußtsein kundtun kann. Das ist für sich genommen schon etwas sehr Beruhigendes.

Doch wenn wir die Funktion dieses Führers näher betrachten, sehen wir in praktisch allen hier präsentierten Fällen, daß er sich während der NTE geradezu bemüht, den Betreffenden wieder in die rechte Bahn, sprich zurück ins Leben zu lenken. Besonders bei Neev wird dies deutlich, der offenbar in eine Spirale der Selbstzerstörung geraten war und sein Selbstwertgefühl fast vollständig eingebüßt hatte. Die Selbsterkenntnis, die er aus seiner NTE und mit der Hilfe seines Führers insbesondere aus seiner Lebensrückschau gewann, machte ihn frei für das Leben, das, wie ich zu sagen versucht bin, ihm zugedacht war. Auch Peggy, die ihrer Darstellung nach vor ihrer NTE ein ziemlich leeres und etwas genußorientiertes Leben geführt hatte, fand zu einem wesentlich erfüllteren Dasein, nachdem sie die göttliche Liebe des Lichts erfahren und von diesem selbst ihre persönlichen Einsichten erhalten hatte. Und selbst bei Steve – wiewohl er nach wie vor unter seiner Übersensibilität leidet – zeigte sich, sobald er sich aus seiner erstickenden familiären und geschäftlichen Lage befreit hatte, daß seine NTE ihm half, seine latenten Talente freizusetzen, indem sie seinen Wunsch nach Wissen anstachelte und ihn befähigte, eine wesentlich befriedigendere berufliche Tätigkeit zu beginnen. Erst kürzlich teilte er mir mit, daß er noch immer bewußte Führung von seinen Lichtwesen erhält, was zeigt, daß diese Hilfe auch im Alltagsleben bereitsteht und nicht nur in extremen Augenblicken nahen Todes.

Bei der Betrachtung der Lebensläufe der in diesem Kapitel vorgestellten Nah-Tod-Erfahrenen wird evident, daß sie, wenn es nötig war, ermutigt wurden, die gesellschaftlichen Fesseln abzustreifen, die die Entfaltung ihrer Persönlichkeit hemmten. In unterschiedlichem Ausmaß wurde ferner allen dazu verholfen, ein authentischeres Leben zu führen, das ihren vordem schlummernden Talenten und Neigungen mehr entspricht. Das Licht sagte Peggy, sie solle »ihrer Liebe folgen«; dies sei das Konstruktivste und am wenigsten Selbstsüchtige, was sie auf der Welt tun könne. Das Licht sagt uns, daß wir alle über eine einzigartige Gabe verfügen, über ein Geschenk an die Welt, und daß unserem Glück wie auch dem Glück der Welt am besten gedient ist, wenn wir diese Gabe in unserem Leben verwirklichen – denn genau das ist der Sinn und Zweck unseres Daseins. Und die NTE hilft uns, diese oft vernachlässigte oder uns gar nicht bekannte Gabe zu erschließen und gedeihen zu lassen, indem sie uns zeigt, wer wir eigentlich sein sollen, und uns ermöglicht, etwas von unserem wahren Selbst und dessen Berufung in der Welt zu erblicken. Dies brachte Craig dazu, die Menschen mit seiner Flöte zu bewegen, während Peggy dasselbe mit ihrer Stimme erreicht; Laurelynn wurde auf diesem Weg zur physikalischen Therapeutin; Neev arbeitet mit Kindern und hilft ihnen, ihre Fähigkeiten zu entdecken und zu verwirklichen; Steve fand seinen Weg, indem er Computerspezialist und in letzter Zeit so etwas wie ein NTE-Networker wurde; und Sally tut weiterhin gute Werke, doch sie bemüht sich noch, ihr wahres Selbst zu finden.

Ich spreche über dieses authentische oder wahre Selbst als etwas, das durch das Licht aufgedeckt und dem einzelnen gezeigt wird. Wie geht das vor sich? Oftmals, indem dem Nah-Tod-Erfahrenen erst einmal sein *falsches* oder durch die Gesellschaft bedingtes Selbst vorgeführt wird.

Manchmal geschieht das durch die Lebensrückschau – erinnern Sie sich nur, wie etwa Neev das ihm dadurch zur Verfügung gestellte Wissen zur Neugestaltung seines Lebens einsetzte. An einer Stelle seines Berichts schreibt er:

Das Wichtigste nach meiner NTE war für mich, all das zu korrigieren und zu verändern, was ich an mir nicht mochte. Die Erinnerung an meine Lebensrückschau machte mich richtig krank. Ich sah mich die ganze Zeit, und ich haßte, was ich sah. Die Lebensrückschau erweckte in mir den Wunsch nach Veränderung und ließ sie auch zu.

In anderen Fällen nimmt der Nah-Tod-Erfahrene sein falsches Selbst jedoch direkt wahr und begreift intuitiv, daß die Person, mit der er sich identifiziert und die er als sein Selbst zu sehen gewohnt war, lediglich eine Fiktion darstellte. Das passierte zum Beispiel Peggy; ihr Bericht über diese Einsicht enthält eine Botschaft von allgemeiner Bedeutung:

Mein Bewußtsein muß sich [an einem Punkt] von meinem Körper getrennt haben, denn ich sah ihn plötzlich aus geringer Entfernung und stellte fest, daß er weinte. Ich war absolut teilnahmslos, als ich meinen Körper beobachtete. Dann sah ich etwas Leuchtendes, Klares, das sich von meinem Körper erhob, und wußte sofort, daß das mein Ego war. Im selben Augenblick kehrte mein Bewußtsein in meinen Körper zurück, und ich fühlte mich elend und dachte: »Es ist mein Ego, es ist mein Ego!« Ich wollte nicht, daß es mich verließ. Ich dachte, ich müsse es haben, sonst könne ich nicht leben. Aber es verließ mich trotzdem, und in ihm sah ich alles, was ich in meinem Leben falsch gemacht hatte. Das erstaunte mich, denn ich hatte immer gedacht, das alles gehöre zu mir und lasse sich nicht von mir trennen. Ich kann Ihnen gar nicht sagen, wie glücklich ich war, als mir dämmerte, daß »all das niemals ich war«! Diese Identität war nie mein wahres Ich gewesen.

Ich merkte, daß es mir auch ohne mein Ego gut- und tatsächlich sogar besserging. Es war ungefähr so, wie wenn man einen alten, staubigen Filter aus der Klimaanlage herausnimmt und die Luft einfach ungehindert strömen läßt. Nur daß es in diesem Fall diese reine, unverfälschte Liebe war, die mich durchfloß. Ich beschloß, mich zu entspannen und das Licht all diese herrliche Energie in mich ergießen zu lassen, und ob Sie es glauben oder nicht – ich hatte das Gefühl, daß ich es wirklich verdiente! Wenn es so etwas wie das »Wiederherstellen einer Seele« gibt, dann war es genau das, was mit mir passierte.

Das falsche Selbst wird von der Gesellschaft geformt; das wahre Selbst hingegen wird nicht so sehr *durch* die NTE verliehen als vielmehr vom Individuum *nach* der NTE geschaffen und verwirklicht. Mit Hilfe des durch das Licht verliehenen Wissens kann das Individuum das falsche Selbst und seine Entstehung erkennen – und schon das reicht oft aus, um mit seinem Abbau zu beginnen. Sobald dieser Prozeß einsetzt, entsteht Raum für das neue, authentische Selbst, in dem es sich entfalten kann, und wenn es ein der NTE zugrundeliegendes persönliches Ziel gibt, dann scheint es die Förderung ebendieser Entwicklung des Individuums zu sein. Es ist, als wolle das Licht, daß jeder Mensch das Selbst entwickelt, das ihm ursprünglich zugedacht war. Peggy drückte es so aus: »Unsere ›Aufgabe‹ wird uns bei der Geburt einprogrammiert, und sie ist genau das, was wir am meisten *lieben*.« Das Handeln aus dieser Liebe heraus hilft uns, unser wahres Selbst zu erkennen, welches an jedem Tag unseres Lebens durch authentisches Verhalten neu geschaffen wird. Das ist mit »der Liebe folgen« gemeint.

Nun dürfte auch klar sein, daß diese Lektionen vom Licht nicht nur für Nah-Tod-Erfahrene gedacht sind. Sie sind für uns alle. Die Nah-Tod-Erfahrenen in diesem Kapitel, die Boten des Lichts, sind hier einfach unsere Lehrer, und ihre Aufgabe ist es, uns an die Wahrheiten zu erinnern, die wir womöglich vergessen haben. Folgen Sie Ihrer Liebe? Oder haben Sie zugelassen, daß Sie sie im Alltagsleben aus den Augen verloren haben?

Bitte nehmen Sie sich die Zeit, einen Augenblick darüber nachzudenken – hasten Sie nicht einfach weiter zum nächsten Kapitel. Dieses ganze Kapitel war eigentlich ein einziger langer Prolog zu den Fragen, die ich Ihnen soeben gestellt habe, denn sie liegen der persönlichen Bedeutung der hier wiedergegebenen NTEs *für Sie* zugrunde. Wenn Sie der Meinung sind, daß Ihr Leben irgendwie vom Kurs abgekommen ist, brauchen Sie keine NTE, um ihn zu korrigieren. Denn Sie können von jenen lernen, die eine erlebten, und beginnen, wieder in die richtige Richtung zu steuern. Wenn Sie das Gefühl haben, daß meine Worte auf Sie zutreffen, dann versuchen Sie doch, Ihr Leben im Lichte der NTE-Lehren neu zu betrachten. Und vergessen Sie nicht: Die Nah-Tod-Erfahrenen sagen uns, daß wir nicht und niemals allein sind. Wir alle haben eine innere Führung, die uns ebenso dienen kann, wie sie es bei den Nah-Tod-Erfahrenen tut. Und denken Sie auch an Peggys Worte, daß das grenzenlose Licht, das die Quelle aller Liebe auf Erden ist, jeden Menschen gleichermaßen und unendlich liebt. »Ich sah, wie sehr alle Menschen geliebt werden«, sagte sie. »Wenn sie nur wissen könnten, wie sehr sie geliebt werden.« Diese Liebe ist für uns alle da, und wenn Sie sich ihr öffnen, dann wird sie Sie unvermeidlich zu Ihrem Selbst führen – Ihrem wahren Selbst.

2

Der Blick von oben: Staubsichtungen und verlegte Schuhe

Wenn man sich über die im vorigen Kapitel präsentierten NTE-Berichte Gedanken macht, dann kann man kaum mehr leugnen, daß diesen Menschen etwas wirklich Außergewöhnliches geschehen ist. Aber vielleicht ist es auch die Gewißheit, mit der sie sprechen, und die unzweifelbare Aufrichtigkeit ihrer Worte, die den Zuhörer davon überzeugt, daß diese Offenbarungen aus der Nähe des Todes einige der wesentlichen Lebenswahrheiten darstellen und uns sagen, wie wir unser Leben gestalten sollen.

So gut wie alle Nah-Tod-Erfahrenen sind davon überzeugt, daß das, was sie während ihrer Vision sahen und mitgeteilt bekamen, absolut authentisch und frei von Zweifel ist. Und ebenso sicher sind sie, daß es sich dabei nicht um einen Traum, ein Phantasiegebilde oder eine Halluzination handelt. Mehr als eine dieser Personen hat mir beteuert, ihre NTE sei »realer gewesen als das Leben selbst« oder »wirklicher als die Tatsache, daß wir hier sitzen und uns unterhalten« oder ähnliches. Ich erinnere mich in diesem Zusammenhang speziell an einen Mann mittleren Alters, der nachdrücklich behauptete, seine Erfahrung sei »völlig objektiv und real« gewesen.

Angesichts des übereinstimmenden und *nachdrücklichen* Tons dieser Erklärungen wäre es töricht und anmaßend, sich über sie einfach hinwegzusetzen. Aber da die meisten von uns diese Erfahrung nicht gemacht haben, befinden wir uns anscheinend in der etwas unbequemen Situation, etwas einfach auf guten Glauben hin akzeptieren zu müssen – auf den Glauben an das Urteil eines anderen. Und wenngleich dieses Urteil durchaus einstimmig ist, beweist dies von einem streng wissenschaftlichen Standpunkt aus gesehen gar nichts. So beeindruckend und leidenschaftlich einmütig die Meinung der Nah-Tod-Erfahrenen auch sein mag, so bleibt sie doch unbeweisbar und beruht vollkommen auf Subjektivität.

Diesen Zweifel muß man einräumen; es geht nicht an, sich einfach darüber hinwegzusetzen, schließlich können auch ernstzunehmende und vollkommen aufrichtige Menschen sich bezüglich ihrer Erfahrungen täuschen oder Irrtümern erliegen. Und was speziell NTEs angeht, so gibt es auch Bücher – etwa *Dying to Live* von Susan Blackmore –, die derartigen Phänomenen mit rigoroser Skepsis begegnen und versuchen, sie mit hauptsächlich neurologischen Argumenten »wegzuerklären«. Auch solche Behauptungen kann man natürlich nicht einfach unberücksichtigt lassen. Schließlich dürfte es Sie hart ankommen, am Ende festzustellen, daß Sie lediglich von Halluzinationen eines wegen Sauerstoffmangels neurologisch beeinträchtigten Gehirns irregeführt wurden!

Die Schwierigkeit, dieses Problem zu lösen, liegt natürlich darin begründet, daß NTEs im Grunde und ihrem Wesen nach subjektiv, rein persönlich und oft nicht in Worte faßbar sind. Demnach wären sie nicht belegbare moderne religiöse Offenbarungen und als solche nicht für eine wissenschaftliche Erforschung erfaßbar. Es ist nicht gut zu argumentieren – wie es oft geschieht –, daß diese Erfahrungen eine gemeinsame Struktur aufweisen; das zeigt lediglich, daß sie nicht subjektiv bedingt sind. Denn man kann diese Struktur dann beispielsweise immer noch, wie Susan Blackmore und andere Skeptiker es tun, einfach nur für die voraussagbaren subjektiven Überreste zerfallener Zellen halten, die ein sterbendes Gehirn ausscheidet und die bedeutungslos sind.

Wir stehen also anscheinend vor einer Sackgasse. Im Prinzip würde ich Ihnen gern zeigen, daß diese Erfahrungen wirklich das sind, was Nah-Tod-Erfahrene behaupten, nämlich, daß sie so authentisch, objektiv und real sind, wie sie erscheinen. Aber um das zu zeigen, müßte man zuerst begründen, daß NTEs nicht plausibel als komplexe Halluzinationen, Phantasien oder Träume interpretiert werden können – kurz: daß es sich bei der NTE nicht nur um ein *psychologisches* Phänomen oder einfach ein neurologisches Artefakt eines sterbenden Gehirns handelt.

Im Gegensatz dazu aber haben wir nun gute Beweise aus unterschiedlichen Quellen dafür, daß die NTE tatsächlich eine Erfahrung mit objektivem Charakter darstellt. In den nächsten Kapiteln werde ich Ihnen solche Beweise präsentieren, und ich hoffe, mit Hilfe rein wissenschaftlicher Gründe jegliche Zweifel an der Validität der NTE ausräumen zu können. *Das Folgende stellt also eine Art Verteidigung dar, die darauf abzielt, die Authentizität der NTE zu beweisen.*

Außerkörperliche Visionen

Einen kleinen Hinweis auf das Kommende mag die folgende Anekdote bieten. Sie gibt ein Erlebnis eines 20jährigen Schauspielers wieder, als er auf der Bühne einen frenetischen und sehr anstrengenden Tanz vorführte:

Plötzlich und ohne jede Vorwarnung fand ich mich an den stählernen Dachsparren knapp unterhalb der Decke wieder. Ich sah, wie die Träger durch die Schatten hindurch emporragten, und als ich nach unten blickte, stellte ich überrascht fest, daß sich mein Sehvermögen verändert hatte: Ich sah alles im Raum – jedes einzelne Haar auf den Köpfen, so kam es mir vor – und alles gleichzeitig. Mit einem einzigen omnipräsenten Blick nahm ich alles in mich auf: Hunderte von Köpfen auf schwankenden Reihen tragbarer Stühle, ein halbes Dutzend Babys, die auf den Schößen ihrer Eltern schliefen, Haare in den verschiedensten Farben, die im Licht der Bühne glänzten. Dann wanderte meine Aufmerksamkeit auf die Bühne, und ich sah uns in unseren vielfarbigen Trikots, und dort war ich selbst – dort war ich – mit meiner Partnerin.[1]

Es erübrigt sich zu sagen, daß der Mann erstaunt darüber war, sich an zwei Orten gleichzeitig wahrzunehmen – sozusagen sowohl innerhalb als auch außerhalb seines Körpers –, und daß er sich völlig verblüfft fragte, wie ihm so etwas passieren konnte. Doch später hatte er Grund genug, über diese Erfahrung und ihre mögliche Bedeutung nachzudenken, und auch er zog die beiden offensichtlichen Alternativen in Betracht, die wir bereits im Zusammenhang mit NTEs feststellten:

Handelte es sich um ein natürliches Phänomen oder nur um so etwas wie einen Denkfehler? Natürlich wollte ich meinen Augen Glauben schenken, [aber] ... sowohl die Lebhaftigkeit der Erfahrung wie auch die Omnipräsenz meines Sehvermögens – ich sah ja alles im Raum gleichzeitig und wie mit dem Blick eines Falken – konnte man auf die eine oder andere Art betrachten. Aber wenn ich an solche Dinge denke wie die Nieten in den Stahlträgern der Decke oder die Glatze des Mannes mit dem rotkarierten Sakko in Reihe fünf oder hundert andere Einzelheiten, die mir alle gleichzeitig auffielen, dann scheint es vernünftiger, von einem natürlichen Phänomen zu sprechen als von einer Halluzination. Eine Halluzination, in der ich mich selbst gesehen und die sich lediglich auf die Information gestützt hätte, über die mein Gehirn bereits verfügte, hätte nicht so vollständig und detailgetreu sein können.[2]

Diese Schilderung eines offensichtlichen außerkörperlichen Erlebnisses spricht nicht nur in faszinierender Weise für sich; sie enthält auch einen deutlichen Hinweis darauf, wie Forscher beim Sammeln von Beweisen für die Echtheit von NTEs vorgehen können. Denn trotz ihres zugegebenermaßen subjektiven Charakters hat die NTE eine eindeutige Komponente, die zumindest prinzipiell die Möglichkeit einer objektiven Betrachtung eröffnet. Obwohl der oben angeführte Tänzer nicht in Todesnähe war, ähnelt seine Schilderung inhaltlich und von den Details her auf bemerkenswerte Weise vielen Berichten von Personen, die NTEs überlebten. Auch sie erzählen vom zeitweiligen Verlassen des Körpers und von einem vollständigen und ins Detail gehenden Erfassen der Umgebung ihres Körpers. Nehmen wir also einmal an, diese Beschreibungen könnten unabhängig voneinander überprüft und verifiziert werden. Wenn man zeigen könnte, daß diese Menschen das, was sie sahen, nicht auf natürliche Weise hätten sehen oder diese Informationen auf andere Art hätten erlangen können, dann hätten wir einen ziemlich beeindruckenden Beweis für die Objektivität von NTEs. Und *wenn* diese Wahrnehmungen solchermaßen verifiziert werden könnten, dann könnten wir zu Recht auch größeres Vertrauen in jene Aspekte der NTE haben, die ihrem Wesen nach jenseits einer direkten wissenschaftlichen Verifizierung liegen.

In der Tat ist das Sammeln solchen Beweismaterials derzeit das Ziel ernsthafter Forschungen auf dem Gebiet der Nah-Tod-Erfahrung. Doch bevor wir darauf eingehen, müssen wir zunächst noch bestimmen, von welchen Wahrnehmungen Nah-Tod-Erfahrene berichten, wenn sie von einem Verlassen des Körpers in Todesnähe sprechen.

Beginnen wir mit einer Untersuchung der NTE-Forscherin Janice Holden von der University of North Texas.[3] Holden, die sich speziell für die *Qualität* der visuellen Wahrnehmung während NTEs interessierte, verschickte Fragebögen an Personen, die behaupteten, in Todesnähe eine außerkörperliche Erfahrung gemacht zu haben. Sie erhielt 63 brauchbare Antworten, die übereinstimmend und eindeutig belegen, daß Wahrnehmungen außerkörperlicher Erfahrungen als klar und detailliert beschrieben werden.

Beispielsweise berichteten 79 Prozent der von Holden Befragten, klare visuelle Wahrnehmungen gehabt zu haben, und ein vergleichbarer Prozentsatz erklärte darüber hinaus, sie seien unverzerrt und in Farbe gewesen und hätten (wie bei dem zuvor erwähnten Schauspieler) sich durch einen panoramischen Blick ausgezeichnet. Des weiteren sprachen 61 Prozent von einer vollständigen und exakten Erinnerung an die Umgebung, und ein etwa ebenso hoher Prozentsatz behauptete gar, sie hätten während ihrer außerkörperlichen Erfahrung lesen können!

Leider scheint Holden nicht gefragt zu haben, ob die visuelle Wahrnehmung während der außerkörperlichen Erfahrung schärfer war als im Normalzustand (wie etwa im vorgenannten Beispiel), doch andere Studien sowie einige im folgenden präsentierte spezifische Beispiele zeigen, daß dies durchaus manchmal der Fall ist.

Jedenfalls belegen Holdens Resultate klar, daß es Nah-Tod-Erfahrenen grundsätzlich möglich ist, detaillierte Berichte der visuellen Aspekte ihrer Umgebung zu liefern, die von einem strikt physikalischen Standpunkt aus gesehen unmöglich sind. Das besagt zumindest die Theorie. Doch nun müssen wir natürlich untersuchen, ob es definitive, auf einzelnen Fällen beruhende Beweise dafür gibt, daß dies in der Tat zutrifft.

Zum Glück ist es nach fast 20 Jahren Forschung auf dem Gebiet der NTEs heute nicht mehr schwierig, solche Beispiele zu finden. Wenngleich ein einzelner Fall für sich genommen noch nicht absolut evident sein mag, reicht ihre Gesamtheit doch aus, um die meisten Skeptiker davon zu überzeugen, daß diese Berichte mehr sind als bloße Halluzinationen der Patienten.

Die folgende typische Geschichte entnehme ich einem Brief, der mich 1989 aus Australien erreichte. Die Absenderin schildert darin ihre NTE – sie fand während einer Operation statt – und erwähnt auch die Reaktion ihres Arztes, als sie ihm von ihrer Erfahrung berichtete:

> Ich werde nie den Blick des Chirurgen vergessen, als ich ihm sagte, daß ich die außerkörperliche Erfahrung während der Operation hatte. Ich fragte ihn dann, ob er auf einem grünen Hocker mit weißem Bezug gesessen habe. Er sagte: »Aber das konnten Sie vom Operationstisch aus unmöglich sehen.« Ich erklärte ihm, daß ich es nicht vom Operationstisch aus gesehen hätte, sondern von dort aus, wo ich während der NTE von meinem Körper losgelöst schwebte und auf die Szene hinunterblickte. Daraufhin starrte er mich noch seltsamer an.

Ich wage zu behaupten, daß praktisch jeder NTE-Forscher sich von solchen Geschichten konfrontiert sieht; tatsächlich, und so rätselhaft es auch erscheinen mag, kommen derartige Berichte in Hülle und Fülle in der gesamten NTE-Literatur vor.

Mein besonderes Interesse bezüglich außerkörperlicher Erlebnisse galt anfänglich vor allem jenen Fällen, in denen Patienten behaupteten, *Staub oder Fussel* auf Beleuchtungskörpern gesehen zu haben, über denen sie zu schweben schienen, während darunter ihr physischer Körper auf dem Operationstisch lag. Ich kann Ihnen versichern, daß es in diesen frühen Tagen der NTE-Forschung amüsant war, eine solche Geschichte erzählt zu bekommen; sie ein zweites Mal in fast identischen Worten zu hören war faszinierend, und beim dritten Mal war ich absolut davon überzeugt, daß diese Menschen, wie immer ihre Episoden lauten mochten, solche Geschichten nicht einfach erfinden konnten. Sie waren einander auf unheimliche Weise zu sehr ähnlich – schilderten sie doch genau die Sorte unwahrscheinlicher Wahrnehmungen, die man in dieser Verfassung wirklich haben könnte, als daß man sie einfach als Halluzinationen hätte abtun können.

Inzwischen weiß ich nicht mehr genau, wie viele solcher »Staub-auf-der-Lampe«-Berichte ich im Verlauf meiner Arbeit erhalten habe, aber es dürften wenigstens ein halbes Dutzend sein. Um Ihnen ein Gefühl für sie zu vermitteln und Ihnen zu zeigen, wie diese Darstellungen einen durch ihre eigenartigen Details geradezu nötigen, ihnen Glauben zu schenken, gebe ich hier noch einige wieder.

Ein Bericht stammt von einer Frau, die ich Anfang der achtziger Jahre interviewte. Sie war damals 48 Jahre alt; ihre NTE hatte sie 1974 im Zusammenhang mit einer Operation gehabt. Besonders erwähnenswert bei ihrer Geschichte war, daß sie auf die ungewöhnliche Bekleidung ihres Anästhesisten einging. Wie sie mir erklärte, arbeitete dieser Mann viel mit Kindern. Und da er festgestellt hatte, daß ein Team von Chirurgen, die alle im gleichen Grün gekleidet waren, seine kleinen Patienten oft verwirrte, trug er einen gelben Hut mit roten Schmetterlingen darauf, damit sie wenigstens ihn sofort erkannten. Diese Einzelheiten werden in der Erzählung der Frau natürlich eine große Rolle spielen. Sie war in den Schockzustand eingetreten, und plötzlich hörte sie ihren Arzt rufen: »Sie stirbt!« An diesem Punkt

ging ich auf und davon! Das nächste, was mir bewußt wurde, war, daß ich an der Decke schwebte. Und ich sah ihn da unten, mit seinem Hut mit den Schmetterlingen ... es war so lebhaft, so intensiv. Ich bin übrigens sehr kurzsichtig, und das sorgte für eine weitere Überraschung, als ich meinen Körper verließ. Ich sehe auf fünf Meter Entfernung nicht mehr, als die meisten anderen auf 150 Meter sehen ... Sie schlossen mich an eine Maschine an, die sich hinter meinem Kopf befand. Und mein erster Gedanke war: »O mein Gott, ich kann sehen! Ich kann es nicht fassen, aber ich sehe!« Ich konnte die Zahlen auf der Maschine hinter meinem Kopf[4] lesen, das war unheimlich aufregend. Und ich dachte: »Sie haben mir meine Brille wiedergegeben ...«[5]

Im folgenden beschreibt sie weitere Details ihrer Operation, wie ihr Körper aussah, wie ihr Bauch rasiert wurde und einige medizinische Prozeduren, die das Operationsteam an ihr durchführte. Dann stellt sie fest, wie sie von ihrer Position hoch über ihrem physischen Körper auf ein anderes Objekt sah:

Ich blickte auf diese riesige Lampe hinunter ... und sie war so schmutzig oben. [Sie konnten den Beleuchtungskörper von oben sehen?] Ja, und das Ding war so schmuddelig, daß ich noch dachte: »Das muß ich unbedingt den Krankenschwestern sagen.«[6]

Was bei diesem Fall ins Auge sticht, ist natürlich die Beobachtung der Frau, daß sie während der NTE trotz ihrer starken Kurzsichtigkeit so gut sehen konnte. Auch in dieser Hinsicht ist der Bericht dieser Frau jedoch alles andere als einmalig. Eine andere, sehr ähnliche Geschichte schickte mir zum Beispiel ein HNO-Arzt; auch er erwähnte in seinem Brief, daß er im Verlauf seiner NTE Staub auf den Leuchten über dem Operationstisch gesehen habe. Dieser Vorfall ereignete sich zur Zeit des Koreakriegs in einem japanischen Krankenhaus. Der Arzt, der sich nach seiner Erfahrung allgemein für NTEs zu interessieren begann, erfuhr dann noch vom Fall einer Krankenschwester in derselben Klinik, der eine bemerkenswerte Ähnlichkeit mit dem seinen aufwies. Dazu bemerkte er in der Einleitung seiner Darstellung:

Das Seltsame an unseren beiden Fällen ist, daß wir beide extrem kurzsichtig sind, das heißt dicke Brillengläser tragen, ohne die wir praktisch blind sind. Dennoch aber konnten wir auch ohne unsere Brillen exakt Ereignisse, Skalen, Details und während der außerkörperlichen Erfahrung gefallene Äußerungen beschreiben.

Er fährt fort mit einer präzisen Schilderung der Umstände seiner NTE und der Dinge, die ihm in deren Verlauf bewußt wurden:

Ich hatte mir eine Wirbelsäulenverletzung zugezogen und mußte einen Eingriff vornehmen lassen, der eigentlich eine unkomplizierte Reinigungsprozedur hätte sein sollen [aber dann tauchten Komplikationen auf] ... Ich spürte, daß etwas in meinem System schieflief, und wollte wortwörtlich schreien: »Hey, ihr Typen, paßt auf, sonst gehe ich hops!« Ich schwebte [dann] einfach an die Decke des Sanitätszelts und betrachtete die Szene unter mir. (Hier betone ich das Wort betrachtete [schreibt er].) Bis ins kleinste Detail sah ich alles – den Staub auf den Lampen über dem Operationstisch, die eigentlich sauber und steril sein sollten; jemanden, der gleich draußen vor dem Zelt eine Zigarette rauchte; das Operationsteam, das ziemlich in Panik war; und den Gesichtsausdruck des großen schwarzen Air-Force-Angehörigen, der ins Zelt gerufen wurde, um mich hochzuhieven und auf den Rücken zu legen. Er hatte eine klar erkennbare Narbe in Form eines Kreuzes auf dem kurzgeschorenen Schädel. Und er war der einzige ohne Gesichtsmaske, weil er erst im letzten Augenblick gerufen worden war. Er sah zu, als das Operationsteam mit Schlägen und Drücken auf die Brust versuchte, mich wieder ins Leben zurückzuholen, was ewig zu dauern schien.

Am Ende seines Briefes kommt er noch einmal auf die seltsame Parallele zu der Krankenschwester zurück, und obwohl er sich Mühe gibt, nicht mehr über ihre NTE zu sagen, als er wirklich weiß, fügt er diesen bedeutungsvollen Nachgedanken hinzu:

Die ebenfalls stark kurzsichtige Krankenschwester, die ich oben erwähnte, berichtete von ähnlichen Einzelheiten, die sie sah, obwohl sie zu der fraglichen Zeit keine Brille trug. Aus Angst, daß sich in meine Darstellung Ungenauigkeiten einschleichen könnten, wage ich es nicht, ihre Erfahrungen wiederzugeben, aber die merkwürdige Tatsache, daß sie diese Ereignisse sah, obwohl auch sie ohne Brille fast blind ist, gibt mir doch sehr zu Spekulationen Anlaß.

In der Tat! Und wie Sie im nächsten Kapitel sehen werden, habe ich diese Spekulationen kürzlich bis an ihre logische Grenze verfolgt; dies führte zu neuen Ergebnissen über visuelle Wahrnehmungen bei NTEs, die auf konventionelle Art und Weise sogar noch schwieriger zu erklären sind.

Doch bevor wir uns dieser neuesten Untersuchung zuwenden, sollten wir kurz noch einige Fälle von Staubsichtungen und ähnlichem betrachten. Unser drittes Beispiel ist ein junger Mann, der beim Werkunterricht im College beinahe durch einen Stromschlag getötet worden wäre. Als er spürte, wie die Elektrizität durch ihn floß,

erhob ich mich ungefähr drei Meter über und zwei Meter vor meinen dastehenden Körper. Ich konnte alles überblicken, einschließlich des Staubs und der Papier- und Holzabfälle auf den Schränken hinter meinem Körper. Ein anderer Student, der mir den Rücken zuwandte, zerschnitt etwa fünf Meter vor mir mit einer Kreissäge lange Eichenbretter.[7]

Es gibt bei diesem Thema aber auch Varianten. Zum Beispiel werden die Leuchtkörper manchmal *ohne* Staub gesehen. Das Folgende ist ein kurzer Ausschnitt aus einem 28seitigen Brief, den mir vor einigen Jahren eine kanadische Anthropologin schrieb. Sie gibt darin eingehend mehrere ungewöhnliche Episoden aus ihrem Leben wieder, darunter auch einen lebhaften Bericht ihrer NTE, die infolge einer Lungenentzündung während ihrer zweiten Schwangerschaft auftrat. Wie Sie sehen werden, hat die Erfahrung dieser Frau verblüffende Ähnlichkeit mit der des Schauspielers und seiner außerkörperlichen Erfahrung am Beginn dieses Abschnitts.

Die Frau wurde von ihrem Mann ins Krankenhaus gefahren und verlor beim Eintreffen das Bewußtsein. Sie konnte aber noch die Krankenschwestern hören, die über sie sprachen und sie tatsächlich als »totes Fleisch« bezeichneten. Dennoch befand sie sich zu diesem Zeitpunkt an einem anderen Ort:

Ich schwebte über einer Trage in einem der Räume der Notaufnahme. Ich blickte auf die Trage hinunter und wußte, daß der Körper, der in Decken eingewickelt darauf lag, der meinige war, aber das machte mir nichts aus. Der Raum war wesentlich interessanter als mein Körper. Und was für eine tolle Perspektive ich hatte! Ich konnte alles sehen – wirklich alles! Ich sah die Deckenlampen von oben ebenso wie die Unterseite der Trage. Ich sah die Fliesen an der Decke und die Fliesen auf dem Boden, gleichzeitig: 300 Grad sphärische Perspektive. Und nicht nur sphärisch – ich erkannte auch jedes Detail! Ich konnte bei der Krankenschwester, die neben der Trage stand, jedes einzelne Haar sehen und den Haarfollikel, aus dem es wuchs. Ich wußte sogar genau, wie viele Haare sie auf dem Kopf hatte. Aber meine Aufmerksamkeit wanderte weiter. Die Krankenschwester trug glänzende weiße Nylonstrümpfe; jeder einzelne Schimmer, jeder Glanz trat deutlich hervor, und auch hier wußte ich ganz genau, wie viele Lichtfunken zu sehen waren.

Natürlich ist es genau die Exaktheit und Klarheit dieser Details, die es so schwermacht, solchen Erzählungen keinen Glauben zu schenken, obschon wir bislang nur die Behauptungen der Nah-Tod-Erfahrenen selbst haben, auf die wir uns stützen können. Dennoch muß man die umfassende Ähnlichkeit dieser voneinander unabhängigen Fälle mit einbeziehen, insbesondere, wenn man berücksichtigt, daß hier nur eine kleine Auswahl präsentiert werden kann.

Sehen wir uns aber noch eine weitere Variante an, und zwar das Erlebnis einer meiner NTE-Freundinnen, die im Verlauf ihrer Erfahrung nicht Staub zu sehen bekam, sondern ein ganz eindeutiges *Spinnengewebe*.

Nel, die heute Anfang 60 ist, hatte lange Zeit Probleme mit chronischen Magengeschwüren. Während einer besonders kritischen Periode im Jahre 1972, während sie bereits auf der Intensivstation eines Krankenhauses in Boston lag, verschlechterte sich ihr Zustand aufgrund eines blutenden Geschwürs rapide. Im Zustand der Ohnmacht hörte sie, wie eine Krankenschwester und ein Arzt über sie sprachen und ihre Überlebenschancen als gering beurteilten. Bald darauf veränderte sich Nels Bewußtsein dramatisch:

Ganz plötzlich wurde mir bewußt, daß ich mich nicht mehr in meinem physischen Körper befand. Ich war oben unter der Decke und blickte auf das Bett hinunter, auf die Infusionsbeutel und das fließende Blut; die Monitore piepsten unaufhörlich, und die Leuchtstoffröhren über mir summten. Ich sah mich um und dachte: »Wow, das ist ja wirklich ein Trip!« Ich spürte keinen Schmerz. Ich sah den Schmerz und die Pein auf meinem Gesicht dort unten auf dem Bett, aber ich war hier oben. Mir ging es gut, ich hatte keine Schmerzen, und ich war sehr erstaunt.

Als ich so umherblickte, sah ich ein wunderschönes zartes Spinnennetz, und über dem Fenster bröckelte der Verputz etwas ab. Da dachte ich: »Mein Gott, ich zahle hier 325 Dollar am Tag, dafür könnten sie doch wohl das Zimmer sauberhalten und den Verputz in Ordnung bringen?«

Diese Beispiele dürften genügen, um daraus den sicheren Schluß zu ziehen, daß Menschen in Todesnähe aus einer Perspektive von außerhalb des Körpers tatsächlich irgendwie minutiöse, normalerweise nicht wahrgenommene Details sehen können. In einigen der Fälle wäre es physikalisch für die Betreffenden sogar unmöglich gewesen, die beschriebenen Dinge aus ihrem Blickwinkel zu sehen (von dem Umstand, daß sie auch noch die Augen geschlossen hatten und bewußtlos waren, ganz zu schweigen). Überdies gaben in einer Reihe von Fällen (und ich könnte hier durchaus noch weitere Beispiele anführen) Patienten mit eingeschränktem Sehvermögen an, erstaunlich genau und scharf gesehen zu haben und sogar in der Lage gewesen zu sein, Zahlen, Skalen und ähnliches zu lesen, die sie normalerweise nie hätten entziffern können.

Hauptsächlich in Berichten von Motorradunfällen, die ich erhielt, finden sich weitere Belege für Janice Holdens Feststellung, daß viele Nah-Tod-Erfahrene während ihres Erlebnisses zu lesen in der Lage sind, sogar wenn die Zeichen oder Zahlen (zum Beispiel an Telefonmasten oder auf den *Dächern* von Bussen), die sie in ihrem außerkörperlichen Zustand wahrnahmen, sich nicht im Umkreis des Ortes zu befinden schienen, an den der Körper beim Unfall geschleudert wurde. In anderen Fällen gaben Nah-Tod-Erfahrene exakt Einzelheiten aus Gesprächen wieder, die sie unmöglich gehört haben konnten, weil sie weitab des Ortes stattfanden, an dem sich der physische Körper des Betreffenden befand, oder sie gaben unaufgefordert Informationen weiter, die sie unter normalen Umständen nicht in Erfahrung hätten bringen können.

Solch einen verblüffenden Fall entdeckte ich kürzlich in meiner Korrespondenz. Ein Südafrikaner, der jetzt in den Vereinigten Staaten lebt, hatte 1972 in seiner Heimat eine NTE infolge einer schweren Lungenentzündung. Während seines Krankenhausaufenthalts, aber noch vor seiner NTE, hatte er Bekanntschaft mit einer Krankenschwester geschlossen, die dort arbeitete. Er berichtete:

Als ich im Koma lag (und, wie ich glaube, klinisch tot war), starb meine Freundin, die Krankenschwester, bei einem Autounfall. Ich traf sie auf der Anderen Seite. Sie bat mich zurückzukehren, versprach mir, ich würde eine liebevolle Frau heiraten, und bat mich, ihren Eltern zu sagen, daß sie sie nach wie vor liebe und daß es ihr leid tue, ihr Geschenk zu ihrem 21. Geburtstag (einen roten MGB) zu Schrott gefahren zu haben. Das Pflegepersonal war natürlich mehr als verwundert, als ich nach meiner Rückkehr erzählte, ich wisse, daß Schwester van Wyk in einem roten MGB (was nur ihre Eltern wußten) ums Leben gekommen sei, während ich »tot« war.

Ganz offensichtlich sind Fälle wie jene, die ich in diesem Abschnitt vorgestellt habe, eine große Herausforderung für jemanden, der diese Geschichten nach wie vor als eigenartige Halluzinationen Sterbender »wegerklären« will. Die beschriebenen Wahrnehmungen sind einfach zu genau, zu detailliert und in ihrer Aussagekraft zu eindrucksvoll – sie sind genau das, was man erwarten würde, wenn jemand *wirklich* in der Lage wäre, mit außerordentlicher Klarheit und Schärfe von einem erhöhten Punkt an der Decke aus zu sehen –, um sie als unmöglich abzutun. Daß wir sie nicht erklären können, bedeutet noch lange nicht, daß sie nicht geschehen. Ganz im Gegenteil, gerade *weil* sie geschehen, müssen wir sie näher betrachten, auch wenn dadurch unsere Theorien darüber, was möglich ist und was nicht, ins Wanken geraten sollten.

Untersuchungen zum Wahrheitsgehalt

Was wäre, wenn du schliefest und in deinem Schlafe träumtest,
und was, wenn du in deinem Traum in den Himmel kämest
und dort eine seltsam wunderschöne Blume pflücktest,
und was, wenn du beim Aufwachen die Blume in Händen hieltest?
Ach, was wäre dann?

Samuel Taylor Coleridge

Natürlich könnte jeder kritisch eingestellte Mensch und erst recht jeder echte Skeptiker diesen Erkenntnissen letztlich immer noch entgegenhalten, es handle sich dabei um *unbewiesene* subjektive Berichte (was wir jedoch bereits eingeräumt haben); das heißt Zeugnisse, die einzig und allein auf der Aussage der Personen beruhen, die für sich in Anspruch nehmen, solche Erfahrungen gemacht zu haben. Weil es also keine Bestätigung dieser Berichte »von außen« gibt und es überdies nicht möglich ist, sie als Fakt objektiv zu verifizieren, bleiben sie vom wissenschaftlichen Standpunkt her ohne Beweiskraft. So faszinierend sie auch sind und so vielsagend sie womöglich wären, sie beweisen letztendlich doch nichts.

Genaugenommen ist dies eine logische und vertretbare Position. Und wenn man mit in Betracht zieht, wie erstaunlich diese Berichte sind und welche bedeutsamen ontologischen Implikationen sie, wenn sie denn wahr sind, nach sich ziehen, dann ist ein solcher Einwand noch triftiger. Außerordentliche Ansprüche erfordern ebensolche Beweise, heißt es, und dem wird nicht zu erhärtendes persönliches Beweismaterial nicht gerecht. Auch dies hat alles seine Richtigkeit – nur sollte man einen Punkt bedenken: Nicht alle derartigen Fälle beruhen ausschließlich auf dem subjektiven Bericht des jeweiligen Nah-Tod-Erfahrenen. Einige von ihnen wurden *de facto* von Zeugen bestätigt. In solchen Fällen sprechen wir von *Untersuchungen zum Wahrheitsgehalt*, und solchen Fallbeispielen wenden wir uns nun auf der Suche nach aussagekräftigen Beweisen für die Authentizität der NTE zu.

Der vielleicht bekannteste Fall dieser Art ist der einer Frau namens Maria; er wurde ursprünglich von ihrer Sozialarbeiterin Kimberly Clark berichtet.[8] Maria, eine Wanderarbeiterin, erlitt eine schwere Herzattacke, als sie in Seattle Freunde besuchte. Sie wurde ins Harborview Hospital gebracht; dort hatte sie einige Tage später einen Herzstillstand, wurde jedoch rasch wiederbelebt.

Am nächsten Tag wurde Kimberly Clark gebeten, nach ihr zu sehen, und im Verlauf ihres Gesprächs erzählte Maria der Sozialarbeiterin von ihrer außerkörperlichen Erfahrung, die sie während des Herzstillstands gehabt hatte. Sie erwähnte die uns bereits bekannten Dinge, wie etwa, daß sie von der Decke aus zusah, wie das Ärzteteam sie behandelte. Clark, die von NTEs gehört hatte, ihnen – wie auch Marias Geschichte – aber skeptisch begegnete, hörte dem Bericht der Patientin mit vorgetäuschtem Interesse, doch offenbar einfühlsamem Respekt zu, wenngleich sie die Geschichte als absonderlich empfand. Innerlich, so gibt sie heute zu, wies sie das, was sie zu hören bekam, mit plausiblen Erklärungen von sich – bis Maria auf etwas äußerst Ungewöhnliches zu sprechen kam.

Sie erzählte Clark, sie habe sich nicht damit begnügt, von der Decke hinunterzuschauen, sondern habe sich plötzlich *außerhalb* des Krankenhauses befunden. Besonders verwirrt habe sie ein Objekt »auf dem Fenstersims« auf der dritten Etage im Nordflügel des Gebäudes, und deshalb habe sie sich »dort hinaufgedacht«. Und als sie dort »ankam«, habe sie sich, so Clark, »Auge in Auge« mit einem Tennisschuh befunden, der auf dem Sims lag! Maria fuhr fort, diesen Schuh bis ins kleinste Detail zu beschreiben; unter anderem erwähnte sie, daß er an der Stelle der kleinen Zehe abgetragen und daß eines der Schuhbänder unter der Ferse eingeklemmt sei. Schließlich drängte sie Clark, doch bitte nachzusehen, ob sie diesen Schuh dort finden könne: Sie müsse doch unbedingt wissen, ob sie ihn »wirklich« gesehen habe.

An diesem Punkt, so sagte Clark vor Zuhörern, denen sie diesen Vorfall berichtete, habe sie für einen Moment eine starke metaphysische Vorahnung etwa der Art gespürt, wie sie in dem Sinnspruch von Coleridge zum Ausdruck kommt, den ich an den Beginn dieses Abschnitts gestellt habe. Doch nun war ihre Neugier geweckt, und sie kam Marias Bitte nach.

Ich kenne das Harborview Hospital persönlich und kann daher bestätigen, daß der Nordflügel des Gebäudes sehr schmal ist und im dritten Stock nur fünf Fenster aufweist. Als Clark dort eintraf, fand sie jedoch keinen Schuh – bis sie zu dem Fenster ganz in der Mitte kam, und dort, auf dem Sims und genauso, wie Maria es beschrieben hatte, lag der Tennisschuh.

Nun, wenn man einen solchen Fall zu hören bekommt, muß man sich fragen: Wie hoch ist die Wahrscheinlichkeit, daß eine Wanderarbeiterin, die zum erstenmal in ihrem Leben eine große Stadt besucht, dabei einen Herzinfarkt erleidet und nachts in ein Krankenhaus gebracht wird, im Verlauf eines darauffolgenden Herzstillstands einfach einen Tennisschuh mit ganz spezifischem Aussehen und ebensolcher Lage auf einem Fenstersims in einer *höheren* Etage als der, in der sie selbst als Patientin liegt, »halluzinieren« würde? Nur ein Erzskeptiker, denke ich, könnte dazu etwas anderes sagen als: »Verdammt unwahrscheinlich!«

Was Kimberly Clark angeht, so fand ihr Skeptizismus bezüglich NTEs durch dieses Erlebnis jedenfalls auf der Stelle ein Ende. Sie bemerkt dazu:

> Die einzige Möglichkeit, wie sie diesen Tennisschuh so sehen konnte, war, außerhalb des Gebäudes und unmittelbar in Höhe dieses Schuhs zu schweben. Ich brachte ihn Maria; für mich war das ein eindeutiger Beweis.[9]

Natürlich würde nicht jedermann Clarks Interpretation zustimmen, aber wenn man davon ausgeht, daß ihre Darstellung glaubwürdig ist – und nachdem ich Clark persönlich gut kenne, hege ich diesbezüglich keinen Zweifel –, scheinen die Fakten in diesem Fall unanfechtbar. Marias unerklärliche Entdeckung dieses unerklärlichen Schuhs ist eine jener seltsamen und seltsam anmutenden Sichtungen, die die Kraft haben, Skeptiker mitten im Satz zum Verstummen zu bringen. Aber dennoch – ein Skeptiker könnte sich wieder fassen und behaupten, es handle sich hier schließlich nur um *einen* Fall, und so unangenehm er vorübergehend für jemanden, der nicht gewillt ist, solche Dinge zu glauben, auch sein mag, so läßt er sich im nachhinein vielleicht doch noch als verblüffende Anomalie abtun. Schließlich ist es durchaus möglich, daß sich eines Tages eine prosaische Erklärung findet.

Sich mit einer solchen Haltung auf eine Auseinandersetzung einzulassen ist schwierig – bis man darauf kommt, daß es auch noch andere Fälle vergleichbar »Marias Schuh« gibt, in denen mindestens ein unabhängiger Zeuge vorhanden ist, um die außerkörperliche Erfahrung eines Patienten zu verifizieren. Meine Kollegin Madelaine Lawrence und ich haben drei derartige Fälle untersucht, und bei zweien davon geht es kurioserweise ebenfalls um Schuhe![10] Ich werde sie im folgenden kurz beschreiben.

Cathy Milne arbeitete 1985 als Krankenschwester im Hartford Hospital in Connecticut. Sie war an NTEs interessiert, und eines Tages kam sie mit einer Frau ins Gespräch, die kurz zuvor wiederbelebt worden war und eine NTE gehabt hatte. Nach unserer ersten Unterhaltung am Telefon beschrieb mir Ms. Milne die Details in einem Brief:

> Sie erzählte mir, wie sie über ihren Körper emporschwebte, kurze Zeit der Wiederbelebung zusah und dann einen Zug spürte, der sie mehrere Stockwerke des Krankenhauses nach oben hob. Schließlich befand sie sich auf dem Dach und erkannte die Skyline von Hartford. Sie wunderte sich darüber, wie interessant dieser Blick war, und dann entdeckte sie aus dem Augenwinkel etwas Rotes. Es war ein Schuh … Sie dachte über den Schuh nach … und plötzlich fühlte sie sich in ein schwarzes Loch »hinaufgesogen«. Der Rest ihrer NTE war ziemlich typisch, soweit ich mich erinnere.
>
> Ich erzählte dies einem [skeptischen] Anwohner, der sich darüber lustig machte und wegging. Offenbar ließ er sich von einem Hausmeister auf das Dach führen. Als ich ihn später am selben Tag noch einmal traf, hatte er einen roten Schuh und glaubte die Geschichte.[11]

Ich möchte dem nur noch eine Bemerkung hinzufügen: Am Ende meines Telefonats mit Ms. Milne fragte ich sie, ob sie schon einmal von dem Fall mit Marias Schuh gehört habe. Sie verneinte, und aus verständlichen Gründen war sie höchst erstaunt, von einer zweiten Geschichte zu hören, die der ihren ähnlich war.

Wie ich zugeben muß, hat der eigenartige Zufall, daß verlegte Schuhe die Aufmerksamkeit von Nah-Tod-Erfahrenen erregen, die ihren im Krankenhaus liegenden Körper verlassen haben, für mich einen fast unwiderstehlichen Charme. Er erinnert mich an ein Gedicht von Muriel Spark mit dem Titel »Der einsame Schuh am Straßenrand«. Spark, die sich darin ebenfalls fragt, wieso gerade *einzelne* Schuhe liegenbleiben, kommt zu dem simplen Schluß, daß es »Wunder immer gibt im Leben«. Sicher wird es in der Welt der NTE-Forschung eine unbeantwortete Frage bleiben, wie diese vereinzelten Schuhe an ihren jeweiligen Ort gelangen, um dort von erstaunten Nah-Tod-Erfahrenen – und den nicht minder verblüfften Forschern! – entdeckt zu werden. Aber wie Sie noch sehen werden, tauchen in den Studien zum Wahrheitsgehalt immer wieder ungewöhnliche Schuhe auf.

Joyce Harmon, Krankenschwester auf der Intensivstation des Hartford Hospital, kehrte im Sommer 1982 nach einem Urlaub an ihre Arbeitsstelle zurück. Sie hatte sich in den Ferien neue, karierte Schuhbänder gekauft, die sie am ersten Arbeitstag trug, und sie mußte an diesem Tag bei der Wiederbelebung einer ihr unbekannten Frau mithelfen.

Die Wiederbelebung verlief erfolgreich, und am nächsten Tag begegnete Ms. Harmon der Patientin, die ihr sofort zurief: »Ach, Sie sind das mit den karierten Schuhbändern!«

»Wie bitte?« erwiderte Joyce verwundert, und wie sie berichtet, spürte sie sofort, wie sich ihr die Nackenhaare aufstellten.

»Ich habe sie gesehen«, erklärte die Patientin. »Ich habe beobachtet, was gestern geschah, als ich starb. Ich war oben, über allem.«[12]

Ein dritter Fall dieser Art ereignete sich einige Jahre früher ebenfalls am Hartford Hospital. Ende der siebziger Jahre arbeitete die klinische Ausbilderin Sue Saunders dort im Zentrum für Atemwegserkrankungen. Eines Tages half sie bei der Wiederbelebung eines etwa 60jährigen Mannes, bei dem die Vitalfunktionen ausgesetzt hatten. Die Ärzte behandelten ihn mit Elektroschocks, und Ms. Saunders versuchte, ihn mit Hilfe einer Atemmaske Sauerstoff inhalieren zu lassen. Während der Wiederbelebung wurde sie von jemandem abgelöst und ging.

Einige Tage darauf traf sie denselben Patienten in der Herzklinik, und er begrüßte sie spontan mit den Worten: »Das gelbe Oberteil stand Ihnen aber viel besser!«

Wie Joyce Harmon war auch Sue Saunders so schockiert, daß sie eine Gänsehaut bekam – sie *hatte* bei der Wiederbelebung des Mannes eine gelbe Bluse angehabt (die sie seitdem nicht mehr getragen hatte).

»Ja«, fuhr der Patient fort, »ich habe Sie gesehen. Sie hielten etwas über mein Gesicht [richtig – die Atemmaske] und haben Luft in mich hineingepumpt [ebenfalls korrekt]. Und ich habe Ihre gelbe Bluse gesehen.«

Ms. Saunders bemerkt hierzu:

Das war mir richtig unheimlich! Die einzige Möglichkeit, wie er das wissen konnte, war, daß er entweder bei Bewußtsein oder »außerhalb seines Körpers« gewesen war! Viel mehr sagte er nicht über seine Erfahrung; offenbar hatte er seinen Verwandten etwas erzählt, und die hatten ihm nicht geglaubt. Ich drängte ihn nicht, mir noch mehr zu sagen, weil ich völlig verblüfft war ... Der Gedanke, daß er sich an eine Farbe erinnern konnte, ist wirklich unheimlich! Ich hätte das alles nie geglaubt, wenn ich nicht selbst daran beteiligt gewesen wäre.[13]

Diese vier Fälle belegen drei wichtige Beobachtungen:

1. Patienten, die behaupten, in Todesnähe eine außerkörperliche Erfahrung gemacht zu haben, beschreiben manchmal ungewöhnliche Objekte, von denen sie unter normalen Umständen nichts hätten in Erfahrung bringen können.
2. Von diesen Objekten läßt sich im nachhinein zeigen, daß sie sich der Aussage des Patienten gemäß an dem von diesem genannten Ort befanden.
3. Diese Aussage zu hören hat auf die beteiligten Ermittler eine starke emotionale und kognitive Wirkung; sie bestärkt entweder ihren bereits bestehenden Glauben an die Authentizität von NTEs oder führt zu einer sofortigen »Bekehrung«.

Zu vermuten, daß diese Patienten sich einfach nur Dinge vorstellen, ist ebenso schwierig, wie zu verstehen, wie sie das, was sie zu sehen behaupten, wirklich sehen können. Offenbar können wir an dieser Stelle tatsächlich nichts anderes tun, als Muriel Spark beizupflichten und zu sagen: »Wunder gibt es immer im Leben.«

Eines ist sicher: Es sind genügend solcher Fälle in der NTE-Literatur bekannt, die dieses Geheimnis noch vertiefen und gleichzeitig stärkere Beweise für die außerkörperliche Wahrnehmung liefern. Die vielleicht bekannteste Studie dieser Art erstellte vor mehr als zehn Jahren der Kardiologe Michael Sabom.[14] Mehrere seiner Herzpatienten beschrieben in detaillierten Protokollen umfassende visuelle Wahrnehmungen, die sie während einer Operation oder in Zusammenhang mit einem Herzstillstand oder Herzinfarkt erlebten. Um festzustellen, inwieweit diese Wahrnehmungen verifizierbar waren, sprach Sabom mit beteiligten Kollegen oder anderen Zeugen und überprüfte auch die Patientendaten. In den meisten Fällen konnte er zwingende Beweise dafür erbringen, daß die Patienten präzise Details ihrer Operation sowie der eingesetzten Geräte oder Eigenschaften an der Operation beteiligter Personen wiedergaben, die sie unter normalen Umständen nicht wissen konnten.

Um seine Befunde noch eingehender zu testen, erstellte Sabom eine Kontrollgruppe. Er sammelte Daten von 25 chronischen Herzkranzgefäßpatienten, von denen jedoch noch keiner wiederbelebt worden war. Diese Patienten bat er sich *vorzustellen*, sie würden wiederbelebt, und die Prozedur zu beschreiben, als würden sie sie als Zuschauer verfolgen (das heißt, aus einer Perspektive ähnlich der, von der aus Nah-Tod-Erfahrene für gewöhnlich berichten). Die Ergebnisse waren äußerst interessant und bestärkten Saboms Argumente für die Richtigkeit der Schilderungen seiner Patienten mit NTEs.

Kurz gesagt, 22 seiner 25 Kontrollpersonen gaben Beschreibungen ihrer hypothetischen Wiederbelebung, die zahllose Fehler beziehungsweise Irrtümer aufwiesen. Zudem waren die Berichte oft vage und diffus gehalten und verallgemeinerten stark. Im Gegensatz dazu, so Sabom, wiesen die Erzählungen von Patienten, die tatsächlich wiederbelebt worden waren, *keine* derartigen Mängel auf und waren darüber hinaus wesentlich detaillierter.

Alles in allem sind Saboms Resultate meines Erachtens ein überzeugender Beweis dafür, daß veridikale, konventionell nicht erklärbare visuelle Wahrnehmungen im Verlauf von NTEs tatsächlich vorkommen. Und zusammen mit den spezifischen Fällen, die in diesem Abschnitt bereits vorgestellt wurden, haben wir meiner Meinung nach nun genügend Informationen über diese Vorfälle, um festzustellen, daß sie von NTE-Forschern wie -Skeptikern gleichermaßen anerkannt werden sollten. *Wie* sie sich jedoch befriedigend erklären lassen – dies ist eine Frage, die bislang noch immer einer Antwort harrt.

Auf der Suche nach einer Erklärung

Vorfälle an der Schwelle des Todes mit offenbar verläßlichen, aber eigentlich »unmöglichen« Wahrnehmungen vor allem visueller Art wie jenen, die wir in diesem Kapitel präsentierten, können herkömmliche Theorien belasten; doch da deren hartnäckige Faktizität schließlich bestehenbleibt, muß man sie in die Betrachtung mit einbeziehen. Das Problem dabei ist natürlich, daß diese Wunder der Wahrnehmung uns, wie NTEs allgemein, uns auf Vorstellungen und Ansichten verweisen, die gefährlich nahe an die Bereiche des Paranormalen und sogar Religiösen heranführen. Aus diesem Grunde tendieren diese Phänomene dazu, an den Rand der Wissenschaft gedrängt zu werden in der Hoffnung, daß diese unbequemen Fakten im Laufe der Zeit der Vergessenheit anheimfallen.

Kürzlich jedoch wurde ein neuer Ansatz für diese hartnäckigen Wahrnehmungen vorgestellt, der uns zumindest einen flüchtigen Blick darauf erlaubt, wie sie und sogar noch erstaunlichere Befunde aus der Welt der NTE-Forschung mit einer aus dem modernen Studium des menschlichen Bewußtseins kommenden wissenschaftlichen Perspektive in Einklang gebracht werden können. Dies bedeutet nicht, daß wir das in diesem Kapitel Vorgestellte damit voll und ganz wissenschaftlich erklären könnten. Doch wenn wir es mit den Resultaten der im nächsten Kapitel behandelten Untersuchungen kombinieren, werden Sie selbst sehen können, wie die NTE-Forschung an der Gestaltung neuer Erklärungsmodelle der Wissenschaft mitwirkt.

So faszinierend all diese Fälle mit unvermuteten Staubflusen, Spinnennetzen und auf mysteriöse Weise verlegten Schuhen auch waren, wir müssen doch noch einige weitere visuelle Wahrnehmungen von Nah-Tod-Erfahrenen in unsere Betrachtung mit einbeziehen, die per definitionem eigentlich nicht möglich sind – und die dennoch geschahen. Dieser Umstand liefert uns einen der besten Beweise für die Authentizität der NTE selbst und noch fast unfaßbarere Beweise für ihren transzendentalen Charakter.

3

Sehen ohne Augenlicht: Blinde und Nah-Tod-Erfahrungen

Paradoxerweise kommt die vielleicht überzeugendste Überprüfung der Hypothese, daß Personen bei außerkörperlichen Erfahrungen wirklich sehen, was sie zu sehen vorgeben, von einer Studie über NTEs bei Blinden. Wie wir bereits gezeigt haben, können Menschen mit sehr schlechten Augen manchmal mit unglaublicher Genauigkeit die visuellen Gegebenheiten beschreiben, die ihren physischen Körper umgeben, obwohl sie diese Informationen offensichtlich nicht auf natürlichem Wege erlangen können. Doch wenn diese Berichte der Wahrheit entsprechen, was sollte uns dann davon abhalten, den nächsten Schritt zu tun? Und das heißt natürlich, die Frage zu stellen, ob auch Blinde in Todesnähe sehen können.

So absurd es sich auch anhören mag – Gerüchte von auf NTEs beruhenden Wahrnehmungen Blinder kursieren schon seit Jahren. Doch sobald Forscher versuchen, ihnen auf den Grund zu gehen, scheinen sie sich leider in Luft aufzulösen.[1] Und in mindestens einem Fall wissen wir dank der nachträglichen Aufrichtigkeit des Autors, daß solche Geschichten zu Zwecken der »Wahrheitsfindung« und eben deshalb, weil diese Gerüchte sich so hartnäckig halten, frei erfunden wurden.[2]

Mich faszinieren solche Möglichkeiten dennoch, und da sie eine Art ultimativen Test für die Richtigkeit außerkörperlicher Wahrnehmungen bei NTEs – wie auch eine kühne Herausforderung für Skeptiker – darstellen, entschloß ich mich vor einiger Zeit, entsprechenden Fällen nachzugehen. Anfang 1994 kontaktierten meine Kollegin Sharon Cooper und ich mehrere regionale und landesweite Blindenorganisationen und baten um ihre Mithilfe beim Auffinden entsprechender Personen. Wir teilten ihnen mit, daß wir an Personen interessiert seien, die eine NTE oder eine außerkörperliche Erfahrung gemacht hätten und bereit seien, mit uns darüber zu sprechen.

Diese Untersuchung kam nach dreijähriger Arbeit kürzlich zum Abschluß, und ich präsentiere in diesem Kapitel die erste ausführliche nicht fachliche Darstellung unserer Ergebnisse.[3] Ich beginne, indem ich kurz auf die Frage eingehe, ob Blinde tatsächlich behaupten, während ihrer NTEs zu sehen. Vorweg aber möchte ich Ihnen einige der Personen vorstellen, mit denen wir im Verlauf dieses Forschungsprojektes sprechen konnten, und Ihnen darlegen, was sie uns an Erinnerungen aus ihrem Zustand in Todesnähe erzählten.

Unser erster Interviewpartner war Vicki Umipeg, eine Frau, die ich dank der Freundlichkeit von Kimberly Clark kennenlernte. Clark rief mich im Februar 1994 an, als Sharon Cooper und ich gerade mit den Vorbereitungen für unsere Studie beschäftigt waren. Sie leitete damals bereits eine NTE-Gruppe in Seattle und erzählte mir ganz aufgeregt von einer zufälligen Entdeckung, die sie gemacht habe: Eine blinde Frau, die zwei NTEs gehabt hatte, war in ihre Gruppe gekommen und wollte sich bald ausführlich vorstellen. Ich war natürlich sofort brennend interessiert, und Clark versprach, mir eine Aufnahme von Vickis Vortrag zu schicken und mich mit ihr bekannt zu machen.

Kurz darauf erhielt ich das Tonband und rief dann Vicki an. Seitdem habe ich oft mit ihr telefoniert und sie und ihren Mann auch zweimal in Seattle getroffen. Zudem haben Sharon Cooper und ich mit Vicki ausführliche Interviews über ihre Erfahrungen und ihre ganze Lebensgeschichte geführt.

Bei unserem ersten Gespräch war Vicki 43 Jahre alt, verheiratet und Mutter dreier Kinder. Sie selbst war eine Frühgeburt gewesen und hatte als Neugeborenes nur drei Pfund auf die Waage gebracht. Damals wurden die Babys in den Brutkästen oft mit Sauerstoff stabilisiert, aber Vicki gab man zuviel davon, was zur Zerstörung ihrer Sehnerven und damit zur Erblindung führte.

Vicki verdient ihren Lebensunterhalt als Musikerin und Sängerin, doch aufgrund von Krankheit und familiären Problemen konnte sie in der letzten Zeit nicht soviel arbeiten wie zuvor. Ihr Leben verlief überaus schwierig; sie mußte viele Mühen, Mißhandlungen und tragische Verluste durchmachen, und für mich wie auch für Clark und andere ist es ein Wunder, mit welchem Mut und welcher Würde sie ihre Existenz meistert. Doch beschränken wir uns auf das, was sie erlebte, als sie in Todesnähe war.

Wie schon gesagt hatte Vicki zwei NTEs. Die erste ereignete sich in der Folge einer Blinddarmentzündung, als sie 20 Jahre alt war; die zweite und stärkere kam zwei Jahre später mit einem Verkehrsunfall.

Beim Anhören des Tonbands, das Clark mir von Vickis Vortrag geschickt hatte, war ich sofort fasziniert, als sie zu Beginn sagte: »Diese beiden Erfahrungen sind das einzige, was ich mit Sehen in Zusammenhang bringen kann – weil ich Licht sah. Ich konnte sehen.«

Ein Schauder der Erregung durchlief mich, als ich diese Worte hörte.

Sie hatte unmißverständlich gesagt, sie sei in der Lage gewesen zu sehen. Von da an war ich mir sicher, daß wir etwas »gefunden« hatten, und nun mußte ich natürlich noch mehr erfahren.

Als ich das Tonband ganz abgehört hatte, verstand ich Vickis NTE besser, aber um die Details in Erfahrung zu bringen, die ich für unsere Studie brauchte, mußte ich mit ihr persönlich sprechen. Eine Gelegenheit dazu bot sich schon bald darauf.

An einem Punkt im Verlauf ihrer zweiten NTE, so berichtete sie, habe sie sich außerhalb ihres Körpers befunden. Ich bat sie, darauf näher einzugehen.

VU: Das erste, was mir wirklich bewußt wurde, war, daß ich mich oben an der Decke befand, und ich hörte diesen Arzt reden – es war ein Mann –, und dann schaute ich hinunter und sah meinen Körper. Zuerst war ich mir gar nicht sicher, ob es wirklich meiner war. Aber ich erkannte meine Haare. [In einem späteren Gespräch sagte sie, auch ihr Ehering habe ihr dabei geholfen, sich selbst zu erkennen.]
Frage: *Wie sahen die Haare aus?*
VU: Sie waren sehr lang … bis zu den Hüften. Und ein Teil mußte abrasiert werden, das hat mich ziemlich verstimmt. [An diesem Punkt hört sie, wie ein Arzt zu einer Krankenschwester sagt, es sei schade darum, aber da sie eine Verletzung am Ohr habe, könne sie sonst am Ende auch noch gehörlos werden.] Ich wußte auch, was die beiden fühlten. Von dort oben an der Decke aus konnte ich feststellen, daß sie sehr besorgt waren, und ich konnte sehen, wie sie an diesem Körper arbeiteten. Ich sah, daß mein Kopf geöffnet wurde, und ich sah eine Menge Blut [allerdings kann sie dessen Farbe nicht erkennen; sie habe nach wie vor keine Vorstellung von Farbe, sagt sie. Sie versucht, mit dem Arzt und der Krankenschwester zu kommunizieren, aber es gelingt nicht, was sie sehr enttäuscht.]
Frage: *Woran erinnern Sie sich nach dem fehlgeschlagenen Kommunikationsversuch als nächstes?*
VU: Danach ging ich nach oben und durch das Dach. Das war erstaunlich!
Frage: *Wie war das für Sie?*
VU: Ha! Es war, als ob das Dach nicht … es schmolz einfach.
Frage: *Hatten Sie das Gefühl, sich nach oben zu bewegen?*
VU: Ja. Ja.
Frage: *Befanden Sie sich über dem Dach des Krankenhauses?*
VU: Ja.
Frage: *Was nahmen Sie wahr, als Sie diesen Punkt erreichten?*
VU: Lichter und die Straßen unter mir, alles. Es hat mich sehr verwirrt. [All dies geschah für ihr Empfinden sehr rasch, und sie fand es verwirrend und beunruhigend zu sehen. Einmal sagt sie sogar, es habe ihr »angst gemacht«.[4]]
Frage: *Konnten Sie das Dach des Krankenhauses unter sich sehen?*

VU: Ja.
Frage: *Und was sahen Sie in Ihrer Umgebung?*
VU: Ich habe Lichter gesehen.
Frage: *Die Lichter der Stadt?*
VU: Ja.
Frage: *Konnten Sie Gebäude sehen?*
VU: Ja, ich sah andere Häuser, aber das ging auch sehr schnell.

Sobald Vicki mit ihrem »Abstieg« beginnt, geschehen all diese Dinge sogar mit schwindelerregendem Tempo. Und je weiter sie in ihre Erfahrung hineingeht, desto mehr spürt sie ein enormes Gefühl von Freiheit (sie nennt es ein Gefühl des »Losgelöstseins«) und zunehmende Freude über diese Freiheit von körperlicher Eingeschränktheit. Doch hält dieses Gefühl nicht lange an; schon sehr bald wird sie in eine Röhre eingesogen und treibt dann auf ein Licht zu. In dieser Reise zum Licht gewahrt sie eine bezaubernde Harmonie und Musik wie Glockengeläut. Während all dieser Zeit kann sie natürlich sehen.

Als nächstes findet sie sich auf einer leuchtenden Blumenwiese wieder und sieht zwei seit langem verstorbene Kinder, mit denen sie in der Blindenschule befreundet war. Damals waren die beiden stark zurückgeblieben, doch nun erscheinen sie ihr kräftig, gesund und ohne ihre irdischen Gebrechen. Sie spürt ein liebevolles Willkommen von ihnen ausgehen und versucht, auf sie zuzugehen. Auch andere inzwischen verstorbene Bekannte sieht sie (zum Beispiel ihre Hausmeister und ihre Großmutter), zu denen sie sich ebenfalls hingezogen fühlt.

Aber noch ehe sie Kontakt aufnehmen kann, tritt eine strahlend helle Gestalt dazwischen – sie ist wesentlich heller als die anderen, betont sie – und stellt sich ihr freundlich entgegen. Vicki begreift intuitiv, daß dies Jesus ist [sie konnte eine eingehende Beschreibung seines Gesichts, vor allem der Augen, und seiner Kleidung geben]. Seine Gegenwart befähigt sie zu einer Rückschau auf ihr gesamtes Leben – darin sieht sie natürlich auch Bilder ihrer Familie und Freunde –, und dann wird ihr mitgeteilt, sie müsse zurückkehren, um ihre Kinder in die Welt zu setzen. Diese Nachricht erregt sie sehr, denn sie hat schon seit langem davon geträumt, Mutter zu werden, und nun hat sie die innere Gewißheit, daß ihr dieses Schicksal nach ihrer Rückkehr tatsächlich bestimmt ist. Doch bevor sie das Reich des Lichtes verläßt, sagt die Gestalt zu ihr, es werde sehr wichtig für sie sein, »die Lektionen der Liebe und Vergebung« zu lernen (diese Worte, so teilte Vicki mir mit, hätten sich in der Tat als prophetisch und als Prüfstein für ihr Leben nach der NTE erwiesen).

An diesem Punkt fand sie sich in ihrem Körper wieder – sie sei, so ihre

Worte, fast in ihn »hineingerammt« worden –, und spürte erneut die schwere Mattheit und den intensiven Schmerz ihres physischen Daseins.

Selbst aus dieser kurzen Beschreibung läßt sich bereits erkennen, daß Vicki trotz ihrer Blindheit von Geburt an eine klassische NTE wie eine sehende Person hatte. Ferner scheint sie während dieser Erfahrung imstande gewesen zu sein, sowohl Dinge aus dieser wie auch aus der anderen Welt zu sehen, wie es von den meisten Nah-Tod-Erfahrenen berichtet wird. Abgesehen von den Gefühlen visueller Desorientiertheit, die Vicki zunächst empfand (und die in den späteren Stadien ihrer NTE verschwanden), und ihrem Unvermögen, Farben an und für sich wahrzunehmen, gibt in der Tat nichts in Vickis Bericht über ihre NTE einen Hinweis darauf, daß sie blind ist. Ihrem eigenen Verständnis nach war sie während ihrer NTE nicht blind.

Zu Beginn des letzten Kapitels erwogen wir kurz die Möglichkeit, daß NTEs eine Art traumähnliche Begegnung mit dem Numinosen sein könnten, und obwohl wir für diese Ansicht bislang keinen Beweis erbrachten, lohnt es sich dennoch, diesen Punkt im Zusammenhang mit NTEs bei Blinden noch einmal anzusprechen. Wenn die NTE einem Traum gleicht, dann sollten blinde Personen wie Vicki zumindest eine generelle Ähnlichkeit zwischen beiden Phänomenen bemerken. Ich stellte ihr diese Frage am Ende unseres Interviews.

Frage: *Wie würden Sie Ihre Träume mit NTEs vergleichen?*
VU: Keine Ähnlichkeit, überhaupt keine Ähnlichkeit.
Frage: *Haben Sie in Ihren Träumen visuelle Wahrnehmungen?*
VU: Nichts. Keine Farbe, nichts, was ich sehen würde, keine Schatten, kein Licht, gar nichts.
Frage: *Welche typischen Arten von Wahrnehmung erleben Sie in Ihren Träumen?*
VU: Geschmack – ich träume oft von Essen [sie lacht]. Und ich habe Träume, wenn ich Klavier spiele und singe, das ist ja auch mein Beruf. Ich habe Träume, in denen ich Dinge berühre … Ich schmecke, berühre, höre und rieche – das ist alles.
Frage: *Keine visuellen Wahrnehmungen?*
VU: Nein.
Frage: *Was Sie bei Ihrer NTE erlebten, war also von Ihren Träumen völlig verschieden?*
VU: Ja, in Träumen habe ich überhaupt keine visuelle Wahrnehmung.
Frage: *Dann wäre es also korrekt zu sagen, daß Sie Ihre NTE ihrem Wesen nach nicht für traumähnlich halten?*
VU: Nein, sie war überhaupt nicht traumähnlich. Ganz und gar nicht.

Vickis Geschichte – sowohl ihre Lebensgeschichte als auch die Geschichte ihrer NTEs – ist ungewöhnlich. Ihr Leben, ich habe es bereits angedeutet, war so voller Traumata, Krankheiten und anderer schwerer Prüfungen, daß es erstaunlich ist, wie sie überhaupt überleben konnte. Und vielleicht sind ihre NTEs gerade deshalb so bemerkenswert klar und ins Detail gehend, weil sie sich so gut mitzuteilen versteht. (Ich besitze über 100 Seiten Transkriptionen von Interviews mit ihr, zusätzlich zu dem, das ich persönlich mit ihr führte.) Vicki ist also absolut und in keiner Hinsicht ein »durchschnittlicher« Mensch, und sie ist auch keine »durchschnittliche« Blinde.

Dennoch ist die Geschichte ihrer NTE nicht einzigartig, nicht einmal unter Menschen ihres Schicksals. Auch andere Blinde, die wir nach Vicki befragten, berichteten unabhängig voneinander von NTEs, die viele Gemeinsamkeiten mit der Vickis erkennen ließen, einschließlich der Behauptung, daß auch sie im Verlauf ihrer Erfahrung sehen konnten. Lassen Sie mich zum Vergleich eine Zusammenfassung der NTE eines Blinden aus Connecticut anführen.

Brad Barrows war 33 Jahre alt, als wir mit ihm sprachen, doch seine NTE hatte er bereits als achtjähriges Kind gehabt. Sie ereignete sich im Winter 1968; damals lebte er in einem Zentrum für blinde Kinder in Boston. Er zog sich eine Lungenentzündung zu und bekam schwere Atemprobleme. Danach erzählten ihm Krankenschwestern, er habe einen mindestens vierminütigen Herzstillstand gehabt und sei mit Herz-Lungen-Massage wiederbelebt worden.

Brad erinnert sich, daß er, als er nicht mehr atmen konnte, das Gefühl hatte, sich aus dem Bett zu erheben und durch den Raum an die Decke zu schweben. Er sah seinen offenbar leblosen Körper auf dem Bett liegen. Außerdem sah er, wie sein blinder Zimmergenosse das Bett verließ, um Hilfe zu holen. [Der Zimmergenosse bestätigte diese Aussage.] Brad fühlte, wie er sich rasch durch die Decken des Gebäudes nach oben bewegte, bis er sich über dem Dach befand. Von diesem Punkt aus konnte er klar sehen.

Er schätzt, daß es zwischen halb sieben und sieben Uhr morgens war, als dies geschah, und er bemerkte, daß der Himmel bewölkt und dunkel gewesen sei. Am Tag zuvor hatte es einen Schneesturm gegeben, und außer auf den geräumten Straßen sah Brad überall Schnee. [Das Aussehen des Schnees konnte er sehr detailliert beschreiben.] Er sah auch die von den Räumfahrzeugen aufgeschütteten Schneehaufen, ein vorbeifahrendes Auto und zuletzt einen Spielplatz, den die Kinder seiner Schule benutzten, sowie einen Hügel, den er oft bestiegen hatte.

Auf die Frage, ob er diese Dinge »kannte oder richtig gesehen« hatte, antwortete Brad: »Ich habe sie ganz klar gesehen. Sie fielen mir plötzlich auf, ich sah sie ... Ich erinnere mich ... daß ich ganz klar sehen konnte.«

Nachdem dieser Teil seiner Erfahrung vorüber war [was sehr schnell ging, wie er sagte], fand er sich in einem Tunnel wieder, und von diesem aus gelangte er auf ein riesiges Feld, das von einem gewaltigen alles umfassenden Licht erhellt wurde. Alles war vollkommen.

Auch in dieser Sphäre konnte Brad klar sehen, wenngleich er anmerkt, daß die Wahrnehmung des Lichts ihn verwirrte. Er befand sich auf einem Weg, der von hohem Gras gesäumt war, und berichtet auch von hohen Bäumen mit riesigen Blättern. Schatten sah er jedoch nicht.

Während er auf diesem Feld war, nahm Brad eine wunderbare Musik wahr, wie er sie auf der Erde noch nie gehört hatte. Er ging auf den Klang zu und erreichte einen Hügel, den er bestieg. Dort traf er auf ein glitzerndes Bauwerk aus Stein, das so stark leuchtete, daß er dachte, es müsse brennend heiß sein. Das war jedoch nicht der Fall, und so betrat er das Gebäude. Die Musik war auch hier zu hören, und es schien Brad, als würde sie Gott preisen. In dem Gebäude traf er ein Wesen, das er nicht erkannte, von dem aber eine überwältigende Liebe ausströmte. Dieses Wesen schob Brad sanft und ohne ein Wort zurück, was zu einer Umkehrung seiner Erfahrung führte, und schließlich fand er sich, nach Atem ringend und von zwei Krankenschwestern beaufsichtigt, in seinem Bett wieder.

Wie Vicki ist auch Brad von Geburt an blind.

Bei einem Vergleich seiner Erfahrung mit Vickis NTE erkennt man sofort, daß beide eine fast identische Struktur aufweisen. Wie Vicki hat auch Brad eine außerkörperliche Erfahrung, in der er sich an der Decke befindet und seinen Körper unten auf dem Bett liegen sieht. Dann, ebenfalls wie Vicki (und auch wie die Frau im Hartford Hospital, die später den roten Schuh auf dem Dach des Gebäudes entdeckte), bemerkt er, wie er sich durch die Decken des Heims nach oben und bis über das Dach bewegt, von wo aus er die morgendliche Szene unter sich sieht. Auch er bemerkt, daß diese Phase seiner Erfahrung sehr rasch vonstatten ging, und wie Vicki wird auch er dann in einen Tunnel hineingezogen, von dem aus er auf ein strahlend helles Feld gelangt, und so weiter. Es finden sich noch mehrere Gemeinsamkeiten, doch dürfte hinreichend klar sein, daß diese beiden blinden Personen eine sehr ähnliche Reise beschreiben. Noch außergewöhnlicher ist natürlich, daß keiner der beiden jemals Erfahrungen mit der Welt des Sehens gemacht hat und sie auch nicht voneinander wissen. Ferner sollte ich anmerken, daß sie ihre NTE beide *vor* dem Aufkommen der modernen NTE-Forschung hatten, die 1975 mit Moodys Buch *Leben nach dem Tod* begann.

Brad bestätigt auch Vickis Unterscheidung zwischen den offensichtlich visuellen Qualitäten seiner NTE und deren völliger Abwesenheit in seinen Träumen. Zu diesem Punkt befragt, erwiderte er: »In meinen Träumen habe ich genau denselben Bewußtseinsstand wie im Wachzustand. Das heißt, daß alle meine Sinne funktionieren ... bis auf das Sehvermögen. In meinen Träumen habe ich absolut kein Sehvermögen.«

Wenngleich Vicki und Brad mit Sicherheit zu unseren beeindruckendsten Fällen gehören, sind sie dennoch ganz typische Beispiele insofern, als unsere blinden Befragten in aller Regel NTEs beschreiben, die sich von jenen sehender Personen nicht unterscheiden. Wir sprachen im Rahmen unserer Studie mit 31 Blinden (14 davon waren von Geburt an blind), von denen 21 eine NTE gehabt hatten (während die anderen lediglich außerkörperliche Erfahrungen nicht im Zusammenhang mit einer NTE hatten). Von den Befragten mit einer NTE läßt sich feststellen, daß ihre Erfahrungen nicht nur mit dem klassischen NTE-Muster konform gehen, sondern daß sie nicht einmal Abweichungen erkennen lassen, die dem jeweiligen visuellen Vermögen der Person entsprechen; das heißt, die beschriebenen NTEs waren alle sehr ähnlich, gleichgültig, ob ein Nah-Tod-Erfahrener blind geboren wurde oder sein Augenlicht erst im Laufe seines Lebens verlor oder – wie es bei einigen der Fall war – über eine minimale Hell-Dunkel-Wahrnehmung verfügte.

Ferner behaupteten 80 Prozent unserer 31 blinden Testpersonen, daß sie während ihrer NTE oder außerkörperlichen Erfahrung sehen konnten, und wie Vicki und Brad sahen viele von ihnen sowohl Objekte und Personen in der physischen Welt als auch anderweltliche Dinge. (Außer Vicki erklärten auch noch einige andere, daß sie während ihrer Lebensrückschau sehen konnten.) Doch ich sollte auch noch erwähnen, daß sogar in einigen Fällen, in denen kein Sehvermögen angegeben wurde, nicht immer klar war, ob es eindeutig nicht vorhanden war oder ob die betreffende Person einfach nicht erkannte, was Sehen ist. Besonders offenkundig waren solche Ungewißheiten natürlich bei einigen der von Geburt an Blinden. Ein Mann, den wir als »nichtvisuellen Typ« einstuften, erklärte uns etwa: »Ich weiß nicht, was Sie mit Sehen meinen«; demnach konnte er auch nicht imstande sein zu erklären, wie er die Wahrnehmungen empfand, die er im Verlauf seiner NTE hatte.

Wie gut konnten unsere Befragten ihrer Meinung nach bei ihren Erfahrungen sehen? Wir haben natürlich bereits angemerkt, daß die visuellen Wahrnehmungen von Vicki und Brad äußerst klar und detailliert waren, insbesondere in den anderweltlichen Teilen ihrer Nah-Tod-Reisen. Zwar hatten nicht alle unsere blinden Nah-Tod-Erfahrenen so klar ausgeprägte visuelle Eindrücke, aber doch der Großteil von ihnen; so können wir also den Schluß ziehen, daß Fälle wie jene von Vicki und Brad in dieser Hinsicht durchaus repräsentativ sind.

Eine unserer Interviewpartnerinnen, die ihr Sehvermögen mit 22 Jahren durch einen Schlaganfall endgültig verloren hatte, nachdem sie vorher stark kurzsichtig gewesen war, erzählte uns im Zusammenhang damit, sie habe während ihrer NTE ihren Körper, den Arzt und das Operationszimmer gesehen: »Ich weiß, ich konnte sehen, aber ich sollte doch blind sein ... Und ich weiß, daß ich alles sehen konnte ... Es war sehr klar, als ich außerhalb meines Körpers war. Ich konnte Einzelheiten sehen und überhaupt alles.«

Ein Mann, der sein Augenlicht mit 19 Jahren bei einem Autounfall eingebüßt hatte, hatte während seiner NTE eine tröstliche Vision seiner verstorbenen Großmutter. Zur Klarheit dieser Vision bemerkte er: »Natürlich hatte ich kein Augenlicht, weil meine Augen bei dem Unfall völlig zerstört wurden, aber [mein Sehvermögen] war sehr klar und deutlich ... mein Sehvermögen bei dieser Erfahrung war perfekt.«

Ein anderer von Geburt an blinder Mann befand sich in der transzendentalen Phase seiner NTE in einer riesigen Bibliothek und sah »Tausende und Millionen und Milliarden von Büchern, soweit man sehen konnte«. Auf die Frage, ob er sie visuell gesehen habe, erwiderte er: »O ja!« Und ob er sie deutlich gesehen habe: »Kein Problem.« Ob er überrascht gewesen sei, so sehen zu können: »Nicht im geringsten. Ich sagte mir: ›Hey, du kannst doch gar nicht sehen‹, und ich sagte mir: ›Aber klar kann ich sehen. Schau dir doch diese Bücher an. Das ist der klare Beweis, daß ich sehen kann.‹«

Lassen Sie mich zum Schluß dieses Abschnitts all diese visuellen »Fäden« in einem ganz typischen und illustrativen Fall zusammenführen. Marsha, so nenne ich diese Person, war zum Zeitpunkt unserer Befragung 40 Jahre alt. Sie lebt in Connecticut, ist verheiratet und hatte am 16. Januar 1986, im Alter von 32 Jahren, eine NTE infolge von Komplikationen, die bei ihrer Schwangerschaft auftraten.

Wie Vicki war auch Marsha eine Frühgeburt gewesen – sie war nach sechsmonatiger Schwangerschaft geboren worden – und hatte eine Netzhautvernarbung davongetragen. Im Gegensatz zu Vicki aber konnte sie immer etwas sehen, wenn auch sehr eingeschränkt. Dazu erklärte sie uns: »Ich kann mit dem linken Auge ein bißchen sehen, aber nicht viel. Lesen kann ich nicht – Gedrucktes kann ich nicht erkennen, aber ich sehe zum Beipiel Menschen und Dinge, aber alles … sehr verschwommen.« Mit anderen Worten, ihr Sehvermögen ist extrem schlecht (sie hat zum Beipiel einen Blindenhund); für unsere Studie klassifizierten wir sie deshalb nicht als blind, sondern als stark sehbehindert.

Marshas Fall ist hauptsächlich deshalb interessant, weil er aufzeigt, wie die visuelle Wahrnehmung einer sehr stark sehbehinderten Person während einer NTE sich nicht nur verbessern, sondern geradezu perfekt werden kann. Im Gespräch mit uns stellte sie unmißverständlich klar, daß ihre erhöhte Sehschärfe sich sowohl auf ihre außerkörperliche Wahrnehmung als auch auf die Erlebnisse bezog, die sie im anderweltlichen Teil ihrer Erfahrung machte. Zum ersteren Punkt erzählte uns Marsha, daß sie beim Zurückkommen ihren Körper sah.

Frage: *Konnten Sie ihn beschreiben? Konnten Sie ihn im Detail sehen?*
M: Ja, er sah einfach aus wie ich. Ich war, na ja, als ob ich schlief.
Frage: *Und wie haben Sie gesehen, wenn ich es mal so nennen kann, als Sie auf sich hinabblickten?*
M: Gut … ganz normal.
Frage: *Wenn Sie normal sagen, dann meinen Sie damit klar?*
M: Ja, ich konnte alles gut sehen.

Zur Qualität ihrer anderweltlichen Wahrnehmung:

Frage: *Konnten Sie dort besser sehen als in der physischen Welt?*
M: O ja.
Frage: *Wie war Ihre visuelle Wahrnehmung in diesem Raum [im anderweltlichen Teil ihrer NTE]?*
M: Alles, ich konnte alles sehen … Alle Leute, bis ganz nach hinten. Einfach alles.
Frage: *Und wie? Können Sie das etwas näher erläutern?*
M: Es war perfekt. So könnte es hier nicht sein. Ich hatte absolut kein Problem. Es war wie – na ja, alles, ich habe einfach alles sehen können. Es war nicht so wie mit den Augen. Ich weiß nicht, wie es mit einem normalen Sehvermögen wäre. Es war nicht, wie wenn man mit den Augen sieht. Es konnten nicht meine Augen sein, denn die waren ja hier, auf dieser Welt. Ich konnte Gold sehen in diesem Raum. Gold an den Wänden. Und [da waren] weiße Vögel und Engel und all diese Leute.
Frage: *Als Sie die Vögel und die Menschen in diesem Raum sahen, konnten Sie da Einzelheiten erkennen, oder haben Sie gesehen wie jetzt?*
M: Nein, nein. Es waren Einzelheiten. Es war weißes Licht. Alles dort drinnen war weißes Licht. Und an den Wänden war Gold.

Als wir uns später mit ihrer Wahrnehmung der Farben in diesem Teil ihrer Erfahrung beschäftigten, war Marsha bezüglich der Dinge, die sie wahrnahm, ähnlich eindeutig:

Frage: *Und konnten Sie die Farbe während Ihrer Erfahrung klar sehen?*
M: Ja. Alles war so, wie es sein sollte.

Als der Interviewer schließlich versuchte, Marshas weitere Gedanken zu ihrer visuellen Erfahrung während ihrer NTE festzustellen, kam folgendes zutage:

Frage: *Wenn Sie sagen müßten, wie gut Ihr Sehvermögen während Ihrer Erfahrung wirklich war, könnten Sie es beschreiben?*
M: Es war perfekt. Ich weiß nicht, wie es anders hätte sein können. Ich kann nicht sagen, daß ich so sah, wie ich jetzt sehe ... Ich konnte [damals] alles sehen.
Frage: *Machen Sie sich Gedanken darüber, daß Sie bei diesem Erlebnis sehen konnten?*
M: Na ja, wissen Sie, ich konnte sehen, aber ich glaube nicht, daß das an meinen Augen lag. Ich weiß nicht, wie es war, denn meine Augen waren ja hier, und da sie nicht gut sind, ich aber alles gut sehen konnte, muß ich irgendwie ein besonderes Sehvermögen gehabt haben.

Obwohl Marsha über einen Rest an physischem Sehvermögen verfügt, ist eindeutig, daß ihre Aussagen zur Qualität ihrer visuellen Wahrnehmung, insbesondere in der Anderwelt, jene von Vicki und Brad bestätigen. Dort sieht sie perfekt und erstaunlich detailgenau, wofür sie keine Erklärung hat. Und wie Vicki und Brad, die ebenfalls die Natürlichkeit ihres Sehvermögens in der Anderwelt hervorhoben, beschreibt auch Marsha es mit einem Satz, der mit der Aussage von Vicki und Brad beinahe identisch ist: »Alles war so, wie es sein sollte.« Auch ihr visueller Eindruck ihres physischen Körpers scheint im Gegensatz zu ihrer normalen Sehkraft klar und deutlich zu sein. Alles in allem sind ihre Aussagen verblüffend und übereinstimmend und zeigen, daß auch Menschen mit extremer Sehschwäche in Todesnähe offenbar normal und womöglich sogar schärfer sehen können.

Insgesamt bieten unsere Interviews mit Nah-Tod-Erfahrenen und Menschen mit außerkörperlichen Erfahrungen reichlich Belege dafür, daß visuelle Wahrnehmngen bei Blinden nicht ungewöhnlich sind, daß sie Eindrücke sowohl aus dieser als auch aus der Anderwelt beinhalten und daß sie oft klar und detailliert sind, selbst bei solchen Menschen, die von Geburt an blind sind.

Erhärtende Beweise für Visionen bei außerkörperlichen und Nah-Tod-Erfahrungen

Um zu zeigen, daß die von unseren blinden Gesprächspartnern beschriebenen Wahrnehmungen nicht nur bloße Phantasien oder komplexe Halluzinationen sind, müssen wir aber wohl noch weitere Beweise anführen, und zwar vorzugsweise von anderen unabhängigen Zeugen oder von verläßlichen Dokumenten. Wenig überraschend erweist es sich jedoch gerade hier als schwierig, die notwendige Bestätigung dafür zu finden, daß ihre Berichte wirklich authentisch sind. Die Gründe sind offensichtlich: In vielen Fällen (und jene von Vicki und Brad kann man hier als prototypisch betrachten) fanden die berichteten NTEs oder außerkörperlichen Erfahrungen vor so langer Zeit statt, daß wir nicht mehr genau eruieren konnten, wer die Zeugen waren, oder, wenn ihre Namen bekannt waren, wo wir sie hätten auffinden können. Andere potentielle Informanten verstarben oder standen uns nicht für Interviews zur Verfügung. Das bedeutet im Ergebnis, daß die Aussagen unserer Befragten großteils von ihrer Aufrichtigkeit und zuverlässigen Erinnerung abhängig sind. In der Regel sahen wir keinen Grund, an der Aufrichtigkeit dieser Menschen zu zweifeln, aber Aufrichtigkeit ist kein Beweis, und das eigene Wort ist wohl kaum das *letzte* Wort, wenn es darum geht, die Stichhaltigkeit dieser Berichte zu beurteilen.

Dennoch war es uns wenigstens in einigen Fällen möglich, Beweise dafür zu sammeln – in einem sogar sehr triftige Beweise –, daß diese Behauptungen tatsächlich eine direkte und so genaue wie verblüffende Wahrnehmung der Situation beschreiben. In diesem Abschnitt präsentiere ich Ihnen drei neue Fälle, die eine gewisse Beweiskraft für die visuellen Wahrnehmungen von Blinden liefern.

Unser erster Fall ist ein Beispiel für eine Wahrnehmung während einer außerkörperlichen Erfahrung, in der der Befragte sich selbst gesehen zu haben behauptet. Spezielles Interesse verdient diese Geschichte jedoch deshalb, weil der Betreffende auch etwas sah, über das er unter normalen Umständen nicht Bescheid wissen konnte. Zudem erzählte er uns, daß einer seiner Freunde seine Aussage bestätigen könne. Betrachten wir also diesen Hergang, so wie Frank – ich nenne ihn einmal so – ihn uns schilderte.

Frank ist 66 Jahre alt. 1982 verlor er sein Augenlicht vollständig, so daß er heute auch Licht und Schatten nicht mehr wahrnehmen kann. Seit seiner Erblindung hatte er jedoch mehrere außerkörperliche Erfahrungen, von denen er im folgenden eine wiedergibt.

Etwa 1992 wollte Frank mit einer Bekannten zur Beerdigung eines gemeinsamen Freundes fahren. Er erinnert sich daran wie folgt:

Also, ich sagte an diesem Morgen zu ihr: »O Gott, ich habe ja gar keine passende Krawatte. Kannst du mir nicht noch eine besorgen?« Sie antwortete: »Ja, wenn ich bei Mel's [einem Bekleidungsgeschäft] vorbeikomme, dann kaufe ich dir eine.« Die brachte sie mir dann, aber sie sagte: »Ich kann nicht hierbleiben. Ich muß noch nach Hause und mich umziehen, bevor wir losfahren können.« Ich machte mich also fertig und band die Krawatte um. Die Farbe oder sonst etwas hatte sie mir nicht gesagt. Ich legte mich auf die Couch und sah, wie ich aus meinem Körper herauskam. Und ich sah meine Krawatte; ich hatte die Krawatte um. Es war ein Kreis darauf – sie war rot und hatte einen grauen Kreis, zwei graue Kreise. Daran erinnere ich mich.

Der Interviewer fragte dann nach weiteren Einzelheiten:

Frage: *Nur um die zeitliche Abfolge klarzustellen: Sie haben sich also mit der Krawatte hingelegt, sahen sich aus Ihrem Körper treten, und dann sahen Sie die Krawatte?*
F: Ich sah die Krawatte, denn ich habe ihr die Farbe gesagt.
Frage: *Sie haben sie Ihrer Freundin gesagt, die Sie zur Beerdigung fuhr?*
F: Ja, als sie mich abholte ... Als sie kam, um mich abzuholen, fragte ich sie: »Sind die Kreise auf dieser Krawatte grau?« Und sie sagte: »Ja.«
Frage: *War sie überrascht, daß Sie das wußten?*
F: Ja. Sie sagte: »Woher weißt du das? War jemand bei dir?« Ich antwortete: »Nein, niemand.« Wissen Sie, man kann sowas nicht sagen [lacht], weil das einfach keiner glaubt.«
Frage: *Und wissen Sie heute noch, wie die Krawatte aussah?*
F: Ja. Es ist eine rosafarbene Krawatte mit Kreisen darauf und Punkten in der Mitte der Kreise. Weißgrau sind die Kreise. Eine schöne Krawatte; immer wenn ich sie trage, werde ich darauf angesprochen. Sie fragte mich also: »Aber wer hat es dir gesagt?« Und ich sagte nur: »Niemand. Ich hab' einfach geraten.« Ich wollte es ihr nicht sagen, weil – wie ich schon sagte, man kann gewissen Leuten einfach nicht alles sagen.

Natürlich wollten wir, nachdem wir diese Geschichte gehört hatten, unbedingt diese Frau sprechen. Nach anfänglichen Schwierigkeiten konnte Frank sie tatsächlich für uns ausfindig machen. Sharon Cooper sprach mit ihr und faßte ihre Aufzeichnung der Unterhaltung folgendermaßen zusammen:

Ich rief Franks Freundin an, und sie sagte, sie habe an jenem Tag eine Krawatte für ihn gekauft und sei mit ihm zur Beerdigung gefahren. Sie konnte

Franks Geschichte jedoch nicht ganz bestätigen, weil sie sich nicht genau an die zeitliche Abfolge der Ereignisse an jenem Tag erinnern konnte und auch nicht an das exakte Design der Krawatte. Aber sie sagte, Frank stehe mit beiden Füßen fest auf der Erde und neige nicht dazu, Geschichten zu erfinden. Sie war zwar nicht imstande, seine Erzählung zu bestätigen, glaubte aber, daß er mit seiner Darstellung der Details wahrscheinlich recht habe.

Obwohl wir also auch hier keine wirklich bestätigten Fakten haben, liegt dennoch nahe, daß die Erinnerung dieses Mannes im wesentlichen korrekt war. Doch die offensichtlichen Schwächen dieses Falles und sein letztendlicher Mangel an Beweiskraft werden zum Teil durch den nächsten und noch überzeugender durch den dritten Fall wettgemacht, in dem wir eine direkte und unabhängige Bestätigung der Aussage des Befragten erhielten.

Den zweiten, etwas amüsanten Fall einer möglichen visuellen Wahrnehmung bei einer fast blinden Person beschrieb mir vor mehreren Jahren die schwedische NTE-Forscherin Ingegard Bergström im Anschluß an einen Vortrag über unsere – damals noch nicht gesicherten – Resultate bei NTEs blinder Menschen. Sie hatte für ihre Studie mit einer Frau gesprochen, die zur Zeit ihrer NTE und auch schon mindestens zehn Jahre davor fast blind war. Diese Frau hatte in ihrer Küche einen Herzstillstand erlitten und daraufhin das Spülbecken und einen Stapel schmutziges Geschirr gesehen, etwas, was sie ihren Worten zufolge unter normalen Umständen nicht hätte sehen können. Sie sagte das zufällig in Gegenwart ihres Mannes, der sie daraufhin fragte, weshalb sie ihm darüber damals nichts erzählt habe. »Weil du mich nicht gefragt hast«, erwiderte die Frau laut Bergström etwas verbittert. In einem schriftlichen Bericht über den Fall, den Bergström mir nachreichte, heißt es, der Ehemann sei auf die Erwiderung seiner Frau hin ganz aufgeregt und schuldbewußt geworden, weil es seine Aufgabe gewesen wäre, das Geschirr zu spülen und aufzuräumen.[5]

Unser letzter hier zu besprechender Fall betrifft eine 41jährige Frau, die ich Nancy nennen möchte. 1991 wurde bei Nancy wegen des Verdachts auf Brustkrebs eine Biopsie durchgeführt. Dabei zerschnitt der Chirurg versehentlich ihre obere Vena cava und verschlimmerte diesen Kunstfehler dann noch, indem er sie einfach zunähte, was zu einer medizinischen Katastrophe und Nancys Erblindung führte; letztere wurde erst kurz nach dem chirurgischen Eingriff entdeckt. Nancy wachte aus der Narkose auf und schrie: »Ich bin blind, ich bin blind!«

Daraufhin wurde sie mit einem fahrbaren Krankenbett zum Röntgen gebracht, doch in der Eile rammten die Sanitäter eine Aufzugstür.

Diese Erschütterung führte bei Nancy zu einer außerkörperlichen Erfahrung.

Sie erzählte uns, sie sei über der Trage geschwebt und habe ihren Körper unter sich gesehen. Sie konnte auch den Flur entlangblicken, und an dessen Ende standen zwei Männer – der Vater ihres Sohnes und ihr damaliger Freund –, die sehr erschreckt aussahen. Sie erinnerte sich, daß sie verwirrt war, weil die beiden einfach nur verdutzt dastanden und nicht auf sie zukamen. An dieser Stelle hört ihre Erinnerung an die Szene jedoch auf.

Um ihre Aussage zu erhärten, sprachen wir mit den beiden Männern. Der Vater konnte sich an die Einzelheiten des Vorfalls nicht genau erinnern, doch seine allgemeine Schilderung paßt zu Nancys Ausführungen, doch der zweite Zeuge, ihr Freund Leon, erinnerte sich sehr gut und bestätigte sämtliche wichtigen Fakten. Hier ein Auszug aus unserem Gespräch mit ihm.

L: Ich war auf dem Flur vor der Chirurgie, und sie kam heraus, und ich wußte, daß sie es war. Sie hatten es sehr eilig mit ihr.
Frage: *Woher kamen sie denn?*
L: Aus dem Raum in der Chirurgie, wohin sie nach der Operation gebracht worden war. Ich sah Leute, die eine Trage auf Rollen schoben. Es waren vier oder fünf, und ich sagte sofort: »Gott, das sieht aus wie Nancy«, aber ihr Gesicht und ihr Oberkörper waren so angeschwollen – mindestens doppelt so groß wie normal. Ich schaute, und dann sagte ich: »Nancy, Nancy«, und diese Leute – ich glaube, sie erkannte mich nicht. Sie war nicht bei sich. Und die Leute sagten, sie würden sie zum Röntgen bringen.
Frage: *Wer sagte Ihnen das?*
L: Eine Krankenschwester, glaube ich. Ich bin mir nicht ganz sicher. Ich glaube, ich war noch in einer Art Schock. Wissen Sie, ich hatte einen langen Tag hinter mir. Man erwartet einen Eingriff von einer Stunde, und dann ist es ungefähr zehn Stunden später, und man hat kaum eine Antwort. Ich glaube, es war eine Krankenschwester. Jedenfalls weiß ich, daß ich gefragt habe. Und ich glaube, Dick [der Vater von Nancys Kind] war auch da. Ich glaube, wir haben im Flur miteinander gesprochen.
Frage: *Wissen Sie, wie weit Sie von Nancy entfernt waren?*
L: Am Anfang, als ich sie sah, waren es vielleicht 30 Meter, aber dann wurde sie direkt an uns vorbeigeschoben. Ich war wahrscheinlich nicht mehr als einen oder eineinhalb Meter von ihr entfernt. Und ich glaube, Dick war direkt neben mir.
Frage: *Und wissen Sie, wie sie transportiert wurde? Lag sie auf der fahrbaren Trage?*
L: Sie lag auf der Rollentrage. Sie hing an einem Tropf … Ich bin mir nicht sicher – ich glaube, sie hatte eine Art Atemgerät. Ich bin mir nicht sicher, ob es ein Ambubeutel war oder was sonst.

Frage: *Und wohin wurde sie gebracht?*
L: Nach unten zum Röntgen.
Frage: *Wie?*
L: Sie fuhren sie mit der Rollentrage zum Aufzug. Es war ein besonderer Aufzug, nur für das Personal. Sie schoben sie um die Ecke zu diesem Aufzug.
Frage: *Haben Sie diesen ganzen Vorgang gesehen?*
L: Ja.
Frage: *Haben Sie gesehen, wie sie in den Aufzug geschoben wurde?*
L: Ja, weil ich um die Ecke mitlief, um zu sehen, wie sie in den Aufzug hineingeschoben wurde.
Frage: *Erinnern Sie sich an einen Vorfall beim Transport in den Aufzug hinein?*
L: Ich glaube, das Personal hatte es wirklich eilig. Ich habe selbst schon in der Notaufnahme eines Krankenhauses gearbeitet und weiß, wie das ist. Ich glaube, jemand versuchte, gleichzeitig mit der Trage in den Aufzug hineinzukommen, und dann kam es zu einer Situation wie »Oh, ich komme nicht rein, schieben wir sie doch ein bißchen rüber« – sie haben sie ein bißchen seitwärts gerückt, bevor sie sie in den Aufzug hineinbrachten. Aber es ging alles sehr schnell.
Frage: *Konnten Sie ihr Gesicht gut sehen?*
L: Ja, das hat mich ziemlich schockiert. Sie war wirklich sehr aufgedunsen. Sie war überhaupt nicht wiederzuerkennen. Ich meine, ich wußte, daß sie es war, aber – wissen Sie, ich war Sanitäter in Vietnam, und es war, wie wenn man eine einen Tag alte Leiche sieht, die schon aufgebläht ist. So ungefähr hat sie ausgesehen.

Wie bereits angedeutet, stimmt Leons Schilderung mit Nancys Erzählung in praktisch jedem bedeutsamen Punkt überein, trotz der Tatsache, daß er wegen des Ödems über ihren Zustand sehr besorgt war. Aber ungeachtet seines offensichtlichen Schockzustands bestätigt seine Darstellung ihre Geschichte, soweit dies von einem Außenstehenden erwartet werden kann. Man sollte dazu noch anmerken, daß dieser Zeuge seit mehreren Jahren von unserer Befragten getrennt lebt; die beiden hatten mindestens ein Jahr lang keinen Kontakt gehabt, bevor wir mir ihnen sprachen.

Und selbst wenn Nancy damals *nicht* vollkommen blind gewesen wäre, hätte das Beatmungsgerät, das sie während dieses Unfalls auf ihrem Gesicht hatte, teilweise ihre Sicht behindert, so daß sie die beiden Männer auf dem Flur nicht hätte sehen können. Aber laut ihren Patientendaten und anderen Beweisen, die wir sammelten, war sie zu diesem Zeitpunkt bereits völlig erblindet.

Nach einer detaillierten Untersuchung dieses Falles und der Auswertung aller einschlägigen Dokumente kamen wir zu dem Schluß, daß Nancy aller Wahrscheinlichkeit nach das, was sie sah, nicht mit ihren physischen Augen sehen konnte, da sie zum fraglichen Zeitpunkt so gut wie sicher blind war. Doch die Beweislage legt nahe, daß sie sehen konnte; und die zitierten bestätigenden Aussagen zeigen überdies, daß sie offenbar richtig sah.

Die Frage ist natürlich: *Wie* konnte sie sehen? Und zu fragen ist nicht nur, wie Nancy sehen konnte, sondern auch, wie die anderen Blinden in unserer Studie sahen, was sie mit Sicherheit nicht *physisch* sehen konnten. Während die Beweise, die ich in diesem Abschnitt anführte, nahelegen, daß das von den involvierten Personen Gesehene jeweils genau den Fakten entsprach und nicht etwa auf Erfindungen, Rekonstruktionen, Raten oder Phantasie beruht, bleibt das Paradoxon unserer Entdeckung unerklärt, daß die Gerüchte über das Sehvermögen Blinder bei ihren NTEs offenbar der Wahrheit entsprechen. Ob und wie das sein kann, das ist das Geheimnis, das wir als nächstes ergründen und wenn möglich lösen müssen.

Ist das reales »Sehen«?

An diesem Punkt erscheint der Schluß gerechtfertigt, daß die Resultate dieser Untersuchung zumindest einige tiefgreifende Fragen aufwerfen – Fragen nicht nur zur Funktionsweise des Sehvermögens, sondern auch zu dem menschlichen Vermögen bei NTEs, die begrenzte Wahrnehmungsfähigkeit der Sinnesorgane zu überschreiten. Wenn wir diesen Berichten glauben können, dann dürfte es schwierig sein, die Folgerung zu umgehen, daß sich unter extremen Bedingungen ein bewußter Aspekt unseres Selbst vom physischen Körper loslösen kann und dann nicht mehr von dessen Einschränkungen behindert ist.

Man kann es natürlich auch einfacher sagen: Es klingt so, als würden wir über das sprechen, was gemeinhin als »die Seele« bekannt ist. Doch dieser Begriff hat in der modernen Wissenschaft keinen Platz; die meisten Wissenschaftler und Philosophen von heute würden sich gegen einen Versuch wehren, ein solches Überbleibsel dualistischen Denkens quasi »durch die Hintertür« wieder einzuführen. Das ist auch durchaus verständlich.

Doch das Dilemma, in dem wir uns hier befinden, bringt nicht nur moderne Denker in Verlegenheit. Vielmehr geht es um die Frage: Wie könnten wir diese Befunde anders betrachten? Was ist die Alternative? Das ist meiner Ansicht nach die Herausforderung für jeden, der sich mit diesen Fragen und ihren weitreichenden Auswirkungen befaßt.

Ich selbst behaupte keineswegs, eine Antwort auf derart verwirrende Fragen, die selbst den oberflächlichsten Theoretiker erst einmal mitten im Satz innehalten lassen sollten, liefern zu können. Aber ich möchte zumindest einige Betrachtungen zur Erhellung dieses Geheimnisses anbieten – und dazu einige zusätzliche Ergebnisse aus dieser Studie präsentieren, die meiner Meinung nach für die Suche nach einer ultimativen Erklärung einen bedeutsamen Hinweis geben können.

Beginnen wir mit der grundlegenden Frage dieser Studie: Wenn Blinde während dieser NTEs in der Tat »sehen«, wie ist es ihnen dann unter diesen extremen Bedingungen möglich, die Begrenztheit ihrer Sinne zu überwinden? Ist das Sehen letztlich überhaupt von den Augen abhängig? Oder, anders gefragt, gibt es eine andere Form des Bewußtseins, die ins Spiel kommt, wenn ein Individuum – *gleichgültig, ob blind oder nicht* – in einen Seinszustand gelangt, in dem die Sinne nicht mehr funktionieren?

Bei der Erforschung solcher Fragen mußten Sharon Cooper und ich eine ganze Skala alternativer Interpretationen unserer Ergebnisse durcharbeiten. Sie reichten von der konventionellen Psychologie (zum Beispiel die Erklärung von NTEs als Träume oder Behauptungen, diese Geschichten hätten auf der Basis situationsbedingter verbaler oder anderer Hinweise im nachhinein konstruiert werden können) über wenig bekannte Studien zum Sehvermögen Blinder und zum Sehen mit der Haut bis zu Perspektiven, die auf esoterischen und metaphysischen Systemen beruhen und in denen die Existenz von Feinkörpern und geistigen Sinnen postuliert wird. Doch am Ende mußten wir feststellen, daß keine dieser potentiellen Interpretationen für die Resultate unserer Untersuchung eine adäquate Erklärung liefern konnte.

Was sich für uns letztlich als hilfreicher erwies, war, unsere Ergebnisse in Form einer ganz gezielten Fragestellung neu zusammenzufassen: Ist das, was wir bei den von uns befragten Personen entdeckten, *wirklich* eine Form des Sehens? Das heißt, ist es in irgendeiner Hinsicht etwas, das man als analog zum physischen Vorgang des Sehens betrachten könnte? Einige aufschlußreiche Überlegungen brachten uns immer wieder zu dieser Frage zurück. Zum einen offenbarte ein genaues Lesen unserer Transkriptionen häufig einen vielschichtigen synästhetischen Aspekt der Wahrnehmung der betreffenden Personen, der ein einfaches Sehvermögen zu transzendieren scheint. So zögerten einige von ihnen beispielsweise zu bestätigen, daß das, was sie sahen, unzweifelhaft visueller Natur gewesen sei – entweder weil sie von Geburt an blind waren und deshalb keinen Begriff von einem Sehvermögen besaßen oder weil sie einfach *wußten*, daß sie mit ihren physischen Augen nicht sehen konnten, wie

Marsha uns unlängst erklärte. Hierzu sind die folgenden Ausführungen typisch:

Es war nicht visuell. Das ist wirklich schwierig zu beschreiben, weil es nicht visuell war. Es war fast wie etwas Tastbares, nur daß ich von dort oben natürlich nichts berühren konnte. Aber es war wirklich nichts Visuelles, denn sehen kann ich einfach nicht mehr ... Es [war] wie eine Erinnerung, die den Tastsinn betrifft oder so. Es ist nicht wirklich, wie wenn man etwas sieht. Das Sehen ist klarer.

Ich denke, das, was passiert ist, hat etwas mit Synästhesie zu tun, wenn alle Wahrnehmungen im Kopf zu einem Bild verschmelzen – das Visuelle, der Tastsinn, alles, was auf mich einwirkte. Ich kann nicht wirklich sagen, daß ich etwas gesehen hätte, aber mir war bewußt, was passierte, und ich begriff das alles im Kopf ... Aber ich erinnere mich nicht an Einzelheiten. Deshalb nenne ich es auch nicht gern visuell.

Was ich sagen will, ist, daß mir mehr bewußt war. Ich weiß nicht, ob das auf das Sehen zurückzuführen ist ... Ich bin mir nicht sicher. Ich weiß nur ... irgendwie war ich mir dessen, was passierte, bewußt, obwohl ich diese Dinge normalerweise nicht durch Sehen aufnehmen könnte ... Deshalb bin ich auch so vorsichtig, es in Worte zu fassen, weil ich mir nicht sicher bin, woher es kam. Zu Ihnen würde ich sagen, ich habe ein Gefühl, daß es nicht vom Sehen kam, aber ich bin mir einfach nicht sicher.

Sogar Brad, dessen anfängliche Aussage zu diesem Punkt so klar schien, schwächte seine Erinnerung, auf der Straße vor der Schule Schnee gesehen zu haben, ab und korrigierte sich:

Mir waren all die Dinge sehr bewußt, die physisch dort erwähnt wurden [in seiner früheren Schilderung]. Aber ob ich sie visuell, mit den Augen, sah, das könnte ich nicht sagen ... Wissen Sie, ich bin ja blind geboren, ich kann nicht wissen, ob diese Bilder visueller Natur waren ... Es war etwas wie ein Tastsinn, wie wenn ich mit den Fingern meines Verstandes fühlen konnte. Aber ich erinnere mich nicht daran, den Schnee wirklich berührt zu haben ... Das einzige, was ich über diese Bilder wirklich sagen kann, ist, daß ich sie mit Bewußtheit empfangen habe und daß ich mir dieser Bilder auf eine Art bewußt war, die ich nicht wirklich verstehen konnte. Ich könnte nicht wirklich sagen, sie waren per se visuell, weil ich so etwas nie gekannt habe. Aber ich kann sagen, daß anscheinend alle meine Sinne sehr aktiv und sehr bewußt waren. Ich war mir dessen, was passierte, bewußt.

Ein zweiter Hinweis ergab sich aus der allmählichen Erkenntnis, daß Blinde Verben, die sich auf das Sehen beziehen, viel salopper benutzen als Sehende. So sagt etwa Vicki, sie liebe es fernzusehen, obwohl sie natürlich nur den Ton des Geräts hört, und sie benutzt Phrasen wie »Schau doch mal«, die eindeutig nicht wörtlich zu verstehen sind. Diese Feststellung macht unsere Berichte zwar nicht wertlos, aber sie mahnt zur Vorsicht hinsichtlich der Interpretation der Erzählungen unserer blinden Testpersonen.

Je mehr sich diese Art von Belegen häuft, desto schwieriger wird es mit der Behauptung, daß Blinde das, was sie berichten, einfach nur *sehen*. Vielmehr scheint es so zu sein, daß sie aufgrund einer noch nicht voll verstandenen, auf unterschiedlichen Sinneseindrücken – vor allem dem Tastsinn – basierenden allgemeinen Bewußtheit *wissen*, was um sie herum vor sich geht. Die wichtige Frage, die sich uns damit unweigerlich stellt, ist: *Wie kommt es dann, daß diese Berichte bei Stichproben trotzdem nahelegen, daß Blinde auf eine Art und Weise zu sehen scheinen, die dem physischen Sehen verwandt ist?*

Unserer Meinung nach sollte die Antwort auf diese Frage inzwischen offensichtlich sein: In welcher Form diese Erfahrungen ursprünglich auch immer gemacht worden sein mögen – bis wir auf sie treffen, haben sie längst eine bestimmte sprachliche Form erhalten. Und diese Form steht in Zusammenhang mit dem Sehen, weil unsere Sprache auf den Erfahrungen sehender Menschen basiert und deshalb *visuelle* Vorstellungen verwendet.

Da die Blinden derselben Sprachgemeinschaft angehören wie die Sehenden, können wir davon ausgehen, daß sie nicht nur dazu tendieren, sondern praktisch sogar gezwungen sind, ihre Erfahrungen in einer solchermaßen »visuellen« Sprache auszudrücken – und zwar nahezu unabhängig davon, wie gut dies zu ihren persönlichen Erfahrungen paßt oder nicht. Damit soll nun *nicht* angewendet werden, daß als Teil dieser facettenreichen synästhetischen Bewußtheit nicht auch bildhafte Vorstellungen auftauchen können, sondern lediglich, daß dies nicht als physisches Sehen per se zu verstehen ist.

Aber selbst wenn wir nicht sagen können, daß Blinde bei diesen Erfahrungen wirklich sehen, haben wir es immer noch mit der Tatsache – und eine solche scheint es wirklich zu sein – zu tun, daß sie trotz alledem Zugang zu einer Art erweitertem übersinnlichem Bewußtsein haben, das für sich genommen nicht auf normale Art und Weise erklärt werden kann. Wie ich bereits nahelegte, stellen diese Berichte vielleicht keine Entsprechung zum tatsächlichen Sehen als solchem dar, doch sie repräsentieren in jedem Falle *etwas*, das betrachtet werden muß. Meiner Ansicht nach treten Blinde – wie auch andere, die eine NTE oder eine außerkörperliche Erfahrung machen – in einen bestimmten transzendentalen Zustand ein, den ich als *geistiges Sehen* bezeichnen möchte. Wenn Sinnesorgane ausfallen, wird dieses geistige Sehen potentiell verfügbar und gestattet uns einen direkten Zugang zu einem Reich transzendentalen Wissens, zu dem unser normales Wachbewußtsein nicht vordringen kann. In diesem Zustand »rein gewaschener Pforten der Wahrnehmung« präsentieren sich die Dinge im Blakeschen Sinne »wie sie sind, unendlich«. So nehmen Blinde womöglich wahr, was sie im wörtlichen Sinne nicht sehen können, und wissen, was ihnen vormals verborgen war. Dies ist also durchaus kein einfaches »Sehen« im gewöhnlichen Sinne, sondern beinahe eine Art Allwissenheit, die einfaches Sehen transzendiert. Beim geistigen Sehen nehmen natürlich nicht die Augen etwas wahr – wie könnten sie? –, sondern es ist das *innere* »Ich«, das sieht und plötzlich die Welt so schaut, wie sie beim Sehen ohne Augen erscheint.

Schlußfolgerungen

Wir sollten die letzte Lösung dieser gewichtigen ontologischen Fragen den Philosophen und anderen überlassen, die sich bemühen, die geheimnisvolle Natur des Bewußtseins zu enträtseln. Unser Ziel in diesem und dem vorhergehenden Kapitel hingegen war wesentlich bescheidener: Wir wollten aufzeigen, daß es sich bei diesem Phänomen nicht nur um eine Art psychologische Aberration oder ein neurologisches Artefakt eines sterbenden Gehirns handelt.

Wenn Sie sich die verschiedenen Beweise, die wir in diesen beiden Kapiteln gesammelt haben, vor Augen halten, werden Sie sehen, daß alles gut zusammenpaßt, wenn man davon ausgeht, daß das, was bei einer NTE geschieht, eine andere Perspektive der Realität erfordert. Diese Perspektive ist von den Sinnesorganen des physischen Körpers und sogar von einem intakten Sehvermögen unabhängig; in der Tat kommt sie sogar erst dann zum Tragen, wenn die Sinne erloschen sind. Unter diesen Umständen scheint eine andere Art des Wissens möglich zu werden, die ich *transzendentales Bewußtsein* oder, einfacher, *geistiges Sehen* nenne und die jeden Menschen – nicht nur Blinde – ohne Augen zu sehen befähigt.

Denken Sie über das in diesen Kapiteln Gelesene nach: die phantastischen Details beim panoramischen Blick von außerhalb des Körpers, die aus erhöhter Position erfolgten Sichtungen von Staub, Spinnennetzen und anderen unter normalen Umständen unbeachteten Einzelheiten unserer alltäglichen Umwelt, die wunderbar exakten Wahrnehmungen der nahezu Blinden und das »unmögliche« Sehvermögen der ganz Erblindeten. Hängt dies alles nicht perfekt zusammen, wenn man voraussetzt, daß es im wörtlichen Sinne möglich ist, den Körper zu transzendieren und mit dem Geist zu sehen? Und wenn Sie dieser Interpretation nicht folgen wollen – wie würden *Sie* dann die unleugbare Übereinstimmung all dieser Berichte erklären, die ich Ihnen präsentiert habe?

Und mehr noch – wie sollte man ansonsten die glaubhaft gemachte Wahrnehmung jener unerwarteten Gegenstände an unwahrscheinlichen Orten erklären, wenn ein physisches Sehen derselben absolut nicht möglich war; und wie sollten jene Gespräche mitgehört worden sein, die die Person nicht gehört haben konnte, oder andere Vorfälle erklärbar sein, in denen Nah-Tod-Erfahrene zu Informationen kamen, die ihnen unter normalen Umständen nicht zugänglich waren?

Die Beweise, daß diese NTEs nicht als Träume, Phantasien oder dergleichen abgetan werden können, sind überwältigend. Und ich kann mir keine neurologische Theorie denken, die erklären könnte, wie Maria diesen Tennisschuh auf dem Fenstersims sah – Sie etwa?

Etwas Reales, etwas unbezweifelbar Reales geschieht mit diesen Menschen. Wenn ihre außerkörperliche Erfahrung beginnt, scheinen sie Dinge dieser Welt zu sehen, allerdings mit einem erweiterten Verständnis. Sie sind sowohl anderswo als auch immer noch hier, bei uns. Sie und wir sehen dieselben Dinge, aber aus verschiedenen Perspektiven.

Doch dann werden sie in eine Anderwelt geführt, zu der wir, die Zeugen, keinen direkten Zugang mehr haben. Aber das Wissen, daß sie am Beginn ihrer Reise nicht halluzinieren, gibt uns ein größeres Vertrauen darauf, daß die Visionen, die ihnen zuteil werden – und die wir im ersten und in diesem Kapitel ausführlich beschrieben haben –, auch aus einer *anderen* Realität herrühren und ihre eigene, für sich selbst bestehende Wahrheit haben. An diesem Punkt, an dem sie uns schließlich verlassen und wir sie gehen lassen müssen, sehen die Nah-Tod-Erfahrenen mit geistigen Augen in die strahlenden Reiche jenseits dieser Erde.

4
Leben im Licht: Danach

1984 veröffentlichte ich mein Buch *Den Tod erfahren – das Leben gewinnen*, die erste bedeutende Studie über Langzeiteffekte der NTE. Meine Forschungen zeigten, daß die Veränderungen, die bei einem Nah-Tod-Erfahrenen eintreten, ebenso wie die NTE selbst, bestimmte Strukturen und Elemente aufweisen. So unterschiedlich Menschen vor ihrer Nah-Tod-Erfahrung auch sein mochten, danach entwickelten sich bei ihnen in den Bereichen Glaube, Werte, Verhalten und allgemeine Lebenseinstellung erstaunliche Ähnlichkeiten. Vom psychologischen Standpunkt aus betrachtet war es fast, als ob sie alle mehr oder weniger dieselbe Initiationsprüfung absolviert hätten – ausgelöst durch das Trauma, beinahe zu sterben, das dann unerwartet zu lebensverändernden Einsichten führte –, um danach wie mit einer Stimme zu sprechen und aus dem geheimen Wissen eines gemeinsamen Sehens, einer gemeinsamen Vision heraus zu handeln. Das Ergebnis war, daß die Nah-Tod-Erfahrenen, mit denen ich mich befaßte, ihren unterschiedlichen Persönlichkeiten zum Trotz zu einem gemeinsamen *psychologischen Profil* tendierten. Kurz gesagt, die meisten von ihnen schienen sich durch ihre Erfahrung nicht nur verändert, sondern sich vor allem *in der gleichen Art und Weise* verändert zu haben.

In den 14 Jahren seit der Veröffentlichung von *Den Tod erfahren – das Leben gewinnen* wurden meine grundlegenden Resultate durch viele weitere Studien bestätigt.[1] Mindestens acht bedeutende Untersuchungen der Nachwirkungen von NTEs in den Vereinigten Staaten, England, Australien und Italien – in der Tat in jedem Land, in dem derartige Studien bislang vorgenommen wurden – haben zusätzliche Beweise für die Stabilität dieser Struktur erbracht. Was Glauben, Verhalten, Werte und Weltsicht anbelangt, scheinen zumindest im Westen Nah-Tod-Erfahrene nach ihrer NTE sich sehr ähnlich zu sein.

Die Tatsache dieser allgemeinen Übereinstimmung der Nachwirkungen mag bemerkenswert und beeindruckend sein, aber vielleicht fragen Sie sich, weshalb ich sie hier erwähne. Der Grund ist ganz einfach: Diese Studien zeigen, daß die NTE unabhängig von ihrer Art *in ihren Wirkungen real ist*. Des weiteren werden Sie, wenn wir zur näheren Betrachtung dieser Wirkungen kommen, rasch sehen, daß sie ganz entschieden nicht die Art von Veränderungen darstellen, die man von einer NTE erwarten würde, wenn sie lediglich eine Halluzination oder sonst ein rein psychologisches Phänomen wäre. Sowohl das diesen Veränderungen Gemeinsame als auch ihr spezifischer und bleibender Charakter bilden also noch ein weiteres Argument für ihre Authentizität.

Ich habe zwar bereits erwähnt, daß die Struktur der Nachwirkungen von NTEs weit verbreitet ist, bin aber noch nicht auf die Elemente dieser Struktur eingegangen. Wenn man Nah-Tod-Erfahrenen also ein gemeinsames psychologisches Profil zuschreiben kann – worin besteht dieses dann genau?

Tatsächlich sind wir bereits an früherer Stelle auf diesen Punkt eingegangen. Sie werden sich beispielsweise an die Frau namens Laurelynn Martin im Eingangskapitel erinnern. Laurelynn hatte einem Brief an mich eine Liste beigelegt, die deutlich machte, wie die NTE ihr Leben veränderte. Ich war damals verblüfft darüber, wie gut sie die meisten Veränderungen erkannt hatte, die ich bei so vielen Nah-Tod-Erfahrenen festgestellt und in meinen früheren Büchern beschrieben hatte – dabei hatte sie doch keines meiner Bücher gelesen. Aber um so erfrischender war diese Bestätigung für mich.

Bevor wir uns nun mit der Anatomie dieses psychologischen Profils beschäftigen, sollten Sie sich noch einmal Laurelynns Liste und ihre allgemeinen Aussagen über ihre Veränderung nach der NTE ansehen. Dies gibt Ihnen einen guten Überblick über das Gebiet, das wir als nächstes erforschen werden.

Psychologische und verhaltensspezifische Veränderungen nach NTEs

Einige spezifische Wirkungen der NTE werden wir in späteren Kapiteln eingehend erforschen, deshalb mache ich Sie an dieser Stelle nur kurz mit ihnen bekannt. Und anstatt hier jede einzelne Komponente zu illustrieren, werde ich am Ende des Kapitels einige umfassende Fallbeispiele präsentieren, damit Sie besser sehen können, wie diese Facetten des NTE-Juwels so harmonisch im täglichen Leben von Nah-Tod-Erfahrenen zu strahlen vermögen.

Wertschätzung des Lebens

Die meisten Nah-Tod-Erfahrenen kommen mit einer deutlich gesteigerten Wertschätzung für das alltägliche Leben zurück – für die Schönheit des Gesichts einer alten Frau, die Freuden und die majestätische Kraft der Natur, das kleine Glück der alltäglichen Scherze und Gespräche. Sie sehen, und sie sehen mit größerer Freude, was für viele von uns nur mehr Gewohnheit ist. Auch ihr Gefühl für das Wunder des Lebens und ihre Dankbarkeit für das Leben an sich nehmen in der Regel zu.

Sich selbst annehmen

Nach ihrem Erlebnis haben Nah-Tod-Erfahrene ein größeres Selbstwertgefühl und können sich selbst besser annehmen. Gefühle persönlicher Unsicherheit, Schüchternheit und das übertriebene Bedürfnis, anderen zu gefallen oder sich unterzuordnen, werden oft durch Selbstvertrauen und ein Aus-sich-Herausgehen ersetzt, das jene, die den Betreffenden vor seiner NTE kannten, erstaunt.

Sorge um andere

Eine der auffallendsten und konsequentesten Veränderungen nach einer NTE ist eine vermehrte und mitfühlende Sorge um andere. Anderen zu dienen ist, wie ein Mann es ausdrückte, »wirklicher als diese Welt«. Liebe für seine Mitmenschen zum Ausdruck zu bringen bedeutet, ein wenig von dem weiterzugeben, was man im Licht empfangen hat. Dieses Verlangen ist in manchen Fällen fast unstillbar.

Ehrfurcht vor dem Leben

Die meisten Nah-Tod-Erfahrenen stellen fest, daß ihre Sorge um andere sich nicht auf menschliche Wesen beschränkt, sondern sich auf alles Leben erstreckt. Deshalb zeichnen sich die Werte vieler Nah-Tod-Erfahrener häufig auch durch eine Achtung vor tierischem Leben und vor der Natur sowie durch eine erhöhte Sensibilität für das ökologische Befinden des ganzen Planeten aus.

Antimaterialismus

Nach einer NTE erscheint ein Leben, das auf materialistischen Werten und Errungenschaften basiert, oft als sinnlos und leer.

Ende des Wettbewerbsdenkens

Viele Nah-Tod-Erfahrene bemerken, daß sie nach ihrer NTE nicht mehr den konventionellen, gesellschaftlich anerkannten Pfaden folgen können, die verlangen, mit anderen in Konkurrenz um materielle Belohnung oder Erfolg im Leben zu treten. Eine wichtige Persönlichkeit zu sein oder großen Eindruck zu hinterlassen ist nicht mehr von Bedeutung. Das, worauf es wirklich ankommt, ist nicht, etwas zu erreichen, sondern sich um andere zu sorgen.

Spiritualität

Interessanterweise sagen viele Nah-Tod-Erfahrene nicht, sie seien danach religiöser geworden, sondern spiritueller. Damit ist gemeint, daß die formalen Aspekte der Religion – das heißt der etablierten Religionsgemeinschaften – weniger wichtig werden und statt dessen eine universalere und umfassendere Spiritualität zu greifen beginnt.

Suche nach Wissen

Viele Nah-Tod-Erfahrene sind von einem enormen Wissensdurst erfüllt, der oft in den Dienst spiritueller Suche gestellt wird. Gemäß dem zu leben, was sie im Lichte erfuhren, und einen Teil des Wissens wiederzuerlangen, das ihrer Überzeugung nach während ihrer Erfahrung in sie eingepflanzt wurde, wird für viele Nah-Tod-Erfahrene zur wichtigsten Motivation.

Lebenssinn

Daß das Leben eine Bedeutung hat und daß das Leben jedes einzelnen einen heiligen Sinn hat, wird für Nah-Tod-Erfahrene zur tief verwurzelten Überzeugung. Viele glauben, die Aufgabe in ihrem Leben nach der NTE bestehe darin, ihre eigene spirituelle Daseinsberechtigung zu entdecken und auf diese Weise ihre Lebensmission zu erfüllen.

Angst vor dem Tod

Die NTE tendiert dazu, die Angst vor dem Tod ein für allemal überwinden zu helfen. Während die normalen Ängste im Zusammenhang mit dem Vorgang des Sterbens beibehalten werden, wird der Augenblick des Todes selbst positiv als befreiender Übergang in einen erhabenen Zustand betrachtet, von dem Nah-Tod-Erfahrene wissen, daß sie ihn kurz schon einmal erlebt haben.

Leben nach dem Tod

In der Regel gelangen Nah-Tod-Erfahrene zu der Überzeugung, daß sie nach dem physischen Tod eine Form andauernder bewußter Existenz erwartet. Nicht wenige öffnen sich dem Gedanken einer Reinkarnation.

Glaube an Gott

Fast unabhängig von ihrer früheren Religionszugehörigkeit tendieren Nah-Tod-Erfahrene zu der Behauptung, sie wüßten jetzt mit tiefer innerer Gewißheit, daß Gott existiert. Namen und Bezeichnungen für das höchste Wesen variieren; oft wird in diesem Kontext jedoch einfach nur vom »Licht« gesprochen.

Dies sind einige der wichtigsten Attribute des psychologischen Profils von Nah-Tod-Erfahrenen – übereinstimmende und sich gegenseitig verstärkende Überzeugungen und Werte, die tendenziell sowohl ihr alltägliches Verhalten als auch ihre Weltsicht bestimmen. *Doch sind die Nachwirkungen der NTE wohl kaum nur auf derartige Veränderungen begrenzt.* Neuere Forschungen haben eine ganze Reihe weiterer Effekte der NTE aufgedeckt, die noch stärker den Schluß nahelegen, daß dieses Phänomen zu definitiven Veränderungen im Menschen führt, die keinesfalls lediglich als psychologische Mechanismen erklärt werden können. Diesen weiteren und häufig außergewöhnlichen Manifestationen wenden wir uns nun als nächstes zu.

Veränderungen des Bewußtseins und paranormale Funktionen

Zusätzlich zur Veränderung der Überzeugungen und Werte des Individuums scheint die NTE auch das Bewußtsein selbst grundlegend zu modifizieren. Kurz gesagt setzt sie offenbar normalerweise verborgenes Potential für *höheres Bewußtsein* und ungewöhnliches menschliches Verhalten frei. Mindestens drei hauptsächliche, aber miteinander in Beziehung stehende Aspekte lassen sich hier unterscheiden.

Erweiterte mentale Bewußtheit

Viele berichten, daß sie nach ihrer NTE Zustände erweiterter mentaler Bewußtheit erleben, in denen sie von Informationen geradezu überflutet werden, und zwar oft mit einer solchen Geschwindigkeit, daß sie bei weitem nicht alles aufnehmen können. Diese Informationen scheinen unterschiedlicher Art zu sein und aus Quellen zu kommen, die die Betreffenden gewöhnlich mit Überzeugung als außerhalb ihres ichbezogenen Selbst liegend beschreiben. Die Fülle der Informationen kann überwältigend sein, der Inhalt jedoch stark variieren – er kann abstrakt und theoretisch, intimer Art und persönlich bedeutsam, spiritueller oder praktischer Natur sein –: Fast immer aber wird er als außerordentlich kostbar betrachtet.[2]

Paranormale Sensibilität

Einige neuere Untersuchungen haben bestätigt[3], was schon seit einiger Zeit bekannt ist, nämlich daß eine NTE die Entwicklung einer ganzen Reihe übersinnlicher Fähigkeiten beschleunigt. So wurde etwa festgestellt, daß im Gefolge einer NTE eine bemerkenswerte Zunahme paranormaler Phänomene wie Telepathie, Hellsehen und Präkognition häufig ist. Ferner behaupten Nah-Tod-Erfahrene öfter, spontan das Verlassen ihres Körpers zu erleben und außergewöhnliche Wahrnehmungen zu haben, zum Beispiel das Sehen von Energiefeldern (»Auren«) um die Körper anderer Menschen.

Die Gabe des Heilens

Trotz des Fehlens sorgfältiger und systematischer Arbeit auf diesem Gebiet scheinen kaum Zweifel daran zu bestehen, daß zwischen NTEs und der danach erfolgenden Entwicklung der Gabe des Heilens ein enger Zusammenhang besteht. Wir werden im zehnten Kapitel ausführlich auf dieses Thema Bezug nehmen; an dieser Stelle möchte ich lediglich darauf hinweisen, daß die NTE-Literatur zahllose Berichte von Personen enthält, die behaupten, nach ihrer NTE solche Fähigkeiten entwickelt zu haben. Statistiken belegen, daß derartige Beispiele häufig sind. Auch ich fand im Verlauf meiner Arbeit, daß 42 Prozent meiner Nah-Tod-Erfahrenen danach behaupteten, die Gabe des Heilens zu besitzen (verglichen mit elf Prozent bei meiner Kontrollgruppe).[4] Cherie Sutherland zufolge gaben nur acht Prozent ihrer australischen Nah-Tod-Erfahrenen zu Protokoll, daß sie *vor* ihrer NTE heilen konnten, aber 65 Prozent danach.[5]

Wir sehen also, daß Veränderungen durch die NTE nicht auf die psychologische und die Verhaltensebene beschränkt sind, sondern daß diese Erfahrung auch Potentiale höherer Ordnungen des menschlichen Bewußtseins aktivieren kann. Auch dies legt nahe, daß die NTE mehr sein muß als nur ein simples Sehen; daß sie vielmehr etwas *bewirkt*, das mehr betrifft als nur die Psyche. Im folgenden werden wir nun zum erstenmal in diesem Buch sehen, daß die NTE in der Tat das Nervensystem und das Gehirn zu modifizieren scheint.

Physiologische und neurologische Veränderungen

Neue Forschungen haben eindrucksvolle, wenn auch noch vorläufige Beweise erbracht, daß die NTE auch dazu tendiert, zahlreiche übereinstimmende physiologische und neurologische Veränderungen auszulösen, die wiederum ein bestimmtes *psychophysisches* Syndrom definieren.[6] Es wurden bislang vier Hauptkategorien bekannt, die es uns erleichtern, dieses NTE-Syndrom zu identifizieren.

Überempfindlichkeit

Viele berichten, sie würden seit ihrer NTE ungewöhnlich sensibel auf Licht, Lautstärke, Feuchtigkeit und mehrere andere Stimuli oder Bedingungen der Umwelt reagieren. Auch der Geschmackssinn verfeinert sich, während die Toleranzschwelle für Alkohol und pharmazeutische Drogen sinkt. Auch eine Zunahme von Allergien nach einer NTE wird festgestellt. Besonders bemerkenswert ist eine deutliche Steigerung der elektrischen Sensibilität – Nah-Tod-Erfahrene haben viele »erstaunliche Begegnungen der elektrischen Art«. So entdecken überraschend viele dieser Menschen zum Beispiel, daß digitale Armbanduhren bei ihnen nicht mehr zuverlässig funktionieren; sie »stören« elektrische Systeme in ihren Autos, Computer und andere Elektrogeräte funktionieren nicht mehr richtig ohne erkenntlichen Grund und anderes mehr.[7]

Dies alles läßt auf ein Syndrom von *Überempfindlichkeit* schließen, eine ungewöhnliche Sensibilität für Umwelteinflüsse, die oft auch elektrische Sensibilität mit einschließt. Dieses Syndrom wurde erst vor kurzem festgestellt und ist noch weitgehend ungeklärt.[8] Hier soll es uns jedoch nur darum gehen, daß viele Menschen es sich nach ihrer NTE »einzufangen« scheinen.

Die offensichtliche Frage ist: Wie könnte eine »bloße Halluzination« oder ein anderes rein psychologisches Phänomen eine solche Wirkung auslösen?

Physiologische Hyperreaktionen

Bei einer beträchtlichen Zahl von Nah-Tod-Erfahrenen lassen sich Hinweise auf eine charakteristische physiologische Veränderung mit Reduktionen der Körpertemperatur, des Blutdrucks und des Stoffwechsels feststellen – mit anderen Worten eine physiologische Hyperreaktion.[9] Dieser Zustand scheint auch zusammen mit einem anderen aufzutreten, den wir als nächsten beschreiben und der in einiger Hinsicht sein paradoxes Gegenteil zu sein scheint.

Energieverlagerungen und Kundalini-Aktivierung

Im allgemeinen berichten Nah-Tod-Erfahrene, daß sie nach ihrer Erfahrung mehr Energie haben und weniger schlafen und damit auch gut zurechtkommen.[10] Im großen und ganzen scheinen die Energieverlagerungen, von denen sie erzählen, mit einer Auffassung in Einklang zu stehen, deren Ursprünge in spirituellen Traditionen des Ostens liegen, die aber im Westen zunehmend von Psychotherapeuten anerkannt wird, welche sich mit spiritueller Erleuchtung befassen. Dieses Konzept wird *Kundalini* genannt, und man versteht darunter eine besondere Technik, mit deren Hilfe das *Prana* (die Lebensenergie) im ganzen Körper verteilt wird. Wenn diese Technik aktiviert wird, fließt die Lebensenergie entlang bestimmten Kanälen durch den ganzen Körper und stimuliert die Entwicklung eines höheren Bewußtseins sowie der sogenannten »höheren Sinneswahrnehmung«. Wie dem auch sei – man kann nicht einfach die Tatsache übergehen, daß drei voneinander unabhängige Studien nun gezeigt haben, daß Nah-Tod-Erfahrene bei sich oft von einer enormen Zunahme der Symptome berichten, die schon seit langem mit dieser Kundalini-Aktivierung in Zusammenhang gebracht werden.[11] Ob diese Interpretation korrekt ist oder nicht, es scheint kaum ein Zweifel daran zu bestehen, daß sich bei vielen Nah-Tod-Erfahrenen ein gewaltiger Energieschub körperlich bemerkbar macht.

Neurologische und Gehirnveränderungen

Leider wurde bislang nur sehr wenig Arbeit hinsichtlich neurologischer Effekte der NTE geleistet, obwohl in der einschlägigen Literatur viel über diesen Bereich spekuliert wurde. Entsprechende *subjektive Berichte* Nah-Tod-Erfahrener sind jedoch weit verbreitet. Zum Beispiel gaben über 50 Prozent meiner Nah-Tod-Erfahrenen bei den Studien zu *The Omega Project* an, daß ihr Nervensystem danach anders funktionierte, und, was noch interessanter ist, mehr als ein Drittel behauptete, ihr Gehirn sei durch die NTE *physisch* verändert worden.[12] Natürlich befindet sich unser Gehirn im Sinne Heraklits ständig im Fluß, doch solange nicht eine potentiell tödliche Störung wie etwa ein Tumor oder eine Verletzung vorliegt, bleiben diese Veränderungen unbewußt. Aber was veranlaßt eine nicht unbeträchtliche Zahl von Nah-Tod-Erfahrenen dann zu behaupten, ihr Gehirn sei durch ihre NTE »neu verdrahtet« worden?

Angesichts fehlender Forschungen können wir nur Fragen stellen; doch wenn wir alle Resultate in Betracht ziehen, auf die in diesem Abschnitt Bezug genommen wird, dann erscheint die Hypothese nicht mehr absurd, daß die NTE tatsächlich eine deutliche Wirkung auf das Nervensystem hat und daß die gewaltigen und radikalen Veränderungen in ihrer Folge, die wir in diesem Kapitel bereits kurz betrachteten, wirklich durch eine solch machtvolle strukturelle Veränderung herbeigeführt werden.

Die in diesem Abschnitt erwähnte Forschung befindet sich noch ganz am Anfang, und es versteht sich von selbst, daß ihre vorläufigen, zumeist auf subjektiven Berichten basierenden Resultate noch einer wissenschaftlich objektiven Verifizierung bedürfen. Dennoch legen die bislang gesammelten Daten nahe, daß die NTE sowohl auf der somatischen wie auch auf der psychischen Ebene wirksam wird und daß die bewußte Erfahrung des Nah-Todes dazu tendiert, den Menschen auf einer tiefen *psychobiologischen* Ebene neu zu strukturieren. Offensichtlich haben wir damit also, wenn dies durch künftige Forschung gestützt wird, einen weiteren Grund für den Schluß, daß man die NTE nicht als rein subjektives Erlebnis »wegerklären« kann.

Aber wie die letztendliche Erklärung der NTE auch immer lauten und was immer sie auch »wirklich« sein mag, eines ist nach wie vor unbestreitbar: *Bei dem, der die Erfahrung überlebt, hinterläßt sie eine tiefe und bleibende Spur.* Diese Nachwirkungen halten *jeder* Erklärung der NTE stand, und da sie für jeden Nah-Tod-Erfahrenen ein persönliches und greifbares Vermächtnis darstellen, müssen sie auf jeden Fall anerkannt werden. Sie sind gewissermaßen der Lohn des Nah-Tod-Erfahrenen, und wenn wir an diesem Reichtum teilhaben und ihn schließlich zu unserem eigenen machen wollen, dann müssen wir beginnen, seine Früchte selbst zu kosten.

Leben nach einer NTE: Einige Selbstporträts

Da wir unseren Überblick über die Hinweise für die Authentizität der NTE nun beendet haben, können wir uns wieder ganz dem zentralen Thema dieses Buches zuwenden, nämlich der Frage, wie wir das Wissen der NTE in unserem Alltagsleben einsetzen können. Im ersten Kapitel begannen wir diese Suche, indem wir uns einfach die Geschichten einiger Nah-Tod-Erfahrener anhörten und versuchten, daraus Lektionen für unser eigenes Leben zu ziehen. Hier setzen wir unsere Ermittlungen fort, jedoch nicht, indem wir uns auf die NTE als solche konzentrieren, sondern darauf, wie das Leben aussieht, sobald sich die charakteristischen Wirkungen dieser Erfahrung zeigen. Im folgenden werden Sie also erfahren, wie die typischen Nachwirkungen der NTE das Leben spezifischer Individuen vollkommen neu gestalten.

Nach der Veröffentlichung von *Den Tod erfahren – das Leben gewinnen* bekam ich viele Briefe von Lesern, von denen nicht wenige selbst eine NTE gehabt hatten. Diese Menschen teilten mir oft mit, daß sie sich mit der von mir dargestellten Struktur der Veränderungen identifizieren konnten. Häufig bekam ich sogar zu lesen: »Es war, als hätten Sie in Ihrem Buch *mein* Leben beschrieben.« In manchen Fällen kam mein Text der Realität eines Lesers so nahe, daß dieser sich bemüßigt fühlte, mir nicht nur einen Brief zu schreiben, sondern praktisch seine ganze Autobiographie, so daß ich mir ein gutes Bild vom Leben des Betreffenden machen konnte und sah, wie sehr seine NTE zum entscheidenden Wendepunkt geworden war. In den meisten Fällen dieser Art erhielt ich auch Antworten auf Fragebögen, die ich verschickte. Außerdem kam ich auf diese Weise zu einer ganzen Reihe umfassender Fallbeispiele, die mir halfen, das Porträt des typischen Nah-Tod-Erfahrenen, das ich in meinem Buch gezeichnet hatte, zu bestätigen und mit Leben zu füllen.

Ich möchte Ihnen einige dieser Personen vorstellen, doch zuvor muß ich Sie auf zwei Gedanken hinweisen, die Sie bezüglich dieser Berichte über das Leben nach einer NTE berücksichtigen sollten: Als erstes seien Sie sich bitte dessen bewußt, daß die von mir ausgewählten Berichte mehr die Veränderungen von Überzeugungen, Werten und Verhalten betonen als die psychophysischen Veränderungen, die ebenfalls zum Syndrom der Nachwirkungen gehören. Der Grund dafür ist, daß psychophysische Veränderungen zwar einen bedeutenden Beweis für die *Authentizität* der NTE darstellen, für eine Diskussion darüber, was wir nicht Nah-Tod-Erfahrenen aus dem Studium von NTEs lernen können, aber nicht sehr relevant sind. Hier wird es wesentlich hilfreicher für uns sein zu erfahren, wie ein Mensch dazu kommt, etwa als Resultat eines gründlichen Wertewandels die Welt neu zu sehen.

Zweitens mögen Sie sich darüber Gedanken machen, weshalb ich nur Personen ausgewählt habe, die positiv auf mein Buch reagierten: Besteht hier nicht eine große Gefahr der Voreingenommenheit? Vielleicht ja, doch ich glaube es nicht, und zwar aus folgendem Grund: Denken Sie daran, daß die Struktur, die ich in meinem Buch beschrieb, nun von mehreren Forschern in mindestens vier Ländern bestätigt wurde. Was Sie in Kürze lesen werden, ist also eine gängige Geschichte in Tausenden von Leben – und von diesen Tausenden hat mit Sicherheit nur ein winziger Teil von meinem Buch gehört, vom Lesen ganz zu schweigen! Als besonderen Fall können Sie an Laurelynn Martin denken, die praktisch ein perfektes Beispiel für die Nachwirkungen der NTE darstellt, aber keines meiner Bücher kannte. Deshalb, so denke ich, können wir den Gedanken, daß die im Anschluß vorgestellten Personen durch die Lektüre von *Den Tod erfahren – das Leben gewinnen* »kontaminiert« seien, ruhig ad acta legen. Vielmehr scheinen sie besonders gute Beispiele für den Typ des Nah-Tod-Erfahrenen zu sein, der hier bereits geschildert wurde.

Robert

Im Juni 1987 begrüßte mich ein schlanker, sportlich gekleideter Mittfünfziger mit braungebranntem Gesicht und einem entwaffnenden Lächeln in dem Café in der Nähe der Universität, in dem ich damals oft zu Mittag aß. Robert, der sich in Hawaii niedergelassen hatte, war nach New York gekommen, um seine älteste Tochter zu besuchen, und von dort extra nach Connecticut heraufgefahren, um mich zu treffen. »Kennengelernt« hatten wir uns allerdings schon ein Jahr zuvor dadurch, daß er mir eine ganze Reihe von Briefen über seine NTE und sein Leben danach geschrieben hatte, doch als sich die Gelegenheit ergab, ihm persönlich zu begegnen, lud ich ihn mit Freuden ein, um weitere Einzelheiten seiner Geschichte im direkten Gespräch zu erfahren. Das Folgende beruht zum Teil auf meiner eigenen Erinnerung an unsere Unterhaltung an jenem Tag; hauptsächlich zitiere ich jedoch aus einem der Dokumente, die Robert mir im Jahr zuvor geschickt hatte.

Vor seiner NTE, die sich im Alter von 44 Jahren einstellte, hatte Robert erfolgreich als Anwalt in Los Angeles praktiziert. Er war geschieden, hatte drei Töchter und war mit seinem Leben ganz zufrieden gewesen. Doch am 10. Juni 1974 wurde er das Opfer eines Raubüberfalls, bei dem er einen schweren Schlag auf den Kopf erhielt. Trotz eines komplizierten Schädelbruchs und großen Blutverlustes gelang es ihm, zu entkommen und ein Krankenhaus aufzusuchen, und dort ereignete sich seine NTE. Nachdem er sich von seiner Verletzung erholt hatte, stellte Robert jedoch fest, daß er ein anderer Mensch geworden war. Er fand kein Interesse mehr an seinem Beruf, und er verließ auch Los Angeles, um in Idaho mit einem Freund auf einem Bauernhof zu leben.

Ich hatte kein Interesse am Wettbewerb mehr und fühlte, wie ich mich für die Probleme anderer öffnete – das war irgendwie schwer zu verstehen. Ich hörte von Transzendentaler Meditation und fing damit an. Ich fand neue Freunde und ließ das Geschäftsleben hinter mir ... Alles, was mit Prestige und Status zu tun hatte, wurde mir immer weniger wichtig; mir gefiel das einfache Leben auf der Farm am Snake River in Idaho.

Wie so viele andere Nah-Tod-Erfahrene befand sich Robert schon bald auf seiner spirituellen Reise und begann, »tiefer und tiefer in die Welt« hineinzugehen, wie es die Dichterin Mary Oliver ausdrückt. 1977 reiste er nach Indien, um seinen sich verstärkenden Interessen an Meditation und Spiritualität nachzugehen, und schließlich ließ er sich in Hilo auf Hawaii nieder, um sein Leben auf eine naturverbundene Basis zu stellen, wie es durch seine grundlegende Veränderung nun für ihn erforderlich geworden war.

In den letzten Jahren habe ich mich hauptsächlich für die Natur, zwischenmenschliche Beziehungen und persönliches Wachstum interessiert. In all diesen Gebieten ist vieles passiert. Meine Voreingenommenheit anderen gegenüber hat sich sehr verringert. Heute lebe ich mit der Überzeugung, daß jeder Mensch in jedem Augenblick das ihm Bestmögliche gibt ... Ich finde, daß alles, was Sie in Ihrem Buch über eine gesteigerte Wertschätzung des Lebens, ein höheres Selbstwertgefühl, größere Anteilnahme am Wohlergehen anderer, abnehmende Bedeutung des Materiellen, die Suche nach einem tieferen Verständnis des Lebens und die damit einhergehende Suche nach einem besseren Selbstverständnis schreiben – daß all diese Dinge auf mich zutreffen.

Um zu zeigen, daß dieser Wertewandel mehr war als ein bloßes Lippenbekenntnis, nannte Robert einige Beispiele dafür, wie diese Veränderungen nun sein Leben beeinflussen:

In den letzten fünf oder sechs Jahren habe ich mich hauptsächlich mit biodynamischer Gärtnerei und Landwirtschaft beschäftigt. Manchmal möchte ich diese Dinge gerne unterrichten, aber dann denke ich, am besten erfülle ich die Lehrerrolle durch mein Beispiel – und nicht, indem ich Unterricht gebe oder versuche, Schüler zu finden. Ich habe mich auch eingehend mit menschlicher Ernährung befaßt. Ich bin strenger Vegetarier, mache meine Sojamilch selbst, meinen Tofu, und natürlich koche ich auch selbst. Ich würde das alles gern einfach mit Freunden teilen, anstatt Unterricht zu geben ... Ich habe mich entschlossen, die Ausbildung zu machen, die hier in Hilo von einem angesehenen Sterbehospiz angeboten wird, und werde sie im März beenden.

Als Teil seiner fortgesetzten Suche nach spiritueller Weisheit sind Reisen, insbesondere in Länder mit traditionellen Kulturen, jedoch nach wie vor ein wichtiger Punkt in Roberts Leben nach seiner NTE.

Es ist mir ein besonderes Anliegen, alle Kulturen und Völker der Welt zu respektieren. Ich war mit Rucksack in Mexiko und Mittelamerika unterwegs, in Guatemala, Honduras und Costa Rica, und habe durch das Zusammenleben mit Freunden Spanisch gelernt. In Guatemala habe ich ein Pflegekind, das ich im Oktober 1986 besuchte, und ich unterstütze dort die Arbeit einer Gruppe, die den Indios hilft ... Und ich glaube, ich werde weiser; für mehr Weisheit würde ich am liebsten meine ganze formale Ausbildung hergeben. Ich sehe die Weisheit bei Indianern, wenn ich unterwegs bin, oder auch bei manchen eingeborenen Hawaiianern und bei indigenen Völkern allgemein.

Robert und ich verbrachten einige Stunden mit interessanten Gesprächen, und wie die meisten Nah-Tod-Erfahrenen, die ich kennengelernt habe, war er sehr offen bezüglich seiner persönlichen Kämpfe, denn auch sein Leben war seit seiner NTE nicht leicht. Auch seine Demut und menschliche Wärme beeindruckten mich von Anfang an sehr. Als ich das letzte Mal von ihm hörte, war er wieder auf Reisen, dieses Mal in Oregon, wo er einem anderen Freund auf dessen organisch bewirtschafteter Farm helfen wollte. Wie viele andere Nah-Tod-Erfahrene trat er für einige Zeit in meinen Lebenskreis ein und verließ ihn dann wieder, aber er hinterließ einen deutlichen Eindruck bei mir, und ich werde ihn nicht vergessen.

Mia

Eines Tages im Juni 1991 fand ich einen ungewöhnlich voluminösen Briefumschlag aus Finnland in meinem Briefkasten in der Universität. Er enthielt ein 38seitiges Dokument, das folgendermaßen begann:

Sehr geehrter Mr. Ring,

ich habe gerade Ihr Buch *Den Tod erfahren – das Leben gewinnen* gelesen und mich sehr darüber gefreut. Ich glaube, Bücher über Nah-Tod-Erfahrungen sind für alle Menschen sehr wertvoll, besonders aber für solche wie mich, die selbst ähnliche Erfahrungen gemacht haben. Leute mit Nah-Tod-Erfahrungen trifft man nicht oft, und es gibt nicht viele, die einem glauben und verstehen, wovon man spricht. Deshalb ist es sehr erfreulich, wenn man über andere lesen kann, die dieselbe Art von Erfahrung gemacht haben, und zu wissen, daß man damit nicht allein ist auf dieser Welt.

Das war die Einleitung der Frau, die ich Mia nennen möchte und deren Lebensgeschichte sich mir in den folgenden Seiten eröffnete. Eine Zusammenfassung in einigen wenigen Sätzen kann ihr natürlich nicht gerecht werden, aber um verständlich zu machen, wie Mias NTE ihr Leben veränderte, muß ich versuchen, Ihnen wenigstens den groben Kontext zu liefern. Als sie mir schrieb, war Mia eine 31jährige Mutter dreier Kinder, die ein Universitätsstudium hinter sich hatte, jedoch vor einer schwierigen Scheidung stand. Sie war vorübergehend arbeitslos, aber im Begriff, eine Ausbildung als Krankenschwester zu beginnen – ein Kindheitstraum, der, wie sie andeutete, durch ihre NTE reaktiviert wurde. Mia hatte in ihrem Leben zahlreiche anomale Erlebnisse, einschließlich einer Reihe paranormaler Erfahrungen. An das genaue Datum ihrer NTE konnte sie sich nicht erinnern; sie scheint etwa 1982 stattgefunden zu haben, als sie 24 Jahre alt war. Von all ihren Erfahrungen, so sagt sie, sei dies die wichtigste gewesen, und ihre Aufzeichnungen bieten mehr als genug Beweise für die tiefgreifenden Auswirkugen ihrer NTE auf ihr Leben. So schreibt sie zum Beispiel:

Die stärkste Wirkung der NTE auf mein Leben ist, daß ich seither nicht mehr Angst vor dem Tod oder dem Sterben habe. Es ist ein sehr befreiendes Gefühl, wenn man seine Angst vor dem Tod verliert. Ich habe zwar immer noch Angst vor den möglichen Schmerzen im Zusammenhang mit dem Sterben, aber das Sterben selbst fürchte ich nicht mehr. Ich weiß, wie es ist, ich weiß, was nach dem Tod geschieht, und ich weiß, daß es das Beste ist, was einem Menschen passieren kann … Die andere Wirkung dieser Erfahrung ist, daß ich paranormale Dinge seither ernst nehme. Ich hatte davor schon ein paar Déjà-vu-Erlebnisse und Träume gehabt, aber danach sind derlei Dinge mehr und mehr bei mir hochgekommen.[13]

Tatsächlich hatte ihre NTE noch weit mehr indirekte Folgen gehabt, die sie mir ausführlich beschrieb. Eine der auffallendsten war die Wirkung auf ihre religiöse und spirituelle Einstellung. Sie war zuvor Atheistin gewesen, doch heute sagt sie: »Ich brauche nicht zu glauben, daß es Gott und einen Himmel gibt. Ich *weiß* es, denn ich war dort.« Eingehend schildert sie ihre vom Protestantismus geprägte Herkunft und die Rolle der Kirche in ihrem Leben:

Früher bin ich nie zur Kirche gegangen … Ich glaube auch heute nicht an die Kirche, wenngleich ich ihre Bedeutung für viele Menschen verstehe und respektiere. Aber ich fühle mich Gott in der Kirche nicht näher als sonstwo. Ich weiß, daß ich überall zu Gott sprechen kann, dazu brauche ich kein besonderes Gebäude.

Ich stimme auch nicht sonderlich mit der Meinung meiner Kirche zu Gott überein. Ich weiß, daß Gott ein liebender und nicht ein zorniger, schwer zufriedenzustellender alter Mann ist. Ich weiß, daß alle schließlich in den Himmel kommen. Es gibt keine Hölle, oder aber sie ist hier, wo wir jetzt leben … [Diese] Hölle ist eine Notwendigkeit, durch die wir [hier] in unserem Leben durchmüssen, [aber] im Himmel gibt es nichts Böses.

Mia zeigt auch die religiöse Universalität und die allumfassende Spiritualität, die für viele Nah-Tod-Erfahrene so typisch sind:

Ich glaube, alle Religionen haben denselben Ursprung. Wir meinen alle denselben Gott, gleichgültig, welchen Namen wir ihm geben. Wir sind es, die Menschen, die das ursprüngliche Wissen, die ursprüngliche Wahrheit, verdreht haben. Die Menschen haben ihre Erfahrungen oder Botschaften auf dem Hintergrund ihres jeweiligen Lebens und ihrer Kultur beschrieben … und am Ende kann so eine Botschaft dann ganz anders sein, als sie am Anfang war.

Auch Mias Ansicht über das Leben nach dem Tod veränderte sich; heute glaubt sie an die Reinkarnation:

Als Atheistin glaubte ich vor meiner NTE nicht an eine Reinkarnation. Ich dachte, nach dem Tod sei gar nichts mehr, der Tod sei das Ende. Nach meiner NTE begriff ich, daß dieses Leben nur eines von vielen ist, die wir durchlaufen. Wir müssen hier immer wieder geboren werden, [bis] wir gut genug sind, um auf ewig in andere Dimensionen einzugehen.

Ein weiterer wichtiger Bereich der Veränderungen betraf Mias Einstellung zu Beziehungen mit anderen Menschen. Heute sagt sie:

Ich habe ein großes Bedürfnis, anderen zu helfen. Ich habe sogar schon daran gedacht, in ein armes Land, zum Beispiel in Afrika, zu gehen, um so viel wie möglich helfen zu können. Aber dann dachte ich, mit meinen chronisch kranken Kindern und meinen Allergien könnte ich dort keine große Hilfe sein. Deshalb habe ich nach einem Weg gesucht, wie ich hier helfen kann, wo ich bin.

Wie bereits angedeutet, führten diese Überlegungen Mia zu dem Gedanken, in Finnland zu bleiben und Krankenschwester zu werden. Darüber hinaus stellte sie aber auch fest, daß sie heute anderen gegenüber weniger voreingenommen ist:

Vor meiner NTE war ich viel intoleranter und ungeduldiger mit anderen als heute. Ich dachte, ich wüßte, wie man sein Leben zu führen habe. Ich dachte, wer sich im Leben mit großen Problemen konfrontiert sehe, der sei selbst schuld, das seien die Konsequenzen von Faulheit oder Dummheit.

Heute versuche ich, Menschen nicht aufgrund des ersten Eindrucks zu beurteilen. Ich versuche mir klarzumachen, daß es in ihrem Leben womöglich auch größere Tragödien gegeben hat und ihre Probleme daher rühren ... Ich bin toleranter geworden. Im Himmel spürte ich die Liebe und das Mitgefühl, die Gott und Jesus für mich empfinden. Ich weiß, daß sie niemanden verurteilen und jeden Menschen gleichermaßen lieben. Ich weiß, daß sie sich freuen, wenn wir gut zu anderen Menschen sind und »ihren« Kindern die gleiche Liebe zeigen, die sie uns zeigen.

Die Bedeutung dieser letzten Lektion des Mitgefühls ging an Mia nicht spurlos vorüber, auch was ihre eigenen Probleme, speziell hinsichtlich ihrer bevorstehenden Scheidung, betrifft. Auch hier lernte sie, sich zu vergeben wie auch die Kunst des Mitgefühls für sich selbst zu üben. Sie spricht sehr direkt darüber, wie ihre NTE ihr half, mit einem Problem zurechtzukommen, das sie früher als unlösbar betrachtete:

Ich bedaure meine Scheidung, aber in Ihrem Buch zu lesen, daß viele Nah-Tod-Erfahrene sich mit diesem Problem konfrontiert sehen, hat mir geholfen. Als ich heiratete, glaubte ich, es sei meine Pflicht, bis zum Ende meiner Tage mit meinem Mann zusammenzubleiben. (Unser Sohn war damals schon geboren, und ich dachte, das sei ich meinem Kind schuldig.) Ich dachte: »Was Gott zusammengefügt hat, das soll der Mensch nicht trennen«, und es ging mir schon schlecht, wenn ich nur an Scheidung dachte. Es dauerte lange, bis ich begriff, daß sogar eine Scheidung Gottes Wille sein kann, damit sich der betreffende Mensch entfalten kann, indem er zugibt, daß er selbst trotz bester

Absichten scheitern kann, und indem er begreift, daß man mehr lernen kann (zum Beispiel Mitgefühl für andere Menschen in derselben Situation), indem man diese Schwierigkeiten durchmacht ... Jedenfalls fühle ich mich jetzt frei, (nach der Scheidung) mehr nach meinen Prinzipien zu leben. Ich glaube, ich werde danach eine bessere Mutter und ein besserer Mensch sein.

Anders als Robert, dessen Briefe schließlich zu unserem Treffen führten, trat Mia plötzlich und ohne Vorwarnung in mein Leben, berichtete mir schriftlich ausführlich über ihr Leben, bedankte sich und verschwand dann wieder aus meinem Gesichtsfeld. Ich wünsche mir, daß sie in den sieben Jahren, die seit ihrem umfangreichen Brief an mich verstrichen sind, wirklich Krankenschwester wurde, so wie sie es wollte – doch das, wenn es denn der Fall ist, ist ein Teil ihrer Geschichte, der mir noch unbekannt ist. Trotzdem habe ich kaum einen Zweifel daran, daß sie nach ihrer Scheidung ein besserer Mensch wurde. Denn dieser Mensch war schon damals sichtbar. »An ihren Früchten sollt ihr sie erkennen.«

Fler

Auf einer Vortragsreise 1993 durch Australien verbrachte ich in Melbourne einen ganzen Nachmittag mit meinem Gastgeber so sehr ins Gespräch vertieft, daß ich völlig vergaß, vor meinem abendlichen Auftritt noch etwas zu essen. Wir trafen etwa 20 Minuten vor Beginn der Veranstaltung ein, und während er sich noch um einige letzte organisatorische Details kümmerte, kamen zwei Frauen auf mich zugestürmt, die eine davon mit meinem Buch *Den Tod erfahren – das Leben gewinnen* bewaffnet, und überwältigten mich nahezu mit der Herzlichkeit ihres Empfangs. Es wurde rasch klar, daß es sich um Mutter und Tochter handelte, beide Nah-Tod-Erfahrene waren und offenbar schon Wochen vor diesem Termin Eintrittskarten gekauft hatten, um mich unter allen Umständen zu treffen. Als diese ersten Einzelheiten ausgesprochen waren, überraschte ich die beiden jedoch erst einmal mit meinem ganz profanen Anliegen: »Bekommt man hier in der Nähe noch irgendwo etwas zu essen?« platzte ich heraus.

Die beiden sahen sich zweifelnd an, und dann sagte die Mutter: »Ja, ich glaube, es gibt hier nebenan eine Cafeteria oder so etwas.«

»Gehen wir«, erwiderte ich nur.

Ohne zu zögern (irgendwie verstanden wir uns auf Anhieb), führten sie mich zu einem benachbarten Gebäude. Die ersten Türen, die wir probierten, waren versperrt, doch wir gaben nicht auf und fanden schließlich eine unverschlossene. Wie sich herausstellte, waren wir in der Mensa einer Universität gelandet, die aber soeben geschlossen hatte. Doch das Personal war so freundlich, mir noch eine Portion Fish and Chips zu verkaufen, die ich am nächstbesten Tisch in aller Eile verzehrte; meine beiden neuen Freundinnen wollten nichts zu essen, sondern sich nur mit mir unterhalten. Während ich mein Essen hinunterwürgte, erzählten sie mir in bester Laune über sich, ihre Erfahrungen und ihre Arbeit, bis ich in den Vortragssaal zurückhasten mußte.

Auf diese kuriose Weise also lernte ich Fler und Andrea Beaumont kennen, mit denen ich noch heute Kontakt habe. Inzwischen weiß ich einiges über die beiden, vor allem natürlich über ihre NTEs, von denen Fler sage und schreibe drei hatte! Diese wahrhaft einmalige Information ließ Fler mir in einem umfangreichen Brief zukommen, den sie mir später schickte. Sie erlaubte mir außerdem, daraus zu zitieren, was ich mit Freuden tue. Doch zuerst möchte ich sie Ihnen einmal vorstellen.

Fler ist jetzt 65 Jahre alt. Sie ging nur bis zum Alter von 13 Jahren zur Schule, ist aber schon seit langem in spirituellen Gruppen aktiv, arbeitete als Journalistin und schreibt derzeit ein Buch über das Leben nach dem Tod. Sie leidet unheilbar an Leukämie und war seit unserer Begegnung mehrmals im Krankenhaus.

Ihre drei NTEs fanden 1959 (damals war sie 30 Jahre alt), 1961 und 1988 statt und standen alle mit Klinikaufenthalten und ihrer Krankheit in Zusammenhang. In ihrem ersten, umfangreichen Brief faßte sie die spezifischen Nachwirkungen jeder NTE zusammen.

Vor meiner ersten, ziemlich kurzen NTE 1959 war ich ein sehr isolierter Mensch. Ich war Atheistin und auf mich selbst fixiert, und die Menschen und die Welt um mich herum berührten mich kaum. Nach der Erfahrung ... war ich mir der Bedürfnisse anderer mehr bewußt, ich kümmerte mich um die Menschen und spürte Liebe. Ich entwickelte [außerdem] ein großes Interesse am Universum, und obwohl ich die Schule schon mit 13 Jahren verlassen hatte, begann ich, mich mit Astronomie, Naturwissenschaften und Archäologie zu beschäftigen. Es war, als hätten sich meine Augen plötzlich der Welt und den Menschen geöffnet.

Ihre zweite Erfahrung zwei Jahre später ging wesentlich tiefer, und die Konsequenzen waren Fler zufolge weitaus dramatischer:

Als erstes verschwand der Atheismus. Ich wußte, es gibt ein Leben nach dem Tod und eine spirituelle Dimension, die wir alle durchlaufen. Liebe und Mitgefühl nahmen beträchtlich zu. Übersinnliche Fähigkeiten wie außerkörperliche Erfahrungen, Präkognition, Hellsehen und so weiter stellten sich ein.

Nach ihrer zweiten NTE begann auch Flers Interesse für spirituelle und paranormale Dinge. Unter anderem trat sie Organisationen wie der Theosophischen Gesellschaft bei.

Ihre dritte NTE im Jahre 1988 steigerte ihre Liebe und ihr Mitgefühl für andere Menschen und letztlich alles Leben. Sie sagt selbst:

Ich bin viel toleranter und verständnisvoller, mehr spirituell als religiös, nehme mir Zeit, um mit einsamen, notleidenden und alten Menschen zu sprechen und ihnen zu helfen, ich tröste und berate Menschen mit Kummer und Sorgen, füttere und helfe Tieren, und ich liebe die Umwelt und setze mich für sie ein.

Ich fühle mit allen Lebewesen und Dingen und bin mir der Verbundenheit und Einheit von allem bewußt.

Obwohl ich nun Krebs habe, habe ich keine Angst vor dem Tod.

Flers Zusammenfassung der Nachwirkungen ihrer NTE sind sehr kurz gefaßt, aber Sie werden bemerkt haben, daß sie dennoch die meisten Elemente beinhalten, die ich an früherer Stelle in diesem Kapitel erwähnte. Obwohl sie ein sehr ungewöhnlicher Mensch ist, sind die Nachwirkungen ihrer NTE absolut typisch. Und in ihrem Fall kann ich bestätigen, daß ihre Briefe mit der hier gegebenen Beschreibung ihrer selbst genau übereinstimmen: Sie ist ein außergewöhnlich freundlicher und zuvorkommender Mensch und hat mir beruflich schon so manchen Gefallen erwiesen – trotz ihres unglaublich arbeitsreichen Lebens, das durch Krankheit und mehrfache Klinikaufenthalte zusätzlich erschwert wird.

Seit ich Fler und Andrea kennengelernt hatte, wünschte ich mir, sie wieder einmal in Australien besuchen zu können, und 1995 wurde dieser Wunsch erfüllt – hauptsächlich dank des Einsatzes dieser beiden wunderbaren Frauen: Allen Widerständen zum Trotz halfen sie mit, für mich eine zweite Vortragsreise zu organisieren, und dabei richteten sie es natürlich so ein, daß ich ein paar Tage mit ihnen in Melbourne verbringen konnte. Sie versprachen, mir die weltberühmte australische Gastfreundschaft zu demonstrieren, und ich muß sagen, ich war begeistert. Wir verbrachten herrliche Tage zusammen und sind seither als die besten Feunde in Kontakt.

Marty

Marty Chandler, heute Anfang 50, war zur Zeit seiner NTE 1964 ein 20jähriger Collegestudent der Elektrotechnik. Damals war über derartige Erfahrungen natürlich noch nichts bekannt; selbst der Begriff *Nah-Tod-*

Erfahrung wurde erst ein ganzes Jahrzehnt später geprägt. 1966 erzählte er seiner späteren Ehefrau von seiner NTE, doch da sie ebenso wie seine Mutter ablehnend darauf reagierte, erwähnte er sie nicht mehr.

Dies änderte sich auch nicht, als er und seine Frau 1977 von der Arbeit des Nah-Tod-Forschers Raymond Moody erfuhren, doch noch einmal zehn Jahre später geschah etwas, das Martys Einstellung zu seiner NTE dramatisch wandelte: Anfang 1988 entdeckte seine Frau in der Zeitung eine Ankündigung, daß Moody bei einer Konferenz über NTEs in ihrer Nähe sprechen werde, und sie beschlossen beide hinzugehen. Dort bekam Marty die Gelegenheit, mit Moody persönlich und einigen anderen Nah-Tod-Erfahrenen über seine NTE zu sprechen, und diese Bestätigung hatte seinen eigenen Worten zufolge eine »tiefgreifende Wirkung« auf ihn. Innerhalb kürzester Zeit nahm er an mehreren Treffen der International Association for Near-Death Studies (IANDS) teil und hielt bei der landesweiten Konferenz dieser Organisation 1988 einen Vortrag über seine Erfahrung. Bald darauf entdeckte er mein Buch *Den Tod erfahren – das Leben gewinnen*, das ihm, wie er mir später mitteilte, half, seine Gedanken zu ordnen, und zwar nicht nur in bezug auf seine NTE, sondern vor allem hinsichtlich deren Nachwirkungen. Daraufhin schrieb er, dem Aufbau meines Buches folgend, einen 23seitigen Bericht, in dem er alle Lebensveränderungen und Einsichten darlegte, die seiner Meinung nach mit der NTE in Zusammenhang zu bringen waren, und gleichzeitig beantwortete er damit alle Punkte meines Fragebogens.

Als Begründung für dieses etwas ungewöhnliche und zeitraubende Unternehmen erwähnt Marty (unter dem Punkt »Lebenssinn«), er sei fast gezwungen gewesen, das zu tun, weil während seiner Zeit im Licht folgendes geschah:

Während der Erfahrung äußerte ich dem Licht gegenüber ganz eindeutig, daß ich nach meiner Rückkehr [zur Erde] wichtige Dinge tun müsse. Tatsächlich war das sogar der Grund, weshalb ich nicht weiterging. Ich habe viel Freude daran, anderen zu helfen. Ich muß, solange ich hier bin, das mir Bestmögliche tun; das ist eine Abmachung zwischen mir und dem Licht (Gott). Ich habe das starke Gefühl, daß das Schreiben dieses Berichts über meine NTE ein Teil meines Lebensplans ist.

Martys Veränderungen aufgrund seiner Erfahrung listete er Punkt für Punkt selbst auf:

Selbsteinschätzung: Ich fühlte mich besser als Mensch und konnte mich besser mit anderen Menschen einlassen. Mein Vertrauen nahm allgemein zu.

Gefühle/Beziehungen zu anderen: Wunsch, anderen zu helfen, Mitgefühl für andere, Empathie oder Verständnis für andere, Geduld/Toleranz für andere, Fähigkeit, Liebe für andere auszudrücken, andere Menschen zu akzeptieren, wie sie sind – all dies nahm eindeutig zu, wenngleich ich schon als Kind/Teenager ähnliche Werte hatte.

Spiritualität/Religiöse Überzeugungen/Werte: Ich wurde katholisch erzogen. Während meiner Studentenzeit kamen erste Zweifel über einige Aspekte der Religion. Die Nah-Tod-Erfahrung half mir, mich mehr vom strengen Katholizismus zu distanzieren und in bezug auf religiöse Dinge liberaler zu werden. 1970 traten meine Frau und ich zur Unitarischen Kirche über.

Die Erfahrung bestärkte meine Gefühle hinsichtlich der Existenz Gottes, doch meine Vorstellungen gehen über das jüdisch-christliche Weltbild hinaus. Gott ist für mich der Schöpfer aller physikalischen Gesetze und des gesamten Universums. Gott transzendiert das Universum und ist jenseits von Raum und Zeit. Obwohl er unendlich ist, ist er seinem Wesen nach sehr persönlich und fürsorglich. Gott verkörpert für mich Liebe, Mitgefühl und Vergebung. Die Vorstellung eines Gottes der Vergeltung und der immerwährenden Verdammnis, der Seelen ins ewige Feuer wirft, ist für mich ein Problem.

Suche nach spirituellen Werten/Höheres Bewußtsein usw.: Meine Suche weitete sich aus und intensivierte sich, vor allem dahingehend, daß ich versuchte, durch Meditation wieder in direkten Kontakt mit dem Licht zu kommen. Bislang konnte ich meine Erfahrung nicht wiederholen. Meine Suche nach spirituellen Werten wurde persönlicher und weniger auf eine bestimmte Religion gegründet. Seit etwa einem Jahr hat meine Suche nach spirituellen Werten stark zugenommen; das hängt mit meinen Aktivitäten in der ortsansässigen IANDS-Gruppe zusammen.

Angst vor dem Tod: Die Angst vor dem Tod hat sehr abgenommen, nicht aber die Angst vor dem Sterben.

Übersinnliche Fähigkeiten: Vor meiner Erfahrung hatte ich keine übersinnlichen Fähigkeiten. Nach der NTE trat eine starke Zunahme von Präkognition (Vorherwissen künftiger Ereignisse) ein. Dies geschieht durch sehr lebhafte Träume.

Wie Mia gibt auch Marty im folgenden einige Beispiele seiner präkognitiven Visionen, die ebenfalls zum Teil sehr beeindruckend sind.

Es ist unschwer zu erkennen, daß das inzwischen bekannte Muster der NTE-Nachwirkungen auch auf Marty haargenau zutrifft. Und wie so viele andere ist auch er überzeugt, daß es eine wichtige Botschaft gibt, die Nah-Tod-Erfahrene den anderen Menschen überbringen sollen. Er faßt sie folgendermaßen zusammen:

Liebe und Fürsorge für andere sind das Wichtigste, was wir als menschliche Wesen auf dieser Erde tun können. Es gibt einen höchsten und liebenden Gott, [und] wir müssen nach der Wahrheit suchen und ehrlich miteinander umgehen.

Das sind unspektakuläre, fast banale Worte, denen die meisten von uns auch beipflichten würden, ohne von einem Nah-Tod-Erfahrenen daran gemahnt zu werden. Aber wie wir bereits im ersten und in diesem Kapitel sahen, wollen Nah-Tod-Erfahrene uns nicht predigen, sondern *Beispiel sein*. Als Gruppe beeindrucken sie genau deshalb, weil sie ihre Erfahrung leben und danach trachten, sie im Alltag umzusetzen. Was wir von ihnen lernen können, ist also nicht so sehr, wie wir leben sollen (denn in unserem Herzen wissen wir das ohnehin bereits), sondern wie unser eigenes Leben beispielhaft wird und die Lehren des Lichts bestmöglich widerspiegelt. Und darauf wollen wir nun erneut unsere Aufmerksamkeit richten.

Die Verbindung zur NTE

Menschen, die sich zur NTE an sich hingezogen fühlen, beneiden manchmal jene, die selbst eine hatten (obwohl diese wiederum in aller Regel darauf verweisen, daß dieses Privilieg teuer bezahlt werden muß, und damit meinen sie nicht nur das physische Trauma, das sie durchzustehen hatten, um zu überleben). »Wenn ich nur so eine Erfahrung machen könnte«, ist ein häufig gehegter Wunsch bei denen, die sich mit Berichten über NTEs beschäftigen. Das ist zwar eine verständliche und vorhersehbare Reaktion, doch sie verfehlt vollkommen das, was Nah-Tod-Erfahrene zu vermitteln versuchen.

Im Zusammenhang mit diesem nutzlosen Neid erinnere ich mich lebhaft an einen lehrreichen Vorfall, der sich vor vielen Jahren in einem meiner Kurse ereignete. Etwa 1978, kurz nachdem ich mit der Erforschung der NTE begonnen hatte, bat ich eines Tages eine meiner »frisch entdeckten« Nah-Tod-Erfahrenen, in meinen Kurs zu kommen und den Studenten ihre Geschichte zu erzählen. Virginia, die inzwischen verstorben ist, war eine kleine, kräftige Italienerin mittleren Alters, die sich immer als »Nurhausfrau« beschrieb. Aber als sie ihre Geschichte vortrug – und in jenen Tagen waren solche Geschichten noch weit exotischer als heute! –, verwandelte sie sich in eine fesselnde Erzählerin und eine faszinierende, geradezu magnetische Persönlichkeit. Und als sie begann, die Veränderungen zu beschreiben, die ihre NTE mit sich gebracht hatte – all diese

Dinge, die wir mittlerweile gut kennen –, schienen viele meiner Studenten es kaum mehr erwarten zu können, ihr Fragen zu stellen.

Als es dann soweit war, meldete sich ein junger Mann sofort zu Wort und meinte: »Ich hätte wirklich auch gern so eine Erfahrung – aber wie mache ich das?« Ohne zu überlegen, erwiderte Virginia: »Liebe andere.«

Was für eine perfekte Antort! Was Virginia uns damit sagte, war natürlich, daß ihre Erfahrung für uns vergeblich war, wenn wir nicht die Botschaft verstanden: Man muß keine NTE haben, um ihrer Lehre gemäß zu leben oder seine eigene spirituelle Suche zu beginnen. Ihre Früchte liegen in ihren Wirkungen, und diese gehen in jedes offene Herz ein. Man braucht lediglich zuzuhören, das Gehörte in sich aufzunehmen und danach zu handeln, und alles Wesentliche, was dem Nah-Tod-Erfahrenen gegeben wurde, wird zur Gabe für einen selbst.

Natürlich – zuzuhören ist leicht; wesentlich schwieriger ist es schon, das Gehörte in sich aufzunehmen, ganz zu schweigen davon, immer auch daran zu denken. Aber genau um diese schweren Aufgaben geht es in diesem Buch. Sie haben zugehört, und wenn Sie mit offenem Herzen zugehört haben, haben Sie bereits begonnen, das Gehörte in sich aufzunehmen (wenn Sie Ihrer eigenen Erfahrung nicht vertrauen, werde ich Ihnen später den entsprechenden Beweis liefern). Je mehr Sie über die Geschichten in diesem Buch nachdenken, desto mehr werden sie zu *Ihrer* Geschichte; also lesen Sie sie nötigenfalls auch öfter, um sie ganz in sich aufzunehmen. Und seien Sie sich dessen sicher: Die Früchte der NTE, die zu schmecken Sie in diesem Kapitel begonnen haben, werden Ihnen noch einmal angeboten, und zwar auf eine Art und Weise, die es Ihnen noch leichter machen wird, sie Ihren spezifischen Lebensumständen anzupassen. Im Augenblick ist für Sie lediglich wichtig zu erkennen, daß der Prozeß der Absorption bereits begonnen hat, und er wird sich im Kommenden noch verstärken.

Doch in den bisherigen Kapiteln war mein erstes Anliegen lediglich, Ihnen zu zeigen, daß die NTE in der Tat ein authentisches Phänomen darstellt, und zwar eines mit einer ernstzunehmenden spirituellen Bedeutung. Fast nebenbei lernten Sie unterschiedliche Berichte über NTEs und ihre Nachwirkungen kennen und lernten, sich ein Bild von diesem Phänomen und seinen Folgen und Wirkungen zu machen. Meine Intention bislang war, Ihnen anhand des präsentierten Materials die Möglichkeit zu geben, sich eine Vorstellung von typischen Nah-Tod-Erfahrenen zu machen und sich der wichtigsten Lektionen für das Leben bewußt zu werden, die sich aus der Erfahrung selbst ableiten lassen. All dies trägt dazu bei, Sie auf Ihre eigene, persönliche und einzigartige Beziehung zur NTE vorzubereiten.

Aber um diese Beziehung weiterentwickeln und vertiefen zu können, müssen wir nun von der rein passiven Absorption dieser Informationen zum *aktiven* Gebrauch derselben schreiten. Es ist wie beim Erlernen einer neuen Sprache: Benutzen oder vergessen! Ab dem nächsten Kapitel werden wir also den neuen Kurs des »Learning by Doing« einschlagen.

5

Alles noch einmal erleben: Die Erfahrung der Lebensrückschau

Die meisten Menschen, selbst jene, die mit dem Phänomen der NTE nicht besonders vertraut sind, haben schon einmal von der Lebensrückschau gehört. »Ach ja«, heißt es, wenn man das Thema erwähnt, »das ist, wenn innerhalb eines Augenblicks das ganze Leben wie im Film vor einem abläuft, nicht wahr?«; und vielleicht fügen sie noch hinzu, daß »so etwas« nur Ertrinkenden passiert.

Und so ist es in der Tat, wie ich 1977, zu Beginn meiner NTE-Forschung, herausfand. Ein junger Mann, der bei einem Bootsunfall fast ertrunken wäre, erzählte mir:

Es war phänomenal. Ich sah in meinem Hinterkopf eine Reihe, eine unendlich lange Reihe von Gedanken, Erinnerungen, Dingen, die ich geträumt hatte, ganz allgemein Gedanken und Erinnerungen aus der Vergangenheit, alles jagte an mir vorüber, in weniger als 30 Sekunden. All diese Dinge über meine Mutter und meine Großmutter und meine Brüder und diese Träume, die ich gehabt hatte. Ich hatte das Gefühl, daß all diese Bilder, Millionen von Bildern, rasend schnell vor meinem Auge vorüberzogen. Gedanken und Bilder von Menschen. Und eine Menge Gedanken rasten einfach [schnippt mehrmals mit den Fingern] in Bruchteilen von Sekunden vorbei. Ich hatte meine Augen geschlossen unter Wasser, aber ich konnte trotzdem diese Bilder sehen ... Einfach [Pause] auch dummes Zeug – alle möglichen Kleinigkeiten, die ich längst vergessen hatte. Alles [schnippt mit den Fingern] raste nur so durch. Es war, als würde ich durch diese Erinnerungen hindurchgehen, und, äh, wie wenn meine gesamte Erinnerung von einem Band abgespielt würde – und zwar rückwärts.[1]

Sie werden sich erinnern, daß wir dem »Erinnerungsfilm« eines fast Ertrunkenen schon an früherer Stelle in diesem Buch begegnet sind – bei unserem allerersten NTE-Beispiel im ersten Kapitel, dem Fall Craig.

Es dürfte nicht besonders überraschen, daß auch andere Forscher schon oft ähnliche Berichte von Beinahe-Ertrunkenen zu hören bekamen. Russell Noyes und Roy Kletti, zwei Forscher, die sich auf unfallverursachte NTEs spezialisierten, meinen, daß bei Menschen, die die Bedrohung durch Wasser überleben, eine Lebensrückschau als Teil der NTE besonders häufig vorkommt.[2]

Das allgemein bekannte Klischee bezüglich der inneren Erfahrungen Beinahe-Ertrunkener wird also durch die moderne, systematische NTE-Forschung bestätigt. Dieselbe Forschung hat jedoch auch gezeigt, daß Personen, die andere fast tödliche Unfälle erleiden, genau dasselbe Phänomen erleben. Ich nehme als Beispiel die folgende Erinnerung, die ich bereits in meinem Buch *Life at Death* zitierte. Sie stammt von einem Mann, der einen Fallschirmsprung aus über 1000 Metern Höhe überlebte, obwohl sich sein Schirm nicht öffnete:

Es ist wie ein Bild, das vor deinen Augen abläuft, von der Zeit deiner ersten Erinnerungen an bis zum jetzigen Zeitpunkt ... Es kommt dir vor, als würden die Bilder aus deinem Leben vor deinem Auge vorbeilaufen, die Dinge, die du getan hast als Kind und so weiter ... dumme Dinge. Und du siehst auch die Gesichter deiner Eltern dazu – alles. Auch Dinge, an die ich mich nicht mehr erinnert hatte. Dinge, an die ich mich heute nicht mehr erinnern könnte, die ich aber vor zwei Jahren noch gewußt hätte, oder so. Es kam alles wieder, wie wenn mein Hirn aufgefrischt worden wäre und alles wieder wüßte, was ich als Kind getan habe. Zum Beispiel habe ich meine Freunde immer gefragt: »Weißt du noch dies, und weißt du noch jenes?« Und ich sage: »Mann, das ist aber lange her, daran kann ich mich nicht mehr erinnern.« Alles hat sich quasi aufgefrischt ... Es war wie ein Bild, wie eine Filmkamera, die vor deinen Augen abläuft. Innnerhalb von ein oder zwei Sekunden. Einfach nur so zack-zack [schnippt mit den Fingern]. Und es war sonnenklar, einfach sonnenklar. Es ging sehr schnell, und du kannst alles sehen.[3]

Sicherlich sind Anzahl, Tempo und Klarheit dieser Bilder erstaunlich, aber es ist vielleicht gerade die Vertrautheit dieser Episoden, die ihre Wirkung auf den modernen Leser trübt. Doch um die Bedeutung dieser Erfahrungen erkennen zu können, müssen Sie sich von diesen gewohnheitsmäßigen Wahrnehmungen und dem stereotypen Denken über die Lebensrückschau befreien. Ich kann Ihnen versichern, daß die Vorstellung, bei diesen Erlebnissen würde lediglich »das Leben wie ein Film vor dem Auge ablaufen« nichts anderes ist, als die NTE mit dem »Sehen des Lichts am Ende des Tunnels« gleichzusetzen. Derart banale Phrasen dienen nur dazu, die NTE zu trivialisieren, und keiner ihrer Bestandteile läßt sich leichter für eine solch platte Charakterisierung heranziehen wie die Lebensrückschau. Dementsprechend aber müssen wir dieses Phänomen um so sorgfältiger und mit unverstelltem Blick untersuchen. Bislang haben wir lediglich die äußeren Umrisse einer Erfahrung zu sehen bekommen, deren Tiefe und lebensverändernde Kraft bislang noch gar nicht vorstellbar sind.

Meiner Meinung nach ist *die Lebensrückschau als Führer im täglichen*

Leben für jene, die selbst keine NTE hatten, der wichtigste Teil der NTE überhaupt. Eine sorgfältige Überprüfung und Absorption des in diesem und dem nächsten Kapitel präsentierten Materials könnte Ihr Leben weitreichend verändern. Beschäftigen wir uns deshalb ruhig etwas länger mit der Lebensrückschau und ihrer inneren Struktur, um zu sehen, was wir aus ihr lernen können.

Zur Vorbereitung auf die wichtigsten Dimensionen der Lebensrückschau ist es vielleicht am besten, mit einem kleinen Überblick ihrer charakteristischen Merkmale zu beginnen. Eine solche Darstellung wird Ihnen auch helfen, besser zu erkennen, weshalb gerade dieser Aspekt der NTE eine so große, auf Veränderung hinwirkende Kraft sein kann. Und wie immer, so gilt auch hier: Was die Nah-Tod-Erfahrenen aus ihrer NTE gelernt haben, das können Sie von ihnen lernen.

Die Erfahrung der Lebensrückschau

Oft blicken Sie nicht nur auf Ihr Leben zurück, sondern Sie leben es ein zweites Mal

Es gibt zwar eine Form der Lebensrückschau, bei der man die Szenen seines Lebens wie ein Zuschauer beobachtet, doch viele Menschen berichten auch, daß sie sich gleichzeitig *in* diesen Szenen befinden und sie durchleben, als ob sie sie *tatsächlich noch einmal erfahren* würden.

Halten Sie auch hier einen Augenblick inne, um die Folgen dieser Aussage wirklich in sich aufzunehmen. Bei der Lebensrückschau sind Sie mehr als nur ein passiver Beobachter, der sich selbst in seinem Lebensfilm sieht. Vielmehr befinden Sie sich voll und ganz noch einmal in den jeweiligen Szenen, und Sie erleben das, was geschah, als würde es noch einmal geschehen. Kurz und vereinfachend ausgedrückt, Sie leben Ihr Leben noch einmal – Ihre Erinnerungen haben sich in lebhafte Neuschöpfungen der Episoden Ihres Lebens verwandelt.

Um diese verblüffende Eigenschaft der Lebensrückschau zu illustrieren, kehre ich noch einmal zu einem Nah-Tod-Erfahrenen zurück, den wir bereits im zweiten Kapitel dieses Buches kennenlernten. Ich spreche von meinem ehemaligen Studenten Neev, der, Sie werden sich erinnern, seine NTE durch einen Baseballunfall erlebte. Zum Ende des Frühlingssemesters 1994, als Neev zwei Kurse bei mir absolviert hatte, bat ich ihn in mein Büro, um ihn noch eingehender zu seiner Lebensrückschau zu befragen. Als er mir erzählte, er habe verschiedene Ereignisse aus seinem

Leben gesehen, fragte ich, ob diese in Form von Bildern gekommen seien; besser gesagt, ich versuchte es, doch Neev unterbrach mich und sagte: »Es war, als wäre ich wieder dort gewesen. Ich würde sagen, es war, als hätte ich es noch einmal durchlebt ... Es war nicht alles nur visuell. Es war, wie wenn ich es noch einmal gelebt hätte. Wie wenn ich es noch einmal zum erstenmal erlebt hätte.«

Nachdem er mir einige Beispiele dieser Erfahrungen genannt hatte (ich werde im folgenden Kapitel eines davon präsentieren), fragte ich ihn, ob er mir mit einer Metapher das Gefühl oder die besondere Eigenart seiner Lebensrückschau veranschaulichen könne. Nach einem Augenblick des Nachdenkens meinte er: »Ich habe einmal gesagt, es war wie in einem Schneideraum, in dem ich mein Leben im Schnellvorlauf ansah.« Dieser Vergleich, meinte er dann, sei jedoch irreführend, da er impliziere, daß er, Neev, zu dem ganzen Geschehen mehr Abstand gehabt habe, als es wirklich der Fall gewesen sei. Er fuhr fort:

Heute sehe ich mir das Ganze an, und ich sehe die Lebensrückschau als – als mein Leben! Physisch war ich zwar nicht hier, aber es fühlte sich an, als würde ich mein gesamtes Leben noch einmal durchleben. Ich hatte das Gefühl, alles noch einmal durchzumachen, und ich tat alles auf genau dieselbe Art und Weise, aber ich verstand es anders ... Es war wirklich, wie noch einmal zu leben.

Man erlebt alles noch einmal

Vielleicht haben Sie bemerkt, daß Neev sagte, er habe sein *gesamtes* Leben noch einmal gelebt. Solche Aussagen sind in der Tat typisch für Menschen, die über dieses Phänomen sprechen. Hier beispielsweise ein halbes Dutzend so kurze wie repräsentative Aussagen, die ich aus den von mir gesammelten und anderen Fällen zitiere:

Die Lebensrückschau beinhaltete wirklich absolut alles, was in den ersten 33 Jahren meines Lebens passierte ... von meinem ersten Atemzug bis zu dem Unfall.

Jedes einzelne Ereignis der 22 Jahre meines Lebens wurde mir gezeigt, und zwar in einer Art augenblicklichem dreidimensionalem panoramischem Rückblick ... Die Helligkeit zeigte mir jede Sekunde all dieser Jahre, in hervorragendem Detail und in anscheinend einem einzigen Augenblick.

Mein ganzes Leben war da, jeder einzelne Augenblick ... Jeder Mensch und alles, was ich je gesehen hatte, und alles, was je geschehen war, war da.

Dann sah ich mein ganzes Leben von Anfang bis Ende, sogar all die Kleinigkeiten, die man im Lauf der Zeit vergißt.

Ich besaß ein totales und klares Wissen von allem, was je in meinem Leben geschehen war – sogar kleine, minutiöse Dinge, die ich längst vergessen hatte. Mein Leben spulte sich vor mir ab ... sogar Dinge, die ich vollkommen vergessen hatte. Jedes einzelne Gefühl, all meine glücklichen Zeiten, die traurigen Zeiten, jeder Zorn, die Liebe, die Versöhnung – alles war da. Nichts war weggelassen.

Und wenn diese Menschen behaupten, sie hätten in ihrer Lebensrückschau alles noch einmal erlebt, dann meinen sie, was sie sagen. Eine Nah-Tod-Erfahrene, die mit großem Nachdruck auf diesem Punkt insistiert, ist die Schriftstellerin und Forscherin P. M. H. Atwater. In ihrem ersten Buch *Coming Back to Life* schrieb sie: »Für mich war es das totale Noch-einmal-Erleben *jedes* Gedankens, den ich je gedacht hatte, *jedes* Wortes, das ich je gesprochen hatte, und *jeder* Tat, die ich je vollbracht hatte ... Kein Detail war ausgelassen. Kein Versprecher, keine veschluckte Silbe fehlte.«[4] Wie wir bald sehen werden, behauptete Atwater sogar, ihre Erfahrung habe noch mehr als das beinhaltet, doch ihre Aussage gibt uns auch so bereits genügend Stoff, über den nachzudenken sich lohnt.

Sämtliche Beobachtungen, über die wir in diesem Abschnitt berichteten, machen klar, daß die Lebensrückschau vielfach *ein nochmaliges Durchleben des gesamten Lebens* darstellt, selbst jener Teile, die sich in der frühesten Kindheit ereigneten, und ein erneutes Heraufholen zahlloser Ereignisse, die längst der Vergessenheit anheimgefallen waren.

Auch an dieser Stelle dürfte es nützlich für Sie sein, wenn Sie sich einen Augenblick Zeit nehmen und versuchen, sich in Ihrer Vorstellung in diese totale, aus der Erinnerung herrührende Erfahrung hineinzuversetzen, bevor Sie weiterlesen. Dieser Versuch wird natürlich fehlschlagen – selbst ein Nabokov würde hier Schiffbruch erleiden –, doch schon allein der Versuch dieser unmöglichen Aufgabe wird Ihnen zeigen, welch ein großartiger Wissensschatz über uns selbst latent in uns verborgen liegt, für den lediglich der Schlüssel fehlt, der es uns ermöglicht, ihn vor unser inneres Auge zu heben.

Man sieht alles auf einmal und trotzdem auch chronologisch

Die Nah-Tod-Erfahrenen betonen, daß ihr Erlebnis nicht innerhalb der Zeit stattfand, sondern in einem Zustand virtueller Simultaneität – alles geschah zur selben Zeit. Doch wenn sie, ins normale Bewußtsein zurückgekehrt, ihre Erfahrung wiedergeben, können sie dies natürlich nur unter der künstlichen, aber unumgänglichen Einschränkung durch die Zeit tun. Dadurch impliziert die *Erzählung* von der NTE leicht eine Art Abfolge *in der Zeit*, doch es ist hier wichtig, die Erfahrung als solche nicht mit der Erzählung von der Erfahrung zu verwechseln. Die meisten Geschichten basieren auf einer zeitlichen Kontinuität – Vergangenheit, Gegenwart, Zukunft –, doch die NTE gleicht mehr einer Begegnung mit einer holographischen Sphäre, in der alle Informationen zu einer allgegenwärtigen Einheit zusammengedrängt sind.

Was für die NTE allgemein gilt, trifft auch auf die Lebensrückschau im besonderen zu. Dies veranschaulicht deutlich eine weitere Nah-Tod-Erfahrene, die wir bereits kennengelernt haben, Nel, die schon im Alter von 13 Monaten eine NTE hatte und eine zweite, als sie 38 Jahre alt war:

> Was die Zeit anbelangt – es passierte alles in einem einzigen Augenblick. Die ganze Erfahrung geschah auf einmal, aber unsere begrenzte Sprache kann das nicht ausdrücken ... Es ist wie eine Explosion, alles ist da. Als mein Leben vor meinen Augen vorüberzog, war es nicht von meiner frühesten Erinnerung an, als ich 13 Monate alt war. Da war ein riesiger Fernsehschirm vor mir ... Ganz links war meine Erinnerung mit 13 Monaten, und ganz rechts war Juli 1972, als ich 38 war. Alles dazwischen war ebenfalls da, und ich konnte alles in einem einzigen Augenblick sehen.

Diese Beobachtung ist auch noch in anderer Hinsicht hilfreich, denn sie legt nahe, daß die Zeit in der Lebensrückschau *räumlich aufgeteilt* ist; das heißt, die in der Zeit stattgefundenen Ereignisse sind für die betreffende Person so ausgebreitet, daß sie über ein räumliches Kontinuum angeordnet erscheinen.

Eine simple Analogie kann uns hier weiterhelfen. Stellen Sie sich vor, Sie fahren in einem Auto auf einer kurvenreichen Bergstraße. Sie können natürlich nur eine Kurve nach der anderen durchfahren, und Sie wissen nicht, was auf Sie zukommt, und vergessen rasch, was Sie hinter sich lassen. Und nun stellen Sie sich vor, Sie wären einige hundert Meter über dem Boden, von wo aus Sie Ihre Route vollständig überschauen können. Aus dieser Perspektive in der Luft können Sie die Vergangenheit und die Zukunft im wörtlichen Sinne ebenso sehen wie die Gegenwart, sprich die gegenwärtige Position Ihres Autos. Aus dieser Perspektive ist die Zeit also räumlich für Sie geworden, doch als Fahrer waren Sie durch die »Scheuklappen« der linearen Zeit eingeschränkt.

Ich denke, etwas Ähnliches geschieht während der Lebensrückschau.

Es ist, als wären die Nah-Tod-Erfahrenen fähig, aus ihrem Leben herauszutreten und seinen gesamten Verlauf mit einem Blick zu erfassen.

Noyes und Kletti, die Spezialisten für panoramische Erinnerung, scheinen zu einer ähnlichen Schlußfolgerung gekommen zu sein; einige ihrer Fälle legen in der Tat nahe, daß das oben gegebene Beispiel gar nicht so abwegig ist. Sie schreiben in diesem Zusammenhang:

Aufgrund einer Ausdehnung des Raums wurden Erinnerungen oft von weit entfernt und wie auf einen Schirm projiziert wahrgenommen [vergleichbar Nels Vorstellung]. Ein Beinahe-Ertrunkener berichtete, er habe sein Leben gesehen »wie ein Panorama ganz weit unten«. Und mitten in einer Explosion sagte ein Mann: »Es war, als würde ich auf einer Wolke sitzen und auf die ganze Szene hinunterschauen – Vergangenheit, Gegenwart und Zukunft.«[5]

Wenn diese Vorstellung von Noyes und Kletti, die auch ich teile, wirklich Substanz hat, dann sollte sich in diesen Berichten über die Lebensrückschau noch etwas anderes finden, nämlich auch ein Hinweis auf die sogenannte *Lebensvorschau.* Schließlich impliziert diese Formulierung, daß Nah-Tod-Erfahrene während ihrer Erfahrung die normalen zeitlichen Beschränkungen *transzendieren.* Und das bedeutet, sie sollten nicht nur in der Lage sein, sich an die Vergangenheit zu erinnern, sondern – zumindest manchmal – auch in die Zukunft sehen zu können.

Können sie das?

Zum Glück ist die Beweislage zu diesem Punkt sehr schlüssig: Sie können es in der Tat – zumindest finden sich in der NTE-Literatur gelegentlich entsprechende Berichte. Einige Beispiele dieser Art liefern etwa Noyes und Kletti, und eine Arbeit des Psychiaters Bruce Greyson zeigt, daß ungefähr ein Drittel der Personen, die eine Lebensrückschau erlebten, auch Visionen zukünftiger Ereignisse in ihrem Leben hatten. Auch ich habe in meinen Büchern schon über einige Fälle dieser Art berichtet und viele spezifische Details für offenkundiges und sicheres Vorherwissen angeführt.[6] Hier muß ich mich allerdings mit einer einzigen, bislang unveröffentlichten Schilderung dieses ungewöhnlichen Aspekts der Lebensrückschau zufriedengeben.

Und dazu komme ich noch einmal auf Nel zurück. Sie werden sich erinnern, daß sie auf einen riesigen Fernsehschirm blickte, auf dem sie alle Ereignisse ihres Lebens ab dem 13. Lebensmonat sah. Gegen Ende ihrer Erfahrung (so erzählt sie es zumindest) traf sie eine bewußte Entscheidung, in ihren physischen Körper zurückzukehren.

In diesem Augenblick sah ich einen zweiten Fernsehschirm, der ebenso riesig war wie der erste. Er zeigte mir Ausschnitte dessen, was kommen würde. Er zeigte mir, daß ich eine lange Zeit der Schmerzen durchzustehen hätte; er zeigte mir, daß Mitglieder meiner Familie körperliche Schmerzen erleiden würden; er zeigte mir, daß meine Schwägerin vor der Zeit sterben würde, was sie auch tat. Ich sah einen schweren Weg vor mir. Das Wesen [das während der ganzen Zeit bei ihr war] sagte: »Du wirst zurückgehen und deine Familie zusammenhalten; du wirst ihr Zement sein.«

Ich kenne Nel nun seit mehr als 15 Jahren persönlich und habe viel Zeit mit ihr verbracht. Durch meinen Kontakt mit ihr bin ich überzeugt, daß die Ereignisse, die sie während ihrer NTE vorhersah (ich habe sie nicht alle angeführt), tatsächlich so eintraten, wie sie ihr gezeigt wurden.

Die vorangegangenen Überlegungen sollten uns zumindest helfen, das offensichtliche Paradoxon zu lösen, das die Überschrift dieses Abschnitts nahelegt – daß die Lebensrückschau sowohl simultan als auch chronologisch abläuft. Vom Kontext der Erfahrung selbst, die außerhalb der Zeit stattfindet, sind sämtliche Informationen in virtueller Simultaneität präsent. Doch bei der *Beschreibung* der Erfahrung, bei der quasi die Sekunden der Zeit im Hintergrund ticken, muß man diese Ereignisse eines nach dem anderen anführen, um sie mit dem bekannten Verlauf des Lebens zu koordinieren. Es ist eine Ironie, daß ebenjene Beschreibung, die diese Erfahrung verständlicher machen soll, notwendigerweise das Wesen der Lebensrückschau selbst verzerrt.

Man kann die Erfahrung nur in Metaphern beschreiben

Bei dem Versuch, ein Gefühl für den Prozeß der Lebensrückschau zu vermitteln, greifen Nah-Tod-Erfahrene häufig auf Metaphern zurück, die in der Regel entweder den simultanen oder den sukzessiven Aspekt des Phänomens hervorheben. Als Beispiel für ersteres habe ich öfter die Vorstellung zu hören bekommen, daß das Leben wie eine Anordnung unzähliger Blasen gesehen wurde, von denen jede eine Lebensszene enthielt. Eine andere Person berichtete, sie habe ihr Leben in einer Menge »winziger Punkte und Strukturen aus Licht« gesehen, und eine dritte behauptete, es sei gewesen, als ob der Arrangeur ihrer Erfahrung »für jede Szene meines Lebens einen Zahnstocher genommen und sie eine neben der anderen angeordnet hätte; es war wie ein Lattenzaun, und jede Latte, jeder Zahnstocher, stand für einen bestimmten Abschnitt meines Lebens«.

Häufiger sind allerdings Bilder, die das Gefühl eines ungeheuer schnellen Aufblitzens von Informationen während der Lebensrückschau reflektieren. Um die Eigenart dieser Erfahrung zu schildern, sprechen Nah-Tod-Erfahrene manchmal davon, es sei, wie wenn man eine Million Bilder aus seinem Leben in einem superschnell ablaufenden Film sehen würde oder wie wenn man Spielkarten auffächere oder sich einer computergesteuerten Bilderflut ausgesetzt sehe, wobei aber jedes Bild für sich klar und deutlich erkennbar sei. Typisch für derlei Feststellungen ist diese Bemerkung einer Frau: »Ich hatte ein sehr – es kam mir vor, als sei es schnell gewesen – ich hatte mein ganzes Leben vor mir, alles, was sich ereignet hatte. [Sie erwähnt mehrere Erinnerungen,] alle vor mir ausgebreitet. Ganz schnell. Das flog alles nur so vorbei wie unzählige Gedanken. Wie in einem superschnellen Film.«

Wie auch das Beispiel dieser Frau illustriert, greifen Nah-Tod-Erfahrene bei der Auswahl der Metaphern für diesen Vorgang gern auf die bekannten Unterhaltungsmedien unserer Tage zurück – Filme, Fernsehen, Tonbänder und neuerdings vor allem Videos. Dahinter steht die Vorstellung, daß das ganze Leben sozusagen *aufgezeichnet* ist und während der NTE dann abgespielt wird. Man sollte aber nicht denken, daß dieser Vorgang rein mechanisch funktioniert und die Bilder mit gleichbleibender und unglaublich hoher Geschwindigkeit ablaufen. Ganz im Gegenteil – Nah-Tod-Erfahrene behaupten, sie könnten das Abspulen dieser Bilder mit der Kraft ihres Willens verlangsamen und sogar ausdehnen, um auf diese Weise ihre tiefere Bedeutung besser zu verstehen. Nimmt man die Metapher des Videos, so könnte man zum Beispiel durchaus sagen, die Nah-Tod-Erfahrenen behaupten, sie könnten das »Band« schneiden, auf Schnellvorlauf oder Standbild schalten, zoomen und unter gewissen Voraussetzungen sogar bestimmte Bilder löschen.

Einige Beispiele werden Ihnen helfen zu beurteilen, wie Nah-Tod-Erfahrene im Prozeß des Verstehens ihres Lebens eine *aktive* Rolle einnehmen können. Wie wir noch sehen werden, verbessert dieses interaktive Eingreifen in die Lebensrückschau beträchtlich die Möglichkeiten, aus dieser Erfahrung zu lernen; es ist deshalb für den Nah-Tod-Erfahrenen weitaus lehrreicher als eine lediglich passive Haltung.

Eine Frau, die ihr Leben in einer Anordnung von Blasen gesehen hatte, sagte mir: »Wenn ich wollte, konnte ich bedeutende Ereignisse meines Lebens, die ich für besonders gut oder schlecht hielt, praktisch heranzoomen – nur daß es kein Gut oder Schlecht gab, sondern nur mich, wie ich alles noch einmal erlebte.«

Neev, der, wie Sie sich bestimmt erinnern, ebenfalls davon sprach, daß er sein Leben in der Rückschau »im Schnellvorlauf« sah, sagte zu diesem Punkt etwas ganz Ähnliches:

Wenn ich über bestimmte Szenen oder Dinge, an die ich mich erinnere, nachdenken will, dann kommt es mir vor, als könne ich einfach anhalten und etwas aussuchen; ich denke einfach nur darüber nach, und dann kommt alles zu mir zurück, und ich kann mich an das Ganze erinnern. Was ich sagen will, ist, daß es so durchlief, das ganze Leben ... Und bestimmte Dinge, zu denen ich die meisten Fragen hatte, bei denen ich am meisten zu begreifen hatte, die stachen einfach mehr heraus.

Noch eingehender wird dieser Prozeß der Selektion bestimmter Szenen von dem schwedischen Arzt Göran Grip beschrieben, der mit fünf Jahren eine NTE hatte. Er berichtet, ein Lichtwesen habe ihn durch seine Lebensrückschau geleitet, die viel mit der Beziehung zu seinem jüngeren Bruder zu tun hatte. Gelegentlich habe es in der Abfolge der Bilder eine Pause gegeben, damit das Lichtwesen die Aufmerksamkeit des Jungen auf ein bestimmtes Ereignis konzentrieren konnte.

Eine ganze Episode – mit Beginn, Mittelteil und Ende – stach als eine Einheit hervor, bei der es möglich war, simultan jede kleine Handlung oder jedes gesprochene Wort mit der dazugehörigen Emotion (meines Bruders oder meiner selbst) zu sehen. Um es in den Worten eines Erwachsenen zu beschreiben, es war, als konnten wir in einer statischen Landschaft umherwandern, die aber nicht aus Bäumen und Bergen bestand, sondern aus Taten, Worten und Emotionen. Und zur gleichen »Zeit« waren auch seine Erinnerungen da – als eine alternative Landschaft, die gewissermaßen über die ursprüngliche darübergestülpt war.

Oft ist natürlich das, was man in der Lebensrückschau zu sehen bekommt, schmerzlich. Doch in einigen Fällen scheint es möglich, über solche Bilder im schnellen Vorlauf hinwegzugehen oder sogar einige ihrer schmerzlichen Aspekte danach zu löschen. In solchen Fällen ist es schwierig, den Eindruck zu vermeiden, daß die für das Zustandekommen der Lebensrückschau verantwortliche Ursache Mitgefühl walten läßt – ein Punkt, auf den wir gleich noch zu sprechen kommen werden.

Eine Frau erzählte mir beispielsweise, daß sie emotional in eine Szene geriet, die ihr großen Kummer bereitete. »Ich hielt an und sagte: ›Ich will hier nicht mehr sein; ich mag diese Situation nicht ...‹ Wenn ich diese Erfahrung machte, übersprang ich einige Dinge und machte einfach vom Anfang weiter, bis ich zum Ende kam.« Ich versuchte, diesen Vorgang zu klären, und fragte sie direkt, ob sie das Gefühl hatte, daß sie auch Situationen mit geringer emotionaler Relevanz überspringen konnte. Das bestätigte sie, indem sie geradeheraus sagte: »Richtig, und dann ging ich weiter zu einem anderen Teil.«

Ein Mann, der es als schwere Prüfung empfand, seine Lebensrückschau anzusehen, wurde von einer Gruppe Lichtwesen umgeben. Als ihn seine Gefühle überwältigten, geschah etwas Seltsames, das jedoch sehr schön war: »Jedesmal, wenn ich ein bißchen aus der Fassung geriet, schalteten sie für eine Weile ab, und sie liebten mich einfach.«

Eine andere Frau bemerkte, daß ihre Lichtwesen ihr es *nach* ihrer Lebensrückschau »ersparten, große Schmerzen, die ich während der Lebensrückschau gespürt hatte, zu erleiden, indem sie diese Erfahrung aus meiner Erinnerung entfernten«. Doch sie stellte klar, daß die Schmerzen selbst zwar weggenommen wurden, die spezifische Information, die sie während ihrer Lebensrückschau erhielt, und die Lektionen, die sie daraus lernte, aber erhalten blieben.

Wir sehen also, die Erfahrung der Lebensrückschau ist beileibe kein mechanischer Prozeß, in dem der oder die Betreffende nur als passiver Zuschauer beteiligt ist; vielmehr bietet diese Erfahrung zahlreiche Möglichkeiten, sich mit seinem Leben auseinanderzusetzen, es mit neuen Augen zu sehen, daraus zu lernen und womöglich sogar daraus zu wachsen. In diesem Sinne läßt sich die Lebensrückschau sowohl als Selbstbeobachtung wie auch als ein interaktives Ereignis verstehen.

Die Lebensrückschau aus zweifacher Perspektive

In der Lebensrückschau ist das Individuum alternativ, und manchmal auch gleichzeitig, Mitspieler und Zuschauer – Teilnehmer am eigenen Leben wie auch Beobachter desselben. Manchmal ist man im Film, dann wieder schaut man nur zu, und manchmal scheint es, als würde beides gleichzeitig geschehen.

Auch die bereits zitierte Frau, die manche Szenen ihres Lebens überspringen konnte, sprach von diesem dualen Aspekt der Erfahrung:

Manche [Bilder] sah ich ganz emotionslos. Denn manche Dinge sah ich, wie wenn man eine Tür öffnet und zuschaut, was drinnen vor sich geht, und ich trat zurück und ließ einfach alles geschehen. Aber bei manchen Dingen war ich gefühlsmäßig beteiligt.

Neev drückte sich zu diesem Punkt noch deutlicher aus:

Also, wenn wir eine Lebensrückschau hätten und wir würden sie als Stück spielen, dann wäre ich in dem Stück, und gleichzeitig würde ich es als Zuschauer beobachten. Und ich würde alle Emotionen fühlen, jeden Schmerz und jedes Leid von allen Figuren in dem Stück. Und ich würde das als Schau-

> spieler in dem Stück spüren und genauso als Zuschauer. Ich hätte also beide Perspektiven.

Auch Göran Grip stellt hierzu fest:

> Die Art, wie wir die Episoden durchliefen, war sehr ähnlich der, wie man im Kopf Dinge durchgeht: Ohne Worte durchlebt man etwas, als würde es noch einmal geschehen, und beobachtet es von oben, wobei man sich auch als Schauspieler unter den anderen Schauspielern sieht.

Diese doppelte Perspektive bei der Lebensrückschau läßt offensichtlich sowohl eine distanzierte Beobachtung als auch eine emotionale Beteiligung zu, so daß man auf unterschiedliche, doch sich gegenseitig ergänzende Weise aus ihr lernen kann. Aber nun, da wir wissen, *wie* dieser Prozeß funktioniert, müssen wir unsere Untersuchung im Hinblick auf die wesentlichen Lektionen der Erfahrung weiterführen: Was genau können wir aus dieser Erfahrung lernen, und wie können wir uns diese Einsichten aneignen?

Lektionen der Lebensrückschau

Bei der näheren Betrachtung erzählter Lebensrückschauen erkennt man sehr rasch, daß diese Erfahrung *ihrem Wesen nach* lehrreich ist. Eine Lebensrückschau ist eine Lehre, und trotz der großen Unterschiedlichkeit der in ihr vorkommenden Bilder – jedes bezieht sich in einzigartiger Weise auf das Leben des betreffenden Individuums – ist das, was sie vermittelt, erstaunlich universell. Die Lebensrückschau lehrt uns schlicht und einfach, und meiner Meinung nach auf unmißverständliche Weise, wie wir leben sollen. Es gibt bestimmte universale, allgemeingültige Werte, nach denen wir leben sollen, und an diese erinnern uns die Episoden der Lebensrückschau in lebhafter und unglaublich kraftvoller Weise. Niemand, der eine solche Erfahrung macht, bleibt von diesen Lehren unberührt, denn sie werden so gezeigt, als seien sie selbstverständlich, und wie wir noch sehen werden, ist es unmöglich, von ihnen nicht betroffen zu werden: Man erkennt, man erinnert sich, und man verändert sein Leben in entsprechender Weise. Nichts ist so zwingend wie eine Lebensrückschau, und je mehr wir uns mit ihr befassen, desto besser werden Sie verstehen, weshalb dies so ist.

Hier einige simple Beispiele von Personen, die ich für mein Buch *Den Tod erfahren – das Leben gewinnen* befragte:

Du bekommst dein Leben gezeigt – und du beurteilst es. Hast du getan, was du tun solltest? Du denkst: »Oh, ich habe einem Bedürftigen sechs Dollar geschenkt, das war doch großartig von mir.« Aber das bedeutet gar nichts. Es sind die kleinen Dinge – vielleicht ein verletztes Kind, dem du geholfen hast, oder ein Kranker, bei dem du einfach einmal vorbeigeschaut und hallo gesagt hast. Das sind die wichtigen Dinge.[7]

Augenblicklich wurde mein ganzes Leben bloßgelegt und war offen für diesen wunderbaren unsichtbaren Geist: »Gott«. In meinem Inneren spürte ich seine Vergebung für die Dinge in meinem Leben, für die ich mich schämte, als ob sie nicht von großer Bedeutung gewesen wären. Ich wurde gefragt – aber nicht mit Worten, es war eine rein mentale Kommunikation –, was ich für das Wohl oder den Fortschritt der Menschheit getan hatte. Gleichzeitig war mein ganzes Leben augenblicklich vor mir präsent, und es wurde mir gezeigt oder begreiflich gemacht, was wichtig war. Ich möchte auf diesen Punkt nicht näher eingehen, aber glauben Sie mir, was ich in meinem Leben als unwichtig betrachtet hatte, war meine Rettung, und was ich für wichtig gehalten hatte, war absolut wertlos.[8]

Ich besaß ein totales, klares Wissen über alles, was je in meinem Leben passiert war ... einfach alles, und das ermöglichte es mir, in diesem Augenblick alles besser zu verstehen. Alles war so klar ... Ich erkannte, daß jeder Mensch auf die Erde geschickt wird, um bestimmte Dinge zu erkennen und zu lernen. Zum Beispiel, mehr Liebe zu geben, anderen gegenüber liebevoller zu sein. Zu erkennen, daß das Wichtigste die menschlichen Beziehungen sind und Liebe und nicht materielle Dinge. Und zu erkennen, daß jede Kleinigkeit, die man im Leben tut, festgehalten wird und später einmal wieder zum Vorschein kommt, auch wenn man sie zur Zeit des Geschehens gedankenlos übergeht. Wenn Sie zum Beispiel ... vor einer Ampel stehen und es eilig haben und der Wagen vor Ihnen fährt bei Grün nicht sofort los und Sie hupen und schreien, er soll doch endlich Gas geben. Das sind die kleinen Dinge, die wirklich wichtig sind.[9]

Wie erkennt man derlei Dinge im Zusammenhang mit einer Lebensrückschau? Die Antwort ist offenbar, daß einem geholfen wird, sie zu *sehen* und intuitiv zu begreifen, und zwar von den Wesen, die diesen Prozeß häufig zu lenken scheinen, seien sie nun sichtbar oder auch nicht. Ich will dies anhand einiger Beispiele erläutern.

Ein besonders lehrreiches Exempel für die Art von Anleitung, die in diesem Zustand verfügbar ist, gibt Göran Grip. Er schreibt über das Lichtwesen, dem er im Verlauf seiner NTE begegnete:

Seine Liebe gab mir den Mut, mein Leben bis zu diesem Punkt durchzugehen. Ich sah, erlebte erneut und erinnerte mich an Dinge, die in meinem

Leben geschehen waren; und nicht nur das faktische Geschehen, sondern auch die damit verbundenen Emotionen. Im Alter von fünf Jahren hat man noch keine Gelegenheit gehabt, schlimme Dinge zu tun, aber ich hatte einen zweijährigen Bruder, auf den ich sehr eifersüchtig war, und oft war ich böse mit ihm, wie es zwischen Brüdern eben so ist, und war dafür von meinen Eltern auf die übliche (gewaltlose) Weise bestraft worden.

Bei dem nochmaligen Durchleben dessen, was zwischen uns beiden abgelaufen war, konzentrierte ich mich nicht auf das, was wir uns tatsächlich gegenseitig antaten (oder »wer anfing«). Vielmehr lag die Betonung während der ganzen Zeit auf unseren Emotionen. Und durch die Liebe und das Verständnis des Lichtwesens fand ich den Mut, zu erkennen und mit offenen Augen und ohne Verteidigung zu sehen, was ihm an meinem Verhalten weh getan hatte. Und das Lichtwesen bot mir für die meisten Episoden, die wir durchliefen, eine alternative Handlungsweise an; nicht, was ich hätte tun sollen, denn das wäre ja moralisierend gewesen, sondern was ich hätte tun *können* – eine offene Einladung, die mir vollkommen die Freiheit ließ, seine Vorschläge zu akzeptieren oder abzulehnen.

Allerdings werden die Lektionen der Lebensrückschau nicht immer so feinfühlig und liebevoll angeboten, sondern bisweilen auch ganz anders erteilt – in jedem Fall aber mit unvergeßlicher Wirkung. Keine Geschichte verdeutlicht dies besser als jene, die ich Mitte der achtziger Jahre von einem Freund zu hören bekam.

Ich traf Tom Sawyer – das ist wirklich sein Name – 1980, kurz nach der Veröffentlichung meines ersten Buches zum Thema Nah-Tod-Erfahrungen. In den darauffolgenden Jahren lernte ich ihn und seine Familie gut kennen, und in meinem Buch *Den Tod erfahren – das Leben gewinnen* stellte ich einen Teil seiner Geschichte vor. Von dem folgenden besonderen Vorfall bei seiner NTE hörte ich seltsamerweise aber erst etwa 1985.

Als Jugendlicher war Tom unausgeglichen und launisch gewesen, was ihn eines Tages sehr in Schwierigkeiten brachte. Er fuhr mit seinem aufgemotzten schnellen Wagen durch seine Heimatstadt, als plötzlich ein Fußgänger auf die Straße trat und ihm fast ins Auto gelaufen wäre. Aber anstatt froh zu sein, daß es nicht zu einem Unfall kam, schrie Tom wütend, der Mann habe beinahe seinen wunderschönen Wagen beschädigt, der doch sein ganzer Stolz sei. Es wurden zornige Worte gewechselt, Fausthiebe folgten, und schließlich lag der Mann bewußtlos auf der Straße. Doch kurze Zeit später, als Toms Zorn verflogen war, wurde er von Reue ergriffen und meldete den Vorfall bei der Polizei, die ihn jedoch mit einer Verwarnung gehen ließ.

Jahre später mußte Tom diese Szene im Rahmen seiner NTE noch einmal durchleben, und wie andere, über die wir bereits sprachen, erlebte auch er sie aus der doppelten Perspektive. Ein Teil seines Selbst, so sagte er, schien hoch über der Szene in einem Gebäude zu sein und den Kampf unten auf der Straße zu verfolgen, doch ein anderer war noch einmal direkt an der Rauferei beteiligt. Dieses Mal, in der Lebensrückschau, fand er sich jedoch in der Rolle *der anderen Partei* wieder und erlebte selbst jeden Schlag, den er diesem Mann versetzt hatte – insgesamt 32, wie er sagte –, bis er bewußtlos auf dem Gehsteig zusammenbrach.

Dieser Rollentausch in der Lebensrückschau, bei dem man *direkt* die Wirkung dessen zu spüren bekommt, was man einem anderen zufügt, dürfte kaum einzig und allein für Tom gelten. Wie Sie gleich sehen werden, ist er in einschlägigen Berichten in der Tat häufig, und er scheint jenen, die diese empathische Kehrtwendung erleben, ihre Lektionen für das Leben geradezu einzubleuen.

Damit Sie eine bessere Vorstellung dessen gewinnen, was dieser Prozeß wie auch seine Wirkungen auf die betroffene Person mit sich bringen, möchte ich Sie nun zu einer kleinen Übung einladen – einer Übung in imaginativer Identifikation. Sie wird Ihnen helfen, die Lektionen der Lebensrückschau *sofort* in Ihr Leben zu integrieren und die von anderen gesammelten Einsichten aus dieser Erfahrung zu Ihren eigenen zu machen.

Eine Übung zur Lebensrückschau

Bei der Durchsicht eines Teils der Literatur zur Lebensrückschau konnte ich ohne Mühe mehrere Berichte finden, in denen nicht nur dieser Rollentausch erwähnt wurde, sondern auch davon die Rede war, wie sich die Betroffenen dabei fühlten und was sie daraus lernten. Im folgenden möchte ich Ihnen dieses Material in Auszügen und ohne einen Kommentar meinerseits vorstellen; doch bitte ich Sie, an diese Geschichten auf eine bestimmte Art und Weise und mit einem speziellen Vorsatz heranzugehen: *Lesen Sie jeden Abschnitt langsam durch, und denken Sie dann darüber nach. Versuchen Sie auch hier, das, was diese Menschen erlebten, in sich aufzunehmen und sich in die Betreffenden hineinzuversetzen.*

Den ersten Bericht habe ich einem Mitteilungsblatt der IANDS-Gruppe in Seattle, Washington, entnommen:

Blitz! Leuchtende Farben strahlten aus meinem Inneren und stellten sich vor uns dar [sie war bei einer Gruppe von Personen, deren Gesichter bedingungslose Liebe ausstrahlten], wie ein Theater, das in der Luft schwebt. Es war ein dreidimensionaler panoramischer Blick auf mein Leben, jeden Aspekt meines Lebens. Alles, was ich gesagt, getan, ja sogar gedacht hatte, war da, so daß wir alle alles mitbekamen. Ich dachte jeden Gedanken erneut, ich spürte jedes Gefühl erneut, wie es sich damals ereignete, in einem einzigen Augenblick. Und ich fühlte auch, wie mein Tun, und sogar meine *Gedanken*, auf andere gewirkt hatten. Wenn ich über jemanden etwas gesagt hatte, erlebte ich mich selbst, wie ich es tat. Dann wechselte ich die Rolle und die Perspektive und erlebte, wie mein Urteil bei der betreffenden Person angekommen war. Dann kam ich wieder zu meinen eigenen Gefühlen zurück, um auf das Drama, das ich eben gesehen und miterlebt hatte, reagieren zu können – damit ich beispielsweise Scham oder Reue zeigen konnte.

Ich spürte die Schmerzen der Menschen, die unter meinen vielen aus Gemeinheit, Unfreundlichkeit oder Zorn erwachsenen Handlungen oder Gedanken litten. Ich erlebte das sogar dann, wenn ich mich damals dafür entschieden hatte zu ignorieren, wie es auf die anderen wirken würde. Und ich spürte den Schmerz der anderen die ganze Zeit über, den sie unter meinem Tun gelitten hatten. Denn ich war in einer anderen Dimension, in der man die Zeit, so wie wir sie auf der Erde kennen, nicht messen kann; ich konnte dies alles auf einmal wissen und erleben, in einem einzigen Augenblick, und ich war sogar fähig, es alles zu verstehen!

Aus Raymond Moody, *Leben nach dem Tod*:

Dann schien es wie eine Bühne um mich herum, auf der alles in meinem Leben an mir vorbeizog ... Wenn ich etwas sah ... dann war es, als würde ich es mit Augen sehen, die (so etwas wie) ein allgewaltiges Wissen hatten, die mich leiteten und mir beim Sehen halfen. Das ist das, woran ich mich am besten erinnern kann, weil mir nicht nur gezeigt wurde, was ich getan hatte, sondern auch, *wie es auf die anderen Menschen gewirkt hatte* ... weil ich das fühlen konnte ... Ich erkannte, daß nicht einmal die Gedanken verlorengehen ... Jeder Gedanke war da. (Originalausgabe S. 35)

Aus Kenneth Ring, *Den Tod erfahren – das Leben gewinnen*:

Plötzlich ... spulte sich mein ganzes Leben vor mir ab ... Jedes Gefühl, das ich im Leben gehabt hatte, fühlte ich wieder. Und meine Augen zeigten mir, wie dieses Gefühl sich auf mein Leben ausgewirkt hatte. Wie mein Leben bis dahin auf das Leben anderer Menschen eingewirkt hatte, und dabei umgab mich das Gefühl reiner Liebe als Vergleich. Und ich schnitt dabei maßlos schlecht ab. Gott, ich war schrecklich schlecht gewesen! ... Wenn du siehst, wieviel Liebe du hättest geben können, das ist einfach verheerend. (Originalausgabe S. 71)

Aus Raymond Moody, *The Light Beyond*:

Ich erinnere mich an einen bestimmten Vorfall [während ihrer Lebensrückschau] ... als ich noch klein war und meiner Schwester den Osterkorb aus der Hand riß, weil darin ein Spielzeug war, das ich haben wollte. Aber in der Rückschau spürte ich ihre Enttäuschung, ihr Verlustgefühl und ihr Gefühl der Zurückweisung. Was wir anderen antun, wenn wir uns so lieblos verhalten! ... Alles, was du getan hast, kannst du in der Rückschau sehen und neu beurteilen, und als ich in dieser Rückschau war, gab es nichts, was verborgen geblieben wäre. Ich war die Leute, die ich verletzte, und ich war die Leute, denen ich zu guten Gefühlen verhalf ... Es ist eine echte Herausforderung zu wissen, daß ich, wenn ich sterbe, alles, was ich getan habe, noch einmal ansehen muß, nur daß ich dann die Wirkungen fühle, die ich bei den anderen Menschen hervorgerufen habe. Das läßt mich schon innehalten und nachdenken. (S. 37f.)

Aus einem weiteren Mitteilungsblatt der IANDS-Gruppe in Seattle:

Es zeigte mir in einer Art dreidimensionalem Panoramarückblick jedes Ereignis meines 22jährigen Lebens ... jede Sekunde all dieser Jahre bis ins kleinste Detail, und all das anscheinend innerhalb eines einzigen Augenblicks. All diese Ereignisse meines Lebens zu sehen und noch einmal zu erleben veränderte für mich alles. Es war eine Gelegenheit, all die Liebe, die ich geteilt hatte, zu spüren und, wichtiger noch, auch all die Schmerzen, die ich verursacht hatte. Ich konnte gleichzeitig nicht nur meine eigenen Gefühle und Gedanken noch einmal erleben, sondern auch die aller Menschen, mit denen ich je zu tun gehabt hatte. Mich durch ihre Augen zu sehen war eine demütigende Erfahrung.

Aus P. M. H. Atwater, *Coming Back to Life*:

Ich hatte keine Rückschau, sondern ich erlebte alles noch einmal. Ich dachte jeden Gedanken, den ich je gedacht hatte, noch einmal, ich sprach jedes Wort, das ich je gesprochen hatte, noch einmal *und* tat alles, was ich getan hatte, noch einmal; und ich erlebte die Wirkung jedes Gedankens, jedes Wortes und jeden Tuns auf alles und jeden, mit dem ich je zu tun gehabt hatte, ob ich es wußte oder die Person kannte oder nicht ... Kein Detail war ausgelassen. Kein Versprecher, keine verschluckte Silbe fehlte. Kein Fehler oder Zufall blieb unbemerkt. Wenn es so etwas wie die Hölle gibt, dann war das die Hölle, wenn Sie mich fragen. (S. 36)

Aus David Lorimer, *Whole in One*:

[Ein Gefangener stellte fest, daß sich eine Schriftrolle vor seinen Augen zu entrollen begann, und er bemerkt dazu:] Und die einzigen Bilder darauf waren solche von Leuten, die ich verletzt hatte. Es schien nicht aufhören zu wollen. Sehr viele dieser Leute kannte ich oder hatte sie zumindest schon einmal gesehen. Dann waren da aber auch Hunderte, die ich noch nie gesehen hatte. Das waren Leute, die ich indirekt verletzt hatte. Auf diese Weise durchlebte ich meine lange kriminelle Karriere bis ins kleinste Detail noch einmal, plus all die kleinen Verletzungen, die ich unbewußt durch gedankenlose Reden und Blicke und Versäumnisse verursacht hatte. Es war in diesem Alptraum der Verletzungen offensichtlich nichts weggelassen, aber das Schrecklichste daran war, daß ich jedes Leid, das ich anderen zugefügt hatte, jetzt selbst zu spüren bekam. (S. 23)

Diese Zitate sind nicht sehr leicht zu verkraften, das weiß ich. Wenn ich sie in meinen Kursen verwendete, habe ich oft erlebt, daß viele Teilnehmer ins Grübeln kamen, und so mancher brach sogar in Tränen aus. Falls es Ihnen schon beim bloßen Lesen ebenso gehen sollte, dann stellen Sie sich vor, wie das für den jeweiligen Betroffenen ist!

Aber es genügt nicht, nur festzustellen, daß diese Bemerkungen tiefes Nachdenken und starke Gefühle auslösen können. Um die volle Wirkung dieser Beobachtungen zu erhalten und, was noch wichtiger ist, ihnen Relevanz für Ihr eigenes Leben zu verleihen, müssen wir in dieser Übung noch einen Schritt weitergehen.

Bitte nehmen Sie ein Stück Papier zur Hand, oder holen Sie Ihr Tagebuch, falls Sie eines führen. Natürlich können Sie sich auch an Ihre Schreibmaschine oder Ihren Computer setzen, wenn Sie dies vorziehen. Jedenfalls möchte ich Sie bitten, in den nächsten zehn oder 15 Minuten (wenn Sie wollen, natürlich auch länger) folgendes zu tun: Beginnen Sie mit dem folgenden Satz, und führen Sie ihn fort:

Wenn ich diese Bemerkungen in bezug auf meine eigenes Leben betrachte, dann ...

Wenn Sie mit dem Schreiben zu Ende sind, mögen Sie dieses Kapitel zu Ende lesen oder auch nicht. Wie auch immer – es wird geduldig darauf warten, daß Sie wieder zu ihm zurückkommen.

Eine Bemerkung zur Lebensrückschau

In einem meiner Kurse, in dem ich diese Übung verwende, würde ich Sie nach der obigen Schreibpause bitten, mit vier oder fünf Teilnehmern eine Gruppe zu bilden, um sich über Ihre Bemerkungen zur Lebensrückschau selbst und – wenn Sie wollen – auch über das, was Sie in bezug auf Ihr eigenes Leben dazu notierten, auszutauschen. Daran würde sich eine generelle Diskussion anschließen.

Wie ich bereits andeutete, können die verschiedenen Teile dieser Übung durch den Gruppenkontext große Kraft gewinnen und bei den Teilnehmern zu bedeutenden Einsichten führen. Diese Vorteile können Sie als allein agierender Leser leider nicht genießen, doch es gibt mindestens zwei Dinge, mit deren Hilfe auch Sie die Wirkung dieser Übung noch steigern können.

Erstens weiß ich, daß einige meiner Kursteilnehmer das von mir verteilte Arbeitsblatt mit diesen Exzerpten mit nach Hause nehmen, um sie in kleinen Gruppen, die sie aus Freunden oder Angehörigen selbst zusammenstellen, zu benutzen. Ich empfehle Ihnen, diesem Beispiel zu folgen. Kopieren Sie einfach die entsprechenden Seiten dieses Buches, oder tippen Sie diese Exzerpte ab, damit Sie sie später vervielfältigen können. Machen Sie die Übung dann in eigener Regie, und beenden Sie sie mit einer Diskussion in der ganzen Gruppe.

Zweitens möchte ich nach diesem Abschnitt einige der häufigsten Themen vorstellen, die bei den Diskussionen in meinen Kursen auftauchen. Die vielleicht offensichtlichste und wichtigste Einsicht, die dabei vorgebracht wird, ist, daß diese Übung einen zwingt, auf eine völlig neue Weise über die »goldene Regel« nachzudenken. Die meisten von uns kennen sie hauptsächlich als Richtschnur für moralisches Handeln: »Was du nicht willst, daß man dir tu', das füg' auch keinem andern zu.« Doch im Lichte dieser Ausführungen zur Lebensrückschau ist die goldene Regel wesentlich mehr – *sie ist die Art und Weise, wie es funktioniert*. Kurz gesagt, wenn diese Berichte wirklich offenbaren, was wir an der Schwelle des Todes erleben, dann wird das, was wir anderen angetan haben, *erfahren* als das, was wir uns selbst angetan haben. So betrachtet werden bekannte Ermahnungen wie etwa »Liebe deinen Nächsten wie dich selbst« so verstanden, daß in der Lebensrückschau Sie *selbst* der Bruder sind, den Sie lieben sollen. Und dies ist keine rein intellektuelle Überzeugung oder gar ein religiöses Credo – es ist *ein unleugbarer Fakt Ihrer gelebten Erfahrung*.

Für einen Nah-Tod-Erfahrenen, der eine Lebensrückschau hatte, wird diese Einsicht zur Selbstverständlichkeit, und manchmal veranlaßt sie ihn sogar dazu, dieses universelle religiöse Gebot mit weitaus größerer Wertschätzung dafür zu betrachten, weshalb es wahr sein muß. Dies belegt die folgende, dem entsprechende Aussage von Minette Crow, die ihre NTE 1954 hatte und erst kürzlich verstarb. Sie erkannte, daß

> ganz egal, was ich einer Person antat – ganz egal, welche Art von Handlung das sein mochte, ob gut oder schlecht –, diese Handlung nicht nur auf mich zurückwirkte, sondern auch auf andere in meinem Umfeld. Ich wußte, daß jede Handlung, jede Aktion ihre eigene Reaktion war. Was wir für oder gegen einen anderen tun, wir tun es immer uns selbst. Ich verstand voll und ganz, was Jesus meinte, als er sagte: »Was ihr dem Geringsten meiner Brüder getan habt, das habt ihr mir getan.«[10]

Eine andere Art und Weise, dies auszudrücken, wäre zu sagen, die Lebensrückschau zeige, daß es psychologisch und spirituell gesehen nur eine Person im Universum gibt – und das sind natürlich Sie selbst. Jede Tat, jeder Gedanke, jedes Gefühl, jede Emotion, die Sie an einen anderen richten – ob Sie die betreffende Person kennen oder nicht –, wird später von Ihnen selbst *erlebt* werden. Alles, was Sie aussenden, wird zu Ihnen zurückkommen – so wie Tom Sawyer jeden der 32 Schläge spürte, die er auf sein Opfer niedergehen ließ. Denken Sie daran, wie einer der zuvor zitierten Nah-Tod-Erfahrenen diese Lektion der Lebensrückschau kurz und prägnant zusammenfaßte: »Ich war die Leute, die ich verletzte, und ich war die Leute, denen ich zu guten Gefühlen verhalf.« Vielleicht werden Sie dann das nächste Mal, wenn Sie sich mitten in einer hitzigen Auseinandersetzung befinden, plötzlich innehalten und daran denken, daß Ihre verbalen Attacken unweigerlich auf Sie zurückfallen werden.

Ich weiß nicht, wie es Ihnen geht, aber wenn ich über diese Folgen der Lebensrückschau nachdenke, beginne ich auch das Thema Gerechtigkeit neu zu sehen. So kommt mir etwa der Gedanke, was könnte eine *vollkommenere* Form von Gerechtigkeit sein als dies: Alles, was du tust, wird dein. Es ist nicht so, daß wir für unsere guten Taten belohnt und für die schlechten bestraft werden, sondern was wir gegeben haben, werden wir schlicht und einfach auf genau dieselbe Weise wieder zurückerhalten. Selbstlose Liebe, die Sie Ihrem Kind schenken, ist Liebe, die Sie als Ihnen geschenkt erfahren. Und ein unbedachtes verletzendes Wort wird auch Ihnen weh tun – Maß für Maß, perfekt, ohne die Möglichkeit eines Irrtums. Welcher Weise könnte ein gerechteres System erdenken?

Diese Überlegungen wiederum legen die Revision eines Aspekts der NTE nahe, der für viele schwierig zu sein scheint. Nach einem Vortrag über NTEs bekomme ich sehr oft die Frage zu hören, ob *jeder Mensch* schließlich zum Licht kommt und ob jedem, der das Licht erreicht, dessen einzigartige Segnungen zuteil werden. Gewöhnlich steht hinter dieser Frage die Andeutung, daß gewissen Personen diese Erfahrung vorenthalten sein sollte – Vergewaltigern zum Beispiel oder anderen, die ein moralisch verwerfliches Leben führten.

Die Antwort, die ich mehrere Nah-Tod-Erfahrene darauf habe geben hören, war einstimmig: Jeder, so sagen sie, wird ins Licht kommen. Das Licht ist bedingungslos und bevorzugt oder benachteiligt niemanden. Diese Erwiderung führt immer wieder zu aufgebrachten Reaktionen einiger Zuhörer, oft bis hin zu der ungläubigen Frage: »Selbst Hitler?«

Ich erinnere mich an die Antwort einer Nah-Tod-erfahrenen Bekannten, die als Kind schwere sexuelle und anderweitige Mißhandlungen von seiten ihres eigenen Vaters erdulden mußte. Als sie im Licht war, fragte sie es telepathisch: »Kommt jeder hierher?« Die Antwort, die sie erhielt, war Ja. Dann stellte auch sie die Frage, die für die meisten Menschen die äußerste Grenze darstellt: »Auch Hitler?« – »Ja.« Und schließlich fragte sie auch noch: »Auch mein Vater?« Und wieder war die Antwort ein klares Ja.

Aber als sie von ihrer Begegnung mit dem Licht berichtete, erwähnte sie zufällig auch die Kehrseite der Medaille – die Lebensrückschau. Erinnern Sie sich, was uns andere in diesem Buch zitierte Nah-Tod-Erfahrene bereits sagten:

Ich spürte die Schmerzen der Menschen, die unter meinen vielen aus Gemeinheit, Unfreundlichkeit oder Zorn erwachsenen Handlungen oder Gedanken litten. Ich erlebte das sogar dann, wenn ich mich damals dafür entschieden hatte zu ignorieren, wie es auf die anderen wirken würde. Und ich spürte den Schmerz der anderen die ganze Zeit über, den sie unter meinem Tun gelitten hatten.

Auch P.M.H. Atwater bestätigte Bemerkungen zu diesem Thema, die ich bereits von anderen Nah-Tod-Erfahrenen gehört hatte. Sie erklärte, das, was sie anderen angetan oder über sie gedacht oder gefühlt hatte, noch einmal durchleben zu müssen sei die Hölle für sie gewesen. Und der Gefangene, dessen kriminelle »Karriere« sich über viele Jahre erstreckte, sagte in einer Passage, deren Relevanz für Hitlers Greueltaten unüberhörbar ist: »Es war in diesem Alptraum der Verletzungen offensichtlich nichts weggelassen, aber das Schrecklichste daran war, daß ich jedes Leid, das ich anderen zugefügt hatte, jetzt selbst zu spüren bekam.«

Auch hier also wieder offenbar vollkommene Gerechtigkeit. Können

Sie sich, so gesehen, vorstellen, wie Hitlers Lebensrückschau gewesen sein muß? Man möchte sich fast fragen, ob sie schon zu Ende ist!

Aber für die meisten von uns sind derlei Überlegungen doch beunruhigend, auch wenn sie unserem Bedürfnis nach Gerechtigkeit – vor allem bei historischen Persönlichkeiten, die für ihre moralische Verderbtheit berüchtigt sind – entgegenkommen. Denn wer kann schon von sich behaupten, ohne verdienten Tadel gelebt zu haben; wir alle haben Dinge getan, für die wir uns zutiefst schämen, und müssen nun mit dem Wissen leben, daß die Schatten dieser Taten uns verfolgen wie nicht gebannte Geister. Ferner gibt es auch Taten, deren Konsequenzen uns nicht bewußt werden, deren – sicher nicht immer angenehme – Wirkungen wir jedoch bei unserer Lebensrückschau zu spüren bekommen werden. Solche Gedanken – die Ihnen womöglich während der Schreibübung in den Sinn kamen – können sehr beunruhigend sein.

Aber es gibt eine Möglichkeit, dieses erdrückende Problem zu meistern, und sie ist fast zu überraschend schön, als daß man sie glauben könnte. Denn es ist eine unbestreitbare Tatsache, daß in der Lebensrückschau die harte Gerechtigkeit anscheinend immer durch eine Gnade gemildert wird, die es den meisten von uns ermöglicht, unser Leben ohne zähneknirschende Qualen und Reue noch einmal zu durchleben.

Es gibt keine Verdammnis – du wirst nicht verurteilt.
Du bist bei einem Wesen, das dich bedingungslos liebt.
Du erfährst vollkommenes Mitgefühl.
Dir ist bereits vergeben.
Du sollst nur dein Leben betrachten und verstehen.

Die Lebensrückschau mag zwar der Preis für den Eingang ins Licht sein, doch die Präsenz im Licht hilft Ihnen mit der größten Liebe, dem zärtlichsten Mitgefühl und manchmal sogar mit Humor, sie zu überstehen. Sie werden nicht bestraft; *Ihr Leben wird Ihnen gezeigt*, damit Sie wachsen und lernen können.

Nun werden Sie auch verstehen, daß ich aus pädagogischen Gründen ein wichtiges Merkmal des Prozesses der Lebensrückschau bis jetzt bewußt ausgelassen habe; ein Merkmal, das die Lebensrückschau vervollständigt und es ermöglicht, ihre Lektionen ohne Selbstverurteilung oder Schuldgefühle aufzunehmen. Damit wir das volle Bild der Lebensrückschau nun präsentieren können, greifen wir noch einmal auf einige der obigen Zitate zurück; doch dieses Mal lassen wir ihre Urheber auch von der Hilfe berichten, die sie erfuhren, damit sie das ihnen Gezeigte in ihr Leben integrieren konnten. Und wieder – was für den Nah-Tod-Erfahrenen gilt, das gilt auch für Sie: In der Lebensrückschau brauchen Sie nie Angst davor zu haben, von etwas oder jemandem außerhalb Ihrer selbst abgeurteilt zu werden.

Die Lebensrückschau – ein Prozeß ohne Verurteilung

Eines der Zitate für die Übung zur Lebensrückschau stammte von einer Frau, die bemerkte, es sei eine demütigende Erfahrung für sie gewesen, sich durch die Augen anderer zu sehen. Äußerst lehrreich ist jedoch auch, was sie unmittelbar danach hinzufügte:

Und trotzdem, als ich mein Leben erneut durchlebte, wurde es von niemandem verurteilt. Niemand zeigte mit dem Finger auf all die schrecklichen Dinge oder tadelte mich für meine Fehler. Es waren einzig und allein vollkommenes Angenommensein, totale Offenheit und tiefste Liebe gegenwärtig.

Solche Aussagen sind in der Tat sehr typisch für Menschen, die von ihrer Lebensrückschau berichten. Etwas ganz Ähnliches schrieb mir eine meiner australischen Bekannten, doch betonte sie zusätzlich auch noch den lehrreichen Aspekt ihrer Rückschau: »Ich fühlte den Schmerz, die Freude, die Scham, die damit verbunden war, einschließlich dessen, wie andere, deren Leben ich berührt hatte, sich gefühlt hatten. Aber das Wesen verurteilte mich nicht ein einziges Mal. Es sagte einfach nur: ›Du warst dabei zu lernen.‹«

Ein Mann aus Kalifornien drückte dasselbe in einem Brief aus, den er mir schrieb:

Die Rückschau meines Lebens begann, und ich wußte, daß Christus und ich selbst bereits alles wußten, was sich je in meinem Leben ereignet hatte. Die Rückschau war nicht als Strafe gedacht, sondern dafür, daß ich die Lektionen, die ich im Leben nicht gelernt hatte, nachholen konnte. Während ihres Ablaufs bemerkte ich, daß sie keine Verurteilung war, sondern eine wunderbare Lebenserfahrung.

Ähnlich äußerte sich auch ein Mann, den ich für *Life at Death* interviewt hatte:

Es war so, daß mir einige gute Dinge, die ich getan hatte, gezeigt wurden und einige Fehler, die ich gemacht hatte, damit ich sie verstehen konnte. Als wolle das heißen: »Also, siehst du, deshalb hast du den Unfall gehabt. Deshalb ist dies und jenes passiert ...« Aber ich hatte keine Schuldgefühle. Es war *alles* in Ordnung, so wie es war.[11]

Ich erwähnte bereits den schwedischen Arzt Göran Grip, der beschrieb, wie ihn das Lichtwesen geduldig und ohne zu moralisieren durch seine Lebensrückschau geleitete. Eine weitere Bemerkung von ihm zeigt, wie diese Art der nicht verurteilenden Instruktionen von einem fünfjährigen Kind aufgenommen wird:

Ich wußte ganz sicher, daß es nicht triumphierend »Guter Junge!« sagen würde, wenn ich seine Vorschläge annahm, und auch nicht böse sein oder versuchen würde, mich umzustimmen, wenn ich sie ablehnte. Ich fühlte mich vollkommen frei und anerkannt. Daß seine Vorschläge alle auf eine liebe- und verständnisvollere Haltung abzielten, versteht sich eigentlich von selbst ... Ich mußte zwar Neid, Haß, Demütigung und Einsamkeit noch einmal durchleben, doch dieses Mal war alles durchtränkt von seiner Liebe und der Kraft, die sie mir gab.

Mit Hilfe dieser Ausführungen zum nicht verurteilenden Kontext der Lebensrückschau können wir uns ein exakteres geistiges Modell bilden, das es uns ermöglicht, ihren manchmal schmerzvollen Inhalt ohne zuviel Streß oder Schuldgefühle zu bewältigen. Das oder die Wesen, die diesen Prozeß zu steuern scheinen, tun dies mit so viel Mitgefühl, Liebe und Verständnis, daß wir selbst schwierigste Phasen oder Ereignisse des Lebens mit relativem Gleichmut durchstehen. Und selbst wenn jemand zeitweilig seine Grenze überschreitet, finden diese wunderbar fürsorglichen Wesen noch Mittel und Wege, damit die Seele nicht vom Feuer der Selbstprüfung versengt wird. Hierzu ein einschlägiges Beispiel von einem Mann, dessen Geschichte ich auszugsweise bereits an früherer Stelle zitiert habe:

Ich bin überzeugt, daß die ganze Lebensrückschau destruktiv gewesen wäre ..., wenn mir mein Freund [das Lichtwesen] und dessen Freunde nicht soviel Liebe entgegengebracht hätten, während wir das Ganze beobachteten. Ich spürte diese Liebe. Jedesmal, wenn ich ein bißchen aus der Fassung geriet, schalteten sie für eine Weile ab, und sie liebten mich einfach. Ihre Liebe war spürbar. Ich konnte sie an meinem Körper fühlen, ich konnte sie in mir spüren; ihre Liebe ging einfach durch und durch.

Die Therapie war ihre Liebe, denn die Lebensrückschau selbst riß mich permanent herunter. Es war ein Jammer, sie anzusehen, einfach ein Jammer ... Es war widerlich. Aber ihre Liebe war immer spürbar.[12]

Die in diesem Abschnitt präsentierten Berichte legen nahe, daß in der offenbar allwissenden Perspektive der Lichtwesen Vergebung bereits immanent enthalten ist, wie schlimm die Vergehen des einzelnen auch immer sein mögen. In manchen Fällen wird diese Vergebung direkt wahrgenommen; so etwa bei dem Mann, der berichtete: »In meinem Inneren spürte ich seine Vergebung für die Dinge in meinem Leben, für die ich mich schämte, als ob sie nicht von großer Bedeutung gewesen wären.«

Wie bereits angedeutet, lassen sich ähnliche Aussagen auch von anderen Personen finden. Eine mir bekannte Nah-Tod-Erfahrene schrieb mir, sie habe während ihrer Begegnung mit dem Licht festgestellt, daß ihr Wesen verwandelt worden sei und daß »meine Irrtümer, meine Sünden und meine Schuld vergeben und gesühnt waren, ohne daß ich darum gebeten hatte«. Eine andere Frau erzählte mir, auch sie sei sich bei ihrer Lebensrückschau plötzlich bewußt geworden, daß »dir deine Sünden alle vergeben sind«.

Aber auch hier müssen wir wieder an eines denken: Die Lebensrückschau mag zwar keinen Tadel beinhalten, sicherlich aber eine Selbstprüfung. Das Lichtwesen hält Sie mit bedingungsloser Liebe in den Armen, damit Sie sich selbst wahr und unverstellt sehen können – ohne Schuld und objektiv –, so daß Sie sich ein *klares Urteil über sich selbst* bilden können. Dennoch aber müssen Sie sich mit sich selbst konfrontieren und aus Ihren Taten lernen. Die Lebensrückschau entläßt Sie nicht aus Ihrer Verantwortung, sie hilft Ihnen lediglich bei der Auseinandersetzung mit Ihrem Leben in seiner ganzen Totalität.

Nah-Tod-Erfahrene wissen das natürlich – und sie sagen auch frei heraus, daß das Lichtwesen sie zwar nie verurteilt, *wohl aber sie sich selbst*.

So bemerkte etwa die eben zum Thema Vergebung der Sünden zitierte Frau auch folgendes:

> Du verurteilst dich selbst. All deine Sünden sind dir vergeben, aber kannst du selbst dir die Dinge vergeben, die du hättest tun sollen und nicht getan hast, oder daß du in deinem Leben vielleicht ein paar kleine Gaunereien begangen hast? Das eben ist die Verurteilung.[13]

Als ich Neev fragte, ob er sich im Verlauf seiner NTE verurteilt fühlte, erwiderte er:

> Ich habe nicht bemerkt, daß mich jemand verurteilt hätte. Es war eher so, daß ich mich selbst für mein Tun verurteilte und dafür, welche Folgen es für die anderen hatte. Ich denke, ich habe etwas über mich selbst gelernt und darüber, wie ich in das Lebenspuzzle all dieser Menschen hineinpaßte.

Zum Schluß noch eine ähnliche Bemerkung von einem Mann aus Australien, der mit 14 Jahren eine NTE hatte:

Ich sagte dem Licht, ich dachte, daß über viele Menschen ein Urteil gesprochen würde und daß ich von ihm erwartete, eher streng über mich zu urteilen. Es erwiderte: »O nein, das wird keinesfalls geschehen.« Aber auf meine Bitte hin spulten sie die Dinge, die sich in meinem Leben ereignet hatten, zurück ... und ich war derjenige, der verurteilte.[14]

Wir finden in der Lebensrückschau also durchaus eine Art von Verurteilung, doch kommt sie einzig und allein von uns selbst. Sie ist ein weiteres Beispiel für die vollkommene Gerechtigkeit dieses Prozesses, welcher jedoch immer unter der liebevollen und weisen Führung von Wesen geschieht, deren einziges Ziel zu sein scheint, daß wir uns selbst verstehen und akzeptieren lernen.

Schlußbemerkung

Wir haben in diesem Kapitel den allgemeinen Aufbau der Lebensrückschau untersucht, ihre wesentlichen Eigenschaften betrachtet und uns in ersten Ansätzen mit der Aufgabe befaßt, zu verstehen, was und wie die Lebensrückschau den einzelnen über sein Leben belehrt und wie man ganz allgemein in dieser Welt leben soll. Ich sage ganz bewußt »in ersten Ansätzen«, weil ich Ihnen versichern kann, daß wir noch wesentlich tiefer in das Wesen der Lebensrückschau eindringen müssen, wenn wir alle Lektionen für *unser* Leben aus ihr herausziehen wollen – das heißt für jene von uns, die keine eigene NTE gehabt haben. Natürlich haben wir den Anfang dazu bereits in diesem Kapitel gemacht, doch mit einer tiefer schürfenden Erforschung lassen sich aus der Lebensrückschau durchaus noch weitere praktische Einsichten gewinnen.

Eine gewisse Einschränkung dieses Kapitels, die Ihnen vielleicht auffiel, besteht darin, daß ich mich bei der Darstellung verschiedener Facetten der Lebensrückschau dafür entschieden habe, Bruchstücke aus mehreren Berichten zu präsentieren, damit Sie sich in Gedanken ein erstes Gesamtbild dieses komplexen Phänomens machen konnten. Aber keine Darstellung der Lebensrückschau wäre vollständig, ohne auch vollständige Episoden als Beispiele anzuführen und auf diese Weise den gesamten Umfang und die Art und Weise ihrer außergewöhnlichen Lektionen zu offenbaren. Deshalb werden wir die Lebensrückschau im nächsten Kapitel nicht mehr in ihrer Gesamtheit aus der Ferne, sondern in ihren Einzelheiten und ganz aus der Nähe betrachten. Viele ihrer bislang für uns allgemeinen Charakteristika werden uns dadurch bis in ihre kleinsten Details visuell zugänglich, und Sie werden sehen, daß in diesen Sandkörnern der Himmel sichtbar wird.

6

Die Lebensrückschau als ultimatives Lehrinstrument

Sie sind ein achtjähriger Junge. Es ist Sommer, und Sie genießen die Freiheit zu spielen und dumme Streiche auszuhecken. Aber eines Tages stellt Vater Ihnen eine Aufgabe: Du sollst Tante Gays Rasen mähen und das Unkraut in ihrem Hof ausrupfen. Du liebst deine Tante, und auch sie hat dich sehr, sehr gern. Vor ein paar Tagen erst hat sie dich in ihren Hof mitgenommen und dir erzählt, was sie mit den dort wild wachsenden Blumen zu tun gedenkt – genau jenen, die du dem Auftrag deines Vaters gemäß nun ausreißen sollst.

»Laß sie stehen«, hatte sie gesagt, »und wenn sie blühen, machen wir daraus Kränze für die Mädchen und für einige der Buben Halsketten.«

Aber jetzt hat Ihr Vater Ihnen aufgetragen, genau dieses »Unkraut« zu jäten. Sie werden nachdenklich und überlegen, welche Alternativen Sie haben. Sie könnten Ihrem Vater sagen, Tante Gay möchte diese Blumen wachsen lassen. Wenn er dann immer noch darauf bestünde, sie auszureißen, könnten Sie der Tante später erklären, daß Sie es tun mußten. Oder Sie könnten die Tante bitten, mit Ihrem Vater zu reden. Natürlich könnten Sie die Blumen auch einfach ausreißen. Und nun lassen Sie uns in Ihren Kopf hineinschauen und sehen, was Ihr achtjähriges Gehirn denkt.

»Ich habe beschlossen, das Unkraut zu jäten. Ja, und ich habe mir sogar einen Namen dafür ausgedacht: ›Operation Ritsch-ratsch‹! Ich habe mich absichtlich dafür entschieden, böse zu sein. Und dann habe ich angefangen, und ich spürte dabei die Autorität, die mir mein Vater verlieh, als er sagte, ich solle den Rasen mähen und das Unkraut jäten. Ich dachte: ›Pah, ich kann es mir leisten, das zu tun! Und so habe ich es gemacht. Und wenn Tante Gay etwas sagt, dann sage ich einfach, daß Vater es mir aufgetragen hat. Oder wenn Vater mich fragt, sage ich, du hast doch selbst gesagt, ich soll es tun.‹ Damit bin ich aus dem Schneider. Niemand kann mir etwas anhaben.«

Sie tun die Arbeit, und Tante Gay sagt kein Wort dazu. Sie sind erleichtert – völlig ungestraft davongekommen. Und nach einiger Zeit haben Sie die ganze Sache vergessen.

Und jetzt ist es ein Vierteljahrhundert später: Sie sind nun Anfang 30, und eines Tages im Mai, als Sie unter Ihrem Wagen eine Reparatur ausführen, versagt der Wagenheber, und Sie werden unter dem Auto eingeklemmt. Bevor Sie gerettet werden, haben Sie eine NTE mit einer Lebensrückschau. Danach haben Sie folgendes zu berichten:

»Stell dir vor! In meiner Lebensrückschau habe ich [diesen Vorfall] nicht nur noch einmal erlebt, sondern dazu auch ganz genau jeden Gedanken und alles – sogar die Lufttemperatur und Dinge, die ich als Achtjähriger unmöglich hätte beurteilen können. Ich habe damals zum Beispiel nicht bemerkt, wie viele Mücken es dort gab. Aber in der Lebensrückschau hätte ich die Mücken zählen können! Alles war viel exakter als in der Realität des tatsächlichen Ereignisses.

Ich erlebte diese Geschichte nicht nur als Achtjähriger mit der Aufregung und der Freude darüber, ungestraft davongekommen zu sein, sondern ich beobachtete sie auch als 33jähriger Erwachsener. Aber es kam sogar noch besser.

Ich erlebte es auch genauso, als wäre ich meine Tante Gay, als sie ein paar Tage, nachdem das Unkraut gejätet war, in ihren Hof hinausging. Ich kannte all die unterschiedlichen Gedanken, die ihr im Kopf schwirrten: ›Du lieber Gott, was ist denn passiert? Na ja, er hat es wohl vergessen. Aber er kann es doch gar nicht vergessen haben, es haben sich doch alle darauf gefreut – ach was, hör auf damit. So etwas hat er noch nie getan. Ich habe ihn doch so gern. Ach was, vergiß es einfach.‹

Hin und her, immer hin und her zwischen dem Gedanken: ›Na ja, möglich wäre es schon‹, und: ›Nein, so ist er einfach nicht. Aber es macht sowieso nichts. Ich liebe ihn. Ich sage einfach nichts. Du liebe Güte, wenn er es wirklich vergessen hätte, und ich würde ihn wieder daran erinnern, das würde ihn nur verletzen. Aber trotzdem, ich glaube, er hat es vergessen. Sollte ich ihn zur Rede stellen und ihn fragen?‹ Ein Gedanke nach dem anderen. Ich will damit sagen, ich war im Körper meiner Tante, ich war in ihren Augen, in ihren Gefühlen, in ihren unbeantworteten Fragen. Ich erlebte ihre Enttäuschung, ihre Demütigung. Es war sehr schlimm für mich. Und es hat meine Einstellung ganz schön verändert.

Ich erlebte Dinge, die man nicht wahrnehmen kann. Ich beobachtete mich von weit oben aus verschiedenen Entfernungen, als sei ich eine Kamera, wie ich den Rasen mähte. Ich habe alles beobachtet. Ich konnte alles, was meine Tante Gay und unsere Beziehung und unsere Einstellung zur ›Operation Ritsch-ratsch‹ betraf, wahrnehmen und fühlen und wissen.

Außerdem konnte ich die ganze Szene absolut und ohne Einschränkung beobachten. Allerdings nicht mit den schrecklichen Gefühlen von

Ungewißheit, Konflikt, Verletzung und Enttäuschung, die meine Tante Gay durchmachen mußte. Und trotzdem fühlte sie sich verletzt, als sie merkte, daß die blühenden Blumen weg waren und sie für die anderen Kinder nicht mehr das tun konnte, was sie ihnen versprochen hatte, und nicht wußte, ob ich es mit Absicht getan hatte oder nicht. Aber dies alles erfuhr ich durch die bedingungslose Liebe der Augen Gottes.

Da war nie so etwas wie ein ›Na, fühlst du dich jetzt schlecht genug?‹ oder ein ›Du warst wirklich sehr böse‹. Nichts dergleichen. In den Augen Gottes nur simple, reine, vollständige Unschuld. Keine Verurteilung auf irgendeine Art. Und das gleichzeitig mit den schlimmen Gefühlen, die ich meiner Tante zugefügt hatte. Und mit der Arroganz, den abfälligen kleinen Gedanken, den schlechten Gefühlen und der Aufregung darüber, was ich in meinem eigenen Leben in diesem frühen Alter geschaffen hatte.«[1]

Jetzt sind Sie ein anderer kleiner Junge etwa im selben Alter. Dieses Mal sind Sie Jude, und es ist der Tag Jom Kippur, der heiligste Tag des Jahres – der Versöhnungstag. Ihre Eltern sind mit Ihnen und Ihrem jüngeren Bruder in die Synagoge gegangen, und sie haben Sie beide kurz allein gelassen, um sich zu setzen und im Gebet in sich zu gehen. Zuerst sitzen Sie gehorsam neben Ihrem Bruder, aber dann überfällt Sie die Langeweile, und Sie schauen zu ihm hinüber. Er ist erst vier Jahre alt und ebenso gelangweilt und ruhelos wie Sie. Ohne daß Ihre Eltern es bemerken, schleichen Sie beide sich jetzt aus der Synagoge. Draußen auf dem Parkplatz finden Sie einen Einkaufswagen. Sie setzen Ihren Bruder hinein und schieben ihn herum, einfach zum Spaß.

Dann schieben Sie ihn eine Anhöhe hinauf, und plötzlich, unwillkürlich, geben Sie dem Wagen einen Schubs, und er beginnt zu rollen. Entsetzt bemerken Sie, daß Ihr Bruder auf eine Mauer zurollt und gleich mit vollem Tempo dagegenfahren wird. Aber Sie stehen da wie angewurzelt, bis es passiert ist; erst dann rennen Sie hinterher und stellen fest, daß Ihr Brüderlein stark am Kopf blutet. Und Sie sind schuld, Sie ganz allein!

Zehn Jahre später, während Ihrer NTE, haben Sie eine Lebensrückschau und durchleben die ganze Szene noch einmal. Und jetzt erleben Sie sie so:

»Am Anfang der Lebensrückschau empfand ich Freude und Vergnügen und Glück. Es war ein wirklich schönes Gefühl. Ich spürte meinen Bruder und mich und die Verbindung, die zwischen uns bestand. Aber dann veränderte sich plötzlich etwas in mir, und ich wurde irgendwie anders, verdorbener – einfach böse. Aus einer Laune heraus beschloß ich, ihn den Hügel hinunterzuschubsen.

Und ich spürte die Gefühle meines Bruders, zuerst war es Aufregung. Wissen Sie, ›Ich fahre so schnell, ich habe einen unheimlichen Zahn drauf‹, so in der Art, es war total aufregend für ihn. Aber dann, als er sah, wie die Wand auf ihn zukam, wurde daraus Panik und Angst und Schmerz. Und es war nicht so, daß ich beobachtete, wie er panisch wurde. Ich *fühlte* seine Panik. Und ich fühlte auch mich selbst, oben auf der Anhöhe, und erkannte, was ich getan hatte. Und erst, als er wirklich gegen die Mauer gefahren war, reagierte ich und rannte los, um zu sehen, wie es ihm ging.

Aber in der Rückschau sah ich, wie ich mich verhielt, und ich fühlte alles, was ich tat. Und es war schockierend für mich zu sehen, daß ich es zunächst verheimlichen wollte. ›Dir geht es doch gut, nichts ist passiert, mach dir keine Sorgen.‹ Und dann merkte ich, daß ich das nicht konnte. Es war wie ein innerer Konflikt, den ich wieder total spürte. Ich hatte ihn zur Zeit des Unfalls, als ich sieben oder acht war, und dann noch einmal während der Lebensrückschau. Und während der Lebensrückschau kam er mir dumm vor. Ich meine, weshalb es verheimlichen, das hilft doch sowieso nichts. Irgend jemand kommt darauf, das tut ihm nur weh.

Mit Entsetzen reagierte mein Bruder erst, als er merkte, daß er am Kopf blutete. Und ich spürte seine starke Angst und seinen Schmerz. Ich brachte ihn in die Synagoge zurück. Ich wußte nichts Besseres zu tun, und ich war in Panik. Und es war der höchste Feiertag, alle beteten – gerade an diesem Tag sollte man so etwas schon gar nicht tun!

Ich rannte hinein, und da war rechts von uns diese ältere Dame, als wir durch die Glastür gingen. Und als sie uns sah, spürte ich von ihr etwas wie ›O mein Gott, was ist denn da passiert‹, und auch ihre Furcht. Das heißt, in der *Lebensrückschau* spürte ich das. Als es passierte, habe ich sie kaum beachtet.

Ich lief also mit ihm hinein und begann zu schreien ›Ist hier ein Arzt, ist hier ein Arzt?‹ Natürlich haben die Leute alle entsetzt auf uns geschaut, weil wir ja in der Synagoge waren. Und deshalb war es auch so ein Chaos.

Und in der Lebensrückschau fühlte ich all dieses Chaos. Ich spürte jeden einzelnen. Es war wie ein Bombardement von Gefühlen, Sorgen, Emotionen, Zorn – und alle liefen durcheinander. Wie wenn man in einer Menge ist, und alle rennen auf einen zu, und man kommt sich vor wie in der Falle. Na, und in der Rückschau, da rannten sie nicht nur alle auf mich zu, sie schmissen mir auch noch all diese Emotionen entgegen, all diese Gefühle. Und sie trafen mich alle, ich spürte sie.

Als es passierte, wußte ich lediglich, daß ich Unruhe verursachte, aber für die Gefühle war ich blind. Damals dachte ich mehr oder weniger:

›Kümmert euch um ihn, ich bereue, daß ich es getan habe.‹ Aber das war alles. Ich konnte nicht wirklich sehen, was vor sich ging.

Ich spürte die ersten paar Leute, die zu uns kamen – sie untersuchten ihn, und mein Bruder war in Panik, weil sie alle sagten, es sei ihm etwas Schlimmes zugestoßen. Er wußte nicht, was los war. Die Ärzte machten sich Sorgen wegen seiner Kopfverletzung. Sie waren nicht in Panik, aber sie arbeiteten ziemlich hektisch. Und die Leute drängten sich alle um uns. Manche waren sehr verärgert, weil ihr Gebet unterbrochen worden war, von einem Kind, das bei seinen Eltern hätte sein sollen.

Dann kam meine Mutter, und zunächst war sie auch verärgert, weil es ihre Kinder waren, die diese Störung verursachten – sie war richtig sauer. Sie war wütend, weil sie religiös war und dieser Tag ihr sehr viel bedeutete. Aber als sie sah, daß mein Bruder verletzt war, bekam sie Angst, weil sie nicht wußte, was passiert war, und sie wollte meinem Bruder helfen.

In der Lebensrückschau spürte ich an diesem Punkt etwas wie einen Stich, der von dem ausging, was meine Mutter fühlte. Es fühlte sich an, als seien alle ihre Emotionen völlig durcheinander, weil sie nicht wußte, was los war. Sie war vollkommen verwirrt. Und sie mußte es einfach wissen, und sie mußte ihn in die Arme nehmen, aber meinetwegen ging es ihr auch schlecht. Und sie war auch sehr zornig auf mich.

In der Lebensrückschau nahm ich wahr und spürte, was die Menschen um mich herum fühlten, alles zur selben Zeit. Ich beobachtete es, und ich tat es. Ich erlebte beide Aspekte gleichzeitig. Aber ich sah niemanden, der mich verurteilt hätte. Es war eher so, daß ich mich selbst verurteilte für das, was ich getan hatte, und dafür, wie es auf die anderen wirkte.«[2]

Sie wissen, daß diese Geschichten nicht erfunden sind, wenngleich ich sie hier auf eine Art und Weise schildere, die Sie einladen soll, sie sich so vorzustellen, als seien sie *Ihnen* zugestoßen. Tatsächlich stammen sie aus Berichten von Nah-Tod-Erfahrenen, die ich kenne: die erste von Tom Sawyer – seine Kampfszene mit dem Rollentausch aus dem vorhergehenden Kapitel haben Sie sicher noch im Gedächtnis –, die zweite habe ich meinem Interview mit Neevon Spring entnommen. Beide Erzählungen ähneln sich insofern, als sie von etwa gleichaltrigen Jungen handeln, die dumme Dinge taten, wie Jungen sie eben zu tun pflegen. Und auch wenn im Falle von Neevs Bruder die Möglichkeit einer schweren Verletzung gegeben war, sind die Berichte Beispiele für ganz gewöhnliche Dummejungenstreiche, wie sie wahrscheinlich jeder von uns auf dem Kerbholz hat. Aber Sie sehen selbst, wie sie in der Lebensrückschau zur Gewissensprüfung und zu quälender Selbstoffenbarung hochstilisiert werden!

Bei der Betrachtung dieser vollständigen Lebensrückschau-Episoden durch unser Mikroskop (und denken Sie daran, ich habe hier nur eine von vielen Episoden aus dem Leben jedes dieser Menschen zitiert) können wir viel mehr feine Details erkennen als zuvor. Was aber entdecken wir durch dieses nähere Hinsehen?

Ich übergehe hier jene Dinge, die wir bereits besprochen haben – etwa die Erfahrung der doppelten Perspektive oder das Fehlen jeglicher Verurteilung von außen –, und konzentriere mich statt dessen auf das, was noch neu für uns ist.

Natürlich wissen wir bereits, daß wir eine Szene beim nochmaligen Durchleben im Rahmen der Lebensrückschau nicht nur auf die exakt gleiche Art und Weise erleben wie bei ihrem ursprünglichen Geschehen. Doch den eben geschilderten Fällen können wir nun noch eine weitere und weitaus wichtigere Anwendung dieses Grundsatzes entnehmen. In der Lebensrückschau erleben Sie eine Episode tatsächlich so, wie es Ihnen damals möglich gewesen wäre, wenn Sie absolut präsent gewesen wären – sensorisch, psychologisch und telepathisch!

Lassen Sie mich diesen letzten Satz nun für Sie aufdröseln, denn er enthält vieles, das bislang nur stillschweigend vorausgesetzt wurde.

Erstens wird das ursprüngliche Ereignis mit allen sensorischen Wegen, die sich ihm öffnen, neu durchlebt. Erinnern Sie sich daran, daß Tom Sawyer sagte, er sei sich der Lufttemperatur bewußt gewesen und »Dingen, die ich als Achtjähriger unmöglich hätte beurteilen können«. Er behauptete sogar, er hätte die Mücken zählen können, wenn er gewollt hätte (eine phantastische Behauptung, möchte man sagen, aber ich habe ähnliche Versicherungen auch von anderen Nah-Tod-Erfahrenen zu hören bekommen). »Alles«, sagte er, »war viel exakter als in der Realität des tatsächlichen Ereignisses.«

Als ich Neev zu diesem Punkt befragte, erzählte er mir in etwa dasselbe: »In der Rückschau war es so, daß mir praktisch jeder Grashalm auffiel, und jede Art von Empfindung oder Wahrnehmung – Gefühl, Tastsinn, Geruch – war verstärkt. Es war nicht nur visuell.«

Zweitens wird auch der Grad der psychologischen Selbsteinsicht entsprechend erhöht. Man sieht in seine Motive »hinein«, selbst wenn diese zur Zeit des ursprünglichen Geschehens nicht voll bewußt waren oder in Vergessenheit gerieten, und es gibt keine Möglichkeit der Selbsttäuschung. Auch Entschuldigungen oder lahme Selbstrechtfertigungen des eigenen Tuns, wie sie vielleicht zur Zeit des ursprünglichen Ereignisses noch zur Beschönigung des eigenen Verhaltens möglich waren, lassen sich nicht mehr finden. Neev teilte mir später folgendes mit:

Als ich in meiner Lebensrückschau wieder der alte Neev war, beschäftigten mich Entschuldigungen für mein Tun nicht so sehr. Da waren keine Entschuldigungen. Ich tat diese Dinge bereits, ich konnte sie nicht ändern, und ich konnte sie nicht rechtfertigen. Nun mußte ich verstehen, weshalb sie geschahen und was ihretwegen geschehen würde.

Schließlich, und das ist vielleicht am bemerkenswertesten überhaupt, scheint man während der Lebensrückschau ein so weitgehendes telepathisches Verständnis der Gedanken und Emotionen anderer zu besitzen, daß eine praktisch vollkommene mitfühlende Identifikation möglich wird. Das zeigte sich klar in Toms Fähigkeit, sich im Kopf seiner Tante zu befinden und ganz offenbar zu wissen, was sie dachte und empfand. So sagte er explizit: »Ich erlebte es genau so, als wäre ich meine Tante Gay.« In ähnlicher Weise erlebte dies auch Neev während seiner gesamten Lebensrückschau, insbesondere mit seiner Mutter und seinem Bruder, dessen Panik er als seine eigene empfand.

In einer anderen Szene seiner Lebensrückschau – derjenigen mit dem Faustkampf gegen den Fußgänger – schildert Tom sehr anschaulich, wie vollständig diese empathische Identifikation sein kann:

Ich sah auch, wie Tom Sawyers Faust direkt in mein Gesicht schlug. Und ich fühlte die Empörung, die Wut, die Peinlichkeit, die Frustration, den körperlichen Schmerz. Ich spürte, wie sich meine Zähne durch die Unterlippe bohrten – mit anderen Worten, ich sah durch die Augen dieses Mannes. Ich war im Körper dieses Mannes. Ich erlebte alles, was sich an diesem Tag zwischen Tom Sawyer und diesem Mann abspielte. Ich erlebte, was diesen Mann anging, unglaubliche Dinge, Dinge, die sehr persönlich, vertraulich und privat waren.[3]

Vor allem wenn man sich wie in Neevs Fall bei der Lebensrückschau mit einer ganzen Menschenmenge identifiziert, kann die Menge der Informationen, die man über ihre Gefühle erhält, überwältigend und, wie Neev andeutete, psychisch nur schwer zu verkraften sein.

Was bedeutet das alles? Wenn wir diesen Berichten vertrauen können, bedeutet es folgendes: *Bei einer Lebensrückschau sind alle Filter, durch die Sie früher eventuell vor sich selbst und anderen abgeschirmt wurden, entfernt.* Somit wird Ihr Verstehen durch nichts mehr getrübt. Es besteht keine wirkliche Trennung zwischen Ihnen und anderen, und Ihre illusorische Isolation als Individuum in dieser Welt wird als Täuschung entlarvt. Sie bestand nie real. Sie sehen sofort, daß Sie nie getrennt von anderen Menschen lebten, sondern immer ein wirklicher *Teil von ihnen* waren und umgekehrt.

Mit den Konsequenzen dieser nun (zumindest im Kontext der Lebensrückschau) selbstverständlichen Erkenntnisse müssen wir uns noch etwas näher beschäftigen. Sie führen uns nämlich direkt zu einem anderen Thema, das in unserer vorherigen Diskussion der Lebensrückschau, insbesondere in unserer Betrachtung des Rollentauschs im letzten Kapitel, bereits implizit enthalten war. Und das ist das Thema der Verbundenheit.

Die Lektion der Verbundenheit

Bei der Betrachtung des Rollentausches in der Lebensrückschau im letzten Abschnitt konnten wir sehen, daß während der NTE Grenzen aufgehoben sind, so daß eine vollständige Identifizierung mit anderen Menschen möglich wird. Die Schilderungen von Tom und Neev zeigen, wie tief und prägnant diese mitfühlende Verbindung sein kann. Doch diese Qualität der Lebensrückschau läßt sich noch weiter verfolgen und kann auf einer höheren Abstraktionsebene nun als ein *grundlegendes Lebensprinzip* begriffen werden, von dem sich die goldene Regel logisch ableitet.

Erst vor einigen Tagen erhielt ich wieder einen Brief von Roxanne Sumners, ebenfalls einer Nah-Tod-Erfahrenen. Sie ist Schriftstellerin und hatte als Kind zwei NTEs; in ihrem letzten Brief spricht sie jedoch von ihrer zweiten Erfahrung, die sie als Teenager hatte. Und was sie sagt, hilft mir, diese grundlegende Einsicht der Lebensrückschau zu illustrieren:

Als ich mit 17 fast im Meer ertrank, sah ich mein ganzes Leben im Licht – aber anstatt als Abfolge von Ereignissen kam alles auf einmal. Damals lernte ich, daß die Zeit so, wie wir sie uns vorstellen, nicht existiert, ebensowenig wie die Trennung zwischen uns ... Es war eigentlich fast so, als würde es »den anderen« gar nicht geben. Ich sage »fast«, weil ich mir meiner selbst bewußt war, aber gleichzeitig auch wußte, daß meine Bewußtheit innerhalb einer feinen Struktur lebte, die ewig und überall existiert.

Die ewige, allgegenwärtige »feine Struktur«, von der Roxanne spricht und in die ihr Selbst eingebettet war, ist etwas, das viele Nah-Tod-Erfahrene direkt erfassen können und das unmittelbare Folgen und Wirkungen nach sich zieht. Auch Fler Beaumont aus Australien, eine meiner treuesten Bekannten mit einer NTE, schrieb mir kürzlich zufällig zum selben Punkt. Sie hatte 1988 eine NTE mit Lebensrückschau, über die sie mit prägnanter Direktheit berichtete: »Ich fühle mit allen Lebewesen und Dingen und bin mir der Verbundenheit und Einheit von allem bewußt.«

Wie ich bereits andeutete, sind solche Meinungen nicht nur unter

Nah-Tod-Erfahrenen mit einer Lebensrückschau verbreitet, sondern sie werden auch auf alles Leben ausgedehnt und gelten nicht nur für andere Menschen. Tom Sawyer erklärte hierzu:

Du hast eine Wirkung auf Pflanzen. Du hast eine Wirkung auf Tiere. Du hast eine Wirkung auf das Universum. Und in deiner Lebensrückschau bist du das Universum und erfährst dich selbst und wie … (du) auf das Universum einwirkst … Die kleinen Tierchen auf deinen Augenlidern, von denen einige nicht einmal wissen, daß sie existieren. Das ist eine Wechselbeziehung, du mit dir selbst und diesen kleinen Wesen, die auf deinen Augenlidern leben und überleben. Als du neulich einem lieben Freund zum Abschied winktest, hast du da auf die Wolken darüber eingewirkt? Hast du tatsächlich eine Wirkung auf sie gehabt? Wirken die Flügel eines Schmetterlings in China auf das Wetter bei uns ein? *Und ob sie das tun!* All das kannst du in einer Lebensrückschau lernen![4]

Toms letzter Satz macht klar, daß er hier nicht einfach aus einer Abhandlung über die Chaostheorie zitiert. Sein Wissen stammt nicht aus Büchern, sondern es ist eine direkte und unanfechtbare Erkenntnis, die aus seiner eigenen Lebensrückschau resultiert.

P. M. H. Atwater erkannte dasselbe in ihrer Rückschau, die ich bereits im letzten Kapitel zitierte. Hier muß ich jedoch nachtragen, daß sie, als sie schrieb, sie sei sich der Wirkung jedes Gedankens, jedes Wortes und jeden Tuns auf alles und jeden, mit dem sie zu tun gehabt hatte, bewußt gewesen, auch »das Wetter, Pflanzen, Tiere, den Boden, Bäume, Wasser und die Luft« mit einschloß.[5] Kurz gesagt, sie war durch eine feine Struktur der Ganzheit mit allem verbunden.

Auch Raymond Moody erhielt von den Personen, die er befragte, ähnliche Aussagen. Ein Beispiel:

Eine große Sache, die ich lernte, als ich starb, war, daß wir alle Teil eines großen, lebendigen Universums sind. Wenn wir glauben, wir könnten einem anderen Menschen oder einem anderen Wesen weh tun, ohne uns selbst zu verletzen, dann befinden wir uns in einem traurigen Irrtum. Ich schaue heute auf einen Wald oder eine Blume oder einen Vogel und sage: »Das bin ich, das ist ein Teil von mir.« Wir sind mit allen Dingen verbunden, und wenn wir durch diese Verbindungen Liebe aussenden, dann sind wir glücklich.[6]

Natürlich ist diese Art von Bewußtheit sehr ursprünglich, und ebenso wie die goldene Regel findet sie sich in jeder der großen spirituellen und religiösen Traditionen der Welt. In Amerika wird eine solche Sichtweise gern mit den Indianern in Zusammenhang gebracht. Jeder dürfte im Herzen sofort die Wahrheit dieser Aussage erkennen und sich danach sehnen, sie im Alltag in die Tat umzusetzen. Aber die Lebensrückschau *zeigt* sie uns, und wer sie für sich erkannt hat, wird sie nie mehr vergessen. Dieses feine Netz der Ganzheit, dem wir unauslöschlich als Teil angehören, *wird* dann zu unserer Welt und dient als die auf Erfahrung beruhende Basis unserer Ethik.[7]

Als Neev in unserem Gespräch über die Lebensrückschau seine Bemerkungen zusammenfaßte, unterbrach er sich an einer Stelle und rief:

> Ich wünschte, jeder könnte eine Lebensrückschau haben – das würde die Welt verändern! Dann würden alle einander verstehen, es gäbe keine Konflikte mehr und kein Chaos und keine Gier und keinen Krieg ... Die Lebensrückschau ist das ultimative Lehrinstrument.

Natürlich kann nicht jeder eine derartige Erfahrung machen, aber jeder kann aus ihr lernen und versuchen, sich ihre selbstverständlichen Wahrheiten anzueignen. Die für die Inszenierung der Lebensrückschau verantwortlichen Ursachen scheinen nahezulegen, daß diese Erfahrung nicht nur den Nah-Tod-Erfahrenen zugute kommen soll, sondern jedem Menschen; dementsprechend sind die Nah-Tod-Erfahrenen selbst nicht nur ihre Empfänger, sondern auch ihre Verkünder.

Uns anderen ist es überlassen, die Botschaft zu hören, danach zu handeln und dadurch die Welt zu verändern.

Die Heilkraft der Lebensrückschau für die Transformation der Persönlichkeit

Doch die Welt wird sich erst dann verändern, wenn *wir* uns ändern; deshalb muß Veränderung beim Selbst beginnen, bevor sie sich ausbreiten kann. In ähnlicher Weise müssen wir die Lektionen der Lebensrückschau, wenn sie als wirkungsvolle Katalysatoren des Wandels dienen sollen, von der hohen Ebene abstrakter Prinzipien auf die Ebene unseres alltäglichen Verhaltens übertragen. Damit dies möglich ist, müssen wir jedoch zuerst noch einen weiteren Aspekt der Lebensrückschau untersuchen, nämlich wie sie das Leben eines Nah-Tod-Erfahrenen tatsächlich verändert. Dabei werden wir sehen, daß die Lebensrückschau sowohl der entscheidende Antrieb für die persönlichen Veränderungen sein kann, die wir bereits diskutierten, als auch für die Veränderungen der Selbstakzeptanz, mit denen wir uns im nächsten Kapitel befassen werden. Unsere jetzige Aufgabe ist es jedoch festzustellen, wie und *weshalb* die

Lebensrückschau das Leben eines Nah-Tod-Erfahrenen so grundlegend verändert.

Der wesentliche Punkt hier ist, daß die Lebensrückschau für den Nah-Tod-Erfahrenen nicht nur eine persönliche Offenbarung oder einen Einblick in Grundsätze von kosmischer Bedeutung darstellt, sondern auch eine *Heilung*. Nicht nur, was man über sich sieht, sondern *wie* man es sieht und begreift, heilt unter Umständen jahrelang erlittene Gefühle der Unzulänglichkeit und sinnentleerte Verhaltensstrukturen. Das Ergebnis ist, daß man sich selbst und anderen verzeiht und dadurch wieder zu seinem eigenen, authentischen Selbst zurückfindet.

Dies läßt sich am besten wieder durch einige praktische Beispiele begreiflich machen. Dazu präsentiere ich Ihnen zwei anschauliche Fälle; ich beginne mit Barbara Harris Whitfield, einer Nah-Tod-Erfahrenen, die mir persönlich bekannt ist und die sich zu einer bekannten Schriftstellerin und NTE-Forscherin entwickelt hat.[8]

Ich begegnete Barbara zum erstenmal Anfang der achtziger Jahre bei einer Konferenz in Florida. Danach schrieb sie mir mehrmals und zog schließlich nach Connecticut, um mit einem meiner Kollegen, dem Psychiater Bruce Greyson, zusammenzuarbeiten. Aber noch bevor sie sich in Connecticut niederließ, besuchte sie mich und berichtete mir ihre Erfahrung in allen Einzelheiten. Ich habe ihre Geschichte ausführlich in meinem Buch *Den Tod erfahren – das Leben gewinnen* wiedergegeben; hier beschränke ich mich deshalb auf einige ihrer Bemerkungen, die sich darauf beziehen, was sie durch ihre Lebensrückschau lernte.

Es war, wie wenn ich wieder dort wäre ... ich war wieder dieses Kind ... [Sie spricht von der körperlichen Mißhandlung durch ihre Mutter, die sie noch einmal durchlebte] Ich sagte: »Kein Wunder.« Kein Wunder, daß du so bist, wie du bist. Schau, was damals mit dir gemacht wurde, als du noch so jung warst ... Ich konnte verstehen, weshalb ich so unsicher war und wie minderwertig ich mich fühlte, weil mich nie jemand in den Arm genommen und mir gezeigt hatte, daß ich auch etwas wert bin. Dann konnte ich mein ganzes Leben sehen, angefangen mit der Perspektive dieses armen neurotischen kleinen Mädchens ... Meine ganze Kindheit tat sich vor mir auf, ich erkannte, daß ich im Kopf völlig falsch war, und ich konnte mich neu orientieren und dadurch all die Ablehnung, die ich gespürt hatte, besser verstehen. All die Ablehnung war nur in meinem Kopf ... Das war die heilsamste Therapie, die ich bekommen konnte.

Ich verzieh mir, daß ich nicht immer gut gewesen war. Ich verzieh mir, daß ich so neurotisch gewesen war. Und ich spürte viel Vergebung und Mitgefühl für Menschen, die ich für böse gehalten hatte ... Und ich begriff ihre schönen Seiten und ihre guten Eigenschaften. Es war wie ein Großreinemachen ...

Ich war einfach nicht mehr das Opfer; wir waren alle Opfer gewesen ... Und ich konnte einfach alles, was passiert war, verstehen ... Es war wie eine Heilung ... Der Effekt war, daß ich mein ganzes Leben erneut lebte, mit einer wesentlich gesünderen Einstellung, die mich heilte. Und als ich zum Ende kam, hatte ich zum erstenmal das Gefühl, wirklich leben zu wollen.[9]

Wie ich in meinem Buch gezeigt habe, war das Wissen, das Barbara durch ihre Lebensrückschau erlangte, von entscheidender Bedeutung für ihre Verwandlung, und die drastischen Veränderungen in ihrem Selbstverständnis und ihrem Leben danach waren damals nicht nur für mich offensichtlich, sondern sie halten bis heute an, wie jeder, der Barbara kennt, bestätigen kann.

Auch für Neev bedeutete die Lebensrückschau einen gravierenden Umbruch und eine Veränderung seiner Selbsteinschätzung und seines Verhaltens. Sie werden sich erinnern, daß ich im ersten Kapitel ausführlich auf diesen Aspekt seines Falles einging und daß die Veränderungen in Neevs Leben nach seiner Rückschau nicht weniger bemerkenswert waren als für Barbara. Ich möchte Ihnen hier nur noch einmal ins Gedächtnis rufen, daß auch Neev diese Veränderungen auf seine Lebensrückschau zurückführte. Die Erfahrung seines Lebens hatte ihn angewidert, und »es war der Lebensrückblick, der in mir den Wunsch nach Veränderung entstehen ließ«.

Im Gespräch mit mir ging Neev ausführlicher darauf ein, was und wie die Lebensrückschau ihn gelehrt hatte, und wie Barbara äußerte er sich auch speziell zur heilenden Wirkung der Rückschau auf sein Leben:

Ich lernte, wie man lebt. Ich denke, die Lebensrückschau war für mich wie ein Heilungsprozeß. Sie bewirkte eigentlich die ganzen Veränderungen in mir, weil sie mir ermöglichte, Dinge, die ich nicht verstand und die für mich eine Quelle von Zorn und Frustration waren, abzulegen. Zum Beispiel den Schmerz darüber, nicht verstanden und akzeptiert zu werden. Oder weshalb Leute mir Dinge antaten, die ich als schrecklich grausam empfand.

Da er nun wisse, daß diese Menschen nur aus Unwissenheit gehandelt hätten, fuhr er fort, könne er ihnen ihr Tun nicht mehr zum Vorwurf machen. Sie hätten es einfach nicht besser gewußt. Und diese Einsicht habe es ihm ermöglicht, ihnen zu vergeben.

Zum Schluß faßte Neev zusammen:

Die Lebensrückschau war meine Rettung. Ich hätte zu einem Psychiater gehen und 20 Jahre lang auf der Couch liegen können, ohne zu verstehen, was ich durch die Rückschau verstand, weil ich es noch einmal durchlebte und erlebte und dadurch besser und voll und ganz begreifen konnte. Als ich lebte [er meint sein tatsächliches Leben], verstand ich nur einen Teil, und niemand konnte mir all das andere erklären. Ich lief also die ganze Zeit mit diesem Manko durch mein Leben, bis ich die Teile fand, die mir halfen, es zu verstehen. Die Lebensrückschau war, wie wenn man die Antworten auf die Prüfungsfragen findet. Sie hat mir alles klargemacht.

Mit der Meinung, daß die Lebensrückschau »alle Antworten« bereithält und sozusagen eine Psychotherapie ersetzen kann, steht Neev beiliebe nicht allein da. Auch Barbara Harris Whitfield äußerte sich in ähnlicher Weise: »Jahre intensivster Psychoanalyse hätten mir nicht geholfen, das durchzustehen, was ich [in der Rückschau] durchgemacht habe.«[10] Und selbst Tom Sawyer meinte: »Wenn das [die Lebensrückschau] passiert, dann hast du das totale Wissen. Dann bist du Psychologe, Psychiater, Psychoanalytiker und noch viel mehr. Du bist dein eigener spiritueller Lehrer.«[11]

Ich teile die Meinung, die Lebensrückschau sei besser als eine Psychotherapie, nicht, denn sie gibt uns nicht Nah-Tod-Erfahrenen kaum etwas in die Hand, und gewissenhaften Psychotherapeuten bietet sie sogar noch weniger. Ich ziehe hinsichtlich dieser Beobachtungen einen entschieden anderen Standpunkt vor. Stellen Sie sich eine therapeutische Methode vor, die auf dem Versuch basiert, eine der Lebensrückschau entsprechende Erfahrung herbeizuführen. Eigentlich müssen wir uns dazu gar nicht viel vorstellen, denn Ansätze dazu gibt es bereits – zum Beispiel in der Psychosynthese, der holotropischen Atemarbeit und zweifelsohne auch in anderen psychotherapeutischen Methoden. Deshalb möchte ich couragierte Therapeuten, die sich für die heilende Kraft der Lebensrückschau interessieren, dazu ermutigen, praktische Techniken zu entwickeln, mit deren Hilfe diese kraftvolle, lebensverändernde Erfahrung herbeigeführt werden kann. Dadurch könnten auch viele Menschen ohne eine NTE die Früchte ernten, die die Nah-Tod-Erfahrenen direkt von ihrem persönlichen Baum der Erkenntnis pflücken können.

Dieser Vorschlag mag zwar wie eine Abschweifung von unserem Thema klingen, doch tatsächlich deutet er unser eigentliches Anliegen in diesem Kapitel bereits an, nämlich die Frage, wie wir all diese Informationen in unserem Leben praktisch anwenden können. Aber wie finden wir nun Zugang zu dieser der Lebensrückschau innewohnenden Kraft zur Steigerung der Selbstakzeptanz und zur Veränderung der Weltsicht und des Lebens? Theoretisches Wissen hilft uns hier nicht weiter. Um von diesem und dem vorhergehenden Kapitel wirklich zu profitieren, müssen wir nun darangehen, das, was wir gelernt haben, in unserem Leben anzuwenden.

Die Anwendung der Lebensrückschau

Die meisten praktischen Lektionen, die sich aus der Lebensrückschau ableiten lassen, hängen in ihrem Erfolg von der grundlegenden menschlichen Fähigkeit zur empathischen Identifikation mit anderen ab: der Fähigkeit, sich in jemanden hineinzuversetzen und seine Gefühle und Gedanken als die eigenen zu erleben. Es ist genau diese Art von empathischer Identifikation, die als Nachwirkung der Lebensrückschau enorm zu wachsen scheint, und Sie können sie entwickeln, indem Sie ihre Lektionen praktisch umsetzen.

Vielleicht erinnern Sie sich, daß Neev im ersten Kapitel davon sprach, wie seine Lebensrückschau ihm diese Gabe verlieh. Er sagte unter anderem: »Diese Gefühle ermöglichen es mir auch, mich in fast jeden anderen Menschen einzufühlen. Wenn ich mit jemandem spreche, dann spüre ich physisch und emotional, was in ihm gerade vorgeht. Es ist, als würde ich für einen Augenblick der andere werden.«

Um diesen Punkt weiterverfolgen zu können, bat ich Neev, diese Aussage noch etwas zu erläutern. Daraufhin erzählte er, er benütze diese Fähigkeit nun schon fast unbewußt, um die Konsequenzen seiner Worte oder seines Tuns festzustellen, noch *bevor* er tatsächlich etwas sage beziehungsweise zur Tat schreite. Jeder Mensch könnte das vorsätzlich und willensmäßig tun und damit vermeiden, sich anderen gegenüber unbedacht oder unsensibel zu verhalten.

Ich stelle mich seit meiner Lebensrückschau viel besser darauf ein, was ich sagen werde, bevor ich etwas sage. Und es ist nicht so, daß ich die ganze Zeit darüber nachdenke; ich tue es eher instinktiv. Und ich kann quasi schauen und abchecken, bevor ich rede. So kann ich Mißverständnisse vermeiden. Ich habe das früher nicht gecheckt, aber seit der Lebensrückschau, ja, ich glaube, da habe ich das gelernt.

Was Neev aus seiner Lebensrückschau gelernt hat, können Sie von ihm lernen. Ich gebe Ihnen nun noch ein weiteres Beispiel, das mir freundlicherweise eine meiner Briefpartnerinnen zur Verfügung gestellt hat – ein Exempel dafür, wie dieses vorwegnehmende, auf explizitem Wissen aus der Lebensrückschau basierende Verhalten zum Wohle aller eingesetzt werden kann.

Kürzlich hörte ich wieder von einer guten Bekannten namens Judy, die mit der Literatur über NTEs sehr vertraut ist. Sie beschrieb mir folgenden Vorfall in einem Brief:

Eines Abends traf ich mich mit einem Freund und zwei neuen Bekannten in einem Restaurant. Aber wir bekamen einen Tisch zugewiesen, an dem ein Gespräch zwischen uns allen nicht möglich war, und auch die Lautstärke im Raum verhinderte eine Unterhaltung. Unsere Sitzordnung war so, daß die eine Frau, sie hieß Michelle, ganz links saß; mein Freund Jim saß direkt rechts neben ihr, ich neben Jim, und die zweite Frau, Kathleen, saß ganz rechts am Tisch.

Jim und ich wollten unbedingt mit Michelle sprechen, weil wir uns für ihre Arbeit interessierten und wußten, daß wir sie nach diesem Abend lange nicht mehr sehen würden – sie war im Begriff, nach Europa zu gehen. Aber da ein Vierergespräch unter den gegebenen Umständen unmöglich schien, gab ich die Unterhaltung allmählich auf, auch deshalb, weil ich merkte, daß Kathleen sich nicht in die sich entwickelnde Situation integrieren wollte. Es wäre ohnehin schwierig für sie gewesen, sich einzubringen, weil Michelle das Gespräch rasch dominierte. Und es war fast von Anfang an erkennbar, daß sie und Kathleen keine Sympathie füreinander aufbringen konnten.

Kathleen begann also zu signalisieren, daß sie sich zurückziehen wollte; mir wurde immer klarer, daß sie sich ausgeschlossen fühlte. Jim erzählte mir später, auch er habe das ansatzweise bemerkt, er habe aber das Gefühl gehabt, daß die Umstände kein Eingreifen seinerseits ermöglichten.

Doch Judy, die aus ihrer Lektüre der NTE-Literatur bestens über die Auswirkungen der Lebensrückschau Bescheid wußte, hatte plötzlich einen Gedankenblitz, der die Situation vollkommen veränderte.

Ich war ein bißchen frustriert, weil ich mit Michelle nicht so reden konnte, wie ich wollte, und mich statt dessen mit Kathleen unterhalten mußte, die distanziert blieb und keine Anstalten machte, sich einzubringen. Small talk fällt mir nicht gerade leicht, deshalb sah ich mich in einer ziemlich unangenehmen Lage. Aber plötzlich kam mir der Gedanke: »Wie würde ich diese Szene gern in meiner Lebensrückschau sehen?« *Sofort* spürte ich Kathleens Schmerz so stark, daß Schauer durch meinen ganzen Körper liefen. Ich sah nicht so sehr meine eigene Lebensrückschau, sondern fühlte vielmehr Kathleens Leben in mir, beinahe so, als würde ich es selbst leben – vor allem die immense Ablehnung, die sie fast ihr ganzes Leben lang gespürt hatte (das bestätigte sie mir später), und wie es für sie ein Schutzmechanismus gegen noch mehr Schmerz geworden war, sich zu distanzieren.

Nachdem diese Einsicht Judy getroffen hatte wie ein Blitz, sagte sie, daß

dann ganz rasch Mitgefühl und Empathie für Kathleen in mir aufstiegen, begleitet von dem starken Drang, sich ihrer anzunehmen. Ohne zu zögern oder ihr etwas vorzuheucheln, wandte ich mich – nicht nur den Kopf, sondern den ganzen Körper – ihr zu, lächelte sie ganz freundlich an und begann, mit ihr zu sprechen (obwohl ich in meinem Inneren wußte, daß Worte gar nicht notwendig waren). Sie reagierte, als hätte sie die liebevollste Umarmung bekommen, und schon bald waren wir in ein Gespräch ganz unter uns vertieft.

Das Ergebnis war nicht nur, daß der Abend gerettet war, sondern nun entwickelte sich zwischen Kathleen und mir eine herzliche und gegenseitige Zuneigung, die inzwischen zu einer echten Freundschaft gereift ist. Und seither empfinde ich für sie eine unveränderte und uneingeschränkte Empathie, als wäre mir für einen kurzen Augenblick erlaubt gewesen, durch all die täuschenden Schleier hindurch ins Herz eines anderen Menschen zu schauen, und als hätte ich dadurch die ganze Kraft vollen Verständnisses zu spüren bekommen, das man bekommt, wenn man sich wirklich in einen anderen Menschen hineinversetzt. »Jemanden wirklich zu kennen heißt, ihn zu lieben« habe ich irgendwo einmal gelesen, und ich kann Ihnen versichern, daß mir das an diesem Abend unmißverständlich gezeigt wurde.

Und das alles, wie es scheint, nur, weil Judy ihr Wissen aus der Lebensrückschau *bewußt* einsetzte, um sich so zu verhalten, wie sie sich in ihrer Rückschau selbst gern gesehen hätte.

Die Methode, sich in der Vorstellung in die eigene Lebensrückschau hineinzuversetzen, um sein Verhalten in der Gegenwart zu verändern, ist auch anderen bekannt, die mit diesem Thema vertraut sind. In einer Rezension des Buches *What Tom Sawyer Learned From Dying* las ich zum Beispiel:

Sawyers Bekenntnisse hinsichtlich der Lebensrückschau veranlassen mich, mein eigenes Leben zu überdenken – jedes Tun, jedes Motiv, jedes Wort und jeden Gedanken, die ich an andere richtete. Werde ich an dem Tag, an dem ich erfahre, wie mein Leben auf andere wirkte, mit mir zufrieden sein, oder werde ich mich schämen müssen?

Von der Lebensrückschau zu erfahren, hat das Benehmen meines Mannes ganz eindeutig verbessert! Jetzt will er, daß ich ihn jedesmal, wenn er die Beherrschung zu verlieren beginnt, mit den Worten »Denk an den Film!« stoppe. Er fürchtet sich vor dem Tag, an dem er herausfinden wird, wie es ist, *ich* zu sein und sich zu allen möglichen Themen sein besserwisserisches Gerede anhören zu müssen. Dann erinnere ich ihn daran, daß unser beider »Filme« traurige wie auch freudige Szenen enthalten werden. Zur Zeit bemüht er sich sehr sicherzustellen, daß die zweite Hälfte seines Films einen kräftigen Applaus rechtfertigen wird![12]

Der fröhliche oder sogar etwas sarkastische Gebrauch einer Gedächtnishilfe wie »Denk an deine Lebensrückschau« kann zwar anderen helfen, Neevs Strategie zu praktizieren, aber am besten sagt man so etwas wohl zu sich selbst – mitfühlend, als kleine Erinnerung daran, daß der gegenwärtige Augenblick nicht irgendwo im riesigen Archiv des Lebens verlorengeht, sondern daß er durchaus wiederkehren kann. Was Sie in *diesem* Augenblick tun sollten, ist jedoch lediglich, wie meine Bekannte über die Frage nachzudenken: »Wie würde ich diese Szene gern in meiner Lebensrückschau sehen?« und dann entsprechend zu handeln.

Es gibt aber auch noch andere Methoden, um dieses Wissen praktisch einzusetzen. Ein entsprechender Vorschlag kommt zum Beispiel von Göran Grip. Wie Sie sich sicher erinnern, teilte er uns mit, daß ihm bei seiner von seinem Lichtwesen geleiteten Lebensrückschau gezeigt wurde, was er getan hatte und was er hätte tun können (nicht aber, was er hätte tun *sollen*). Und mit der folgenden Übung können Sie dasselbe tun.

Suchen Sie am Ende des Tages einen ruhigen Ort auf, oder machen Sie die Übung einfach im Bett, bevor Sie sich schlafen legen. Entspannen Sie sich mit einigen tiefen Atemzügen, und richten Sie Ihre Aufmerksamkeit nach innen. Lassen Sie dann die Ereignisse des Tages an sich vorüberziehen. Wenn Sie zu unangenehmen Szenen kommen, die noch in Ihnen »gären«, betrachten Sie sie genauer, und fragen Sie sich: »Wie hätte ich mich aus der Perspektive der Lebensrückschau verhalten?« Lassen Sie die solchermaßen revidierte Szene dann vor Ihrem geistigen Auge ablaufen. Verurteilen Sie sich nicht – beobachten Sie einfach nur den Ablauf. Sobald Sie diese Version der Szene in sich aufgenommen haben, entlassen Sie die ursprüngliche aus Ihren Gedanken und fahren mit Ihrem Tagesrückblick fort. Und jedesmal, wenn Sie zu einer problematischen Szene kommen, wiederholen Sie diesen Vorgang.

Wenn Sie zu den Menschen gehören, die diese Art des Rückblicks zur täglichen Gewohnheit machen können, werden Sie davon mit Sicherheit profitieren.

Falls Sie aber der Meinung sind, daß diese Übung Sie überfordert, kann ich Ihnen noch etwas anderes empfehlen: Denken Sie an die Übung zum Rollentausch im letzten Kapitel. Lesen Sie diese Zitate immer wieder einmal durch, und zwar mit soviel Konzentration und Reflexion, wie Ihnen möglich ist. Ich kann Ihnen versichern, daß auch sie sich im Laufe der Zeit auf Ihr Denken und Ihr Tun auswirken werden.

Sie haben also nun verstanden, worum es geht, und sicher können Sie sich selbst auch noch weitere Variationen dieser Vorschläge ausdenken oder sogar ganz neue Methoden erfinden, mit denen sich die Lektionen der Lebensrückschau im Alltag umsetzen lassen. (Ich würde mich übrigens sehr freuen, von Ihnen zu hören, falls Sie noch weitere diesbezügliche Ideen haben, die anderen vielleicht helfen könnten.)

Ein letzter Punkt, den ich noch anbringen muß, ist, daß Sie natürlich keine NTE haben müssen, um zu einer Lebensrückschau zu kommen, von der Sie direkt profitieren können. Solche Dinge ereignen sich gelegentlich spontan, etwa als Resultat von Streß, oder sie können, wie bereits angedeutet, durch therapeutische oder andere Methoden »künstlich« herbeigeführt werden. Hier zum Beispiel ein Bericht eines mir bis vor kurzem unbekannten Briefschreibers, der zeigt, wie eine Lebensrückschau – mit allen Facetten und Erkenntnissen, die auch die Rückschau im Rahmen der NTE kennzeichnen – praktisch aus heiterem Himmel und ohne einen offensichtlichen Auslöser geschehen kann.

Dann lag ich einfach nur auf dem Boden und dachte nach, und vor meinem inneren Auge lief mein ganzes Leben ab. Ich wußte, daß alles, was in meinem Leben geschehen war, das Resultat meines eigenen Tuns war. Alles war absolut gerecht. Ich sah die Zusammenhänge zwischen allem, was ich getan hatte. Und ich spürte kein Gefühl der Schuld oder des Selbstvorwurfs oder eines Tadels von »Gott«. Nur das absolute Wissen, daß alles in meinem Leben recht und richtig war und daß ich mich absolut nicht beklagen konnte.

Auch derart spontane Erlebnisse helfen uns, uns daran zu erinnern, daß wir nicht eine Nah-Tod-Erfahrung erleben müssen, um von den Lektionen der NTE profitieren zu können. Was der eine durch die NTE erfährt, kann einem anderen auf andere Art und Weise zukommen, ohne daß er das Risiko der Todesnähe eingehen muß. Segnungen können uns ungebeten erreichen, man kann sie suchen, oder sie können mit anscheinend zufälligen Umständen einhergehen. Doch, wie wir gesehen haben, sind die Lektionen der Lebensrückschau jedem zugänglich, unabhängig davon, ob man selbst eine Rückschau erlebt oder nicht. Notwendig ist einzig und allein, daß Sie nicht vergessen, was Sie gelernt haben, und daß Sie Ihrem neuen Wissen gemäß handeln.

7

Im Licht der Liebe: Die Lektion der Selbstakzeptanz

Von allen Lehren der Welt ist die größte die Liebe. Und von allen Lektionen der NTE ist keine größer als die Bedeutung, ja der Vorrang, der Liebe. Und was die NTE über die Liebe lehrt, ist, daß alles Liebe *ist*, aus Liebe besteht und aus der Liebe kommt.

Erinnern Sie sich beispielsweise noch daran, wie Peggy Holladay diese Entdeckung machte, als sie im Licht war? Sie erzählte, das Licht »sagte mir, daß alles Liebe ist – wirklich alles! Ich hatte immer geglaubt, Liebe sei lediglich ein menschliches Gefühl, das man von Zeit zu Zeit spürt; nie hätte ich geglaubt, daß im wahrsten Sinne des Wortes *alles* Liebe ist!«

Das bedeutet natürlich, daß auch wir in der Liebe und durch die Liebe existieren. Und darum ist die Liebe unser wahres Wesen. Warum aber scheitern dann trotzdem so viele Menschen daran, diese Liebe zu erfahren, und sind zeitweise sogar sich selbst gegenüber äußerst lieblos? Warum fällt es uns so schwer, uns mit diesem geschmolzenen Kern der Liebe zu verbinden, ja selbst daran zu glauben, daß er in unserem Inneren existiert? Was entfremdet uns so sehr der Essenz dessen, was wir sind?

Wenn wir die Wahrheit der wichtigsten Offenbarung der NTE akzeptieren, dann kann der Grund dafür nur sein, daß wir den Kontakt mit dem Ursprung verloren haben. Für uns Menschen der Neuzeit ist dies der Sündenfall. Existentiell gesprochen, sind wir aus der Liebe herausgefallen wie Babys, die aus dem Schutz des Mutterleibes in die kalte Welt geschleudert wurden, und haben unsere wahre Heimat vergessen. Aber die Lehren der NTE erinnern uns daran, daß wir uns wieder mit dem Ursprung verbinden und uns in die Arme der Liebe begeben müssen. Und mehr als das: Da die Liebe die essentielle Wahrheit der NTE ist, kann sie uns auch befreien.

Aber, werden Sie nun vielleicht fragen, was hält uns denn gefangen? Wovon, woraus müssen wir befreit werden? Die Antwort wurde bereits angedeutet: Es ist ganz einfach die Art und Weise, wie wir über uns denken, und insbesondere die *Urteile*, die wir ständig über uns fällen, was uns von der Liebe des Lichts trennt. Durch unsere Tendenz zur Selbstverurteilung haben wir uns unser eigenes Gefängnis geschaffen, und jede Verurteilung kerkert uns noch tiefer ein. Aber denken Sie daran: Das Licht verurteilt *nicht*. Es liebt. Und wie wir in den Kapiteln über die Lebensrückschau sahen, zeigt es uns nötigenfalls auch *einen anderen Weg*, wie wir uns hätten verhalten können, und fördert damit unsere Urteilsfähigkeit und Selbsterkenntnis. Wenn wir lernen, uns zu sehen, wie das Licht uns sieht, werden wir frei, uns zu erleben, wie wir wirklich sind, und können uns dann vielleicht zum erstenmal wirklich lieben.

Was kann uns dabei helfen, das zu tun? Denken Sie als erstes daran, was das Licht uns dazu sagt. Ich zitiere noch einmal Peggy:

Ich sah, wie sehr alle Menschen geliebt werden. Und es war sonnenklar, daß das Licht jeden gleichermaßen liebte, ohne irgendwelche Einschränkungen! Das muß ich wirklich betonen, weil es mich so glücklich machte zu erfahren, daß wir nicht glauben oder bestimmte Dinge tun müssen, um geliebt zu werden. *Wir wurden und werden geliebt, ohne Bedingungen!* Das Licht war für alle Menschen da und liebte jeden gleichermaßen. Ich erinnere mich, wie ich die Leute ansah und das Licht mich bat, »alle Menschen« zu lieben. Ich wollte weinen, so tief empfand ich für sie ... Ich dachte: »Wenn sie nur wissen könnten, wie sehr sie geliebt werden, vielleicht würden sie sich dann nicht mehr so ängstlich und einsam fühlen.«

Das Ziel dieses Kapitels ist, dieses Wissen praktisch umzusetzen, indem wir uns dem Thema und der entscheidenden Bedeutung der *Selbstliebe* zuwenden. Selbstliebe ist allerdings eine mehrdeutige und vielleicht etwas unglückliche Bezeichnung. Was ich hier meine, ließe sich vielleicht auch mit »Mitgefühl für sich selbst« umschreiben. Diese Vorstellung steht auch dem psychologischen Terminus der *Selbstakzeptanz* sehr nahe; diesen Begriff benutze ich im allgemeinen, um damit die Sicht seiner selbst zu bezeichnen, die durch eine Begegnung mit dem Licht erleichtert zu werden scheint. In diesem Kapitel befassen wir uns also mit den unterschiedlichen Wegen, wie das Licht Selbstakzeptanz vermittelt, wie diese Lehre sich auf das Verhalten von Nah-Tod-Erfahrenen auswirkt, und vor allem damit, wie Sie diese Lektionen in Ihr eigenes Leben einbringen können.

Die erste Gabe des Lichts: Selbstakzeptanz

Während der Arbeit an meinem Buch *Den Tod erfahren – das Leben gewinnen* erhielt ich einen Brief von Nancy Clark aus Ohio, in dem sie mir eine bedeutende Erfahrung mitteilte, die sie im Licht gemacht hatte. Sie erwähnte auch mehrere Nachwirkungen, die wir inzwischen als für die

NTE charakteristisch kennen, einschließlich der Wirkung auf ihr Selbstverständnis. In diesem Zusammenhang bemerkte sie:

Vor meiner Erfahrung habe ich, wie wohl die meisten Menschen, sehr um ein besseres Selbstbild gekämpft. Aber ich habe wirklich *erfahren*, wie kostbar und von Gott – dem Licht – geliebt ich bin, und ich werde auch im Alltag ständig daran erinnert. Oft denke ich: »Wenn er mich so sehr schätzt (wie ich es an diesem Tag im Januar erfuhr), dann kann ich schlecht über mich denken, soviel ich will – ich muß ein wertvoller Mensch sein.« Ich meine, obwohl ich so viele Fehler habe – das können Sie mir ruhig glauben! –, hat er mir dennoch diese lebensverändernde Erfahrung geschenkt. Nicht, weil ich sie verdiene oder in irgendeiner Form etwas dafür getan hätte. Aber aus einem mir unerfindlichen Grund bin ich in seinen Augen wertvoll. Und wenn ich das glaube, dann bin es ich auch in meinen eigenen Augen!

Kurze Zeit, nachdem ich diesen Brief erhalten hatte, traf ich bei einem Vortrag in Boston Nel, und ein paar Monate später teilte sie mir eine Einsicht aus ihrer NTE mit, die dem, was Nancy geschrieben hatte, so ähnlich war, daß man glauben könnte, Nel habe genau die gleiche Erfahrung gemacht: »Nach einem schweren lebenslangen Kampf habe ich endlich gelernt, mich zu akzeptieren, wie ich bin. Wenn das Licht und das Lichtwesen mich mit all meinen Schwächen und Fehlern akzeptieren konnten, dann muß ich als Mensch okay sein.«

Und wenn Sie lesen, was Nel im Licht erfuhr, dann verstehen Sie leicht, warum diese Begegnung eine so tiefe Wirkung auf sie hatte. Hier eine kurze Zusammenfassung ihres Berichts:

Plötzlich bemerkte ich ein Licht. Es umgab mich vollständig, es hüllte mich ein, es war überall um mich herum. Es war ein unirdisches Licht; es hatte eine Farbe, die man auf der Erde nirgendwo findet. Es war kein Sonnenstrahl, es war nicht wie der Schein einer 100-Watt-Birne, es war kein tosendes Feuer, es war keine große Menge Kerzen, und es war auch keine Explosion am mitternächtlichen Himmel.

Es war warm, strahlend, friedlich, es akzeptierte und verzieh, es verurteilte nicht, und es gab mir ein Gefühl absoluter Sicherheit, wie ich es noch nie erlebt hatte. Ich liebte es. Es war vollkommen; es war absolute, bedingungslose Liebe. Es war alles, was man sich auf Erden wünschen kann. Es war alles da, in dem Licht.

Wir sind ähnlichen Schilderungen in diesem Buch natürlich bereits begegnet, aber hier zeigt sich ganz besonders deutlich, wie das Eintauchen ins Licht sich auf die Selbsteinschätzung der betreffenden Person auswirkte. Nancys und Nels Aussagen machen klar (und sie sind in dieser Hinsicht typisch für viele Nah-Tod-Erfahrene), daß sie ihre Fehler und Schwächen nicht aus den Augen verlieren (im Gegenteil; mit Hilfe der Einsichten der Lebensrückschau können sie sich ihrer sogar noch mehr bewußt werden), sondern sie wissen ihren Mängeln *zum Trotz*, daß sie als *Menschen* unendlich vom Licht geliebt werden, und deshalb sind sie in diesem Sinne »okay« so, wie sie sind und wie sie immer waren.

Versuchen Sie, dies in sich aufzunehmen, indem Sie sich in ein Reich projizieren, in welchem Sie von dieser alles akzeptierenden Liebe umgeben sind, und Sie erfahren mit absoluter und unzweifelbarer Gewißheit, daß das Licht all Ihre harten Urteile über Sie selbst für das, was Sie als Scheitern oder Unzulänglichkeit empfanden, nicht teilt. Welch eine Befreiung von der Tyrannei Ihres eigenen verurteilenden Selbst! Sie sind nicht die Person, für die Sie sich hielten: Ihre angeblichen »Sünden« und Missetaten sind bereits vergeben, und Ihr aus dem Mitgefühl des Lichts erwachsendes Mitgefühl für sich selbst beginnt, jeden Aspekt Ihres Seins zu durchdringen. Kein Wunder, daß Sie aus dieser Begegnung mit der Entwicklung eines völlig neuen Gefühls für Ihr Selbst zurückkommen; einem Selbst, das der allumfassenden Liebe entspricht, die nun für immer in Ihnen wohnt.

Und glauben Sie nicht, daß Offenbarungen, die das Selbst derart aufrütteln, nur das Privileg von Nah-Tod-Erfahrenen seien. Manche Leser von *Den Tod erfahren – das Leben gewinnen* werden sich sicher erinnern, daß Nancy Clark keineswegs in Todesnähe war, als sie sich vom Licht umgeben fand; sie hielt vielmehr gerade eine Lobrede auf einen guten Freund. Wie wir an späterer Stelle noch sehen werden, offenbart sich das Licht oft Menschen, die sich, wie auch Nancy, nicht in einer lebensbedrohlichen Situation befinden, und hinterläßt in ihrem Leben dieselbe Wirkung wie eine typische NTE. Man muß also durchaus nicht in die Nähe des Todes kommen, um dieses Licht zu erfahren – es kann überall und jederzeit geschehen. Und wie ich schon mehrmals in diesem Buch betonte, müssen Sie das Licht nicht einmal direkt erfahren, um von ihm lernen zu können. Seine Lektionen sind jedem Menschen zugänglich, der dafür offen ist; notwendig ist lediglich, daß Sie sie selbst auf sich anwenden.

Wie ich bereits sagte, führt die Lektion der Selbstakzeptanz zu einer grandiosen Befreiung des Menschen, die ihn befähigt, sein verurteilendes Selbst abzustreifen und darunter sein wahres Wesen zum Vorschein kommen zu lassen. Mit diesem Prozeß gehen jedoch auch noch andere Dinge einher, die in der Praxis des Alltags kaum von geringerer Bedeutung sind. Dazu gehört vordringlich die Unabhängigkeit von der Meinung anderer, die das Selbstverständnis sowie das allgemeine Verhalten womöglich eingeengt hat.

Auch für diese sekundären Wirkungen ist Nels Fall ein gutes Beispiel. In einem Brief, den sie mir einige Monate nach unserem Treffen schrieb, berichtete sie über diese Konsequenzen und über ihre neu entdeckte persönliche Freiheit:

Die profundeste Nachwirkung meiner NTE ist, daß ich mich seither so akzeptiere, wie ich bin. Ich bin nicht mehr eingeschränkt von vorgefaßten Meinungen und Umständen, die andere mir aufzuerlegen versuchen. Ich muß nicht mehr tun, was andere wollen; und ich habe auch nicht mehr das Bedürfnis, mir von anderen Anerkennung zu holen, indem ich *ihren* Anforderungen gerecht zu werden versuche. Ich habe mein Zentrum gefunden, eine innere Stimme, die mir sagt, was das Beste für mich ist, und die mich bei allem, was ich tue, leitet. Ich vertraue dieser Stimme, ich höre auf sie und folge ihren Weisungen. Ich respektiere die Meinungen anderer, und ich schätze die Sorge anderer Menschen für mein Wohl, aber ich fühle mich nicht mehr verpflichtet, ihren Vorschriften Folge zu leisten. Ich weiß aus meiner inneren Sicherheit heraus, was das Beste für mich ist. Und ich habe keine Angst mehr, abgelehnt zu werden, wenn ich den Erwartungen anderer nicht gerecht werde. Ich wachse von Tag zu Tag in dem Wissen, daß ich eine eigenständige Persönlichkeit und als solche ein voll funktionsfähiges menschliches Wesen bin, mit eigenem Verstand, eigenem Körper und eigenem Geist.

Dies wurde vor mehr als 15 Jahren geschrieben, aber es ist noch immer wahr. Ich war mit Nel in all diesen Jahren in Kontakt, und meiner Meinung nach haben diese Worte ihrem Charakter und ihrer Lebensweise entscheidend Gestalt gegeben. Ihr Brief war gewissermaßen die Bekanntgabe ihrer Emanzipation, so wie ihre NTE ihre Befreiung vom Zwang der Meinungen und Erwartungen anderer war. Nach ihrer NTE hatte sie endlich die Freiheit errungen, sie selbst zu sein. Aber dennoch handelt sie nicht aus selbstsüchtigen Bestrebungen heraus; vielmehr scheint sie sich ihrer eigenen Stimme bewußt geworden zu sein – einer inneren Stimme, wie sie es nennt, der sie nun Folge leistet.

Das bedeutet natürlich nicht, daß sie anderen gegenüber nun gleichgültig wäre; in der Tat kümmert sie sich wunderbar um ihre Familie wie auch um andere Mitmenschen. Aber seit sie sich ihrer inneren Führung öffnete, der sie vertraut und die sie als richtig erkannt hat, geht sie ihren eigenen Weg.

Nicht alle Nah-Tod-Erfahrenen sind so klar und ohne Konflikte wie Nel, doch viele kamen im Gefolge ihrer NTE zu ähnlichen Erkenntnissen und haben – manchmal nicht ohne Kämpfe – versucht, den Weg zu ihrem authentischen Selbst und zu einem Leben, das dessen vollen Ausdruck ermöglicht, zu finden. In vorangegangenen Kapiteln konnten wir bereits viel darüber lernen, wie Nah-Tod-Erfahrene sich entweder einen neuen, mit ihrem neuen Selbst übereinstimmenden Lebensstil suchen oder, gelegentlich, zu früheren, aufgegebenen Interessen zurückkehren, um die sie ihre Individualität zentrieren. Auch diese Menschen haben sich von ihrem konditionierten Selbst und ihrem vorprogrammierten Leben, das bis dahin großteils von anderen oder Erwartungen der Gesellschaft diktiert war, unabhängig erklärt. Unsere Aufgabe ist nun festzustellen, wie sie dies erreichten und welche geheimen Ressourcen ihnen das Licht zur Verfügung stellte, um ihnen die nötige Kraft zu geben, die Reise, die ihre innere Stimme ihnen auftrug, zu beginnen.

Weitere Gaben der NTE für den Ausdruck der eigenen Persönlichkeit

Sobald das alte Selbst die Fäden zu entwirren beginnt, die ein Leben lang durch verurteilende Konditionierung miteinander verwebt wurden, wird der natürliche Kern des wahren Selbst befreit und kann, nun in einem völlig neuen Lebensverständnis verwurzelt, an die Oberfläche dringen. Doch dieser Prozeß braucht Zeit, denn das entstehende Selbst manifestiert sich nicht sofort in seiner endgültigen Gestalt, sondern es muß durch einen oft radikalen Wandel in Einstellung und Verhalten des Individuums von diesem selbst *geschaffen* werden. Erschwerend kommt hinzu, daß Familie und Freunde des Nah-Tod-Erfahrenen die Gründe für diese Veränderungen häufig nicht verstehen, sich ihnen widersetzen und sich vor den Konsequenzen fürchten. Mit anderen Worten, jeder, der die Gabe der Selbstakzeptanz nützt, muß womöglich nicht nur seine eigene innere Trägheit überwinden, sondern auch äußere Hindernisse. Doch der Nah-Tod-Erfahrene erfährt in diesem Prozeß den Beistand neuer Verbündeter, die unerwartet in seiner Psyche auftauchen und ihm helfen, sein Selbst im praktischen Tun neu zu gestalten.

Die grundlegendste dieser Hilfen ist vielleicht ein neuer Glaube an sich selbst, der daher kommt, daß man sozusagen die Zustimmung des Lichts selbst erhalten hat. Wir haben diesen Effekt bereits in den Berichten von Nancy und Nel angetroffen, und es dürfte nicht überraschen, daß auch andere Nah-Tod-Erfahrene sich ähnlich äußern. So sagte einer einmal zu mir: »Weil jemand an mich glaubt, kann ich nicht umhin, auch selbst an mich zu glauben.«

Dieser Glaube findet seinen offensichtlichsten praktischen Ausdruck in einer deutlichen Zunahme des Selbstwertgefühls und des Selbstvertrauens. In meinem Buch *Den Tod erfahren – das Leben gewinnen* zum Beispiel stelle ich viele derartige Fälle vor. Hier nur einige kurze Zitate zur Verdeutlichung:

Ich war früher sehr schüchtern ... heute bin ich das nicht mehr ... jetzt kann ich mit jedem reden ... Ich habe mehr Selbstvertrauen gewonnen.

Ich war [früher] immer unsicher ... Wenn mich [jetzt] jemand nicht mag, ist mir das einfach gleichgültig ... Ob Sie es glauben oder nicht – ich [war] immer schüchtern und reserviert gewesen, und ich habe mich immer geweigert, vor Leuten zu sprechen. Na ja, jetzt habe ich mich um 180 Grad gedreht.

Ich habe eine Wendung um 360 Grad gemacht, von einem äußerst scheuen, introvertierten Menschen zu einem extrovertierten. Total, ganz und gar! Heute kann ich öffentlich sprechen ... ich hätte [früher] niemals vor Leuten eine Rede halten können.[1]

Ich habe bereits darauf hingewiesen, daß die von Nel und Nancy exemplifizierten Veränderungen der Selbstakzeptanz für Nah-Tod-Erfahrene charakteristisch sind. Dasselbe gilt auch für die hier erwähnte Steigerung der Selbstachtung. In *Den Tod erfahren – das Leben gewinnen* zum Beispiel war dies bei etwa 85 Prozent der für dieses Buch befragten Nah-Tod-Erfahrenen der Fall. Und kürzlich berichtete auch Cherie Sutherland in ihrer Studie für Australien von fast gleichen Resultaten: 83 Prozent »ihrer« Nah-Tod-Erfahrenen bestätigten eine Zunahme des Selbstwertgefühls.[2] Hier nur zwei ihrer Beispiele zum Vergleich:

Bis zu meiner Erfahrung hielt ich mich für ein Nichts; ich glaubte, jeder andere sei wesentlich gebildeter als ich. Ich war sehr schüchtern damals. Heute ist das kaum mehr vorstellbar! [Sie lacht] Ich war sehr scheu und traute mir überhaupt nichts zu. Eigentlich konnte ich auch wirklich nichts ... Damals kam ich mir vor wie ein Unterdrückter, wie ein Underdog ... Aber danach hat sich mein gesamtes Leben verändert. Es hat sich geöffnet, und ich bin positiver und mir meiner selbst mehr bewußt geworden. Heute weiß ich, daß ich so, wie ich bin, perfekt bin und daß ich vor nichts und niemandem Angst haben muß. Ich meine, ich bin natürlich immer noch die alte Moira, die immer noch dieselben Fehler macht, aber mir ist jetzt viel bewußter, was vor sich geht. Ich habe viel mehr Selbstvertrauen.

Seit meiner Erfahrung haben mein Selbstvertrauen und meine Selbstachtung sehr zugenommen. Früher konnte ich keinen Raum betreten, in dem Leute waren, und ich bin lieber auf die andere Straßenseite ausgewichen, als daß ich mit jemandem geredet hätte. Heute dagegen bin ich der erste, der in einer Gruppe zu reden anfängt. Meinen Großvater habe ich früher immer bewundert – er ist in jeder Schlange, in der man auf einen Bus wartete, einfach auf die Leute zugegangen und hat mit ihnen gesprochen. Ich traute mich das nicht, ich hatte überhaupt kein Selbstvertrauen. Aber seit meiner NTE weiß ich, daß jemand oder etwas auf mich schaut und sich um mich kümmert.[3]

Was hier geschieht, ist ganz eindeutig: Vordem latente, ja sogar unvermutete Entwicklungsmöglichkeiten des Selbst – Stärken, Fähigkeiten, Willenskraft – beginnen im plötzlich fruchtbaren Grund des Individuums zu wachsen und zu gedeihen. Wie die Sonne, die auf die Pflanzen der Erde scheint, bringt das Licht der eigenen wahren Natur hervor, was der Entwicklung harrte, bis das dazu notwendige Stimulans kam. Kurz gesagt, die absolute und bedingungslose Liebe des Lichts offenbart das Wesen des wahren Selbst, und damit wachsen Selbstvertrauen und Selbstwertgefühl als notwendige Nebenprodukte wie von selbst, so wie es immer sein sollte. Sobald das alte verkrüppelte Selbst – eine auf Ängsten beruhende Anhäufung von Abwehrhaltungen und Kompromissen – wegfällt, sind auch seine Krücken nicht mehr nötig. Das Resultat ist Mut; man kann endlich auf sich selbst vertrauen.

Und Mut ist ein weiterer Verbündeter, der es möglich macht, die Stimme des neuen Selbst nicht nur zu hören, sondern ihr auch zu *folgen.* Ein wiederkehrendes Motiv der NTE ist eine Art spiritueller Reise, die im Grunde den Versuch darstellt, das eigene Selbst in Aktion zu erkennen. Aus unserer gegenwärtigen Perspektive können wir nunmehr nicht mehr verstehen, warum diese Art Reise bei Nah-Tod-Erfahrenen so weit verbreitet ist, sondern auch, was sie antreibt und sie überhaupt ermöglicht. Das neue Selbst ist nicht nur eine Sache der Einsicht; wenn es nicht zum Ausdruck kommen kann, wird es zur Totgeburt. Und seine Forderungen können durchaus unbarmherzig sein.

Betrachten wir als nächstes den Fall einer weiteren meiner Briefpartnerinnen, Maria aus Peru, die ihre NTE 1975 in Lima in Zusammenhang mit der Geburt ihres dritten Kindes hatte. Als sie aus ihrer Erfahrung zurückkam und sich erholte, stellte sie fest, daß ihr bisheriger Lebensstil ihren neuen Energien nicht mehr gerecht wurde. Und sie hatte den Mut, ihr Leben radikal zu verändern.

Das führte zu einem fundamentalen Wandel meiner Einstellung zum Leben. Ich stellte alle meine beruflichen Aktivitäten ein und begann, angetrieben von irgendeiner Energie, nach einer Antwort zu suchen – ein bißchen seltsam für mich. Ich fing an, in der Bibel zu lesen, traf mich mit Mystikern, Gurus, Philosophen, esoterischen Gruppen, religiösen Leuten und so weiter. Meine Suche dauerte neun Jahre und war ziemlich intensiv. Manchmal hatte ich Angst, aber ich überstand alle diese Zustände, denn jede neue Entdeckung zeigte mir klar, daß meine Suche und das Ergebnis daraus gut mit meiner NTE zusammenpaßten. Das gab mir Optimismus und inneren Frieden.

Mit Menschen meiner bisherigen sozialen Umwelt konnte ich mich nicht mehr identifizieren. Meine Werte waren ins Wanken geraten und begannen, sich zu verändern, wurden [aber] bestätigt, als ich meine Suche intensivierte. Ich mußte alle meine Freunde verlassen; heute besteht mein Freundeskreis aus Künstlern und Avantgarde-Intellektuellen, von denen viele auch soziale Dienste leisten. Mein Mann war sehr verständnisvoll und offen, aber manchmal konnte ich einfach nicht erklären, was ich fühlte, und sagte ihm nur: »Ich stehe am Rand eines Abgrunds.« Und er hörte mir zu, mit großem Ernst und Zartgefühl, und das half mir sehr viel. »Mach weiter«, sagte er nur.

Und das tat sie. Seit ihrem ersten Brief habe ich noch einige Male von Maria gehört. Heute ist sie weit von Lima entfernt – geographisch wie auch metaphorisch gesprochen. Sie beschäftigt sich intensiv mit südamerikanischem Schamanismus, den sie als einen alternativen Weg in denselben Bereich betrachtet, den die NTE ihr erschloß; derzeit hilft sie Menschen, die Methoden des traditionellen Schamanismus erlernen wollen. Mit anderen Worten, sie ist selbst eine Schamanin geworden, und ihr letzter Brief zeigt, daß sie damit ihre wahre Berufung gefunden hat.

Aber Maria hatte Glück, denn sie konnte voll und ganz auf die Unterstützung ihres Mannes zählen. Die meisten Nah-Tod-Erfahrenen hingegen müssen erleben, daß sie sich ihrer Familie und ihren Freunden entfremden, was oft genug zu Scheidung und dem Bruch sogar der wichtigsten Beziehungen führt. Wie wir im Fall von Mia im fünften Kapitel sahen, erfordert die Trennung vom Partner auch Mut; doch Mut ist eben jener Verbündete, der für diesen drastischen Schritt bereitsteht. Und der Nah-Tod-Erfahrene weiß, daß er manchmal keine andere Wahl hat – nicht nur, weil mit dem Partner einfach kein Glück mehr möglich ist, sondern weil das neue Selbst in einer ihm feindlich gesinnten Umgebung einfach nicht in Existenz treten kann.

Ganz offensichtlich erfordert der heftige Kampf, den so viele Nah-Tod-Erfahrene zur Verwirklichung ihres wahren Selbst durchstehen müssen, ein großes Maß an Mitgefühl für sich selbst. Doch der Kampf, inmitten des Lärms der Schreier und Ermahner auf die eigene Stimme zu achten, kann Schmerz und Pein bedeuten. In vertraulichen Konsultationen mußte ich mir oft die Bitten um rechte Führung von Menschen anhören, die unter Schmerzen versuchten, ihren eigenen Weg zu Selbstbefreiung und spiritueller Erfüllung zu finden; besonders, wenn sie vor schweren, nicht mehr zu umgehenden Entscheidungen standen.

Und doch – obwohl ich diesen Herzensschrei oft aus dem Mund von Nah-Tod-Erfahrenen gehört habe, müssen wir daran denken, daß der lockende Weg durchaus nicht immer eine tiefschürfende Gewissensprüfung oder einen schweren Bruch im Privatleben mit sich bringt. Als Beispiel für einen leichteren Wandel hin zum authentischen Selbst werden Sie sich an Peggy aus dem ersten Kapitel erinnern, der das Licht einfach auftrug, sie solle »ihrer Liebe folgen«. Hier kommen wir nun in einem neuen Kontext auf einige der Themen zurück, mit denen wir uns bereits am Ende des ersten Kapitels beschäftigten, und dabei wird es uns helfen, auch auf einige von Peggys Aussagen zurückzugreifen.

Peggy wurde vom Licht sanft zur Anerkennung der Tatsache geführt, daß ihre ursprüngliche Liebe der Musik, insbesondere dem Singen, galt, und nach ihrer NTE wurde dies wieder ein zentraler Punkt in ihrem Leben. Für sie war es also nicht notwendig, sich von ihrem Mann zu trennen, die halbe Welt nach spirituellen Lehrern abzusuchen oder ihr altes Leben wie einen Haufen unnötigen Ballasts hinter sich zu lassen. In ihrem Leben war das einzige, was wichtig war, wieder »ihrer Liebe zu folgen« – dahin *zurück*, wo sie ihr einst entsagt hatte, und von dort aus wieder neu zu beginnen. Dafür war jedoch weniger Mut nötig als vielmehr *Einsicht* und ein *Verstehen des eigenen Selbst*, das natürlich ebenfalls eine Gabe des Lichts ist. Doch für Peggy kam noch ein Gefühl der Dankbarkeit hinzu, das sie zu ihrer Reise motivierte und das sie als das allergrößte Geschenk empfand.

Es ist meine Lebensaufgabe geworden, mich diesem Licht irgendwie dafür erkenntlich zu zeigen, daß es zu mir gekommen ist und mir seine Liebe offenbarte, als ich es am meisten brauchte. Ich glaube, das wird mich mein Leben lang beschäftigen. Mein »altes Ich« ist Vergangenheit; ich entdecke jeden Tag aufs neue mein »neues Ich«. Ich weiß nicht, was die Zukunft bringt, aber ich werde mein Bestes tun, um für Veränderung und Wachstum offenzubleiben. Ich weiß, daß ich wahrscheinlich den Rest meines Lebens damit verbringen werde, mich in der einen oder anderen Weise dem zu fügen, was an jenem Tag im August mit mir geschah. Aber ich möchte um nichts in der Welt, daß es anders wäre! Es wird mich immer begleiten, und ich hoffe, daß ich es einmal mit anderen teilen kann.

Offenbar hat jeder seinen ganz eigenen Weg zu gehen, und die Methoden, sein authentisches Selbst zu schaffen oder wieder die Verbindung mit ihm herzustellen, sind so zahlreich wie die Suchenden selbst. Einige, wie

Maria oder Robert, müssen sich in jeder Hinsicht weit von ihrem früheren Leben entfernen, unterwegs neue Freunde finden und durch ihre Suche eine vollkommen neue Aufgabe entdecken, auf die sie ihr neues Leben gründen können. Andere hingegen, wie zum Beispiel Peggy oder Craig, müssen sozusagen lediglich zu ihrer Kindheit zurückkehren. Einigen bleibt etwa eine Scheidung nicht erspart, während andere eine Bereicherung und Erneuerung in ihrem Familienleben feststellen. Der Weg eines anderen könnte für sie eine Sackgasse sein.

Unterschiedliche Reisen werden ferner unterschiedlicher Gaben bedürfen. Doch das Licht lehrt auch dies: Wenn Sie sie brauchen, werden Sie sie bekommen. Die nicht endende Liebe des Lichts wird Ihnen unbeirrt leuchten und Ihnen alles geben, was Sie benötigen. Das einzig Notwendige von Ihrer Seite ist, daß Sie den ersten, irreversiblen Schritt in die Welt tun, den Schritt, der Sie auf den Pfad führt, welchen Sie mit der Hilfe Ihres offenen Herzens erkannt haben.

Die Suche nach dem Selbst: Wie man die Gaben der NTE gebraucht

Wir haben in diesem Kapitel bisher gesehen, wie die Kraft der Selbstakzeptanz den Nah-Tod-Erfahrenen zu gravierenden Veränderungen seines Selbstverständnisses führt und wie die verschiedenen Facetten dieser Gabe – vermehrte Selbstachtung, Selbstvertrauen, Mut und Selbsterkenntnis – dann zu den Lebensveränderungen mit beitragen, die ihrerseits wieder das in Erscheinung tretende neue Selbst stärken. Nun müssen wir aber nicht nur diese Phänomene noch eingehender verstehen, sondern wir sehen uns einer noch größeren Herausforderung gegenüber: Wir müssen das, was wir gelernt haben, auf unser eigenes Leben anwenden.

Doch vorweg ein wichtiger Einspruch: *Natürlich* sind viele Menschen – zweifelsohne auch viele Leser dieses Buches – bereits »auf der Spur« und handeln größtenteils aus ihrem authentischen Selbst heraus. Diese Menschen werden diese Lektionen nicht anwenden müssen, denn sie haben das bereits getan. Während wahrscheinlich den meisten ein »Auffrischkurs« genügen würde, wie er in diesem Kapitel geboten wird, ist das Folgende in erster Linie für jene Leser gedacht, bei denen dieses Kapitel Zweifel darüber aufkommen ließ, ob und inwieweit sie mit ihrem authentischen Selbst in Kontakt sind und so leben, wie sie sollten. Wenn Sie sich diese Frage stellen, dann lesen Sie weiter: Dies ist speziell für Sie.

Betrachten wir das Problem der Authentizität also etwas näher, indem wir uns Gedanken machen über die Reaktionen auf das, was hier – und in der Tat im ganzen Buch, insbesondere im ersten Kapitel – präsentiert wurde. Vermutlich werden Sie sich mit einigen Fällen besonders identifiziert haben, oder aber sie brachten Sie mehr zum Nachdenken über Ihr Leben als andere. Nehmen Sie sich nun einige Minuten Zeit, um sich an diese Fälle zu erinnern, oder, noch besser, lesen Sie sie noch einmal nach, wenn Sie das Ende dieses Absatzes erreicht haben. Was rühren diese Fälle in Ihnen an? Weisen sie Sie auf bestimmte Blockaden in Ihrem eigenen Leben hin? Wendepunkte, an denen Sie sich, rückblickend betrachtet, *falsch* entschieden? Zeiten, in denen Sie nur aktiv wurden, um anderen zu Gefallen zu sein – zum Nachteil für eigene wesentliche Bedürfnisse? Gelegenheiten (zu viele vielleicht), in denen Sie auf jene Stimmen hörten, die Sie baten, »mein Leben in Ordnung zu bringen«? Fühlen Sie sich an Gelegenheiten erinnert, in denen Sie daran scheiterten, Ihrer »Liebe zu folgen«, weil Sie dachten, es sei selbstsüchtig, dies zu tun? Aber Sie können auch eigene Fragen formulieren – jene, von denen nur Sie wissen, daß sie für Sie besonders zutreffen. Nehmen Sie sich nun etwas Zeit, über diese Dinge nachzudenken und sich einiges dazu aufzuschreiben. Ob Sie zu diesem Zweck auf ein Tagebuch zurückgreifen oder den Computer benutzen, spielt keine Rolle; wichtig ist nur der Prozeß der Selbsterforschung, der die notwendige innere Arbeit in Gang setzt. Nehmen Sie sich so viel Zeit, wie Sie brauchen, und kommen Sie erst dann wieder zu diesem Kapitel zurück.

Natürlich müssen Sie selbst entscheiden, was Sie mit Ihren Selbstentdeckungen zu tun gedenken. Es mag genügen, wenn Sie sich einfach hinsetzen und sie im Hinterkopf behalten oder von ihnen träumen. Vielleicht tun Sie auch einfach gar nichts – oder Sie scheinen nichts zu tun. Manch einer wird mit einem guten Freund sprechen, während andere sich länger Gedanken machen oder noch weitere Gedanken zu diesem Thema zu Papier bringen. Sie können diese Punkte natürlich auch in eine Psychotherapie einbringen, sich nach radikaleren Methoden der Selbsterforschung umsehen, eine Gruppe von Nah-Tod-Erfahrenen oder einen spirituellen Lehrer aufsuchen oder wie Maria und Robert ein vollkommen neues Leben beginnen. Ich habe festgestellt, daß es unzählige Wege gibt, sein authentisches Selbst zu suchen, und es dürfte kaum notwendig sein, mehr zu tun, als ein paar für Sie zu skizzieren. Die »Arbeit« bleibt in jedem Fall die Ihre, falls Sie sich für die Suche entscheiden. Alles, was ich in dieser Hinsicht tun kann, ist, Sie auf einige spezielle Mittel und Programme im letzten Kapitel aufmerksam zu machen.

Einige allgemeine Hinweise und Tips, die sich *jedermann* zunutze machen kann, lassen sich allerdings noch aus dem vorliegenden Kapitel extrahieren. Und sie alle haben mit der Frage zu tun, was man findet, wenn man dem Licht begegnet, sei es durch eine NTE oder auf andere Weise. Das Licht vermittelt eine essentielle Lehre, die laut Aussage von Nah-Tod-Erfahrenen auf jeden Menschen zutrifft. Und diese Lehre und dieses Kapitel lassen sich folgendermaßen zusammenfassen:

Jedem Menschen werden unendliche Liebe und unglaubliches Mitgefühl zuteil. Für das Leben jedes Menschen existiert ein Plan, man könnte auch sagen, eine Blaupause, die anzunehmen oder abzulehnen uns freisteht; doch das Licht hilft uns, sie zu finden. Wenn wir uns für das Licht öffnen und es in unser Leben einlassen können, dann wird uns unser Weg gezeigt werden – und wir werden ihn ohne jeden Zweifel als den unseren erkennen, weil er uns Freude schenkt. Freude am Leben ist das beste Zeichen dafür, daß wir recht leben.

Was tötet, ist Verurteilung; was heilt, ist die Liebe. Das Licht ist reine Liebe; es verurteilt nie, sondern führt uns vorsichtig zu unserem *wahren* Selbst. Es hilft uns zu erkennen, daß der Kern unseres Seins dieses Licht ist – das Licht ist nicht etwas, das nur außerhalb von uns existiert. Wenn wir uns mit ihm identifizieren, empfinden wir für uns und alles außerhalb von uns nur noch Liebe und Mitgefühl und können jegliche Verurteilung unterlassen. Selbstverdammnis, Schuld und andere Formen der Selbstzerfleischung werden überwunden. Wenn die Verurteilung, dieser ruchlose Stifter der Zwietracht, wegfällt, gibt es nur mehr das Annehmen von allem. Und das heißt Liebe.

»Von allen Lehren der Welt ist die größte die Liebe. Und von allen Lektionen der NTE ist keine größer als die Bedeutung, ja der Vorrang der Liebe. Und was die NTE über die Liebe lehrt, ist, daß alles Liebe ist, aus Liebe besteht und aus der Liebe kommt.«

8

Das Ganze erkennen: Die Welt durch die Augen der NTE

Im letzten Kapitel beschäftigten wir uns mit dem Selbst und wie es durch die NTE gefördert wird. Wir erfuhren, daß die NTE das Wachstum von Selbstachtung und Selbstakzeptanz fördert und damit auch den Mut, einen Lebensweg einzuschlagen, der mit dem authentischen Selbst des Individuums in Einklang steht. Aus den miteinander verbundenen Lektionen des letzten Kapitels ist die vielleicht wichtigste jene über die Bedeutung des Mitgefühls für sich selbst.

In diesem Kapitel nun betrachten wir nicht das Selbst, sondern die Welt, wie sie sich dem Blick des Nah-Tod-Erfahrenen darbietet. Damit kehren wir für einen Moment auch zu einigen Punkten aus dem vierten Kapitel zurück, in dem ich versuchte, das typische Porträt eines Nah-Tod-Erfahrenen im Hinblick auf Überzeugungen, Einstellungen und Werte zu zeichnen, die sich nach der NTE entwickeln. Diese psychologischen Nachwirkungen bewirken eine *Weltsicht* eigener Art, einen charakteristischen Filter, der es dem Nah-Tod-Erfahrenen ermöglicht, die normale Welt mit erhöhter Sensibilität und Wertschätzung zu begreifen und zu erleben. Das Resultat ist, daß das nach außen gewendete Mitgefühl für sich selbst sich in Mitgefühl für andere verwandelt – und das ist, in einem Begriff zusammengefaßt, die Lektion, die es für uns in diesem Kapitel zu absorbieren gilt.

Ich sage bewußt »absorbieren«, weil unsere Aufgabe hier nicht nur darin besteht zu begreifen, daß der Nah-Tod-Erfahrene die Welt durch Augen voller Mitgefühl sieht, sondern auch zu lernen, die Welt selbst ebenso zu sehen. Daß diese Möglichkeit besteht, ist – ich habe bereits darauf hingewiesen – die grundlegende Prämisse dieses Buches, die auch Nah-Tod-Erfahrene teilen; und wie wir selbst uns diese Sichtweise aneignen können (tatsächlich haben wir, ohne daß es uns bewußt geworden wäre, bereits damit begonnen), davon handelt dieses Kapitel. Ich zitiere noch einmal meinen Freund Steve, den Sie im ersten Kapitel kennenlernten: »Es ist möglich, sich all das Wissen, das ein Mensch beim Sterben gewinnt, anzueignen, ohne selbst sterben zu müssen. Man muß nicht sterben, um das zu erreichen.«

Aber wie können wir damit beginnen, dieses Wissen zu erlangen und uns die Weltsicht eines Nah-Tod-Erfahrenen anzueignen? Zunächst stehen uns dazu zwei Formen des Lernens zur Verfügung, die oft auch synergetisch ineinandergreifen. Die erste beinhaltet ein Moment oder Prinzip der Übertragung oder Ansteckung, während die zweite eine bewußte Anstrengung verlangt, es Nah-Tod-Erfahrenen gleichzutun, um so das, was wir über deren Verhalten in der Welt gelernt haben, in die Praxis umzusetzen. In diesem Kapitel werden wir beide Modalitäten des Lernens betrachten, uns zunächst aber auf die erstere konzentrieren.

Die NTE als gutartiger Virus

Wie Sie wissen, wurde das Phänomen der Nah-Tod-Erfahrung Mitte der siebziger Jahre bekannt, als Elisabeth Kübler-Ross und Raymond Moody ihre bahnbrechenden Arbeiten veröffentlichten, und seither sind die Geschichten, die Nah-Tod-Erfahrene über ihre Reise ins Licht berichten, zumindest in der westlichen Welt weit verbreitet. Das allgemeine Interesse an diesem Thema hat seither nie mehr nennenswert nachgelassen, so daß die NTE heute praktisch zu einem Aspekt unserer Massenkultur geworden ist. So gesehen erscheint es durchaus eigenartig, daß es zu diesem Phänomen – trotz der regen Aufmerksamkeit, die es von seiten der Medien beständig erhält – nach wie vor kaum Forschungen gibt, die sich mit den Auswirkungen von NTEs auf jene befassen, welche selbst nie eine solche Erfahrung gemacht haben – und das ist immerhin die überwiegende Mehrheit der Menschen auf diesem Planeten! Die Tatsache, daß wir heute noch immer so wenig darüber wissen, wie der Großteil der Welt auf den ungeheuren Umfang des heute verfügbaren Materials zur NTE reagiert, weist auf eine auffallende Lücke auf dem Gebiet der wissenschaftlichen Arbeit zur NTE hin, die es durch sorgfältige und systematische Forschung zu schließen gilt.

Zu behaupten, daß zu wenige Daten und Fakten zu diesem Bereich vorliegen, wäre natürlich irreführend. So wurden vor allem in den Vereinigten Staaten bereits von einer ganzen Reihe unterschiedlicher Berufsgruppen – hauptsächlich von Ärzten, Krankenschwestern, Psychologen und Angehörigen des Klerus – Erhebungen durchgeführt und Berichte zur NTE vorgelegt.[1] Und natürlich gibt es inzwischen viele publizierte und noch mehr unveröffentlichte Briefe – einige werde ich in späteren Kapiteln zitieren –, die beredt und ergreifend Zeugnis davon ablegen, wie die Kraft der NTE-Literatur jenen Trost, Hoffnung und Inspiration spenden kann, die diese Erfahrung selbst nicht gemacht haben. Diese Berichte und persönlichen Dokumente geben zwar sicherlich Hinweise auf die Wirkungen, die Kenntnisse über die NTE auf bestimmte Gruppen und Individuen haben, doch ersetzen sie keinesfalls sorgfältige Studien zu der Frage, wie derartige Informationen vom Gros der Bevölkerung aufgenommen werden.

Tatsächlich sind mir nur zwei Studien bekannt, die sich bewußt mit der Erforschung dieser Frage beschäftigen. Sie ziehen allerdings auch Beispiele von Nicht-Nah-Tod-Erfahrenen heran, die keineswegs als generell repräsentativ gelten können. Die erste findet sich in dem Buch *After the Beyond* des kürzlich verstorbenen Soziologen Charles Flynn und trägt den Titel »The Love Project«. Dieses Unternehmen stellt Flynns Versuch dar, einige moralische Lektionen der NTE bewußt zu machen, indem er seine Studenten bat, ein Semester lang »mit jemandem eine von Liebe getragene Beziehung zu pflegen, mit dem Sie sich normalerweise überhaupt nicht befassen würden«.[2] Offensichtlich wandte Flynn hier eine Lernstrategie an, die auf einer direkten Nachahmung der Einstellung eines Nah-Tod-Erfahrenen zu anderen basiert. Seine Lehrveranstaltungen an der Miami University of Ohio beschäftigten sich zwar nicht in erster Linie mit NTEs, doch er gab Kurse zu diesem Thema, betonte, daß solche Erfahrungen zu einer mehr von Liebe und Mitgefühl getragenen Einstellung zu anderen verhelfen, und führte auch Videoaufnahmen vor. Um seine Studenten zu entsprechendem Handeln zu motivieren, trug er ihnen ferner auf, das damals populäre Buch *Love* von Leo Buscaglia[3] zu lesen, und zeigte ihnen Videos von Vorlesungen Buscaglias.

Über 400 Personen beteiligten sich an Flynns »Love Project«. Die Ergebnisse wertete er mit einer Kombination von Fragebogen und persönlichen Berichten aus; sie lieferten gute Beweise dafür, daß diese Interaktionen in einem gesteigerten Mitgefühl für andere allgemein (über 80 Prozent der Studenten gaben diese Wirkung an) und einem größeren Selbstwertgefühl (von mehr als 65 Prozent der Studenten erwähnt) resultierten. Zudem zeigten diese Wirkungen die Tendenz, von Dauer zu sein; eine zweite Erhebung ein Jahr später ergab ein lediglich geringes Nachlassen.

Natürlich geht dieser Versuch, »die Lektionen der sich aus der NTE ergebenden Liebe«, so Flynns eigene Worte[4], zu fördern, weit über das hinaus, was wir nun in Angriff nehmen wollen, nämlich eine einfache Untersuchung der Wirkung von Informationen über die NTE. Neuere Forschungen legen jedoch nahe, daß es durchaus nicht *notwendig* ist, Menschen dazu zu bewegen, sich aktiv mit diesem Thema zu befassen, um einige Vorteile der NTE für sich in Anspruch nehmen zu können.

Offenbar reicht es zumindest für Menschen, die für NTEs offen sind oder sich dafür interessieren, aus, sich mit dem Thema zu beschäftigen, um dieselben Veränderungen – und mehr – zu erzielen, wie Flynn sie bei seinen Studenten feststellte.

Ich möchte in diesem Zusammenhang auch auf mein jüngstes Buch, *The Omega Project*[5], hinweisen. Der hier relevante Teil dieser Studie befaßt sich mit 74 Nah-Tod-Erfahrenen und einer Kontrollgruppe von 54 Personen, die sich für NTEs interessierten, aber selbst keine gehabt hatten. Bei der Untersuchung der Veränderungen von Überzeugungen und Werten stellte ich fest, daß die Kontrollgruppe viele derselben Veränderungen aufwies wie Nah-Tod-Erfahrene, *seit sie sich für NTEs interessierten*, wenngleich das Ausmaß unter dem der Nah-Tod-Erfahrenen blieb – was jedoch nicht überraschen dürfte. Dennoch zeigten die Resultate eindeutig, daß sich Mitglieder der Kontrollgruppe verändert hatten, das Leben mehr bejahten, sich selbst mehr akzeptierten, mehr Mitgefühl für andere hatten, spiritueller und weniger materialistisch waren und so weiter – kurz gesagt, sie hatten dasselbe Werteprofil entwickelt wie die Nah-Tod-Erfahrenen selbst, und das vermutlich nur deshalb, weil sie sich zu diesen Erfahrungen hingezogen fühlten. Weitere Forschung ergab ferner, daß der bei der Kontrollgruppe festgestellte Wandel von Werten und Weltsicht tendenziell von Dauer war. In einigen Fällen beschrieben diese Personen Veränderungen, die bereits seit fast zwei Jahrzehnten andauerten.

Darüber hinaus stellte ich bei der Kontrollgruppe auch noch Veränderungen von Überzeugungen und Werten fest, die belegten, daß viele Ansichten der Betreffenden sich praktisch nicht mehr von jenen unterschieden, die für Nah-Tod-Erfahrene typisch sind. Zum Beispiel zeigte die große Mehrheit in der Kontrollgruppe ebenso wie die Nah-Tod-Erfahrenen selbst eine erhöhte Sensibilität für ökologische Probleme und eine größere Sorge um das Wohlergehen des Planeten Erde. Mehr als 80 Prozent gaben ferner eine verminderte Angst vor dem Tod an, und ein ähnlich hoher Prozentsatz behauptete, ihr Glaube an ein Leben nach dem Tod habe zugenommen – auch dies sind Auswirkungen, die typischerweise von Nah-Tod-Erfahrenen beschrieben werden.

Ganz allgemein gesprochen sieht es also sehr danach aus, daß schon allein der Erwerb von Wissen über die NTE wie ein »gutartiger Virus« wirken kann; das heißt, wer sich Kenntnisse zum Thema der NTE aneignet, kann sich sozusagen »infizieren«, weil die NTE offenbar ansteckend ist. Demnach erscheint es ganz plausibel, daß Sie auf diese Art und Weise einige der Vorteile eines Nah-Tod-Erfahrenen für sich gewinnen können, ohne daß Sie sich wie eine moderne Anna Karenina vor den nächsten Zug werfen müssen, um die Erfahrung selbst durchzumachen. Dieses Buch ist eindeutig auf dieser Prämisse aufgebaut, und wenn sie korrekt ist, sollten Sie bereits jetzt einige »Symptome« zeigen, an denen Nah-Tod-Erfahrene »leiden«, und die Welt in etwa so sehen, wie diese es tun.

Ein weiterer möglicher Hinweis darauf, wie Informationen über NTEs zu Veränderungen der persönlichen Werte führen können, kommt von dem Psychiater Bruce Greyson, der viele Jahre lang die Zeitschrift *Journal of Near-Death Studies*[6] herausgab. 1983 publizierte Greyson die Ergebnisse einer Untersuchung persönlicher Werte, die auf den Angaben von 89 Nah-Tod-Erfahrenen und 175 Mitgliedern der International Association for Near-Death Studies beruhten. Letztere hatten keine NTE gehabt, interessierten sich aber offensichtlich so sehr für dieses Thema, daß sie dieser Organisation zum Studium von NTEs beigetreten waren.[7] Bei seiner Arbeit beschäftigten Greyson vor allem vier Komplexe persönlicher Werte: Selbstverwirklichung, Altruismus, Spiritualität und Erfolg im Leben. Diese Faktoren ließ er von seinen Testpersonen hinsichtlich ihrer Bedeutung für sie persönlich bewerten.

Interessant an Greysons Test ist, wie sehr sich seine beiden Gruppen – Nah-Tod-Erfahrene und NTE-Interessierte – in ihren Werteprofilen *ähnelten*. Beide bewerteten Selbstverwirklichung, Altruismus und Spiritualität als sehr wichtig für sie, so daß sich statistisch gesehen kein Unterschied ergab. Der Erfolg im Leben jedoch wurde von beiden Gruppen abgewertet, und zwar von den Nah-Tod-Erfahrenen noch mehr als von der anderen Gruppe. Insgesamt jedoch zeigt sich hier wie bei den Resultaten des Omega-Projekts, daß das Werteprofil von NTE-Interessierten dem von Nah-Tod-Erfahrenen nicht unähnlich ist. Dafür mag es natürlich unterschiedliche Gründe geben; wahrscheinlich ist jedoch, daß die Aussagen von Nah-Tod-Erfahrenen dazu, was im Leben wirklich wichtig ist, Menschen sehr beeinflussen, die sich hinreichend zum Phänomen der NTE hingezogen fühlen, um Mitglieder von IANDS zu werden. Das bedeutet, daß die Resultate von Greysons Untersuchung sich mit unserer zuvor genannten Hypothese des gutartigen Virus decken.

Die Resultate der hier zusammengefaßten Studien und insbesondere ihre Implikationen haben mich fasziniert, und sie rechtfertigen, wie ich bereits sagte, durchaus ein fortgesetztes Interesse von seiten der NTE-Forschung. Als einen ersten Schritt in diese Richtung führte ich deshalb vor einigen Jahren eine formlose Studie durch, die seither bereits zweimal wiederholt wurde. Darin verband ich Flynns Ansatz mit der Methodologie des Omega-Projekts. Diese Studie stellt zwar kaum mehr als eine Bagatelle dar, aber sie liefert dennoch einige zusätzliche verlockende Hinweise darauf, wie Information zum Thema NTE auf eine Zielgruppe wirken kann, die sich von jener, für die dieses Buch geschrieben wurde, nicht sehr unterscheidet.

Die Hypothese vom gutartigen Virus auf dem Prüfstand

Wie bereits am Anfang dieses Buches erwähnt, gab ich von 1985 bis 1994 einen Kurs über NTE an der University of Connecticut. Er fand bald regelmäßig jedes Semester statt, wurde meistens von 35 bis 40 Teilnehmern besucht, und über die Jahre hatte ich in dieser Veranstaltung wahrscheinlich an die 500 Studenten. Bei diesem Kurs verlangte ich die Führung eines detaillierten Tagebuchs, in dem die Studenten ihre Reaktionen und Kommentare zum Unterricht und der empfohlenen Lektüre sowie zu Ereignissen in ihrem oder dem Leben anderer notieren sollten, sofern sie einen Bezug zu unseren Themen hatten. Beim Lesen dieser Journale und der Arbeiten meiner Studenten wie auch bei Diskussionen mit ihnen wurde mir oft bewußt, daß der Kurs im großen und ganzen eine deutlich erkennbare und in nicht wenigen Fällen ganz offensichtlich tiefe persönliche Wirkung auf meine Studenten hatte. Aber ich zögerte, diese Wirkung sorgfältig zu bewerten, aus Furcht vor der Kritik, daß ich versuche, aus den Reaktionen meiner Studenten Gewinn zu ziehen. Aus diesem Grunde stellte ich am Beginn des Semesters jeweils klar, daß ich jeden Standpunkt, auch den gröbsten Skeptizismus, willkommen hieß, und verlangte von meinen Studenten lediglich, den von mir präsentierten Materialien mit aufgeschlossenem Forschergeist zu begegnen und so zu eigenen Urteilen über die NTE zu gelangen.

Was genau präsentierte ich nun in diesem Kurs? Ich begann mit einem allgemeinen Überblick über die NTE und zeigte in den nächsten Stunden einige Videos von Personen, die ihre NTE erzählten. Danach ließ ich drei Nah-Tod-Erfahrene direkt ihre Erfahrungen vor den Studenten berichten. Gelegentlich bildete ich im Verlauf des Semesters auch kleine Gruppen, in denen Themen des Kurses diskutiert wurden; damit begann ich jedoch immer erst nach dem Besuch der Nah-Tod-Erfahrenen. Schließlich gingen wir die erarbeiteten Kenntnisse über die NTE noch einmal durch, befaßten uns mit unterschiedlichen Modellen zur Interpretation und Erklärung der NTE und betrachteten Themen wie etwa Verifikationsstudien (vergleiche hierzu das zweite Kapitel), NTEs bei Kindern, Furcht auslösende NTEs, NTEs in verschiedenen Kulturen und so weiter.

In der zweiten Hälfte des Kurses präsentierte ich Material zu anderen Phänomenen, die mit der NTE in Zusammenhang stehen – zum Beispiel Visionen auf dem Sterbebett, außerkörperliche Erfahrungen und mystische Erfahrungen –, um mich schließlich einer Untersuchung der NTE-Nachwirkungen zuzuwenden. Gegen Ende des Kurses wurden noch einige Betrachtungen über breitere, spekulative Fragen im Zusammenhang mit der NTE sowie mögliche evolutionäre Implikationen zur Sprache gebracht. Gewöhnlich lud ich zur Diskussion der Nachwirkungen noch einmal mindestens drei Nah-Tod-Erfahrene ein, nicht selten auch andere Gäste wie zum Beispiel Forscher. Zusätzlich veranstaltete ich Experimente – meist zwei pro Semester –, für die ich Übungen ausarbeitete, in welchen ich die Studenten bat, sich mit dem eigenen Tod zu konfrontieren oder sich über die Konsequenzen der Lebensrückschau für ihr eigenes Leben Gedanken zu machen (wie Sie es im fünften Kapitel taten). Insgesamt kamen wir in 14 Wochen 28mal zusammen, wobei jede Unterrichtseinheit etwa 75 Minuten dauerte.

Als Lektüre empfahl ich Raymond Moodys *Leben nach dem Tod*, mein eigenes Buch *Den Tod erfahren – das Leben gewinnen*, eines der Werke von Scott Rogo mit dem Titel *Life after Death* – hauptsächlich wegen der darin enthaltenen Diskussion verschiedener mit der NTE in Zusammenhang stehender parapsychologischer Phänomene (das Thema »Leben nach dem Tod« selbst streifte ich nur am Rande, es war nicht Inhalt meines Kurses) – und schließlich Michael Talbots *Das holographische Universum*; dieses Buch bietet eine einheitliche theoretische Perspektive hinsichtlich der Frage, welche Anomalien, wie etwa NTEs, sich innerhalb eines »Neues Paradigma« genannten wissenschaftlichen Ansatzes begreifen lassen.

Und welche Art von Studenten besuchte diese Veranstaltung? Zu Beginn des Kurses führte ich eine formlose Erhebung durch, um festzustellen, was die Studenten bereits über die NTE wußten und wie sie dieses Phänomen beurteilten. Im allgemeinen war darüber noch nicht viel bekannt; das meiste, was die Teilnehmer an Kenntnissen mitbrachten, stammte aus unzuverlässigen oder sensationslüsternen Quellen wie Talk-Shows, der Boulevardpresse und Filmen. In der Regel besaßen die Studenten also bestenfalls ein oberflächliches Wissen über die NTE, doch die meisten von ihnen standen dem Thema sehr aufgeschlossen gegenüber; starke Skeptiker oder richtiggehende Boykotteure waren selten. Doch regelmäßig äußerten sich zu Semesterbeginn nicht wenige Teilnehmer reserviert bis skeptisch.

Mit anderen Worten, am Anfang des Kurses zählte der Großteil meiner Studenten weder zu den »treuen Anhängern« des Phänomens NTE, noch wußten sie allzuviel darüber. Am ehesten könnte man sagen, daß sie zunächst vom Thema fasziniert und voller Fragen dazu waren. Was wir nun natürlich noch wissen wollen: Welche Wirkungen zeigte der Kurs nach einem Semester bei den Teilnehmern?

Ich sagte bereits, daß ich zögerte, dieser Frage nachzugehen, weil ich die Kritik fürchtete, ich würde mich mit Resultaten über meine Studenten schmücken wollen. Dementsprechend notierte ich jahrelang nur für mich selbst, die Teilnehmer würden deutliche Anzeichen dafür zeigen, daß der Kurs eine starke und positive Wirkung auf sie hatte. Doch als ich mich im Frühjahrssemester 1993 mit der auf den Resultaten des Omega-Projekts basierenden Wirkung von NTEs befaßte, beschloß ich spontan, meine Studenten zu bitten, am Ende des Kurses einen kleinen Fragebogen auszufüllen (den ich erst am Tag zuvor ausgearbeitet hatte). Sie wußten also nicht, daß diese Selbsteinschätzung auf sie zukam, und ich hatte sie auch nicht von langer Hand geplant.

An dem Tag, als ich die Erhebung durchführte, waren 28 Studenten anwesend. Der Fragebogen selbst bestand aus acht Blöcken von Multiple-choice-Aussagen, die alle mit »Durch diesen Kurs ...« und zwei offenen Fragen begannen. Außerdem wurden die Studenten gebeten, anonym und so wahrheitsgemäß wie möglich zu antworten.

Ich präsentiere in verschiedenen Kapiteln dieses Buches Resultate dieser Studie, doch hier stelle ich nur solche heraus, die im gegenwärtigen Kontext besonders relevant sind. Sie beschäftigen sich hauptsächlich mit der Frage, wie sich die Sichtweise der Studenten bezüglich der NTE veränderte, und mit dem von ihnen angegebenen Wandel von Werten und Weltsicht.

Der erste Punkt befaßte sich mit der Authentizität von NTEs. 27 der 28 Studenten (96 Prozent) gaben an, der Kurs habe ihre Überzeugung von der Authentizität von NTEs gefestigt; die Meinung eines Teilnehmers war unverändert. Die Tatsache, daß sich die Meinung bezüglich der Authentizität der NTE bei fast allen stabilisierte, ist noch bemerkenswerter vor dem Hintergrund der Tatsache, daß die meisten dieser Studenten der NTE bereits von vornherein offen gegenübergestanden hatten. Selbst die Skeptiker schwanden angesichts der Beweise für die NTE dahin.

17 Studenten (61 Prozent) gaben an, sie seien durch den Kurs spiritueller geworden, und bei 19 (68 Prozent) hatte sich die Überzeugung, daß ihr Leben einen Sinn habe, durchgesetzt. 20 (71 Prozent) erklärten, ihre Vorstellung von Gott habe sich als Ergebnis des Kurses verändert, einschließlich acht (29 Prozent), die besonders betonten, ihr Glaube an Gott sei

durch den Kurs gefestigt worden. Keiner gab an, daß sein Glaube an Gott geschwunden sei; acht (29 Prozent) jedoch, daß sich ihr Glaube nicht verändert habe.

Die Anzahl der Befragten ist hier zwar klein, doch die Resultate bestätigen in eindrucksvoller Weise die Wirkung des Kurses auf die Punkte, zu denen ich meine Fragen stellte. Aber halten wir uns nun nicht mehr länger mit langweiligen Statistiken auf; im folgenden präsentiere ich Ihnen einige kurze Zitate, die für diese Studenten typisch sind. Dann sehen Sie selbst, wie sehr trockene Statistik das Wesen und die Tiefe der Veränderungen bei diesen jungen Menschen verschleiert.

Ich habe das Gefühl, spiritueller geworden zu sein; außerdem hat [der Kurs] meine Überzeugung, daß Reichtum und materielle Dinge unwichtig sind, bestätigt.

Ich glaube, das Wichtigste, was sich für mich aus der Beschäftigung mit der NTE ergab, sind eine erhöhte Spiritualität und ein gefestigter Glaube an Gott.

Ich habe weniger Angst vor dem Tod ... [und] bin spiritueller.

[Was] ich aus dem Studium der NTE am meisten gewonnen habe, ist, daß die Liebe die treibende Kraft der ganzen Menschheit ist. Ich habe einen neuen Glauben an Gott, Reinkarnation und Spiritualität gefaßt; mein Glaube an diese Dinge ist stärker geworden. Und ich glaube, daß ich menschlich durch diesen Kurs gewachsen bin.

Was ich aus dem Studium der NTE in diesem Semester gewonnen habe: 1. mehr Mitgefühl für alle Menschen, 2. weniger Angst vor dem Ende dieses Lebens, 3. mehr Aufgeschlossenheit, um soviel wie möglich zu lernen, solange ich noch lernen kann.

Ich habe zu einer Spiritualität gefunden, die in mir verborgen lag. Ich sehe besser, wie ich auf andere wirke, und ich möchte diese neue Spiritualität mit der Zeit wachsen lassen.

Ich habe das Gefühl, daß ich von vielen negativen Aspekten des Lebens befreit wurde. Mein Wissen über mich selbst hat beträchtlich zugenommen, ebenso mein Selbstwertgefühl. Ich habe mehr Freude am Leben und an der Liebe. Und ich fühle mich weniger negativ – und habe weniger feindselige Gefühle anderen gegenüber. Ich denke, daß dieser Kurs für mein Leben extrem hilfreich war.

Eine spirituellere Sicht meiner selbst und der Welt. Mehr Verständnis dafür, was wirklich wichtig ist im Leben, und mehr Abstand von den materialistischen Werten, die ich hatte.

Die Beschäftigung mit der NTE war sehr interessant und erhellend. Ich habe das Gefühl, daß dieser Kurs mich aufgeschlossener und hilfsbereiter gemacht hat ... Die NTE hat mir eine positive Auffassung über Tod und Leben gegeben.

Diese kleine Erhebung wurde mit praktisch gleichen Resultaten in zwei weiteren NTE-Kursen wiederholt; den einen gab ich im darauffolgenden Semester, den anderen hielt ich – mit einem leicht abweichenden Aufbau – an einer anderen Universität. Das macht klar, daß die Resultate nichts mit dem Lehrer zu tun haben, und es erhöht ferner die Wahrscheinlichkeit, daß sie ausschließlich auf den Inhalt des in den NTE-Kursen präsentierten Materials zurückzuführen sind.

Was läßt sich nun, da wir ein allgemeines Bild vom Ergebnis dieses Kurses haben, im Hinblick auf die Hypothese vom gutartigen Virus daraus folgern?

Obwohl die Zahl der Kursteilnehmer klein war und diese Erhebungen relativ spontan durchgeführt wurden, läßt sich ein generelles Resultat nicht ableugnen: Diese Studenten drückten Empfindungen, Gefühle, Werte und Überzeugungen aus, die von jenen, welche für gewöhnlich von Nah-Tod-Erfahrenen geäußert werden, nicht zu unterscheiden sind. Dieselben Wirkungen, die Nah-Tod-Erfahrene ihrer NTE zuschreiben, führten die Studenten auf diesen Kurs über NTEs zurück, und das steht sehr wohl im Einklang mit der Hypothese vom gutartigen Virus: Offensichtlich können einige Vorteile der NTE sozusagen aus zweiter Hand vermittelt werden, indem man entsprechende Informationen an Individuen weitergibt, die sich für die NTE interessieren oder deren Interesse daran geweckt wird. Und die Auswirkungen sind offenbar tiefgreifend. Speziell für die Leser dieses Buches dürfte nun ein zusätzlicher Beweis dafür erbracht sein, daß das, was mit meinen Studenten geschah, nicht nur auch bei Ihnen eintreten kann, sondern daß es aller Wahrscheinlichkeit nach bereits eingetreten ist.

Aber bevor wir uns nun allzusehr für die Kraft der NTE, als gutartiger Virus zu wirken, begeistern, sei noch eine vorsichtige Bemerkung angebracht. Selbst wenn wir diese Befunde unbesehen übernehmen, müssen wir zum Beispiel einräumen, daß wir bislang noch nicht wissen, wie sehr sie auf tiefgreifende Veränderungen schließen lassen oder ob diese Veränderungen wirklich so von Dauer sind, wie es bei den Nachwirkungen der NTE der Fall zu sein scheint. In der Tat könnten wir noch eine ganze Menge weiterer interpretativer Fragen dieser Art aufwerfen, die sich nur durch künftige Forschungen beantworten lassen werden. Aber trotz alledem bieten uns diese Resultate, zusammen mit den Ergebnissen der Studien, die ich zitierte, eine vernünftige Basis für die Annahme, daß die Kraft der NTE nicht nur auf die Menschen wirken kann, die diese Erfahrung durchgemacht haben, sondern auch auf jene, die bereit sind, sich ihren Lektionen zu öffnen.

Weitere Beweise für die Hypothese vom gutartigen Virus: Fallbeispiele

Natürlich wird die systematische Forschung zur Hypothese vom gutartigen Virus noch einige der soeben erwähnten Ungewißheiten aufklären, doch haben wir auch jetzt schon weitere Beweise, die auf ihre Gültigkeit hindeuten. Ich meine damit die zahlreichen Berichte, die viele NTE-Forscher im Verlauf ihrer Arbeit mit Nicht-Nah-Tod-Erfahrenen gesammelt haben. Wie nicht anders zu erwarten, entspringt ein Großteil dieser Informationen Briefen und anderen, flüchtigeren Zeugnissen wie zum Beispiel Aussagen bei Konferenzen oder Interviews mit Personen, die keine eigene NTE hatten. In diesem Abschnitt präsentiere ich nur einige kleine Beispiele solchen Materials, um zu illustrieren, wie sehr manche Menschen allein durch Beschäftigung mit der Literatur zur NTE »richtigen« Nah-Tod-Erfahrenen nahekommen. Im zehnten Kapitel werden Sie noch mehr Fälle dieser Art finden, die diesen Punkt untermauern.

Lassen Sie mich hier mit einem Mann namens James beginnen, der mir schrieb, um mir die Wirkung seiner jahrelangen NTE-Lektüre mitzuteilen. Sie werden sehen, daß er nicht nur ein gutes Beispiel für die Wirkung des gutartigen Virus darstellt, sondern wie ich auch ein Befürworter dieser Hypothese ist und sie unabhängig von mir entwickelte.

Ich habe mir über die Wirkungen der NTE auf mich keine vollkommene Klarheit verschafft, aber ich vermute, wenn mich das [seine Lektüre der NTE-Literatur] so stark beeinflußt hat, dann muß es noch eine ganze Menge anderer Menschen ohne eine NTE geben, die ebenfalls stark beeinflußt wurden.

Im folgenden listet James einige der von ihm über die Jahre beobachteten Veränderungen auf:

NTEs haben meine früher große Angst vor dem Tod sehr verringert, um nicht zu sagen beseitigt. Ich sehe den Tod heute sehr positiv und habe ein viel klareres Bild vom Leben nach dem Tod. NTEs haben mein spirituelles Leben bereichert, indem sie mir halfen, es aus dem Bereich des Mystischen herauszuheben und mich die Dinge direkter sehen zu lassen. Zudem habe ich durch sie viele spirituelle Auffassungen kennengelernt, oder sie sind mir klarer geworden, wie zum Beispiel die Reinkarnation oder die läuternde Wirkung der Lebensrückschau. Sie haben diese Dinge für mich real werden lassen, so daß sie für mich heute nicht mehr nur etwas sind, worauf man hoffen kann, oder etwas, das einem als theologische Theorie oder als Mythos vorgesetzt wird. NTEs haben mein Bewußtsein des Primats der Liebe als einer lebendigen Kraft und als Sinn und Ziel all unseren Tuns und aller Dinge intensiviert. Und sie haben meinen Glauben daran gefestigt, daß das, was wahrhaftig spirituell ist, weit über die Glaubensinhalte und Einschränkungen aller Religionen hinausgeht (was ja auch die Mystiker jeglicher Glaubensrichtung zu zeigen scheinen).

Auf ein weiteres, ähnliches Beispiel dieser Art wurde ich vor einigen Jahren aufmerksam, als mir ein pensionierter Professor für Sprachen und Literatur namens Donald schrieb. Er hatte sich zwar nicht so eingehend mit der NTE-Literatur befaßt wie James, aber auch er berichtete von einer »bedeutenden Veränderung meines Lebens«. In dieser Hinsicht wies er ausdrücklich auf folgendes hin: »Ich habe mich so sehr mit diesen Menschen identifiziert, daß ich vieles von dem, was sie de facto erlebten, nachempfinden konnte.« Dann fuhr er, ebenso wie James, fort, mir einige seiner Veränderungen aufzuzählen:

1. Eine spürbar reduzierte Angst vor dem Tod und damit einhergehend das Verschwinden jeglicher Angst vor dem Leben.
2. Eine absolut positive Einstellung zum Leben, zur Welt und allen Lebewesen, verbunden mit einer noch nie empfundenen Lebensfreude und einer bemerkenswerten Zunahme kreativer Aktivitäten.
3. Echtes und anscheinend permanentes Wohlbefinden, das jedes erwartete Maß übersteigt.
4. Ein beständiger Wunsch, wieder in den Lehrberuf zurückzugehen und/oder Wege zu finden, anderen Menschen zu helfen.
5. Früher hielt ich mich für einen ausgesprochenen Atheisten … Die Lektüre zur NTE hat zwar meine Einstellung zur »organisierten« Religion kaum verändert, aber ich bin heute fest davon überzeugt, daß das menschliche Bewußtsein den leiblichen Tod überdauert.

Zum Schluß möchte ich Ihnen noch einen Auszug aus einem Interview mit einer Schweizerin namens Béatrice präsentieren, das mir meine Kollegin Evelyn Elsaesser-Valarino freundlicherweise zur Verfügung stellte. Dieses Gespräch ist hier von besonderem Wert, weil es uns nicht nur das Ergebnis, sondern vor allem den Prozeß zeigt, in dessen Verlauf ein aufgeschlossener, interessierter Mensch die Einsichten aus NTEs aufnimmt und in sein Leben integriert. Evelyn hat mich jedoch darauf hingewiesen, daß das Phänomen der NTE in der Schweiz, wo dieses Interview stattfand, nicht annähernd so bekannt ist wie in den Vereinigten Staaten. Béatrice ist 45 Jahre alt und hat ein Studium absolviert.

Frage: *Wann und wie haben Sie erstmals von Nah-Tod-Erfahrungen gehört?*
B: Das war vor ungefähr zehn Jahren. Ich weiß nicht mehr genau, wie ich erstmals auf das Phänomen der NTE aufmerksam wurde. Ich weiß nur noch, daß ich etwas gelesen habe, worin ein Zitat aus Moodys Buch *Leben nach dem Tod* vorkam. Damals waren NTEs in Europa noch kaum bekannt und in der Schweiz praktisch überhaupt nicht.
Frage: *Was hat Sie an diesem Thema so sehr interessiert?*
B: Ich war schon immer jemand, der viele Fragen stellt und sich nicht so leicht mit den Antworten zufriedengibt, die man gemeinhin bekommt. Als ich zum erstenmal von NTEs hörte, hatte ich schon einige Zeit nach Antworten auf existentielle Fragen gesucht. Ich las sehr viel – meistens wissenschaftliche und philosophische Bücher. Sie regten meinen Intellekt an, erweiterten mein Wissen und öffneten meinen Geist für die Welt, aber mein Herz blieb absolut unbefriedigt!
Frage: *Was geschah, nachdem Sie* Leben nach dem Tod *gelesen hatten?*
B: Also, ich will ja nicht übertreiben, aber das war eine Offenbarung für mich. Nicht so sehr Moodys Kommentare oder seine Analysen, sondern die Berichte der Nah-Tod-Erfahrenen. Ich habe beim Lesen viel geweint und wußte, daß das wahr ist! Ich war tief berührt, und zwar nicht auf einer intellektuellen, rationalen Ebene. Die Aussagen der Nah-Tod-Erfahrenen gingen mir sehr zu Herzen, sie trafen meine Seele, die Essenz meines Wesens – Sie können es nennen, wie Sie wollen. Ich wußte sofort, daß das, was sie sagten, der Wahrheit entsprach. Es hatte nichts zu tun mit der Art von Wissen, die man erwirbt, wenn man eine Information bewertet und sagt, ja, das ist sinnvoll und möglich, oder nein, das ist logisch nicht möglich. Es war nicht dieses intellektuelle Wissen, eher ein Gefühl. Ich hatte den Eindruck, daß es hier um eine Wahrheit ging, die ich immer schon gekannt, aber schlichtweg vergessen hatte. Ja, es war eine Offenbarung – und eine Erleichterung.
Frage: *Eine »Erleichterung« – wie meinen Sie das?*
B: Wenn Sie das Gefühl haben, im Dunkeln zu laufen, und Sie versuchen, den Weg zu finden, und plötzlich sehen Sie das Licht und den Weg, dann sind Sie erleichtert!
Frage: *Ja, ich verstehe. Können Sie mir noch etwas genauer sagen, wie gut Sie über das Phänomen der NTE Bescheid wissen?*
B: Ich habe Bücher und Artikel darüber gelesen und einige Fernsehsendungen zu diesem Thema gesehen.
Frage: *Wieviele Bücher zu diesem Thema haben Sie gelesen?*

B: So zehn bis 15. Ich weiß nicht genau, ich habe sie nicht gezählt.
Frage: *Haben Sie schon einmal einen Nah-Tod-Erfahrenen kennengelernt?*
B: Nein, noch nie; nur im Fernsehen habe ich welche gesehen.
Frage: *Haben Sie selbst schon einmal eine NTE oder eine andere mystische Erfahrung gehabt? Oder einen Zustand erweiterten Bewußtseins erlebt?*
B: Nein.
Frage: *Hat das Wissen über die NTE Ihr Leben verändert?*
B: Alles hat sich dadurch verändert.
Frage: *Könnten Sie ein wenig konkreter werden?*
B: Das Wissen über NTEs hat meine Intuitionen bestätigt, und in gewisser Weise auch meine heimliche Hoffnung, daß das Bewußtsein nach dem physischen Tod weiterlebt.
Frage: *Haben Sie, bevor Sie die NTE kennenlernten, an ein Leben nach dem Tod geglaubt?*
B: Ehrlich gesagt, ich habe mir gewünscht, daß es wahr sein möge, aber ich wußte es eben nicht. Damals war das einfach eine Frage des Glaubens … [aber] ich bin ein Mensch, der vieles in Frage stellt und nicht leicht etwas einfach als gegeben hinnimmt.
Frage: *Wenn es so ist, warum glauben Sie dann den Nah-Tod-Erfahrenen?*
B: Weil ich nicht glaube, daß ich besser Bescheid weiß als 13 Millionen Amerikaner [durch Umfragen wurde festgestellt, daß wahrscheinlich so viele eine NTE hatten] und wer weiß wie viele andere Menschen in der restlichen Welt! Außerdem – und das ist mir noch wichtiger – ich *fühle* einfach, daß es wahr ist.
Frage: *Wie wirkt sich die NTE sonst noch auf Ihr Leben aus?*
B: Sie bestärkt meinen Glauben an das Weiterleben des Bewußtseins nach dem Tod und an die Existenz einer Begegnung mit Gott oder dem Licht oder wie Sie es auch nennen mögen. Sie gibt mir den Glauben, daß alles, was mir geschieht, und sei es noch so schmerzlich, traurig oder ungerecht, eine Bedeutung hat – daß nichts per Zufall geschieht.
Frage: *Wie hat die NTE Ihr Alltagsleben verändert?*
B: Sie hat mir mit der Zeit meine Obsession genommen. Die habe ich vollständig verloren. Früher hat mir das ständig Sorge bereitet. Mit 20 war mir sehr stark bewußt, daß meine Jugend nun vorüber war. Bei jedem Geburtstag meiner Tochter spürte ich, daß ich älter wurde, und dieser Gedanke stimmte mich traurig. Ich betrachtete mich im Spiegel und suchte mein Gesicht nach neuen Fältchen ab. Aber all das ist vollständig verschwunden. Ich weiß, daß im Bereich des Bewußtseins keine Zeit existiert – warum sollte ich mir also Gedanken über das Älterwerden und das Vergehen der Zeit machen?

Diese Zeugnisse zeigen uns nicht nur, daß jemand, der für die NTE offen ist, aus ihr lernen kann, sondern *daß man ihre wesentlichsten Einsichten internalisieren und sie auf diese Weise zu eigenen Einsichten machen kann.* Dadurch werden solche Menschen selbst wie Nah-Tod-Erfahrene und lernen, die Welt mit den Augen eines Nah-Tod-Erfahrenen zu sehen. Und indem sie das tun, werden sie zu Beispielen für Steves Behauptung zu Beginn dieses Kapitels: »Es ist möglich, sich all das Wissen, das ein Mensch beim Sterben gewinnt, anzueignen, ohne selbst sterben zu müssen. Man muß nicht sterben, um das zu erreichen.«

Andere haben also bereits getan, was Sie womöglich mit Hilfe dieses Buches zur Veränderung Ihres Lebens tun werden. Aber ich habe ja auch schon darauf hingewiesen, daß, wenn die Hypothese vom gutartigen Virus wahr ist, der Same für diese Veränderungen bereits in Ihnen angelegt ist und es gut sein kann, daß er mit der Zeit Blüten treibt, ohne daß Sie mehr dazu tun müssen, als dieses Buch zu lesen und sich zu seinem Inhalt Gedanken zu machen. Das ist das Prinzip der Ansteckung, das ich zu Beginn dieses Kapitels nannte und auf das ich im folgenden noch näher eingehen werde. Aber Sie werden sich sicher erinnern, daß ich auch noch ein zweites Prinzip erwähnte, das wir uns zunutze machen müssen, nämlich die bewußte Anstrengung, die Geisteshaltung des Nah-Tod-Erfahrenen nachzuempfinden und selbst zu praktizieren, was er lebt. Und nun ist es an der Zeit, daß wir uns mit dieser Methode beschäftigen, um das Ziel dieses Kapitels zu erreichen und das Versprechen dieses Buches einzulösen: zu lernen, die Welt zu sehen und in ihr zu handeln wie ein Nah-Tod-Erfahrener. Dazu bedarf es nun einer Anstrengung Ihrerseits, wie es bei Dingen von Wert eben meistens der Fall ist. Hier also ein Vorschlag zu Beginn.

Nehmen Sie sich zunächst Zeit für ein Experiment. Sie brauchen dafür mindestens einige Stunden, aber besser wäre es, wenn Sie dafür einen ganzen Tag einplanen könnten. Beginnen Sie wieder damit, daß Sie sich in einige Geschichten dieses Buches (oder andere zum Thema NTE) vertiefen, die Sie besonders bewegten, und denken Sie darüber und über die darin enthaltenen Lektionen nach. Sie sitzen einfach still und verweilen im Geiste bei diesen Lehren, insbesondere bei jenen zum Thema Mitgefühl für sich selbst und andere. Wie in der Meditation lassen Sie diese Gedanken und Gefühle eine Weile auf sich einwirken und lassen den Absorptionsprozeß einfach zu, bis Sie das Gefühl haben, daß er abgeschlossen ist.

Und nun gehen Sie einfach Ihrer täglichen Routine nach – und versuchen Sie dabei immer daran zu denken, wie Sie gemäß der Lehre der NTE sein, wie Sie die Dinge sehen und wie Sie sich gegenüber anderen Menschen verhalten sollten. Tatsächlich spielen Sie damit für die Zeit, die Sie sich für dieses Experiment genommen haben, bereits die Rolle eines Nah-Tod-Erfahrenen; das mag sich am Anfang gekünstelt anfühlen, aber mit der Zeit werden Sie sich daran gewöhnen. Und denken Sie daran: Aus Experimenten wie Charles Flynns »Love Project« wissen wir, daß Sie die Perspektive eines Nah-Tod-Erfahrenen mit Hilfe dieser Technik erfolgreich in Ihren Geist und in Ihr Herz übertragen können. Wenn Sie aus der Geisteshaltung des Nah-Tod-Erfahrenen »herausfallen« (was Ihnen anfangs mit Sicherheit öfter passieren wird), dann erinnern Sie sich freundlich an Ihr Ziel. Lassen Sie sich selbst die Welt mit Augen voller Mitgefühl erfahren – für sich ebenso wie für Ihre Mitmenschen. Pflegen Sie diese Haltung, und im Lauf der Zeit werden Sie diese Gabe der NTE erlangen – und damit können Sie sie ebenso wie ein Nah-Tod-Erfahrener auch weitergeben.

Danach schreiben Sie sich die mit dieser Übung gemachten Erfahrungen auf: wie Sie sich dabei fühlten, welche Einsichten Sie während der Übung gewannen. Beschreiben Sie einige Ihrer Begegnungen mit anderen Menschen, bei denen Sie das Gefühl hatten, daß Sie sich so verhielten, wie es die Lektionen der NTE lehren. Betrachten Sie diese Begegnungen von Ihrem Standpunkt aus, und stellen Sie sich dann vor, was Ihnen ein Lichtwesen darüber mitteilen würde. Sehen Sie sich die Punkte an, an denen Sie scheiterten, und analysieren Sie diese, aber verurteilen Sie sich nicht dafür. Lernen Sie aus ihnen, und halten Sie das Gelernte dann schriftlich fest. Lassen Sie das Schreiben einfach fließen, wie es will; bestimmt kommen Ihnen dabei noch andere Dinge in den Sinn.

Machen Sie dies für einige Zeit zu einer regelmäßigen, wenn möglich täglichen Übung. Vielleicht können Sie nicht jedesmal gleich mehrere Stunden darauf verwenden, aber jede Stunde, die Sie dafür erübrigen können, wird Früchte tragen. Und früher oder später werden Sie feststellen, daß Sie auf dem Wege sind, die Person zu werden, über die Sie gelesen haben.

Ihre Familie und Freunde werden natürlich zumindest einige Ihrer Veränderungen bemerken und womöglich keinen Gefallen daran finden – ganz wie wir es von den Nah-Tod-Erfahrenen gehört haben. Es könnten Probleme auftauchen. Aber das Leben ist nun einmal keine problemfreie Zone! Und Veränderungen sind nie leicht, weder für die, die sie im eigenen Leben anstreben, noch für jene, die von ihren Auswirkungen betroffen werden. Aber wenn Ihr Herz an diesem Ziel hängt, müssen Sie die Konsequenzen in Kauf nehmen.

Sie brauchen nur einen Nah-Tod-Erfahrenen zu fragen, ob es sich lohnt, das Licht als Führer zu haben bei dem Versuch, leben und sterben zu lernen.

9

Sie kommen mit dem Licht: Nah-Tod-Erfahrung und die Gabe des Heilens

Einer der ersten und zur Zeit seiner Veröffentlichung Anfang der achtziger Jahre recht erfolgreichen Filme zum Thema NTE war *Der starke Wille*. Ellen Burstyn spielte darin eine junge Frau, die nach einem beinahe tödlichen Autounfall, bei dem sie eine NTE hat, zu einer sehr begabten Heilerin mit der fast magischen Fähigkeit wird, Schwerkranke wieder genesen zu lassen. Zur Zeit des Kinostarts hatte ich mit diesem Film eine periphere Verbindung und lernte einige Leute kennen, die an seiner Entstehung beteiligt waren, zum Beispiel den Drehbuchautor Lou Carlino; daher weiß ich einige Dinge über die Vorfälle, auf denen die Geschichte beruht. So sind etwa einige Szenen im Leben der Protagonistin, nachdem sie zur Heilerin geworden ist, Ereignissen nachgestellt, die die bekannte amerikanische Heilerin Rosalyn Bruyere tatsächlich erlebte, und diese wirkte auch als Beraterin mit. Rosalyn erzählte mir jedoch, daß sie selbst nie eine NTE hatte; sie war also nicht wirklich das »Vorbild« für die Nah-Tod-Erfahrene, die im Film porträtiert wird. Als ich Lou Carlino darauf ansprach, meinte er, es habe in der Tat keine bestimmte Nah-Tod-Erfahrene gegeben, nach der er seine Gestalt gezeichnet habe; vielmehr sei seine Protagonistin eine Art Mischung aus mehreren Nah-Tod-Erfahrenen, die er getroffen habe.

Natürlich war *Der starke Wille* ein Film aus der Traumfabrik Hollywood; falls Sie ihn also in erster Linie als Unterhaltung einstufen, die mit den Fakten der NTE-Forschung vielleicht ein bißchen Schindluder treibt, sind Sie durchaus entschuldigt. Andererseits aber würden Sie dennoch einem Irrtum erliegen, denn die Fakten sprechen voll und ganz für Carlinos Prämisse: Nicht wenige Nah-Tod-Erfahrene entwickeln nämlich tatsächlich heilerische Fähigkeiten. Und aus diesem Grunde lohnt es sich zu prüfen, ob wir auch aus dieser ziemlich verbreiteten Nachwirkung der NTE Lektionen für uns extrahieren können. Wenn wir zum Beispiel verstehen, was die Basis dieser Fähigkeit zu heilen ist, könnten auch wir einen Zugang zu ihr finden und lernen, uns selbst oder andere zu heilen.

Aber bevor wir diesen eher praktischen Weg einschlagen, müssen wir zuerst einige Beweise dafür betrachten, daß NTEs tatsächlich heilerische Fähigkeiten initiieren und wie diese entstehen.

Lassen Sie uns zunächst einige spezifische Studien zum Zusammenhang zwischen NTEs und heilerischen Fähigkeiten betrachten. Eine der ersten derartigen Untersuchungen stammt von der englischen Forscherin Margot Grey; sie wurde 1984 veröffentlicht und trägt den Titel *Return from Death*. Dort schreibt die Autorin zu Beginn des Kapitels über »heilende Manifestationen«:

> Eine weitere aufsehenerregende und spontane Folge der Nah-Tod-Erfahrung scheint die Gabe des Heilens zu sein. Wie das Hellsehen ist auch diese Fähigkeit in vielen Fällen offenbar das direkte Resultat einer Nahbegegnung mit dem Tod.[1]

Auch die amerikanische Forscherin P. M. H. Atwater befragte im Verlauf von 20 Jahren mehr als 3000 Nah-Tod-Erfahrene zu diesem Punkt. In ihrem letzten Buch stellt sie, allerdings ohne eine genaue Zahl anzugeben, fest, daß über 50 Prozent der von ihr befragten Nah-Tod-Erfahrenen nach ihrer Erfahrung »heilende Hände«[2] bekamen. Und auch andere Forschungen belegen Atwaters Behauptung. So kam ich selbst in meiner letzten Studie über Nah-Tod-Erfahrene zu dem Ergebnis, daß 42 Prozent von ihnen eine Zunahme heilerischer Fähigkeiten nach der NTE angaben, verglichen mit nur elf Prozent der Kontrollgruppe, und mehr als viermal so viele Nah-Tod-Erfahrene (47 Prozent) als die Kontrollpersonen kamen speziell entweder auf ungewöhnliche Energieentladungen in den Händen oder auf das Syndrom der »heißen Hände« als Teil dieses Phänomens zu sprechen.[3] Schließlich verfügen wir noch über die hervorragende Arbeit der australischen Forscherin Cherie Sutherland, die die diesbezüglichen Resultate und Aussagen bekräftigt. Sie stellte fest, daß nur acht Prozent der von ihr befragten Nah-Tod-Erfahrenen vor ihrer NTE von heilerischen Fähigkeiten berichteten, aber 65 Prozent danach behaupteten, solche Gaben zu besitzen. Es scheint also der Schluß durchaus angebracht, daß die NTE in der Tat ein Potential in uns freisetzen kann, über das wahrscheinlich jeder Mensch verfügt – nämlich das Vermögen, anderen heilende Energien zu vermitteln.

Im Verlauf meiner langjährigen Beschäftigung mit NTEs habe ich natürlich viele Menschen getroffen, die – manchmal offenbar durch Zufall – entdeckten, daß sie eine Gabe zu heilen oder zu diagnostizieren erhalten hatten, und dann einen Drang verspürten, dieses Vermögen für ihre Mitmenschen einzusetzen. Ein exzellentes Beispiel dafür ist meine gute Freundin Barbara Harris Whitfield, die eines der ersten so beliebten autobiographischen Bücher zum Thema NTE und das Leben danach verfaßte.[4] Barbara, die Sie bereits im Zusammenhang mit der Lebensrückschau kennenlernten (siehe sechstes Kapitel), hatte ihre NTE 1975 im Zusammenhang mit einer Operation wegen einer Wirbelsäulenversteifung. Nach ihrer Genesung bemerkte sie, daß »heilsame Energien«, so ihre Worte, sie durchströmten. Und ganz eindeutig hatte sie auch das Syndrom der »heißen Hände«: Sie erzählte mir, eines Tages, als sie und ihr Mann (er trug zu diesem Zeitpunkt Shorts) im Auto unterwegs waren, habe sie, ohne es zu wollen, seinen Oberschenkel berührt, und er habe vor Schmerz aufgeschrien, weil von ihrer Hand eine so starke Hitze ausgegangen sei. Barbara wurde später Atemtherapeutin, was ihrem Wunsch, anderen Menschen zu helfen, entgegenkam; aber sie hatte trotzdem immer noch das starke Bedürfnis, »handgreiflich« zu helfen, und so absolvierte sie schließlich eine Ausbildung als Masseurin. Zum Teil, so erklärte sie mir, habe sie sich dazu entschlossen, weil sie einen legitimen Weg gesucht habe, Menschen berühren und auf diese Weise ihre heilenden Energien weitergeben zu können. In ihrem Buch gibt sie viele Beispiele ihrer Arbeit mit unterschiedlichen Heilmethoden, und ich kann darüber hinaus persönlich bestätigen, daß ihre Hände in der Tat heilende Kräfte besitzen.

Aber es sind nicht nur ihre Hände, wie ich ebenfalls selbst bei mehreren Gelegenheiten feststellen konnte; Barbaras ganzes Wesen, ihre Präsenz, ist ein Kanal für diese Energie. Wenn sie in meinem Kurs an der Universität sprach, geschah es oft, daß die Studenten sich um sie scharten und mir nachher berichteten, welche spürbare Kraft von ihr ausgegangen sei. Inzwischen arbeitet Barbara häufig mit ihrem zweiten Mann, dem bekannten Arzt und Autor Charles Whitfield, zusammen.

Auch Helen Nelson kenne ich schon seit dem Beginn meiner Arbeit in der NTE-Forschung, und auch ihr Weg verlief nach ihrer NTE Mitte der siebziger Jahre ganz ähnlich wie bei Barbara. Anders als diese scheint Helen aber sogar fähig zu sein, das den menschlichen Körper umgebende Energiefeld wie auch die Energiezentren innerhalb des Körpers, die in den spirituellen Traditionen des Ostens als Chakras bezeichnet werden, direkt wahrzunehmen. Dementsprechend konzentriert sie sich in ihrer Arbeit auf die intuitive Diagnostik des Energiefeldes und versucht, Energieblockaden zu beseitigen und das energetische Gleichgewicht wiederherzustellen. Ich habe Helen zwar in den letzten Jahren nicht mehr so oft gesehen wie früher, aber telefonisch und brieflich teilte sie mir mit, daß sie nach wie vor sehr erfolgreich vor allem mit Krebspatienten arbeitet. Mehrere Ärzte interessierten sich für ihre Gabe, und ein Buch über ihr Leben nach ihrer NTE ist in Vorbereitung.

Eine weitere Nah-Tod-Erfahrene, die heilerische Fähigkeiten entwickelt hat und ebenso wie Barbara und Helen ein enormes Charisma besitzt, wenn sie vor Menschen spricht, ist eine Frau, die ich Stella nenne. Als wir uns Ende der achtziger Jahre kennenlernten, schrieb sie mir über ihre Arbeit mit Todkranken, insbesondere Aids-Patienten:

Mein Mitgefühl für diese Menschen hat in mir eine neue »Gabe« entstehen lassen. Ich habe gelernt, wie man einen Körper nach anomalen Energiestrukturen »abscannen« kann. Wenn ich mit der Hand über solche Zonen streiche, spüre ich Hitze. Dann fokussiere ich mich und schicke Energie durch meine Hand, um die Energien in diesem Bereich wieder ins Gleichgewicht zu bringen. Die Patienten sagen mir, daß ihre Schmerzen danach stundenlang nachlassen. Ich weiß, daß ich eine Art von Energie übertrage und daß deren Menge direkt mit der Größe meines Mitgefühls in Zusammenhang steht.

Es ist bedauerlich, aber vermutlich auch verständlich, daß es noch keine konsequente und systematische Erforschung der heilerischen Fähigkeiten von Nah-Tod-Erfahrenen wie Barbara, Helen und Stella gibt. Aus diesem Grunde müssen wir uns mit Aussagen wie der obigen begnügen, die sich ausschließlich an das Wort der jeweiligen Person klammern. Wenn man in den in diesem Kapitel genannten Büchern oder in anderen Werken zum Phänomen der NTE nachschlägt, stellt man fest, daß dort hauptsächlich persönliche Berichte von Nah-Tod-Erfahrenen zitiert werden, die Fälle schildern, in denen sie andere Menschen heilten oder zumindest wie Stella eine spürbare Erleichterung von Schmerzen erreichten. Des weiteren wird für gewöhnlich darauf verwiesen, daß sich diese Fähigkeiten nach einer NTE entwickelten oder verstärkten. Wie die zuvor zitierte Statistik zeigt, sind solche Behauptungen beeindruckend häufig, und viele »Anekdoten« nötigen einem Respekt oder Bewunderung ab; es ist also kaum wahrscheinlich, daß diese Wirkungen insgesamt zu Mißtrauen Anlaß geben. Vielmehr kann man trotz mangelnder wissenschaftlicher Forschung auf diesem Gebiet wohl davon ausgehen, daß heilerische Gaben bei Nah-Tod-Erfahrenen häufig sind – auch wenn wir dazu noch keine gesicherten Angaben machen können.

Wir haben jedoch bereits einige bedeutsame Anzeichen aus anderen Bereichen der NTE-Forschung, die stichhaltige Beweise für zumindest eine indirekte Verbindung zwischen NTEs und Heilfähigkeiten liefern. Ich habe schon im vierten Kapitel darauf hingewiesen, daß mehrere unabhängige Studien eine erhöhte Sensibilität für Elektrizität als Folgeerscheinung einer NTE belegen[5]; das heißt, Nah-Tod-Erfahrene berichten oft von einer Häufung von Vorfällen, in denen elektrische oder elektronische Anomalien auftreten: Digitale Armbanduhren funktionieren nicht mehr, Computer weisen Störungen auf, elektrische Systeme in Autos »spielen verrückt«, bei Kassettenaufnahmen entstehen leere Bänder und ähnliches mehr.

Allerdings war mir schon lange, bevor dieser Zusammenhang zwischen NTEs und elektrischer Sensibilität wissenschaftlich festgestellt wurde, aufgefallen, daß die drei zuvor genannten Frauen – Barbara, Helen und Stella – auf derartige Dinge bemerkenswert empfindlich reagierten. Sie alle hatten mir mit sarkastischer Belustigung und auch Bestürzung von derartigen Vorfällen berichtet, die ich damals lediglich zur Kenntnis nehmen, nicht aber erklären konnte. Doch das folgende Ereignis, das ich im Beisein von Zeugen erlebte, zeigt, daß diese Dinge nicht etwa aus der Luft gegriffen waren, und weitere Nachforschungen legten nahe, daß die dafür verantwortlichen Faktoren eng mit den mutmaßlichen Heilkräften von Nah-Tod-Erfahrenen in Zusammenhang stehen dürften.

Folgen Sie mir nun in einen meiner NTE-Kurse. Stella ist hier, eine von drei Nah-Tod-Erfahrenen, die eingeladen wurden, um meinen Studenten und mir über ihr Leben nach der NTE zu berichten. Ich mache meinen Gästen in diesen Kursen keine Vorgaben bezüglich des Themas, das sie behandeln wollen, solange es mit den Nachwirkungen ihrer NTE befaßt ist. Stella erzählte einmal folgende seltsame und amüsante Geschichte: Sie war mit ihrem Mann in Florida im Urlaub. Eines Abends spazierten sie in einer Kleinstadt, die sie sehr mochten, allein eine von Lampen erhellte Straße hinunter. Plötzlich fiel ihnen auf, daß jede Straßenlampe, sobald sie sie passierten, ausging! Stellas Ehemann, ein Ingenieur [ich lernte ihn später kennen], hatte seit der NTE seiner Frau schon öfter derlei seltsame Dinge beobachtet. Er bat sie, allein weiterzugehen, und, wie nicht anders zu erwarten, erlosch weiterhin jede Lampe, an der Stella vorbeiging.

Einige Jahre später kamen sie wieder in dieselbe Stadt, und Stella sagte zu ihrem Mann: »Weißt du noch, wie damals die Lichter ausgingen?«

»Sicher. Natürlich weiß ich das noch.«

»Laß uns noch mal diese Straße entlanggehen.«

Ihr Mann zögerte, aber Stella setzte sich durch, und so gingen sie erneut die Straße hinunter. »Und ob Sie es glauben oder nicht«, fuhr Stella fort, »die Lichter gingen wieder aus.«

Und genau zu dem Zeitpunkt, als sie dies sagte, flackerten sämtliche Lichter im Vorlesungssaal und erloschen dann! Genau in diesem Augenblick.

Und dann gingen sie wieder an.

Stella unterbrach sich. Kichern und ungläubiges Gemurmel der Studenten und meiner selbst. Jeder im Raum hatte bemerkt, was geschehen war und wann es geschehen war. Die erlöschenden Lichter hatten Stellas Geschichte über erlöschende Lichter auf verblüffende Weise unterstrichen.

War Stella die Ursache dafür, daß die Lichter flackerten und dann ausgingen? Oder war es nur ein kleiner Stromausfall auf dem Universitätsgelände? War es einfach nur Zufall, ein bedeutungsloser kleiner Vorfall? Oder der »kosmische Trickster«, der sich einen kleinen Scherz mit uns erlaubte?

Ich weiß nicht, was es war, aber ich weiß, daß es allen Anwesenden auffiel und daß dem Vorfall diese seltsame Aura des Unheimlichen anhaftete, die man in Erinnerung behält, obwohl der rationale Geist sofort zu arbeiten begann, um ihn zu erklären oder in einer anderen Weise abzutun.

Eines ist für NTE-Forscher wie mich jedenfalls seither immer offensichtlicher geworden: Es kann kaum ein Zufall sein, daß die drei heilerisch begabten Nah-Tod-Erfahrenen, die ich Ihnen in diesem Kapitel vorstellte, alle eine ausgesprochene Sensibilität für elektrische Phänomene aufweisen und darüber hinaus eine starke Energie ausstrahlen und über großes Charisma verfügen. Zumindest im übertragenen Sinne geben sie Funken ab, aber vielleicht gilt dies ja nicht nur metaphorisch. Vielleicht ist mit Menschen wie Barbara, Helen und Stella – und zahllosen anderen, die nach ihrer NTE heilerische Fähigkleiten an sich bemerkten – wirklich etwas geschehen, als sie sich im Energiefeld des Lichtes befanden. Vielleicht ist das Licht nicht etwas, das man nur sieht und fühlt. Vielleicht ist es ein Blitzstrahl.

Das Licht als heilende Kraft

Inzwischen sind wir mit dem Bild des Lichts im Kontext der NTE so vertraut, daß es an der Zeit ist, es mit neuen Augen zu betrachten. Natürlich wissen wir aufgrund all dessen, was ich bereits über den Aspekt der NTE bemerkt habe, daß dieses strahlend schöne allumfassende Licht zu ihrem innersten Wesenskern gehört und ihren leuchtenden zentralen Punkt darstellt. Aber um es nun einmal jeglicher poetischer Bildersprache zu entkleiden – was ist dieses Licht eigentlich seinem Wesen nach?

Zunächst könnten wir natürlich feststellen, daß es sich dabei nicht nur um eine bloße Metapher handelt. Licht ist im Grunde ein elektromagnetisches Phänomen. Und es lohnt sich zu bemerken, daß Nah-Tod-Erfahrene bei der Beschreibung ihres Lichterlebnisses häufig Phrasen wie »in Licht getaucht«, »vom Licht absorbiert« oder sogar »eine Übermittlung vom Licht« verwenden. Nun sind wir Menschen von Natur aus »elektrische Wesen« in dem Sinn, daß wir alle Energie oder elektrodynamische Felder in und um uns haben. Deshalb ist die Vermutung durchaus naheliegend, wenn nicht sogar plausibel, daß bei einer NTE tatsächlich eine elektrische oder energetische Übertragung stattfindet, die nach der Rückkehr ins Leben das elektrische Feld des Nah-Tod-Erfahrenen beeinflußt. Elektrische Felder sind meßbar, und mit Hilfe neuer Methoden der energetischen und Schwingungsmedizin, die mit feinen Energien arbeiten, läßt sich sicher feststellen, ob die elektrischen Felder von Nah-Tod-Erfahrenen, vor allem solchen, die Heilkräfte für sich beanspruchen, mit denen anderer Menschen übereinstimmen. Ich persönlich vermute, daß die elektrischen Felder von Nah-Tod-Erfahrenen sich in der Tat von jenen anderer Menschen unterscheiden und diesbezüglich ein Zusammenhang mit ihren Heilkräften besteht.

Dies ist zwar noch eine unbewiesene Hypothese, doch wie wir bereits in einem früheren Kapitel erfuhren, gibt es empirische Gründe, die sie stützen. Vielleicht erinnern Sie sich: Ich erwähnte bereits Forschungsergebnisse, die darauf hinweisen, daß im Gefolge einer NTE häufig klar erkennbare Strukturen physiologischer und neurologischer Veränderungen (einschließlich Überempfindlichkeit und elektrischer Sensibilität) auftreten, welche insgesamt auf eine »psychophysische Neuverdrahtung« des Menschen im Verlauf der NTE schließen lassen. Wenn dies der Fall ist, dann ist es nur ein kleiner, aber logischer Schritt zu der Annahme, daß mit dieser fundamentalen Neustrukturierung auch energetische Veränderungen einhergehen können, die zu den von so vielen Nah-Tod-Erfahrenen behaupteten Heilkräften führen könnten.

Mit einem Wort: *Meiner Meinung nach ist das Licht selbst die heilende Kraft, und der Nah-Tod-Erfahrene, der dieses Licht direkt erfahren hat, kann dessen Heilkraft weiterleiten.* So gesehen könnte man diese Nah-Tod-Erfahrenen als »kleine Lichtwesen« betrachten, die an ihre Mitmenschen die heilenden Energien weiter übermitteln, welche sie bei ihrer Begegnung mit dem Licht empfingen.

Diese Auffassung von der Rolle des Lichtes in der NTE zieht eine Schlußfolgerung nach sich. Wenn das Licht – dieses überragende Symbol der Ganzheit – in der Tat die ursprüngliche Heilkraft im Leben ist, dann sollte daraus folgen, daß es Fälle gibt, in denen das Licht als alleinige Ursache einer ansonsten wohl nicht erklärbaren Genesung von tödlicher Krankheit zu betrachten ist. Und dann sollte es unter den Nah-Tod-

Erfahrenen natürlich auch derartige Fälle geben – und in der Tat ist es so.

Auch andere NTE-Forscher sind auf diesen Typus bereits aufmerksam geworden. Die bereits zitierte englische Schriftstellerin Margot Grey etwa wies schon 1985 darauf hin, daß bei diesen NTEs »die Befragten für gewöhnlich sagten, ihr Führer oder das Lichtwesen habe sie geheilt«.[6] Ich wünschte nur, ich wäre bei meinen eigenen Interviews mit Nah-Tod-Erfahrenen näher auf diesen Punkt eingegangen, denn ich habe gewiß oft genug davon gehört. Eine häufige Aussage hierzu war etwa: »Ich bin ein medizinisches Wunder. Eigentlich hätte ich nie überleben können. Mein Arzt gab mir keine Chance mehr, und meine Genesung erstaunte ihn zutiefst. Aber als ich im Licht war, wußte ich, daß ich geheilt würde.« Vor einigen Jahren untersuchte der in Massachusetts arbeitende Psychologe Paul Roud eine Reihe derartiger Fälle – auch solche mit Nah-Tod-Erfahrenen – und veröffentlichte seine Ergebnisse in dem provokativ betitelten Buch *Making Miracles*[7], in dem er zu Schlüssen kommt, die den meinigen ähnlich sind. Ich könnte hier mindestens ein halbes Dutzend Fälle anführen, die deutlich machen, in welcher Weise das Licht bei NTEs offenbar zur Quelle geradezu wundersamer Heilungen wurde.

Eine äußerst bemerkenswerte Geschichte erlebte ich zusammen mit Howard Mickel, emeritierter Professor für Religionswissenschaften an der Wichita State University in Kansas, der diesen Fall gründlich untersuchte. Es ging um einen Patienten namens Ralph Duncan, der Mitte der siebziger Jahre schwer an Leukämie erkrankt war. Offensichtlich hatte man ihm gesagt, er habe nicht mehr lange zu leben, und er hatte sich auf den Tod vorbereitet. Aber im Krankenhaus hatte er eine NTE, in deren Verlauf er einem Lichtwesen begegnete, das er für Jesus hielt (obwohl ihm auffiel, daß die Gestalt keines der Merkmale aufwies, die normalerweise mit Jesus in Verbindung gebracht werden) und dessen Augen »Feuer aussandten«. Es kam zu einer telepathischen Kommunikation in Form von drei kurzen Sätzen: »Das ist genug, es ist tot, es ist vorüber.« Diese Worte, so Ralph, klangen ihm noch in den Ohren, als er in seinen Körper zurückkehrte.

Danach rätselte er über sie nach, vor allem über die Bedeutung des Satzes »Das ist genug«. Aber, so Ralph, »was er mit ›es ist tot‹ meinte, das weiß ich. Für mich bedeutete das, daß der Krankheitserreger tot war. Daß ich keine Leukämie mehr hatte.«[8] Ich glaube jedoch, daß alle drei Sätze im Zusammenhang mit Ralphs Heilung absolut Sinn ergeben. Wenn das Lichtwesen etwa mit Augen, die »Feuer aussandten«, sagte »Das ist genug«, dann meinte es: »Ich habe dir genug elektrische Energie übermittelt, um dich zu heilen.« Und dann sagte es »Es ist tot, es ist vorüber«. Ich hörte 1989 zum letzten Mal von Ralph; damals war er gesund und lebte in der Nähe von Boulder, Colorado.

Einen etwas ähnlichen Fall in England beschrieb Margot Grey: Bei einem Patienten kam es fünf Tage nach einer Bauchoperation zu Komplikationen, und man teilte seiner Frau mit, er habe keine Überlebenschancen. Doch dann hatte der Mann eine NTE; in deren Verlauf sah er

ein Wesen, das mit einem Umhang in unbeschreiblich schönen Farben bekleidet war und ein extrem helles Licht ausstrahlte. Dieses Etwas stand rechts von mir neben meinem Kopf, es legte beide Hände sanft auf meinen Körper, bewegte sie [auf dieser Seite] bis zu den Füßen hinab und an der linken Seite wieder nach oben, hielt an meinem Kopf inne, und dann war es verschwunden. Ich habe keinerlei Erinnerung, was dann bis zum nächsten Tag geschah. Von da an genas ich sehr rasch und war bald wieder zu Hause bei meiner Familie.[9]

Auch hier also scheint es sich um eine Heilung im Zusammenhang mit Licht zu handeln.

Sicher erinnern Sie sich an meinen Freund Steve (siehe erstes Kapitel), der selbst von einem weiblichen Lichtwesen eine offenbar stabilisierende Behandlung erhielt, als er während einer Operation einen Atemstillstand hatte. Bezeichnenderweise teilte er mir vor kurzem mit, daß dieses Wesen ebenso wie das von Ralph »intensive blaue Augen hatte, die strahlten, als würden sie Feuer aussenden«. Und als er spürte, wie die Energie dieses Wesens in ihn hineinstrahlte, teilte es ihm telepathisch folgende Gedanken mit:

Du atmest nicht regelmäßig. Es besteht die Gefahr, daß deine Atmung enden könnte. Ich bin hier, um sie zu stabilisieren und sicherzustellen, daß das Problem sich nicht verschlimmert. Du bist sehr wertvoll; niemand will das Risiko eingehen, daß du stirbst.

Ein noch dramatischerer Fall, den Steve mir erzählte, betrifft eine mexikanische Diabetikerin, die kein Englisch spricht (Steve beherrscht Spanisch fließend) und die laut Steve vor ihrer eigenen NTE noch nie etwas von diesem Phänomen gehört hatte. Hier ihre Geschichte:

Schon vor ihrer NTE hatte sie ihr Augenlicht verloren; der Diabetes hatte die Netzhaut zerstört. Darüber hinaus versorgte ihr Herz das Gehirn nicht genügend mit Blut, was zu Sprachstörungen führte. Ihr Zustand war so schlecht, daß sie operiert werden mußte.

Eine Operation am offenen Herzen ist bei einer 67jährigen Diabetikerin mit hohem Risiko verbunden. Die Ärzte gingen hinaus, um ihre Vorgehensweise zu besprechen. Während sie allein im Zimmer lag, sah sie, wie sich die Wand öffnete und ein strahlendes Licht aus der Öffnung strömte. Ein bärtiger, ganz in Weiß gekleideter Mann trat neben sie. Er war aus weißem Licht.

»Du bist noch nicht bereit, mir zu folgen ... du bist nicht vorbereitet. Ich gebe dir dein Augenlicht zurück. Du brauchst es, um dein Leben zu beenden. Und ich werde auch die Herzklappe heilen, damit du wieder sprechen kannst. Du hast noch einiges zu tun. Du mußt dich um deine Enkelkinder kümmern.«

Der Erzählung der Frau zufolge legte er eine Hand auf ihre Brust, und damit kehrte ihr Sehvermögen zurück. Sie saß [später] in einem Rollstuhl, heiter, voll Vertrauen und mit einem Lächeln im Gesicht. Sie hatte keine Beine mehr, aber ihre Augen waren klar, und sie war glücklich und innerlich ruhig.

[Ihr Kardiologe erzählte ihr später:] »Es ist etwas geschehen, das Ihren Körper verändert hat. Wir haben keine Erklärung dafür. Ich persönlich schreibe es dem Willen Gottes zu. Sie können jetzt nach Hause. Wir haben dazu nichts beigetragen.«[10]

Steve schloß diesen Teil seines Briefes folgendermaßen: »Ich schreibe Ihnen das, um Ihnen eine Vorstellung von der immensen, unübertrefflichen Liebe zu geben, die einige dieser Lichtwesen haben.«

Schließlich kenne ich auch persönlich noch einige Fälle, die ich hier kurz zitieren möchte. Einer davon ist bezeichnenderweise Stella, die Frau, die meine Studenten verblüffte, indem sie das Licht im Vorlesungsraum löschte, und deren Heilkräfte ich bereits andeutete. Sie berichtete uns an jenem denkwürdigen Tag ferner, daß bei ihr Krebs im Endstadium diagnostiziert worden war, als sie ihre NTE hatte, und ihrer Meinung nach war es ihre Begegnung mit dem Licht, was zu ihrer Heilung führte. Jedenfalls ist sie bis zum heutigen Tag gesund.

Ein weiteres lehrreiches Beispiel gibt uns die Erfahrung von Kathy Hayward, die ich nur einmal Mitte der achtziger Jahre in Washington, D.C., traf, obwohl ich sie zuvor schon oft gesehen hatte: Kathy war die Hauptperson eines Films über NTEs, den ich häufig in meinen Kursen zeigte. Anfang der siebziger Jahre hatte sie unheilbar an der Hodgkinschen Krankheit gelitten, die damals noch weit schwieriger zu behandeln war als heute. Bei der Einlieferung ins Krankenhaus kollabierte sie, und man rechnete mit ihrem Tod noch am selben Tag. Ihr Herz setzte aus (als sie ihren Körper verließ, sah sie die Nullinie auf ihrem Monitor), und sie hatte eine NTE, in deren Verlauf sie einem Lichtwesen begegnete. Während sie im Licht war, spürte sie, wie die heilenden Energien sie durchdrangen, und das Lichtwesen sagte ihr, sie müsse zurückkehren. Auch

Kathy ist der Meinung, daß ihre Heilung eine direkte Folge ihrer Erfahrung war. Als ich sie Jahre später zum erstenmal von Angesicht zu Angesicht zu sehen bekam, sah sie in der Tat nicht nur gesund aus, sondern sie strahlte im wahrsten Sinne des Wortes.

Weitere Gaben des Lichts: Heilung von Verzweiflung

Womöglich hat unsere Diskussion über die Kraft des Lichtes und die Rolle der Lichtwesen bei der Heilung den Eindruck erweckt, daß diese Heilwirkungen sich auf körperliche Gebrechen und organische Krankheiten beschränken. Das wäre jedoch ein Trugschluß, denn natürlich wirkt das Licht auch spirituell. Mit anderen Worten, es heilt nicht nur Körper, *sondern auch Leben*. Ich denke, das wird besonders ersichtlich bei Menschen, die ein sehr schwieriges und sorgengeplagtes Leben hatten und sich zur Zeit ihrer NTE in einem so quälenden Zustand befanden, daß sie praktisch am Ende waren. Hier sehen wir deutlich einen ganz anderen Aspekt der Heilkraft des Lichtes – nämlich sein Vermögen, einen Menschen durch die Heilung wieder ganz zu machen. Während wir das Licht in Fällen physischer Heilung praktisch in der Rolle des meisterlichen Arztes erleben, sehen wir es hier mehr als den meisterlichen Therapeuten. Als solcher scheint das Licht nicht nur den Weg aus den tiefen Schatten eines zum Ende gekommenen Lebens zu erleuchten, sondern es kann darüber hinaus einen solch umfassenden und liebevollen Beistand leisten, daß wir schließlich spüren, wie sich die Last des Lebens von unseren Schultern hebt und wir erneut das genießen können, was der große indische Heilige Ramana Maharishi unser wahres Wesen nannte: die reine Glückseligkeit.

Damit Sie die Kraft des Lichtes, Menschen derartige Segnungen zuteil werden zu lassen, richtig ermessen können, möchte ich Ihnen das Beispiel meiner australischen Bekannten Andrea schildern. Während sie nach einer schweren Operation noch in ernstem Zustand in der Klinik lag, hatte Andrea eine NTE, in deren Verlauf sie in einen Tunnel kam. Dazu berichtete sie folgendes:

Im Tunnel erlebte ich eine totale Veränderung, als mich das Licht berührte. Bis zu diesem Zeitpunkt hatte ich einen außerordentlich langen und schwierigen Weg hinter mich gebracht. Ich fühlte mich emotional sehr erschöpft und wegen der schweren Zeiten, die ich hatte durchmachen müssen, von Unmut erfüllt.

Als diese überwältigende, bedingungslose Liebe über mich kam und mich durchdrang, wurde jedes Atom meiner Seele im Licht dieser Liebe gebadet und verändert. All meine Blessuren und bösen Erinnerungen verschwanden augenblicklich. Nichts davon spielte mehr eine Rolle – nur noch diese Liebe, die ich empfing. Keine meiner schlimmen Zeiten erschien mir an diesem Punkt mehr real. Sie waren nur mehr lehrhafte Erfahrungen, und ich spürte, wie sie verflossen, wie aller Schmerz verflogen war; nur in diesem wunderbaren, zeitlosen Moment, in dem ich vollkommen akzeptiert war als die Person, die ich war, und mit der Herkunft, die ich hatte.

Später bemerkte ich, wie sehr diese Begegnung mich verändert hatte, und da verstand ich die biblische Phrase »wiedergeboren im Geiste«, denn genau das war es, was von dieser Quelle »ewigen Lichtes« ausgegangen war. Ich fühlte mich als ein vollkommen neuer Mensch, und die Welt war ein wunderbarer Ort.

Im Verlauf meiner Forschungstätigkeit war ich oft davon beeindruckt, in wie vielen Fällen das Licht der NTE auf eine fast durch göttliche Vorsehung bestimmte Weise genau in dem Moment in das Leben eines Menschen eintritt, da er beginnt, einen offensichtlich selbstzerstörerischen Weg einzuschlagen oder entsprechende erste, aber noch rückgängig zu machende Schritte bereits unternommen hat. In solchen Fällen läßt sich die Funktion des Lichtes als Meistertherapeut, der die betreffende Person wieder auf den rechten Weg zurückführt, sogar noch besser erkennen.

Einem der ersten Fälle dieser Art begegnete ich zufällig 1977, als ich mich noch ganz am Anfang meiner Tätigkeit auf diesem Gebiet befand. Angela war eine meiner Studentinnen, eine junge Frau, die bis einige Jahre vor unserer ersten Begegnung schwer selbstmordgefährdet gewesen war. Damals, so erzählte sie mir später, litt sie aus mehreren Gründen an chronischer Depressivität: Sie war sehr dick und dazu drogen- und alkoholabhängig, ihre Zukunft an der Universität stand in Frage; darüber hinaus war sie als Kind mißbraucht worden und hatte noch immer eine sehr schwierige Beziehung zu ihren Eltern. Lebensfreude war ihr nach eigener Aussage fremd. Tatsächlich hatte sie bereits einige Versuche, ihr Leben zu beenden, hinter sich, die sie jedoch noch nicht ernsthaft in Todesnähe gebracht hatten – bis zu einem Tag zur Zeit der Abschlußprüfungen im Spätherbst, als der Winter rasch näherrückte und ihre Lebensgeister noch tiefer sanken als ihre Noten.

Angela arbeitete in der Krankenabteilung des Universitätscampus und hatte von dort bereits einige Drogen gestohlen und in ihren Schlafraum gebracht, wo sie auch ihren Alkohol aufbewahrte. Eines Tages, als sie allein war, nahm sie so viele Tabletten und trank so viel Alkohol, wie sie konnte, und wartete dann auf den Tod. Aber aus einem unerfindlichen Grund beschloß sie, bevor sie in Ohnmacht fiel, sich »noch ein letztes Mal draußen umzusehen«. Wie durch göttliche Fügung, so könnte man sagen, lief sie dabei einigen ihrer Freundinnen über den Weg, denen ihr seltsames Benehmen und ihre schleppende Art zu sprechen auffiel, so daß sie einen Notarzt riefen und Angela sofort in ein Krankenhaus eingeliefert wurde. Dort wurde sie bewußtlos – und trat noch fast im gleichen Augenblick ins Licht.

Während sie im Licht war, hörte sie im Geiste die Worte: »Du wirst nie mehr versuchen, dich umzubringen, und es wird dir gutgehen.« In diesem Augenblick, so erzählte sie mir, war ihr, als sei sie bereits wohlauf. Sie mußte zwar noch gesund und sozusagen offiziell ganz werden, doch sie betonte, daß sie sich ganz *fühlte*, sobald sie diese Worte hörte und die Liebe spürte, die von dem Licht ausstrahlte.

Dennoch nahm ihre Genesung noch einige Zeit in Anspruch. Aber es dauerte nicht allzu lange, bis sie mit den Drogen Schluß gemacht hatte, den Anonymen Alkoholikern beigetreten war und damit auch das Trinken einstellte. Sie begann sogar, selbstmordgefährdete Menschen zu beraten, und erzählte ihnen von ihrer NTE und ihrer Heilung. Und obwohl sie nicht abnahm, war ihre Beleibtheit kein Problem mehr für sie, weil sie verstanden hatte, daß »ich nicht mein Körper bin«. »Na ja, ich bin eben dick«, lachte sie. »Na und? Das bin nicht ich selbst!«

Angela schaffte schließlich ihren Abschluß und begann, beim Roten Kreuz zu arbeiten. Sie heiratete, und das letzte, was ich von ihr hörte (und wir blieben noch eine Reihe von Jahren in Kontakt), war, daß sie Krankenschwester werden wollte. In vielen Gesprächen mit ihr und in den Vorträgen, die sie vor meinen Studenten hielt, machte sie klar, daß sie ihrer Meinung nach nur im und durch das Licht geheilt wurde; ihre Lebensaufgabe sei nun, anderen das weiterzugeben, was sie erhalten hatte, als sie durch ihre Verzweiflung in die Nähe des Todes gekommen war. Und das tat sie mit großem Humor, einem wunderbaren Lächeln und einer Überfülle an Liebe.

Aber der heilende Balsam des Lichts ist natürlich nicht nur Nah-Tod-Erfahrenen zugänglich, sondern jedem, der sich in einer tiefen spirituellen Krise oder gar am Rande des Selbstmords befindet. Ich habe im Verlauf meiner Forschungen von vielen Menschen gehört, die, auch wenn sie sich nicht an der Schwelle des Todes befanden, eine Art von NTE hatten, welche sich ihren Eigenschaften *und* Wirkungen nach von einer durch eine lebensbedrohliche Situation ausgelösten NTE nicht unterschied. Das Licht scheint also zu jenen zu kommen, die es brauchen, *unabhängig* vom physischen Zustand der Person. Offenbar ist es vielmehr der spirituelle Zustand, der die Voraussetzungen für das rettende Eintreten des Lichtes in das Leben eines Menschen schafft.

Um zu illustrieren, wie das Licht zu jenen kommen kann, die sich aller Hoffnung beraubt sehen, möchte ich Ihnen an dieser Stelle drei derartige Fälle schildern; sie stehen stellvertretend für die vielen ähnlichen Geschichten, die ich im Verlauf der letzten 20 Jahre kennengelernt habe.

Zunächst einige Auszüge aus einem Brief, den ich 1985 erhielt:

Meine Erfahrung ereignete sich zu einer Zeit in meinem Leben, als ich sterben *wollte*. Damals ging es mir fürchterlich schlecht. Mein Mann war die meiste Zeit arbeitslos, er nahm Drogen und wurde oft gewalttätig. Ich ernährte die Familie mit Gelegenheitsjobs und versuchte, mich um unsere Tochter zu kümmern, die damals drei Jahre alt war. Der Streß und die Spannungen um mich herum waren unerträglich. Einerseits wollte ich sterben, aber andererseits hielt mich meine Tochter vom Selbstmord ab. Doch eines Abends fühlte ich mich so elend, daß ich, glaube ich, ernsthaft zum Sterben entschlossen war. Ich saß im Dunkeln auf dem Sofa. Ich hatte nicht schlafen können, deshalb war ich wieder aufgestanden und saß einfach allein da. Anscheinend verfiel ich dabei in einen anderen Bewußtseinszustand. Denn plötzlich fand ich mich von einem unglaublich herrlichen Licht umgeben, das vollkommene Liebe und Harmonie ausstrahlte, reine Gnade – Worte können nicht einmal annähernd beschreiben, was ich erlebte! Es gibt in unserer Dimension nichts, was sich damit auch nur halbwegs vergleichen ließe.

Nachdem ich eine Weile in dieser reinen Freude geschwelgt hatte, sagte eine Stimme sehr sanft zu mir, daß ich nun wieder zurückkehren müsse. An diesem Punkt wurde ich sehr ärgerlich und bat, mich nicht zurückzuschicken. Aber die Aufforderung wurde wiederholt, und dann wurde ich durch die Stirn wieder zurück in meinen Körper gezwungen. Als ich das Bewußtsein wiedererlangte, weinte ich, und es ärgerte mich sehr, daß ich wieder zurück war.

In der folgenden Zeit tauchten viele Veränderungen und Probleme auf. Ungefähr ein Jahr lang hatte ich massive Kopfschmerzen. Ich entwickelte geradezu eine Sehnsucht nach Wissen und begann zu suchen. Es wurde äußerst wichtig für mich, die Wahrheiten unserer Existenz zu ergründen; ich wurde ein sehr spiritueller Mensch. Auch meinen Sinn und mein Ziel hier auf Erden zu finden bekam eine große Bedeutung für mich. Meine Ehe zerbrach. Ich machte zwei Jahre lang eine Therapie; das beschleunigte mein persönliches Wachstum und meine Bewußtheit.

Dieser Prozeß hat auch nicht aufgehört. Ich suche, lerne und wachse noch immer. Inzwischen ist das Leben die meiste Zeit aufregend und freudvoll für mich. Zu wissen, daß es da draußen auch noch andere wie mich gibt, hat mir sehr geholfen. Es ist ein Gefühl, als sei der Kosmos schneller geworden, und die Wahrheit scheint stark hindurch.

Ein weiterer Fall, zu dem ich wesentlich mehr Information habe, beruht auf einer Begegnung im Rahmen einer IANDS-Konferenz 1990 in Washington, D. C., wo ich einen Vortrag zum Thema NTEs und Kindesmißhandlung gehalten hatte. Auch mit Lorna habe ich heute noch Kontakt, und wir kennen uns sehr gut. Aus diesem Grunde kann ich mich nicht nur für die folgende Erzählung verbürgen, sondern Ihnen auch versichern, daß Lorna nach wie vor im Licht lebt und daß ihr Leben seit den Ereignissen, die sie mir kurz nach unserem Treffen berichtete, viele Segnungen erfahren hat, unter anderem eine glückliche Ehe.

Da die Art und Weise, wie ich Lorna zum erstenmal begegnete, für ihre Geschichte von Belang ist, gebe ich Ihnen zunächst einige Hintergrundinformationen. Bei der Konferenz war ich gebeten worden, für den Samstag abend, an dem eine Talkrunde mit Raymond Moody stattfinden sollte, die Rolle des Moderators zu übernehmen. Am Ende der Veranstaltung versammelten sich mehrere Zuschauer um den Gesprächstisch in der Hoffnung, mit den Teilnehmern der Runde sprechen zu können; die Zeit war jedoch zu knapp, um alle Fragen zu beantworten. Eine Frau versuchte besonders hartnäckig, mit mir zu reden, und so vertröstete ich sie auf den nächsten Tag, obwohl ich wußte, daß ich dann noch weniger Zeit haben würde.

Wir kamen damals also nicht ins Gespräch, aber drei Tage später erhielt ich von ihr folgenden Brief:

Sehr geehrter Mr. Ring,

mein Name ist Lorna Stephens. Ich weiß nicht, ob Sie sich an mich erinnern, aber letzte Woche auf der IANDS-Konferenz war ich für Sie »die Pest«. Ich wollte unbedingt mit Ihnen sprechen, aber es waren so viele andere Leute da, die ebenfalls mit Ihnen reden wollten, und ich fühlte tief mit diesen Menschen. Irgendwie hatte ich gehofft, Sie würden eines Tages nach Detroit kommen und Kontakt mit mir aufnehmen, aber ich glaube, so lange kann ich nicht warten. Ich muß Ihnen meine NTE berichten, und ich habe auch das Gefühl, daß Sie sie unbedingt erfahren müssen. Sie betrifft Ihre Forschungen zum Thema NTEs und Kindesmißhandlung; ich habe auf beiden Gebieten Erfahrung. Ich muß jedoch ganz von vorne beginnen, das heißt, dieser Brief könnte etwas länger werden, aber ich denke, es ist wichtig für Sie, alle Details zu erfahren.

Meine erste Erinnerung als kleines Mädchen – ich war das jüngste von drei Kindern – ist, daß mein Vater nachts meinen Bruder aufweckte und ihn schlug. Ich war ungefähr drei Jahre alt, und ich höre noch heute, wie mein Bruder Stephen um Hilfe schrie. Als ich klein war, paßte er immer auf mich auf. Er war mehr wie ein Vater für mich denn ein Bruder. Mein Vater hätte nie Kinder in die Welt setzen dürfen, er kann keinen Lärm ertragen.

Als ich sechs war, begann Stephen, mich sexuell zu mißbrauchen. Ich mußte es geheimhalten und habe jahrelang niemandem etwas davon erzählt. Natürlich konnte ich nicht verstehen, warum er mich einerseits so sehr liebte – und mir andererseits so weh tat. Der sexuelle Mißbrauch ging bis zu meinem 16. Lebensjahr, als ich endlich stark genug war, Stephen in die Schranken zu weisen. Aber während all dieser Jahre erlebte ich mit, daß auch Stephen, meine Mutter und andere Mitglieder meiner Familie körperlich und geistig mißhandelt wurden. Mein Vater war ein Tyrann; er wollte anscheinend alle mißbrauchen, nur mich nicht. Ich hatte schreckliche Schuldgefühle. Die Atmosphäre, in der ich aufwuchs, war total von Angst und Verwirrung geprägt.

Ungefähr mit sechs Jahren begann ich, Déjà-vu-Erlebnisse zu haben. Es war jedoch weniger, daß ich das Gefühl hatte, schon einmal hiergewesen zu sein, als vielmehr das Wissen, daß ich im Geiste mich selbst schon tun hatte sehen, was ich tat. Ich brachte mir diese Fähigkeit eigentlich selbst bei. Ich starrte einfach auf einen Gegenstand und versank in tiefe Gedanken, [und] dann kamen Gedankenblitze, in denen ich künftige Ereignisse sah. Sie hatten nie eine wirkliche Bedeutung, aber sie schienen immer an Wendepunkten meines Leben aufzutreten.

Schon bald kam ich darauf, daß zwischen Stephen und mir eine Verbindung bestand. Es sah danach aus, als ob wir wüßten, was der jeweils andere dachte. Ich weiß, daß das äußerst eigenartig klingt, aber trotz der Tatsache, daß er mich mißbrauchte, war ich ihm als junges Mädchen sehr, sehr nahe. Den Mißbrauch-Teil verschloß ich einfach in mir selbst und behielt ihn für mich.

Eines Tages, als ich etwa sieben oder acht Jahre alt war, saß ich in der Schule und starrte auf ein Pult. Ich hatte Phantasien von einem Mann in einem Studio mit Mikrophonen und vielen Knöpfen. Und plötzlich rief Stephen: »Lorna, Lorna, wach auf!« Er war gekommen, um mich von der Schule abzuholen und nach Hause zu bringen.

Mit den Jahren wurde unser Verhältnis immer enger. Ich liebte ihn, nur den Mißbrauch mochte ich nicht. Als Teenager gingen wir oft zusammen aus, wenn wir beide niemanden sonst hatten. Wir hatten immer eine Menge Spaß. Geburtstage und sogar Weihnachten vergaß er immer, deshalb machte er mir einfach zwischendurch Geschenke. Er ging mit mir einkaufen, und wenn ich etwas sah, das mir gefiel, dann kaufte er es. Er liebte mich wirklich; ich glaube nicht, daß er mir jemals weh tun wollte.

Als ich 17 war, redete ich mit meiner Mutter über Vater und all die schrecklichen Dinge, die er getan hatte. Ich erinnere mich noch genau an die entsetzlich schuldbewußte Miene meiner Mutter. Sie tat mir sehr leid. Dann erzählte sie mir, daß mein Vater meine Schwester sexuell mißbraucht hatte. Damit wurde mir endlich klar, weshalb Stephen dasselbe mit mir gemacht hatte. Er hatte es von unserem Vater gelernt.

Ein Jahr später, mit 18, heiratete ich einen Mann, der mich ebenfalls mißbrauchte. Ich war noch zu jung, um zu erkennen, daß ich jemanden wie meinen Vater heiratete. Stephen war sehr zornig darüber, daß ich diesen Mann nahm. Die Nähe zwischen uns hörte auf; unser Verhältnis wurde die wahre Hölle. Zwei Jahre später brachte ich meine Tochter zur Welt, und noch einmal zwei Jahre später meinen Sohn. Aber meine Ehe zerbrach. Mein Mann nahm Drogen und mißhandelte mich, und er hatte Verhältnisse mit anderen Frauen. Ich tat, als sei alles in Ordnung, aber Stephen wußte Bescheid.

Ich hatte einen Teilzeitjob als Aerobiclehrerin im YMCA [Christliche Vereinigung junger Männer] und kaum Geld. Mein Mann gab alles für Kokain (Crack), Frauen und Alkohol aus. Ich mußte mich mit Gläubigern herumschlagen und damit, daß mir Telefon, Gas und Strom abgedreht wurden, ganz zu schweigen von meinen beiden Kindern, die ich zu ernähren hatte, und dem ständigen körperlichen und geistigen Mißbrauch.

Mit der Zeit begann ich zu begreifen, daß Stephen recht hatte. Außerdem verheilten allmählich die Wunden meiner Kindheit, obwohl ich nach wie vor stark mit dem Thema Mißbrauch konfrontiert war. Aber ich hatte, jedenfalls meinem Verständnis nach, immer eine enge Beziehung zu Gott gepflegt. Als Kind hatte ich immer viel mit ihm gesprochen und das Gefühl gehabt, daß er für mich da war. Ich verzieh Stephen mehr und mehr und sprach darüber auch mit meiner besten Freundin Tina, die alles über den Mißbrauch wußte. Sie sagte, sie könne nicht verstehen, wie man so etwas verzeihen könne, und ich konnte es ihr auch nicht erklären, aber ich hatte Stephen immer geliebt; er war der einzige Vater gewesen, den ich gehabt hatte.

Eines Tages unterhielt ich mich mit meiner Mutter, und nach einer Weile gestanden wir uns gegenseitig ein, daß wir beide das seltsame Gefühl hatten, daß jemand aus unserer Familie bald sterben würde. Nach diesem Gespräch hatte ich immer wieder seltsame Träume. Ich träumte zum Beispiel, daß ich durch einen Wald rannte und etwas mich verfolgte – oder ich verfolgte etwas; ich weiß nicht, was. Plötzlich kam ich mitten im Wald an eine Hütte. Ich lief hinein, und direkt gegenüber der Tür war eine zweite Tür, die ich öffnete. Im Inneren dieser Hütte war es absolut dunkel, aber jenseits der anderen Tür war eine unglaublich schöne Wiese mit Blumen, die ich noch nie gesehen hatte. Es war ein so einladendes Bild, aber ich wußte, wenn ich durch die zweite Tür ging, dann konnte ich nicht mehr zurück. Und da wachte ich auf.

Stephen hatte geheiratet und war nach Madison, Wisconsin, gezogen. Ich wußte, daß er Probleme hatte. Seine Frau war schon einmal verheiratet gewesen, und sie hatten Krach mit ihrem ersten Mann wegen des Unterhalts für die Kinder aus dieser Ehe. Stephen war Lkw-Fahrer geworden, und das machte ihn sehr glücklich, aber er wollte diesen Kindern ein Vater sein. Ich wußte nicht, was ich davon halten sollte, aber es schien, daß er persönlich gereift war, und deshalb hoffte ich, daß es gutgehen werde. Der erste Mann seiner Frau haßte ihn und hatte gedroht, ihn umzubringen. Dieser Mann wollte die Kinder unbedingt behalten; er mißbrauchte seine kleine Tochter. Ich glaube, Stephen wollte die Kleine, damit er sie ohne Mißbrauch aufziehen konnte, um wiederum den Mißbrauch an mir, seinem ersten kleinen Mädchen, wiedergutzumachen. (Für mich war er wirklich mehr wie ein Vater gewesen als sonst irgend etwas.)

Ich bekam das alles nur bruchstückhaft aus Erzählungen meiner Mutter und aus kurzen Telefonaten mit, die ich mit Stephen führte. Ich hatte in Michigan meine eigenen Schlachten zu schlagen. Meine Ehe näherte sich dem Ende, das war mir klar. Anfang Januar 1986 brachte ich Weihnachtsgeschenke zurück, die ich bekommen hatte, um meinen Kindern von diesem Geld Schuhe kaufen zu können. Als ich abends nach Hause kam und mich schlafen legte, träumte mir, ich würde draußen in der Dunkelheit stehen zwischen Dingen, die wie Lastwagen aussahen. Ich glaube, es war ein Parkplatz. Auf dem Boden waren Pfützen, und als ich aufblickte, sah ich in einiger Entfernung eine Gestalt vor mir. Der Mann hob einen Arm hoch, ich sah einen Gewehrlauf und wußte sofort, daß er mich erschießen würde. Er feuerte, und ich spürte, daß ich getroffen wurde. Ich fiel zu Boden, und dann war ich plötzlich auf der anderen Seite des Parkplatzes und schaute auf meinen Körper, und ich sah ein grünes – ehrlich gesagt, ich weiß wirklich nicht, wie ich es beschreiben soll. Es glühte und hatte die Form eines Skeletts. Und es erhob sich aus meinem Körper. Ich wachte schlagartig auf und saß steif im Bett, schweißgebadet und am ganzen Körper zitternd.

Am nächsten Tag telefonierte ich mit Stephen. Er meinte, ich sei da zu tief in einer Sache drin, und er habe das Gefühl, daß in meinem Leben etwas sehr schieflaufen würde. Ich log und sagte, alles sei in Ordnung. Als ich fragte, wie es ihm gehe, antwortete er: »Wenn du bloß wüßtest, was bei mir alles los ist.« Ich wollte ihm so sehr vergeben, ihm sagen, daß ich ihn liebte und daß ich ihn vermißte, denn so war es. Ich vermißte ihn wirklich. Ich fühlte keinerlei Unmut mehr wegen der Dinge, die in der Vergangenheit zwischen uns geschehen waren, und wollte mich gut mit ihm stellen, aber irgendwie schien das über das Telefon nicht zu funktionieren. Wir verabschiedeten uns und legten auf.

Im Februar rief mich meine Mutter an und sagte, Stephen sei mit dem Lkw weggefahren und sollte schon seit vier Tagen wieder zurück sein. Sie war völlig durcheinander. Ich wußte nicht, was ich ihr erwidern sollte, außer, sie solle sich keine Sorgen machen. Ich sagte, wahrscheinlich sei er einfach sehr beschäftigt und habe keine Zeit gefunden, um sie anzurufen. Sie meinte, nein, seine Frau würde er normalerweise immer anrufen, aber [die] habe auch nichts von ihm gehört, und die Firma, für die er unterwegs sei, wisse ebenfalls nicht, wo er sich aufhalte. Ich versuchte, ihr zu versichern, daß alles in Ordnung sei. An diesem Abend ging ich zur Arbeit, und ich muß bekennen, ich fühle mich schuldig dafür, daß ich dies sagen muß – aber ich machte mir wegen Stephen keine Gedanken. Am nächsten Morgen klingelte das Telefon. Mein Mann nahm den Anruf entgegen, und ich hörte, wie er sagte »Das kann doch nicht wahr sein« und dann »O mein Gott«. Ich dachte sofort, Stephen sei etwas zugestoßen. Er gab mir den Hörer und sagte, es sei meine Mutter. Ich begrüßte sie, und sie sagte sofort: »Stephen ist tot.« Ich traute meinen Ohren nicht, aber sie wiederholte: »Stephen ist tot.« Dann begannen wir beide zu weinen. Stephen war im Führerhaus seines Lastwagens gefunden worden. Er hatte den Lkw-Parkplatz in Wisconsin gar nicht für seine Fahrt in den Süden verlassen.

Es wurde eine Autopsie der Leiche durchgeführt; ich erhielt den Befund, und er war voller Widersprüche. Ein Verbrechen wurde nicht ausgeschlossen, und ein Anwalt empfahl meiner Mutter, noch einmal eine Autopsie durchführen zu lassen, aber zu diesem Zeitpunkt war es schon zu spät – der Leichnam war bereits eingeäschert worden.

Bei der Beerdigung war ich ein Wrack. Stephens Geburtstag war der 22. Februar, 20 Tage nach seinem Todestag (er wäre 31 geworden). Die Familie beschloß, daß wir uns an seinem Geburtstag bei meiner Schwester in Ann Arbor treffen wollten. Es wurde eine sehr traurige Zusammenkunft. Ich hatte einen Kuchen gebacken und mit Gummibärchen garniert, weil Stephen sie so gern gegessen hatte. Meine Schwester hatte alle Fotos aus unserer Kindheit herausgeholt, die unsere Mutter ihr geschickt hatte, als sie in England gewesen war. (Als ich noch ein Kind war, hatte sie einige Jahre in England gelebt, um von unserem Vater wegzukommen.) Die meisten dieser Bilder kannte ich nicht, und auf vielen waren Stephen und ich zu sehen. Sie brachten Erinnerungen zurück, Dinge, die ich seit Jahren vergessen hatte. Glückliche Erinnerungen von schönen Momenten, die wir zusammen verbracht hatten – und es waren so viele gewesen. Es war mein Leben im Rückblick, und es machte mich unendlich traurig.

Abends fuhr ich nach Hause. Mein Mann lag im Bett und schlief schon, und ich wollte wirklich nur noch sterben. Dr. Ring, ich starb innerlich – an gebrochenem Herzen. Ich fiel auf meine Couch, aber im Fallen erhob ich mich. Ich schwebte nach oben an die Decke, und dann war es wie bei einem schlechten Fernsehempfang, ein undeutliches Signal. Plötzlich schwebte ich im Weltraum, aber es war nicht wie ein Nachthimmel, denn die Sterne waren bunt, sie schillerten in allen Farben. Und in der Mitte war ein Laib Brot. Ich weiß, das klingt verrückt, aber es war nicht ein Laib Brot, wie es ihn im Laden gibt. Er sah aus wie selbstgebacken oder wie das Brot, das in der Kirche für die Kommunion verwendet wird.

Auf einmal befand ich mich im Inneren dieses Brotes, und es war von einem Licht erfüllt. Strahlend weißes Licht, aber trotzdem weich, so daß man problemlos hineinsehen konnte. Es war, als ob das Licht lebte. Und ich hatte das Gefühl, umarmt und liebkost zu werden.

Vor mir stand Stephen. Und zwischen uns war ein Fenster – das heißt, eigentlich ein Loch, durch das die schillernden Sterne zu sehen waren. Er hatte dieselben Sterne in seinen Augen, aber angezogen war er wie immer – Jeans und ein Flanellhemd. Und er sah auch aus wie immer – bis auf die Sterne in seinen Augen. Er sprach mit mir, aber er gebrauchte keine Worte. Ich meine, er hat nicht geredet. Ich hörte ihn einfach im Kopf. Er sagte, er wüßte alles, was ich fühlte, und daß ich ihm vergeben habe und er mir auch. Er sagte, er würde mich lieben, und ich brauche mir keine Sorgen zu machen. Dann sagte er noch einige Dinge, an die ich mich nicht erinnern kann. Aber das letzte, was er sagte, war, daß wir uns dort treffen würden, wenn die Zeit dafür gekommen sei.

Plötzlich fiel ich nach hinten, nicht schnell, wie wenn man von einem erhöhten Punkt herunterfällt, sondern sehr sanft. Und dann – ich weiß, das klingt höchst seltsam – war ich in meinem Wohnzimmer und schaute von der anderen Seite des Raums auf meinen Körper auf der Couch, und auf einmal war ich wieder in meinem Körper zurück. Ich stand von der Couch auf, und trotz all dieser seltsamen Dinge, die passiert waren, war ich nicht schockiert oder überrascht, aber sehr erschöpft. Ich ging sofort zu Bett. (Das war kein Traum. Wenn es ein Traum gewesen wäre, wüßte ich es. *Ich schlief aber nicht.*)

Nach diesem Erlebnis war ich immer noch sehr traurig, und Stephen fehlte mir sehr. Ungefähr ein halbes Jahr später sollte ich an einer Konferenz der beim YMCA unterrichtenden Lehrkräfte teilnehmen, aber ich war so traurig und vermißte ihn so sehr, daß ich einfach nicht gehen konnte. Ich kam mit dem Auto an einem alten Friedhof vorbei, den wir als Kinder immer sehr geliebt hatten. Es gibt dort Grabsteine, die fünfzig oder sogar hundert Jahre alt sind. Ich stieg aus dem Wagen und ging durch diesen Friedhof. Es war ein warmer, sonniger Sommertag, aber mir war eher nach Regen zumute. Plötzlich kam mir ein Gedanke in den Sinn – »Johannes 6«. Ich dachte nie über derlei Dinge nach und hatte meine Verbindungen zur Kirche schon lange abgebrochen, aber dieses »Johannes 6« ging mir andauernd im Kopf herum.

Eine Woche später war ich das immer noch nicht losgeworden, und so dachte ich schließlich: »Setz dich hin, und lies das.« Das tat ich, und die betreffende Stelle lautet: »Ich bin das Brot des Lebens. Wer an mich glaubt, wird in Ewigkeit leben.« Da dachte ich: »Das also ist das Brot!« Das war die Bedeutung des Brotes.

Ungefähr zwei Monate später besuchte ich eine Freundin, die Stephen gekannt hatte. Wir unterhielten uns über die alten Zeiten, die wir zusammen verbracht hatten. Ich sagte zu ihr, meine Mutter würde sich so sehr wünschen, daß ich wieder zur Kirche ginge. Sie fragte: »Und warum gehst du nicht einfach und überraschst sie damit?« Das war am Sonntag ungefähr um zwei Uhr morgens. Ich antwortete: »Ja, das sollte ich tun.« Ich fuhr also nach Hause, schlief ein paar Stunden und fuhr dann zur Kirche. Ich kam noch vor meiner Mutter dort an, und sie war sehr überrascht, mich zu sehen. Sie ging nach unten, wo sie die Sonntagsschule unterrichtet, und ich in den Altarraum. Beim Hineingehen gab mir jemand einen Liedzettel in die Hand, und darauf war ein Bild »meines« Brotlaibs – genau so, wie ich ihn gesehen hatte! Darum herum stand geschrieben: »Damit Ihr leben mögt ...« Ich begann zu weinen. Dann ging ich hinein und setzte mich. An diesem Tag wurde die Kommunion gespendet. Als der Priester sie austeilte, sagte er: »Ich bin das Brot des Lebens. Wer an mich glaubt, wird in Ewigkeit leben.« Sie werden sich vorstellen können, wie erstaunt ich war.

Seit dieser Zeit habe ich nur noch gesucht. Damals wußte ich noch nicht, wonach ich suchte. Ich ging in die Bibliothek und holte mir ein Buch über Astralprojektion. Auf dem Umschlag war das grüne glühende skelettartige Etwas, das ich im Traum gesehen hatte. (Das Buch hatte ich noch nie zuvor gesehen.) Ich fand darin aber nichts, wonach ich suchte. Dann entdeckte ich *Leben nach dem Tod* von Raymond Moody. Ich war begeistert und wollte unbedingt mehr – und seither lese ich alles, was ich zum Thema NTEs finde.

Ich ließ mich scheiden und besuchte eine Schule, um Radiosprecherin zu werden (ein uralter Traum von mir). Ich lernte meinen Verlobten kennen (er war einer meiner Lehrer). Und ich suchte ständig weiter nach Büchern über NTEs. Nach ein paar Jahren bekam ich einen Job bei einem Rundfunksender. Als an einem Tag letztes Jahr im April ein Basketballspiel übertragen wurde und ich frei hatte, ging ich in einen Buchladen in der Nähe und fand *Full Circle* von Barbara Harris. Ich war begeistert. Am Schluß des Buches erwähnte sie die IANDS und auch die Konferenz im August. Ich wußte sofort, daß ich hinfahren würde.

Am nächsten Tag sprach ich mit einem Freund, mit dem ich arbeite, und plötzlich merkte ich, daß diese Szene genau die war, die ich als kleines Mädchen gesehen hatte – der Mann im Studio mit den Mikrophonen und den vielen Knöpfen. Heute weiß ich, daß mein ganzes Leben mich auf dieses Ziel hingeführt hat.

Ich kaufte mir *Life at Death* und *Den Tod erfahren – das Leben gewinnen*; letzteres lese ich noch. Als ich Sie bei der Konferenz sah, erkannte ich Sie sofort. Ich hoffe, ich konnte Ihnen etwas geben. Ich empfinde eine besondere Liebe für Sie, Dr. Ring, und hoffe, daß Sie eines Tages zu mir sagen werden: »Nennen Sie mich Ken.«

Nun habe ich Ihre Zeit lange genug in Anspruch genommen, aber ich hoffe, daß wir eines Tages miteinander sprechen können. Ich weiß nicht, wohin dies alles mich noch führen wird, aber ich war noch nie in meinem Leben so glücklich. Am 13. April werde ich wieder heiraten. Mein zukünftiger Mann kennt diese Geschichte, meine Geschichte, und er liebt mich bedingungslos und unterstützt mich.

Hier noch einmal mein Name – Lorna, aber Sie können mich immer »die Pest« nennen. Ich liebe Sie.

Lornas Geschichte ist lang und kompliziert, aber ihre Einzelteile passen so perfekt zusammen, daß sie ohne die Hand des Lichtes, die Lorna schließlich zu ihrer heilenden Vision und zu echtem innerem Frieden führte, nur schwer vorstellbar ist.

Damit kommen wir schließlich zu unserer dritten Geschichte, und interessanterweise beginnt auch sie mit einer IANDS-Konferenz. Bei dieser Veranstaltung lernte ich Beverly Brodsky kennen, die mir ebenso wie Lorna eine gute Freundin geworden ist und mit der ich nach wir vor Kontakt pflege. Mit ihr kam ich kurz ins Gespräch; sie berichtete mir über eine Erfahrung, die sie vor Jahren gemacht hatte und bei der es sich offensichtlich um eine reichhaltige NTE gehandelt hatte, welche durch starken Willenseinsatz und extreme Umstände zustande gekommen war. Da zu einem ausführlichen Gespräch zuwenig Zeit blieb, bat ich sie, mir den Vorfall schriftlich zu schildern. Etwa zur selben Zeit, als ich Lornas ausführlichen Brief erhielt, kam dann auch jener von Beverly, und was sie erlebte, ist nicht weniger beeindruckend.

An dieser Stelle möchte ich jedoch nur einen Teil ihres Berichts zitieren, da andere Einsichten aus ihrer Begegnung mit dem Licht in einem späteren Kapitel zur Sprache kommen werden. Hier geht es mir ausschließlich darum zu zeigen, wie ein Zustand absoluter Hoffnungslosigkeit zu der Liebe und der heilenden Kraft des Lichtes führen kann.

Auch Beverly gab mir am Beginn ihres Briefes einige Hintergrundinformationen und schilderte dann die Umstände, die 1970 zu ihrer Erfahrung führten:

Ich wuchs in einer konservativen, aber wenig religiösen jüdischen Familie in einem größtenteils von Juden bewohnten Stadtteil von Philadelphia auf. Die Atmosphäre dort war von Materialismus geprägt, und ich empfand sie darüber hinaus als klaustrophobisch. In der Schule wurden die Mädchen nach Kleidung und Schönheit beurteilt. Ich war schüchtern, ernst, ein Büchernarr und als Teenager Atheistin. Seit ich mit acht Jahren, wenn auch in sehr zurückhaltender Form, vom Holocaust erfahren hatte, machte mich Gott beziehungsweise der Glaube an ihn zornig. Wie konnte Gott existieren und so etwas zulassen? Der Säkularismus meiner schulischen Ausbildung und das Fehlen jeglicher religiöser Erziehung bestärkten diese Haltung.

Als Jugendliche litt ich an Depressionen, die nicht behandelt wurden, weil meine Eltern die Überzeugung vertraten, für eine psychologische Behandlung müsse man sich schämen, und persönliche Probleme oder familiäre Geheimnisse dürften grundsätzlich nie außerhalb des Hauses angesprochen werden. Zur Zeit meines High-School-Abschlusses war ich sehr verzweifelt. Es ging mir so schlecht, daß ich trotz bester schulischer Leistungen nicht imstande war, ein College zu besuchen. Meine Zukunft beurteilte ich äußerst pessimistisch. Wie um die Sache noch zu verschlimmern, starb mein Vater kurz nach meinem Schulabschluß – ich war 17 – unerwartet an einem Herzinfarkt. Er war in dieser Welt mein Fels in der Brandung gewesen, meine Stärke.

Meine Mutter fiel durch diesen Verlust selbst in eine tiefe emotionale Krise, und gleichzeitig kam sie in die Wechseljahre. Ich konnte diese unglückliche Umgebung schließlich nicht mehr ertragen, und so zog ich mit 19 Jahren zunächst ins Zentrum von Philadelphia und dann nach Kalifornien, wo die Leute damals Blumen im Haar trugen und von Frieden und Liebe für alle Menschen redeten. Ich lernte zu meditieren und spürte zum erstenmal Hoffnung, noch einmal von vorn beginnen zu können. Für mich war die Reise in den Westen wie Hesses *Morgenlandfahrt* – die Suche nach einer neuen Welt.

Im Juli 1970 hatte ich in Los Angeles einen Motorradunfall, bei dem ich mir einen Schädelbruch zuzog und mehrere Knochen brach. Ich war gerade einen Tag zuvor in Kalifornien angekommen. Die Fahrt mit dem Motorrad, es war meine erste, fand bei einer Feier anläßlich unserer Ankunft statt; wir hatten eine Vorstellung des Musicals *Hair* besucht. Ich fuhr auf einem Neben-Highway, für den keine Helmpflicht bestand, und wurde von einem betrunkenen Autofahrer angefahren. Dabei wurde ich mit dem Kopf voraus auf die Straße geschleudert. Als die Polizei eintraf und mich sah, verhafteten sie den Autofahrer sofort wegen Körperverletzung mit Todesfolge, so übel zugerichtet sah ich aus.

Ich lag zwei Wochen zur Behandlung meiner Kopfverletzung im Krankenhaus und bekam Morphium wegen der Schmerzen. Dann schickten sie mich nach Hause und sagten mir, ich solle künftig Aspirin nehmen. Aber da meine Schmerzschwelle schon immer sehr niedrig war und mein Selbstbild wegen der Quetschungen, durch die die halbe Haut von meinem Gesicht abgerissen wurde, schwer erschüttert war, traf ich mit der festen Absicht in meiner einstweiligen Wohnung ein, daß die erste Nacht dort auch meine letzte sein sollte. Ich legte mich aufs Bett, und in diesem Augenblick der Prüfung wurde ich wie so viele Atheisten zum Agnostiker und flehte Gott inbrünstig an, er möge mich zu sich nehmen, weil ich nicht einen Tag länger leben könne. Mit 20 Jahren hatte ich kein anderes Ziel, als das Leben zu genießen und es mit jemandem zu teilen. Mein Schmerz war unerträglich; kein Mann würde mich je mehr lieben; ich sah keinen Grund mehr weiterzuleben.

An diesem Punkt wünscht sich Beverly offensichtlich nurmehr den Tod; es ist hier jedoch von Bedeutung, daß sie, vom Standpunkt ihrer Verletzung aus betrachtet, absolut nicht in Lebensgefahr schwebte. Dennoch aber wurde ihr Wunsch erfüllt. Ihr Bericht fährt fort:

Irgendwie überkam mich plötzlich ein unerwarteter Friede. Ich fand mich über dem Bett an der Decke schweben und auf meinen bewußtlosen Körper hinabblicken. Aber ich hatte kaum Zeit, das wunderbar Eigenartige dieser Situation – daß ich zwar ich war, aber nicht in meinem Körper – zu erkennen, denn nun gesellte sich ein strahlendes Wesen zu mir, das ganz in schimmerndes, glühendes Weiß getaucht war. Dieses Wesen schwebte ebenso wie ich, ohne Flügel. Ich spürte ehrfurchtsvolle Scheu, als ich mich ihm zuwandte; dies war kein gewöhnlicher Engel oder Geist, sondern ein Gesandter, der mich mitnehmen sollte. Von ihm ging so viel Liebe und Freundlichkeit aus, daß ich mich fühlte wie in der Gegenwart des Messias.

Wer oder was immer mein Gefährte war, seine Gegenwart steigerte meine Ruhe und Gelassenheit und erweckte in mir ein Gefühl von Freude. Er nahm mich sanft an der Hand, und zusammen flogen wir zum Fenster hinaus. Daß ich dazu fähig war, überraschte mich nicht. In Gegenwart dieses wundersamen Wesens war einfach alles so, wie es sein sollte.

Im Beisein ihres spirituellen Führers hatte Beverly nun eine der ungewöhnlichsten NTEs, von der ich im Verlauf meiner Arbeit gehört habe, und aus diesem Grunde möchte ich diesen Teil ihrer Erfahrung auch für ein späteres Kapitel aufheben, wo ich ihn in einen passenderen Kontext stellen kann. Für den Augenblick bitte ich Sie daher, einfach zu glauben, daß sie befähigt wurde, in eine Region *jenseits* sämtlicher bislang hier besprochener Bereiche zu gelangen. Sie berichtet ihr Erlebnis mit einer unglaublich inspirierten Eloquenz, die ihre gesamte Schilderung zur bewegendsten meiner gesamten Kollektion machen dürfte.

Hier beschränke ich mich jedoch auf die Wirkungen dieser NTE auf Beverlys Leben. Lassen Sie uns also mit ihrer Erzählung an der Stelle fortfahren, da sie in ihrem Zimmer, in dem sie sich nach dem Tod gesehnt hatte, wieder in ihren Körper zurückkehrte:

Plötzlich und ohne zu wissen weshalb oder wie kehrte ich in meinen zerschundenen Körper zurück. Aber wundersamerweise brachte ich die Liebe und Freude mit zurück. Ich war erfüllt von einer Ekstase, die jedes vorstellbare Maß überstieg. Hier, in meinem Körper, war jeglicher Schmerz verschwunden. Ich war noch immer wie verzaubert von einem grenzenlosen Entzücken. Und dieser Zustand hielt die nächsten beiden Monate an; der Schmerz konnte mir nichts anhaben …

Ich fühlte mich wie neugeboren. Überall sah ich wundersame Zeichen und Bedeutungen; alles war lebendig, voller Energie und Intelligenz …

Ich weiß nicht mehr allzuviel aus dieser Zeit, außer, daß ich einige Dinge tat, die für mich unglaublich waren. Früher war ich schrecklich schüchtern gewesen und hatte mich absolut unliebenswert gefühlt. Jetzt ging ich abends aus, den Kopf mit Bändern umwickelt wie eine Figur aus einem Horrorfilm, hatte innerhalb einer Woche einen Job, lernte viele Freunde kennen und begann meine erste ernsthafte Liebesbeziehung. Nach dem Erdbeben von 1971 zog ich wieder in den Osten zurück, suchte meine Mutter auf und söhnte mich mit ihr aus, und mit 23 Jahren fing ich an, am College zu studieren – eine weitere Sache, von der ich immer geglaubt hatte, daß ich sie nicht schaffen würde; ich machte meinen Abschluß mit Auszeichnung. Seitdem habe ich geheiratet, bin Mutter geworden, habe eine berufliche Karriere gestartet und das Leben in vollen Zügen genossen, wie ich es mir früher, vor meiner Begegnung mit dem Licht, nie hatte vorstellen können. In dieser Begegnung mit dem Tod wurden mir die Freude und das Ziel für mein weiteres Leben gegeben.

Obwohl meine himmlische Reise nun schon 20 Jahre zurückliegt, habe ich sie nie vergessen. Ebensowenig habe ich, Spott und Unglauben zum Trotz, jemals ihre Realität angezweifelt. Kein Traum und keine Halluzination hätte so intensiv sein können, daß mein ganzes Leben dadurch radikal verändert worden wäre. Ganz im Gegenteil – heute sehe ich mein restliches Leben als eine flüchtige Phantasie an, einen kurzen Traum, der enden wird, wenn ich in der ewigen Präsenz dieses Spenders von Leben und Segen wieder erwache.

Die heilenden Gaben von NTE-Geschichten

Wenn man Geschichten wie die von Lorna, Beverly oder auch vielen anderen, die in diesem Kapitel zu Wort kamen, liest, wird deutlich, daß NTEs, seien sie nun mit einer tatsächlichen Nah-Tod-Krise verbunden oder nicht, oft dazu beitragen können, einen Menschen von einer anscheinend unheilbaren Krankheit zu heilen oder aus einem Zustand spiritueller Verzweiflung zu befreien. Weniger offensichtlich ist, daß schon das *Lesen* solcher Geschichten auch *uns* heilen kann. Lassen Sie mich das kurz anhand eines Beispiels erläutern.

Ich habe eine gute Freundin, die in Bogotá, Kolumbien, lebt. Wir sind uns erst einmal begegnet, als ich vor kurzem einen Vortrag dort hielt, aber wir stehen seit Jahren brieflich in Kontakt, und sie interessiert sich schon sehr lange für meine Arbeit. Vor einigen Jahren schickte ich ihr die Kopie eines Artikels, der mit der gesamten Erzählung von Beverlys Erfahrung begann, und etwa zwei Wochen später schrieb sie mir dazu folgendes:

Durch die zur Zeit sehr anstrengende Arbeit in der Klinik zog ich mir eine schmerzhafte Kehlkopfentzündung zu, die ich bereits hatte, als ich Ihren Artikel zu lesen begann. Ich las den Bericht von Beverly Brodsky innerhalb von zehn Minuten, und kaum hatte ich ihn beendet, war vieles geschehen: Mein heftiger Schmerz war verschwunden, meine Kehlkopfentzündung war verschwunden, alles um mich herum strahlte hell, und ich fühlte mich schwerelos.

Ich habe keine Worte, um die tiefe Gewißheit zu beschreiben, daß Beverlys Erfahrung die Begegnung mit der ultimativen Wahrheit war. Mein Innerstes erkennt die Wahrheit ihrer Erfahrung.

Ich habe dafür zwar keinen schlagenden Beweis, aber ich kann kaum glauben, daß die Reaktion meiner Freundin auf solche Geschichten absolut einzigartig sein sollte. In späteren Kapiteln werde ich jedoch noch Beweise dafür anführen, daß *allein die Lektüre* solcher Schilderungen schon vieles, bis hin zur Angst vor dem Tod, heilen kann. Doch die Worte meiner Freundin legen nahe, daß diese Geschichten bislang unvermutete Kräfte enthalten, die bis zu einem gewissen Grad auch physische Heilung bewirken und nicht nur (obwohl dies natürlich keine Kleinigkeit ist) Menschen Trost und Inspiration spenden können, die vielleicht noch nie eine NTE hatten. Auch eine der Lektionen aus diesem Kapitel weist also wieder auf die Rolle der NTE als heilendes Agens sowohl für Nah-Tod-Erfahrene als auch für uns hin. Jedenfalls kann der »gutartige Virus« der NTE manchmal anscheinend auch direkt durch die Lektüre von Geschichten übertragen werden, wie sie in diesem Kapitel vorgestellt werden.

Nah-Tod-Erfahrene als Therapeuten, die das Licht offenbaren

Es gibt eine weitere Möglichkeit, die zu Heilung durch die Beschäftigung mit der NTE führen kann. Denken Sie an die beiden Beobachtungen, die wir in diesem Kapitel bereits gemacht haben: 1. Das Licht scheint zuweilen als Meistertherapeut zu agieren, und 2. manche Nah-Tod-Erfahrene behaupten, während ihrer Erfahrung vom Licht eine Mitteilung erhalten zu haben. Fügt man diese beiden Gedanken zusammen, so ergibt sich daraus eine offenkundige Folgerung: Als Heiler mit der Hilfe des Lichts sollten Nah-Tod-Erfahrene nicht nur *physische Krankheiten* behandeln können, sondern auch die Gabe besitzen, die (psycho)therapeutische Kraft des Lichtes in ihren Beziehungen mit anderen Menschen zum Ausdruck zu bringen.

Und in der Tat findet sich in meinen Interviews mit Nah-Tod-Erfahrenen und in Briefen solcher Menschen genügend anekdotisches Material, das belegt, wie leicht ihnen diese Rolle fällt und wie effektiv und selbstverständlich sie sie ausfüllen. Ich werde hier jedoch lediglich zwei kurze Beispiele anführen, die verdeutlichen sollen, was ich damit meine.

Sie erinnern sich an meine Freundin Nel, die ich in früheren Kapiteln erwähnte. Mit ihr hatte ich im Verlauf der achtziger Jahre häufig Kontakt, und aus meiner eigenen Erfahrung mit ihr kann ich mit Gewißheit behaupten, daß sie zu diesen therapeutisch begabten Nah-Tod-Erfahrenen gehört. In einem Vortrag, den sie 1983 hielt, gab sie klare Hinweise darauf, was ihrer Meinung nach der Grund für diese Gabe ist und weshalb sie sich veranlaßt sah, Gebrauch davon zu machen:

In den letzten sechs Wochen sind dreimal Fremde zu mir gekommen, und jedesmal dauerte es nicht lange, bis sie mir ihr Herz ausschütteten. Alle drei hatten jegliche Hoffnung aufgegeben, doch irgendwie konnte ich sie ihnen wiedergeben. Leider hatte ich meinen Kassettenrecorder nicht bei mir, und ich weiß nicht mehr, was ich ihnen sagte, aber meine Worte gaben jedesmal den Ausschlag. Ich konnte ihnen eine Alternative zu ihrer eigenen Sichtweise anbieten, und ich begreife das als eines der Dinge, die ich in Zukunft tun werde. Ich möchte das Licht, das in mir ist und das in jedem Menschen ist, nach Möglichkeit denen zurückgeben, die es verloren haben. Es ist mein Glück, diese Erfahrung gemacht zu haben und sie noch immer so lebendig in mir zu spüren. Das ist etwas, das ich weitergeben möchte.

Das zweite Beipiel betrifft eine Frau, die mir 1990 schrieb und die ich Marilyn nenne. Ihre NTE ereignete sich im Gefolge einer unbeabsichtigten Überdosis von Drogen und Alkohol. Seit ihrer Rückkehr ins Leben ist Marilyn sehr bei den Anonymen Alkoholikern engagiert; sie arbeitet dort als Beraterin von Erwachsenen und Jugendlichen, die noch mit der Abhängigkeit von Drogen oder Alkohol kämpfen. Ihrer Meinung nach ist diese Arbeit eine direkte Folge ihrer Erfahrung im Licht und dessen größtes Geschenk an sie. Sie schrieb:

Es wäre schwierig, alles zu beschreiben, was ich durch meine NTE erhalten habe, aber die außergewöhnlichste Gabe ist sicher, daß ich die Gefühle anderer Menschen vollkommen intuitiv erfassen und begreifen kann – wenn ich es will. Aufgrund dieser Gabe bin ich eine gute Therapeutin. Die einzige negative Auswirkung ist, daß ich diese Fähigkeit oft vor meinen Kollegen »verschleiern« muß, die sich oft wundern, wie ich so überzeugt auftreten kann! Ich glaube, ich bin dafür bekannt, daß ich zu »scharfsichtig« und nicht akademisch genug bin – was mir aber nichts ausmacht, solange ich meinen Patienten damit helfen kann. Mehrere meiner als »hoffnungslos« (*chronisch* wäre der professionelle Ausdruck) abgestempelten Patienten brauchen heute keine Medikamente mehr und führen ein glückliches Leben, was ich direkt auf den Einfluß der Gabe meiner höheren Macht zurückführe. Manchmal machen mich meine »besonderen Fähigkeiten« traurig über die Art und Weise, wie viele geistig Kranke in diesem System behandelt werden. Ich kann die Demütigungen nachvollziehen, denen sie von seiten der Ärzte und Pfleger ausgesetzt sind, welche sich angesichts dieses Leides selbst unwohl fühlen. Ich glaube, die besten Therapeuten sind die, die selbst sehr gelitten haben – und geheilt wurden.

Durch die Dienste von Menschen wie Nel und Marilyn, deren therapeutische Arbeit von der lebendigen Kraft des Lichtes geleitet wird, können auch uns einige der Segnungen und Vorteile der Nah-Tod-Erfahrenen zuteil werden. Wie Nel so oft wiederholte: Es ist ihr eine Freude, das Licht an andere weiterzugeben, um sie wieder in Kontakt mit jenem Licht zu bringen, das sie in sich tragen. Und der Kontakt mit dem Licht, sei er nun direkt oder durch andere vermittelt, ist die Quelle, aus der alle Heilung kommt.

Die Verbindung herstellen: Was die NTE über das Heilen lehrt

Die Geschichten in diesem Kapitel und die anderen Fakten zum Zusammenhang zwischen NTEs und Heilkräften machen deutlich, daß Menschen ohne eine NTE von Nah-Tod-Erfahrenen viel über die uns allen verfügbaren heilenden Energien lernen können. Die grundlegende Botschaft dieses ganzen Kapitels ließe sich also in einem einfachen Satz zusammenfassen: Das Licht – die ultimative Heilkraft – ist allgegenwärtig und bereit, uns zu helfen, wenn wir uns am Ende und bar jeder Hoffnung wähnen. Und wie wir gesehen haben, kann sogar das Lesen von Geschichten, wie sie in diesem Kapitel vorgestellt werden, oder der direkte Kontakt mit Nah-Tod-Erfahrenen heilende Gaben verleihen.

Aber trotz des Trostes und der Inspiration solcher Berichte mag es schwierig sein zu erkennen, wie wir dieses Material im Alltag einsetzen können. Mit anderen Worten, wie fangen wir es an, diese Einsichten *praktisch umzusetzen*, wenn wir mit Krankheit oder seelischem Schmerz konfrontiert sind?

Zum Abschluß dieses Kapitels möchte ich einige Gedanken eines Mannes heranziehen, den ich – seinem Wunsch nach Anonymität entsprechend – Gerald nenne. Ich kenne ihn nicht persönlich, sondern nur aus zahlreichen Briefen, aus denen ich selbst viel gelernt habe. Geralds Leben war von massiven psychischen Problemen, die größtenteils mit chronischem Alkoholismus zu tun hatten, *und* schweren, entkräftenden Krankheiten gekennzeichnet, doch im Alter von 60 Jahren hatte er seinen Alkoholismus längst besiegt und zudem eine ganze Serie ernster Krankheiten fast überstanden. Seine sehr umfassende und komplexe NTE[11] spielte bei seiner Genesung eine entscheidende Rolle, allerdings mehr durch die Lektionen, die sie ihn lehrte, als durch eine direkte Heilwirkung. Sie fand 1979 statt, doch er beschäftigte sich danach noch jahrelang weiterhin mit der Dynamik des Heilens. Hier möchte ich Ihnen nun die Früchte seines Forschens vorstellen.

Zunächst sei Ihnen jedoch durch Geralds eigene Worte mitgeteilt, in welcher Situation er sich vor seiner NTE befand.

1978 befand ich mich in einer anscheinend vollkommen hoffnungslosen und unhaltbaren Lage. Hauptsächlich aufgrund meines Alkoholismus hatte ich ein Stadium erreicht, das weder mein Körper noch mein Arbeitgeber länger ertragen konnten, so daß ich vor der Entscheidung stand: Hör auf zu trinken, oder du wirst gefeuert. Ich war 46 Jahre alt, nicht vermittelbar und sowohl physisch als auch psychisch sehr krank – und spirituell betrachtet leer. 25 Jahre lang war der Alkohol meine Krücke gewesen, und allein der Gedanke, ohne ihn auskommen zu müssen, trieb mich in Panik und Entsetzen bis hin zu häufigen Selbstmordgedanken.

Obwohl mir ein Ultimatum gestellt worden war, trank ich weiter, aber von erzwungenen zeitweiligen Alkoholpausen war ich so krank, daß ich kaum mehr funktionierte. An einem dunklen Morgen, als ich gerade auf Händen und Füßen aus dem Badezimmer gekrochen kam und es nicht schaffte, auf die Beine zu kommen, schickte ich stöhnend ein verzweifeltes Gebet zum Himmel, obwohl ich nicht an Gott glaubte: »Wenn es da oben jemanden gibt, bitte ...« Daraufhin veränderten sich meine Umstände relativ rasch, was allerdings nur im Rückblick klar erkennbar ist. Ich wurde bald zu einem hervorragenden Entzugsprogramm zugelassen, wo ich trotz meiner Reizbarkeit und Angst und meinem zornigen, abwehrenden Verhalten fasziniert lernte, welche Gründe hinter selbstzerstörerischem Verhalten stehen. Nach einem Jahr war ich zwar immer noch sehr krank, aber ich hatte es geschafft, mit dem Trinken aufzuhören. Ich hatte mich also zweifellos verändert, wenn auch widerwillig; doch obwohl ich meine Sucht erfolgreich gestoppt hatte, war ich noch immer unvorstellbar depressiv. Mein Leben war beruflich wie privat ein Trümmerhaufen, und die meisten meiner Freunde waren entweder tot oder hatten sich von mir distanziert. Ich war schon einmal bei einem Psychiater in Behandlung gewesen, und nach einem Klinikaufenthalt hatte er mich als manisch-depressiv diagnostiziert und eine Lithiumtherapie empfohlen. Ich lehnte ab, weil ich eine weitere Abhängigkeit befürchtete.

Doch in dieser anscheinenden Sackgasse erhält Gerald unerwartet Hilfe – woher, das werden Sie inzwischen wissen.

Infolge meiner Rehabilitation entschloß ich mich, mein Knie operieren zu lassen; es war ein paar Jahre zuvor bei einem Autounfall unter Alkoholeinfluß verletzt worden und bereitete mir seither große Schmerzen. Ich hatte eine starke Vorahnung, daß ich bei dieser Operation sterben würde, doch ich wollte den Eingriff trotzdem vornehmen lassen; wahrscheinlich hoffte ich, daß mir damit die Verantwortung für einen Selbstmord erspart bliebe. Aber anstatt zu sterben, hatte ich ein wahrhaft erstaunliches Nah-Tod-Erlebnis. Ich wachte aus der Narkose auf und fühlte mich von meiner neuen Sicht der Dinge wie überrumpelt, obwohl meine Lebensumstände doch nach wie vor genau dieselben waren. Ich wußte, daß das, was passiert war, auch wenn es noch so unglaublich schien, immens wichtig für mich war, aber ich hatte keine Ahnung, was es bedeutete. Auch andere bemerkten meine Veränderung. Einer der ersten war mein Psychiater; er meinte, ich würde ihn jetzt wohl nicht mehr brauchen. Heute, nach 14 Jahren, würde es mir vielleicht leichter fallen, darüber zu schreiben, in welcher Hinsicht dieses Ereignis mein Leben *nicht* berührt hat, als darüber, was es alles veränderte. In der Tat habe ich mit dem Gerald von damals heute nicht mehr allzuviel Ähnlichkeit – von der äußeren Erscheinung einmal abgesehen.

Sie mögen nun vielleicht denken, nun gut, ein weiterer Fall, in dem ein Gestrandeter durch das Licht der NTE vor dem spirituellen Tod gerettet wurde und sein restliches Leben gesund und wohlauf verbrachte. Aber Gerald erwarteten noch weitere und äußerst beunruhigende Herausforderungen. Seine Geschichte geht folgendermaßen weiter:

Nach mehreren Jahren der Nachforschung, weshalb das wichtigste Ereignis meines Lebens stattgefunden hatte, während ich bewußtlos – vielleicht sogar tot – gewesen war, zogen meine Frau und ich aufs Land, um ganz und gar dem Licht zu folgen. Doch auch dies war mit großen Problemen verbunden. Trotz meiner neuen Philosophie und eines ganzheitlichen Lebensstils bekam ich nach einiger Zeit eine Krankheit, die als Guillain-Barré-Syndrom bezeichnet wird – eine oft tödlich verlaufende Funktionsstörung des zentralen Nervensystems, die mit einer beinahe totalen Lähmung und sehr starken Schmerzen einhergeht. Es wäre mir leicht gefallen, einfach aufzugeben, denn ich wußte mit Sicherheit, daß mich nach diesem ein Leben voller Frieden und Freude erwartete. Aber statt dessen und weil ich wirklich keine Alternative hatte, als es zu versuchen oder Höllenqualen zu erleiden, beschloß ich herauszufinden, warum ich noch einmal der Krankheit erlegen war.

Ich hatte genügend Zeit, zur Einsicht zu gelangen, denn meine Tage bestanden notgedrungen aus Nichtstun und Nachdenken. Ich hatte nicht einmal die Kraft, ein Buch zu lesen, und selbst Fernsehen bereitete mir nach kurzer Zeit zu viele Schmerzen. Als erstes unternahm ich einen bewußten Versuch, den Widerstand gegen die Schmerzen aufzugeben und sie zu akzeptieren, und schon das half mir beträchtlich. Damit wurde das Leben etwas erträglicher, und es entstand ein Prozeß, in dem ich versuchte, mich so tief wie möglich in den Schmerz und die Krankheit einzufühlen, um zu entdecken, was sie mir mitteilen wollte – weshalb ich sie bekommen hatte. Ich weiß, daß es im Leben keine Zufälle gibt; die Krankheit mußte also einen sehr triftigen Grund haben.

An dieser Stelle beginnt Gerald, über die bislang in diesem Kapitel besprochenen Heilkräfte der NTE hinauszugehen und sich auf die Wurzeln und Ursachen von Krankheiten einzulassen – nicht nur seiner eigenen, sondern Krankheit im allgemeinen. Es scheint die Funktion von Geralds NTE gewesen zu sein, ihn mehr über die Ursachen von Krankheiten zu lehren, und nicht nur, ihn zu heilen. Dafür aber mußte er all seine Willenskraft aufbieten. Mittlerweile aber gelangte er zu folgenden Einsichten:

Jeder Teil des Körpers hat auf einer höheren Ebene seinen esoterischen Gegenpart, und eine Funktionsstörung auf der physischen Ebene bedeutet, daß die Seele aus den physischen Symptomen etwas zu lernen hat. Meine Symptome waren, generell gesagt, lähmend und schmerzhaft, und daraus folgerte ich anfänglich, daß ich mich vom Leben eingeengt fühlte und es mir extremes Unbehagen bereite (obwohl ich das mit Sicherheit nicht dachte!); ferner, daß ich es »arrangiert« hatte, die Verantwortung für mein Leben zu umgehen, indem ich Umstände schuf, die mir ein Entkommen daraus ermöglichten. Durch spirituelle und geistige Einsicht wurde mit jedem Tag eine größere Perspektive für mich sichtbar, und ich entdeckte, daß ich mich tatsächlich vor dem konkreten Leben und vielen seiner Umstände *fürchtete*, trotzdem aber *süchtig* war nach der Spannung, dem Risiko und der ständigen Erregung, die es mit sich bringt.

Übrigens handelt es sich hier nicht um eine Art Furcht, die ich auch auf andere Weise hätte entdecken können; sie ist auch nicht leicht zu beschreiben oder zu erkennen, denn sie veranlaßt uns nicht, die Flucht zu ergreifen oder zu kämpfen. Vielmehr ist diese Art von Furcht so sehr ein habitueller, ein gewohnheitsmäßiger Teil unseres Charakters, daß sie durch subjektive Beobachtung ohne spirituelle Hilfe praktisch unauffindbar ist. Natürlich leben wir unser ganzes Leben lang mit unserer Persönlichkeit, unserem Charakter, und die Art und Weise, wie wir uns wahrnehmen, erscheint uns als unser »ganz normales Selbst«. Ich hatte gelesen, daß eine gewisse Art von Kontemplation und Gebeten einem in diesen Fragen mehr Klarheit verschaffen könne, und mit ihrer Hilfe begann ich, tiefer in mich hineinzuschauen. Das war nicht leicht, denn man tut viel, um die Wahrheit vor sich selbst zu verbergen, und mein Inneres wollte seine Geheimnisse nicht so leicht preisgeben.

Aber je mehr Fortschritte Geralds Gesundung machte, desto mehr vertieften sich seine Einsichten bezüglich der Ursachen von Krankheit.

Nach ein oder zwei Jahren dieser inneren Suche kam ich allmählich wieder etwas zu Kräften, und die Symptome ließen nach. Ich konnte den Rollstuhl stehenlassen und fand aus praktisch totaler Hilflosigkeit wieder in ein mehr oder weniger »normales« Leben zurück. Meine zunehmende Einsicht erschloß mir viele weitere Bereiche, tief verwurzelte, aber fast unsichtbare schädliche Einstellungen, die ich in diesem Leben totschwieg und zweifellos aus früheren Leben übernommen hatte. Durch tägliche Übung konnte ich diese Gedankenformen auf ein akzeptables Maß zurückdrängen, und im Laufe der Zeit werde ich sie ganz beseitigen. Während dieses Prozesses verbesserte sich mein Gesundheitszustand stetig, und mit ihm auch mein innerer Friede. Ich glaube, wenn ein Mensch völlig frei ist von innerem Streß und Verurteilung – von den Ängsten, die uns davon abhalten, daß wir uns selbst so bedingungslos lieben, wie Gott es tut –, dann brauchen wir keine Krankheit mehr, denn dann spiegelt der Körper das vollkommene Wohlbefinden der Seele wider. Durch die Techniken, die ich einsetzte, kann ich heute auf Medikamente gegen Schmerzen und Streß verzichten, und wenn ich auch nach wie vor noch etwas Beschwerden habe und körperlich schwach bin, so bin ich doch wesentlich freier und lebe in Frieden und mit einer Liebe zum Leben, wie ich sie noch nie gekannt habe.

Was ich mit alldem zum Ausdruck bringen will, ist, daß meine Genesung nicht durch physikalische Therapie, Diäten oder Medikamente erreicht wurde, sondern ausschließlich durch mentale Techniken. Mit anderen Worten, ich glaube (und für mich persönlich weiß ich es), daß ich durch Affirmationen, Gebet und Kontemplation gesund geworden bin: durch die Anwendung fokussierten positiven Denkens. Ich glaube, und ich habe das zu meiner eigenen vollkommenen Zufriedenheit nachgewiesen und begründet, daß Krankheit aus einer mentalen Funktionsstörung resultiert, die zu Streß und Unausgeglichenheit führt, und dadurch können sich Viren, Bakterien und so weiter ausbreiten, den Körper schwächen und auf seinen Verfall hinarbeiten. Es kommen natürlich noch viele andere Dinge hinzu, aber in den einfachsten Begriffen ausgedrückt läßt sich sagen, daß innere Einstellungen, die auf Furcht gründen und deshalb nicht mit der Energie im Einklang sind, welche wir im Westen als Gott bezeichnen, letztlich die Ursache jeglicher Krankheit sind.

Wenn meine Position richtig ist – und ich versichere Ihnen, daß sie das für mich ist – dann ist das Gebiet, auf das Sie sich spezialisiert haben, eine wichtige Quelle der Hoffnung für die Zukunft der Menschheit. Wenn Psychologen, Mediziner und andere Heilkundige zusammenarbeiten, um zunächst die Streßfaktoren zu identifizieren und zu eliminieren und gleichzeitig dem Patienten so lange zu überleben helfen, bis er den Grund seiner Probleme verstanden hat, dann werden die Lektionen der Krankheit nicht mehr nötig sein.

Was Gerald hier sagt, macht den besonderen Beitrag deutlich, den die NTE zum Verständnis von Krankheit und ihrer Heilung leistet; gleichzeitig faßt er damit die bedeutendste Lektion zusammen, die die NTE uns darüber lehrt, was uns in das Gefängnis der Krankheit einschließt: *Es ist im* Grunde *die Furcht davor, uns selbst so bedingungslos zu lieben, wie das Licht es tut*. Wenn das Licht diese Ängste nicht vertreibt, dann müssen wir selbst es tun! Wie wir gesehen haben, reicht das Licht manchmal aus, um uns von Verzweiflung oder einem Gebrechen zu heilen; aber wenn eine Krankheit hartnäckig bleibt oder eine neue auftritt, dann ist es wichtig, so wie Gerald es tat, ihre Bedeutung gründlich zu erforschen – denn auch sie kann eine weitere, wenn auch noch so unwillkommene Gabe des Lichtes sein, die uns die Blockaden zeigen soll, welche uns daran hindern, nicht nur das Licht in uns, sondern uns *als Lichtwesen* voll und ganz zu erkennen.

Geralds Schlußbemerkungen verleihen diesen Gedanken zusätzliches Gewicht, denn er zeigt auf, daß das Unvermögen, die Lektionen des Lichts zu lernen, nicht nur einen individuellen Verlust, sondern den fortdauernden Kummer der Welt bedeutet, während ihre Erkenntnis und Verwirklichung uns rettet:

Ich glaube, daß jeder Mensch, der sich dafür entscheidet, diese Dinge zu erforschen, indem er zunächst seine eigene spirituelle Realität annimmt, Heilung oder zumindest eine Besserung seines Zustandes erreichen kann. Es ist sicher nicht leicht oder einfach, aber es ist möglich – dafür bin ich selbst das beste Beispiel.

Ich weiß jetzt, daß Krankheit einfach zum ständigen Entdeckungsprozeß des Lebens dazugehört und daß sie ausgelöst wird durch die Angst, sich mit der universalen Liebe, die wir als Gott bezeichnen, im Einklang zu befinden. Meiner Meinung nach hat die Mehrheit der Menschen einen großen Teil der verborgenen Funktionsstörungen, die ich in mir entdeckte, gemeinsam. Es sind die falschen Gedankenformen, und sie machen nicht nur den einzelnen krank, sondern sind auf der ganzen Welt der Grund für Schmerz und Leid, Gier und Aggression, Krieg und Gewalt. Ich glaube, in der Zukunft werden Krankheit und das sorgenvolle Leben, wie wir es heute kennen, kein notwendiger Teil unserer Erfahrung mehr sein. Je weiter wir zurückkehren zum Verständnis unserer Spiritualität und lernen, präventive und schwingungsorientierte medizinische Verfahren in Verbindung mit spiritueller und emotionaler Beratung, ganzheitlicher und heilender Medizin einzusetzen, desto mehr wird Krankheit – und vielleicht sogar der Tod, so wie wir ihn heute noch sehen – zu einem archaischen Relikt unserer Unwissenheit werden.

10

Tod, Sterben und Trauer in neuem Licht

Im 19. Jahrhundert schrieb der große amerikanische Schriftsteller Herman Melville in seinem berühmten Roman *Moby Dick* vorausschauend: »Und der Tod, welcher alle in gleicher Weise gleichmacht, vermittelt in gleicher Weise allen eine letzte Offenbarung, die nur ein Autor aus dem Reich der Toten angemessen verkünden könnte.« Diese »Autoren der Toten«, von deren Existenz zu Melvilles Zeiten man schwerlich sprechen kann, sind heute natürlich unsere Nah-Tod-Erfahrenen, und ihr gemeinsames Zeugnis vermittelt uns eine neue Sichtweise des Todes.

Es bestehen kaum Zweifel darüber, daß – zumindest seit der Zeit der verheerenden Pestepidemien des 14. Jahrhunderts, die Millionen von Europäern den Tod brachten – das wichtigste Symbol für den Tod in der westlichen Welt der »Sensenmann« oder der »Schnitter Tod« ist; der Gesichtslose, mit einer Kapuze Vermummte, der kommt, um uns mitzunehmen, ohne daß wir wissen, wann und wo es soweit sein wird. Dieser abschreckende Geist, der Europa jahrhundertelang heimsuchte (bis Marx uns lehrte, ein anderes Schreckgespenst zu fürchten), war also lange Zeit ein Teil unserer kollektiven Psyche, und sein Bild ist noch heute kraftvoll genug, um vor der Unerbittlichkeit des Todes Angstgefühle in uns zu erwecken. Doch seit dem Beginn der modernen NTE-Forschung im letzten Viertel unseres Jahrhunderts wird dieser schreckenerregende sensenbewehrte Vorbote des Todes allmählich von einem anderen Bild abgelöst, nämlich vom Licht der NTE – oder vielleicht sollten wir, um es zu personifizieren, sagen, durch die strahlende Gestalt, die Raymond Moody als »das Lichtwesen« bezeichnete. Kann es einen Zweifel daran geben, daß wir im Westen durch diesen Aspekt der NTE, seit sie zum Objekt weltweiter Faszination wurde, gelernt haben, den Tod mit neuen Augen zu sehen und ihm mit Hoffnung zu begegnen anstatt voller Furcht?

In einem der Bücher von Joseph Campbell – ich gestehe freimütig, daß ich vergessen habe, in welchem – fand ich eine Formulierung, die besagte (ich umschreibe hier, obwohl ich weiß, daß es riskant und noch dazu kein guter Ton ist, einen Aphorismus zu paraphrasieren), der Tod sei von ferne gesehen ein entsetzlicher Anblick, von der Nähe betrachtet habe er jedoch das Antlitz des oder der Geliebten. Für uns nunmehr mit der NTE Vertraute ist offensichtlich, daß Nah-Tod-Erfahrene das Angesicht des Todes in der Tat aus nächster Nähe gesehen haben, und ihre Berichte versichern uns, daß Campbell hier absolut recht hat. Wenn wir uns von der äußeren Sichtweise des Todes – bei dem das Bild des »Sensenmannes« vorherrscht – weg bewegen und einer inneren Perspektive annähern, bei der wir den Augenblick des Todes *erleben*, löst sich alle Furcht auf, und wir erfahren eine Liebe, die so überwältigend und annehmend wie unvergleichlich ist. Betty Eadies denkwürdiger Umschreibung zufolge finden wir uns »vom Licht umarmt«, und wer die absolute Liebe dieser Umarmung gepürt hat, wird sie nie mehr vergessen. Überdies nimmt sie meist für immer die Angst vor dem Tod, denn, wie wir wissen, »vollkommene Liebe vertreibt die Furcht«.

Dies ist, kurz gesagt, die Aussage der Nah-Tod-Erfahrenen darüber, was uns im Augenblick des Todes erwartet, und da diese Aussage von Tausenden Personen gemacht wurde, die an die Schwelle des Todes gelangten und wieder ins Leben zurückkehrten, können wir als Zuhörer nicht umhin, uns davon berührt zu fühlen. Wir beginnen also vielleicht, über diese Geschichten zu staunen, doch nach einiger Zeit stellen wir fest, daß sie unversehens in unsere Psyche eingedrungen sind und uns eine Sicht des Todes nahegebracht haben, die für den »grimmigen Sensenmann« keinen Raum mehr läßt, sondern uns bei diesem Thema an ein liebendes Licht denken läßt.

Inzwischen wissen wir, daß diese Aussage, die im Verlauf der letzten beiden Jahrzehnte über die Medien und jüngst auch über das Internet verbreitet wurde, allmählich tatsächlich eine Wirkung hinsichtlich der Vorstellungen vieler Menschen vom Tod zeigt.

Um nur ein Beispiel zu zitieren: Die im achte Kapitel vorgestellten Studien von mir selbst und einigen meiner Kollegen, die wie ich Collegekurse über die NTE gaben, zeigen, daß 80 bis 90 Prozent der Studenten, die an solchen Kursen teilnahmen, eine wesentlich positivere Vorstellung vom Tod gewannen.[1] Überdies berichteten 60 bis 70 Prozent dieser Studenten, daß ihre Angst vor dem Tod nach einem Semester nachgelassen habe, und diese Zahl erhöhte sich bei Personen, die ein starkes Interesse an NTEs entwickelten, auf mehr als 80 Prozent.[2]

Natürlich ist seit langem bekannt, daß der Verlust oder zumindest ein drastischer Rückgang der Todesangst eine der anhaltendsten und stärksten Wirkungen der NTE ist. Die meisten Nah-Tod-Erfahrenen sprechen davon, daß sie zwar nach wie vor den Schmerz fürchten, der mit dem *Prozeß* des Sterbens einhergehen kann, daß die NTE ihnen jedoch jegliche Angst vor dem Augenblick des Todes selbst genommen habe und sie sicher sind, daß ihnen dort, wo sie hingehen, kein Schmerz folgen wird.

Lassen Sie uns hierzu noch einige Bemerkungen einer repräsentativen Gruppe von Nah-Tod-Erfahrenen betrachten. Mein Freund Tom Sawyer, den Sie bereits im siebten Kapitel näher kennenlernten, äußerte sich über die Lehren seiner NTE zum Thema Tod sehr prägnant:

Als Ergebnis davon [dieser Erfahrung] habe ich vor meinem natürlichen Tod nur sehr geringe Befürchtungen ... denn wenn der Tod auch nur annähernd dem gleichkommt, was ich erfahren habe, dann muß er das Schönste sein, auf das man sich freuen kann, das absolut Schönste.[3]

Und auch Nel drückte sich in ganz ähnlicher Weise aus:

Die tiefgreifendste Wirkung für mich ist, daß ich vor dem Tod keine Angst mehr habe. Das ist wahrscheinlich das verbreitetste Ergebnis einer NTE. Zuvor hatte ich große Todesangst. Schmerzen, schwere Schmerzen, führten bei mir zu der Reaktion: »Das ist mein Eintritt in die Hölle.« Die Schmerzen, die ich ein paar Stunden vor meiner NTE hatte, vermittelten mir diesen Eindruck sehr deutlich. Mit mir ging es abwärts, und ich würde wahrscheinlich nicht mehr wieder hochkommen. Doch seit meiner NTE habe ich überhaupt keine Angst mehr davor. Ich war dort, ich weiß, wonach ich suchen muß, ich habe es gespürt, und tatsächlich freue ich mich [darauf]. Wenn für meinen physischen Körper die Zeit zu sterben gekommen ist, werde ich in etwas hinübergehen, das so jenseits dieser Welt ist, daß es dafür keinen Vergleich gibt.

Auch meine australische Bekannte Andrea, deren aus ihrer NTE resultierende Heilkräfte ich im letzten Kapitel erwähnte, betont das Verschwinden der Todesangst und die Gewißheit, daß mit dem Tod jeglicher Schmerz aufhören wird.

Ich habe jetzt keine Angst mehr vor dem Tod. Ich kann Ihnen aus persönlicher Erfahrung versichern, daß der Schmerz endet, auch wenn er noch so schlimm wird, und Sie finden sich außerhalb Ihres Körpers wieder, in einer anderen Dimension, noch sehr lebendig, aber ohne jeden Schmerz.

Ein Mann, den ich nur brieflich kenne, spricht über eine andere Einsicht, die die NTE bezüglich des Todes vermittelt: Für den Sterbenden selbst existiert der Tod nicht!

Als Ergebnis dieser Erfahrung ... wußte ich, daß das, was normalerweise als Tod bezeichnet wird, nur von den Überlebenden erfahren wird ... Es gibt an und für sich keinen Tod. In unserer dreidimensionalen Raum-Zeit-Sicht der

Dinge ist der Tod einfach nur ein biologisches Ereignis, das nichts mit dem Bewußtsein zu tun hat; dieses existiert sowohl vor dem, was wir Geburt nennen, als auch nach dem Tod.

Abschließend das Beispiel einer mittlerweile verstorbenen Frau namens Minette, mit der ich über einige Jahre eine warmherzige Korrespondenz pflegte. Sie sprach mit großem Enthusiasmus über die Lektionen ihrer NTE und davon, wie gern sie das Gelernte weitergeben würde. Vielleicht fühlen Sie sich durch ihre Worte posthum angesprochen:

Ich beschloß mitzuteilen, was ich über diese herrliche Sphäre erfahren hatte. Damals hatte ich noch nie gehört, daß jemand über den Tod hinausgegangen sei. Millionen und Abermillionen fürchteten den Tod. Sollten sie sich nicht freuen zu hören, daß lediglich der Körper stirbt, nicht aber die innere Persönlichkeit? Ich wollte das, was ich erfahren hatte, von allen Dächern verkünden und alle Menschen wissen lassen.

Fügt man diese beiden Aussagen zusammen – wobei letztere nur Nah-Tod-Erfahrene betrifft und die erstere Menschen, die selbst keine NTE hatten, aber mit dem Thema vertraut sind –, so scheinen auch sie wieder nahezulegen, daß schon das bloße Wissen um die NTE als gutartiger Virus wirken kann. Menschen, die mit den Geschichten und Ansichten von Nah-Tod-Erfahrenen zu tun haben und für derlei Dinge offen sind, werden durch sie beeinflußt und entwickeln Überzeugungen und Einstellungen zum Tod, die denen von Nah-Tod-Erfahrenen sehr ähnlich sind. Man könnte solche Menschen deshalb durchaus als »Nah-Tod-Erfahrene zweiten Grades« bezeichnen. Sie haben die Erfahrung nicht selbst gemacht, aber »sie erhalten die Botschaft«, und diese wird dann zu ihrer eigenen. Wenn die Angst vor dem Tod übertragbar ist, dann gilt das auch für den Verlust dieser Angst dadurch, daß man sich mit Nah-Tod-Erfahrenen zusammentut. Vielleicht haben Sie bei sich selbst schon eine ähnliche Veränderung festgestellt.

Aber zugegebenermaßen habe ich bislang zur Beweisbarkeit der Übertragungswirkung von NTEs, was die Ansichten Nicht-Nah-Tod-Erfahrener über den Tod betrifft, kaum mehr als einige vielsagende statistische Daten vorgebracht. Leider müssen wir uns angesichts fehlender großangelegter und systematischer Erhebungen zu diesem Punkt hauptsächlich auf diese vielversprechenden, aber eindeutig vorläufigen Untersuchungen verlassen. Allerdings verfügen wir auch hier über mehr als genug andere Informationsquellen, sobald wir den Bereich formaler Studien hinter uns lassen und uns in die geräumigen Archive persönlicher Aussagen begeben, die ich und viele meiner Kollegen über die Jahre zusammengetragen haben. Und da Geschichten ohnehin lehrreicher sind als Statistiken, wird es von Vorteil sein, dieses Material nach weiteren, noch zwingenderen Beweisen dafür zu durchforsten, wie die Ansichten Nah-Tod-Erfahrener über den Tod bereits auf äußerst vorteilhafte Weise viele Menschen beeinflussen, die sich mit dem eigenen bevorstehenden Tod oder dem anderer auseinanderzusetzen haben.

Was uns NTE über Sterben und Tod lehrt

Eine der großen praktischen Gaben der NTE – vielleicht sogar die größte – ist das, was sie die Lebenden über die Sterbenden lehren kann. Ich möchte mich hier nur auf drei spezifische Beispiele konzentrieren, in denen das Wissen über die NTE sich als nützlich erwies für Menschen, die entweder selbst dem Tod ins Auge blickten, über ihn nachdachten oder sich dem Kummer ausgesetzt sahen, der aus dem schmerzlichen Verlust eines nahestehenden Menschen resultiert.

Dem Tod ins Auge blicken

Wie bereits gesagt besteht kaum ein Zweifel darüber, daß die Aussagen Nah-Tod-Erfahrener eine Wirkung darauf haben, wie Menschen über ihren Tod denken, selbst wenn dieser nicht unmittelbar bevorsteht. Evelyns Interview mit Béatrice, die wir im achten Kapitel vorstellten, ist ein gutes Beispiel dafür, wie diese Geschichten den Glauben an die Möglichkeit, das Ableben des Körpers zu überleben, stärken können. Es ist aber auch offensichtlich, daß ihre Überzeugungen noch etwas theoretisch sind, weil ihr auf der NTE beruhender Glaube noch nicht durch ihre Lebensumstände auf die Probe gestellt wurde.

Frage: *Wie hat Ihr Wissen über das Phänomen der NTE Ihre Einstellung zum Tod beeinflußt?*

B: Ich hatte mir immer heimlich gewünscht, daß das Bewußtsein nach dem physischen Tod weiterlebt. Ich wünschte mir, daß es so ist, aber vielleicht war mein Glaube nicht stark genug, um es für mich wahr werden zu lassen. Durch die Nah-Tod-Erfahrungen habe ich nun die empirische Bestätigung dafür – aber ich gehe nicht soweit, das einen Beweis zu nennen. Die Frage ist, wird das stark genug sein, meiner Panik zu widerstehen, wenn ich zum Beispiel morgen erfahre, daß ich unheilbar krank bin? Ich weiß es nicht. Wird es mich trösten, wenn ich einen geliebten Menschen verliere? Ich denke – ich glaube sogar –, daß es das wird, aber ich kann mir nicht sicher sein, weil mir das noch nie zugestoßen ist. Aber ich bin davon überzeugt, daß wir über diese Dinge nachdenken sollten, bevor uns etwas Trauriges widerfährt, bevor wir mit Trauer oder Tod konfrontiert werden, damit wir bestmöglich darauf vorbereitet sind.

Hier kann sich Béatrice lediglich fragen, was sie denken und fühlen wird, wenn sie dem Tod einmal gegenübertreten muß. Aber andere haben diese Erfahrung bereits gemacht – nicht nur abstrakt, sondern als Teil ihres persönlichen, unausweichlichen Schicksals. In einem solchen Fall liegt die Frage nach dem Wert von Aussagen über die NTE offensichtlich wesentlich näher; er stellt Béatrices Frage klar auf die Probe: Schützt ein Wissen um NTEs vor dem Schrecken des Todes, wenn es wirklich soweit ist? Bewirkt es überhaupt einen Unterschied?

Wenn Sie wie Béatrice einen Zweifel über den Wert von NTEs angesichts eines unmittelbar bevorstehenden Todes hegen, kann das folgende Fallbeispiel ihn vielleicht zerstreuen.

1991 erfuhr Deborah Drumm, eine Krankenschwester aus Nashville, Tennessee, daß sie Brustkrebs hatte. Ihr Zustand erforderte eine modifiziert-radikale Brustamputation sowie intensive Chemotherapie, was sie verständlicherweise sehr erschreckte. Eine Freundin machte sie auf einige Artikel und Bücher zum Thema NTE aufmerksam (das sie bis dahin nie ernst genommen hatte), und sie begann zu lesen – mit zunehmender Begeisterung. Schon bald hatte sie die Lektüre beendet und begann, weiteres Material zu suchen und sogar direkte Kontakte mit Nah-Tod-Erfahrenen zu knüpfen. Die Informationen, die sie erhielt, beruhigten sie zusehends, und ihre Angst vor dem Tod ließ nach.

Schon nach einigen Monaten der Beschäftigung mit der Welt der NTE ging es ihr körperlich wieder sehr gut. Ihre CTs und Mammogramme waren ohne Befund, und ihre Zellzählungen waren wieder normal. Sie ging weiterhin alle zwei Monate zur Untersuchung und schrieb diesbezüglich:

Wenn sich wieder Krebs einstellen sollte, würde das im ersten Augenblick schon großes Entsetzen bei mir auslösen; aber ich denke, ich könnte mich dann wesentlich besser damit abfinden. Ich glaube, diese lähmende Angst, die ich die ersten sechs Monate dieses Jahres empfand, wird sich nicht mehr einstellen. Der Tod ist jetzt für mich nicht mehr, was er noch vor einem Jahr war. Wenn ich mir diesen letzten Augenblick jetzt vorstelle, dann sehe ich Licht. Und ich fühle Frieden, Liebe und Ruhe.[4]

Bezeichnenderweise beschreibt sie im folgenden ihre eigenen Erfahrungen mit der »ansteckenden« Wirkung von NTE-Erzählungen:

Und die Hoffnung, die die NTE bietet, ist ansteckend. Wenn man diese Geschichten anderen erzählt, die Angst haben oder sich sorgen, scheinen auch sie dadurch inneren Frieden zu finden. Ich traf zum Beispiel vor kurzem eine Frau, deren 23jährige Tochter einen Monat zuvor Selbstmord begangen hatte. Diese Frau quälte sich, weil einige aus ihrer Kirchengemeinde gesagt hatten, ihre Tochter komme in die Hölle. Ich zeigte ihr einen Artikel, ... in dem NTEs bei Selbstmordversuchen als schön und friedvoll beschrieben wurden, wie andere NTEs auch. Nachdem sie ihn gelesen hatte, sagte sie, sie fühle sich sehr erleichtert, und fügte hinzu: »Gott segne Sie.«

Ich hoffe, daß ... Psychiater, Ärzte, Pfleger und andere in diesem Bereich Tätige ... sich ernsthaft mit dem Einsatz von NTE-Berichten bei schwerkranken und schmerzgebeugten Menschen beschäftigen und natürlich auch bei Sterbenden und deren Familien. Ich kann die inspirierende und belebende Kraft dieser »Therapie« bezeugen. Ich *bin* heute stärker und vertrauensvoller als vor meiner Krankheit, weil ich mich mit meiner Angst vor dem Tod auseinandergesetzt habe ... Nah-Todberichte verschaffen innere Ruhe und spenden einen neuen Lebenssinn, und sie erlauben dem Leben weiterzugehen. Ich habe inzwischen keine Furcht mehr, lese Nah-Tod-Berichte aber nach wie vor gerne. Sie machen mich immer froh![5]

Leider ist dies nicht das Ende von Deborah Drumms Geschichte. Einige Monate später schrieb sie an den Herausgeber des *Journal of Near-Death Studies*, nachfolgende Untersuchungen hätten gezeigt, daß sich ihre Krankheit weiter ausgebreitet habe und sie nunmehr bald dem Tod ins Auge sehen müsse. Dann erinnerte sie an die Zeilen, die sie in ihrem ersten Brief geschrieben hatte: »Wenn sich wieder Krebs einstellen sollte, würde das im ersten Augenblick schon großes Entsetzen bei mir auslösen; aber ich denke, ich könnte mich dann wesentlich besser damit abfinden. Ich glaube, diese lähmende Angst, die ich die ersten sechs Monate dieses Jahres spürte, wird sich nicht mehr einstellen.« In diesem Zusammenhang schreibt sie nun:

Ich möchte Ihnen mitteilen, daß meine frühere Behauptung sich als wahr erweist ... Der wichtigste Faktor bei meiner psychischen Genesung war wirklich die regelmäßige Lektüre von Nah-Tod-Berichten ... Ich habe diese Bücher ständig an meinem Bett. Seit ich vor sechs Wochen von meinem unheilbaren Zustand erfuhr, ist kein Tag vorübergegangen, an dem ich nicht einige dieser Berichte gelesen hätte. Wenn ich spüre, daß die Angst kommt, oder wenn ich in Depression versinke, dann ist das erste, was ich tue, wieder und wieder diese Berichte zu lesen ...

Kurz gesagt, der Glaube an den Inhalt der NTEs erhält mich am Leben. Er läßt mich spüren, daß alles einen Sinn hat, auch meine Krankheit, und daß ich in dieser Krankheit irgendwie eine Bedeutung finden und davon profitieren kann. Schließlich liegt den NTEs zufolge in jeder Erfahrung ein Wert, und eine liebende Präsenz oder ein Gott wacht über uns und geleitet uns durch jede Erfahrung.

Ich wünschte, alle Schwerkranken hätten Gelegenheit, sich mit NTEs zu beschäftigen. Aus unterschiedlichen Gründen würden manche sich vielleicht nicht lange damit auseinandersetzen wollen. Aber ich bin überzeugt, daß viele großen Trost daraus ziehen könnten.[6]

Sicherlich spricht Deborah Drumm für viele, die ebenso wie sie angesichts des in greifbare Nähe rückenden physischen Todes in Nah-Tod-Erzählungen eine Quelle des Trostes und der Hoffnung gefunden haben. Und wir können ihren Rat nur wiederholen, daß im Gesundheitswesen Tätige wie auch Laien auf diese Berichte aufmerksam gemacht werden sollten, damit auch sie Vorteile aus den Lektionen ziehen können, die Nah-Tod-Erfahrene über die Segnungen für uns bereithalten, welche wir im Augenblick des Todes und der Befreiung von Schmerz und Altersschwäche erwarten können.

So wie Nah-Tod-Erzählungen für einzelne, die sich mit dem Tod konfrontiert sehen, nützlich sein können, gibt es auch bestimmte *Gruppen oder Kategorien von Personen*, die für die Lektionen und Implikationen dieser Erfahrungen offenbar besonders empfänglich sind.

Aids-Patienten zum Beispiel scheinen NTE-Berichten einen besonderen Stellenwert einzuräumen. Das belegt etwa die Arbeit von Ganga Stone, die jahrelang in New York eine Organisation namens »God's Love We Deliver« (Wir überbringen die Liebe Gottes) leitete und solche Menschen unterstützte. Ganga, die ich mehrmals getroffen habe, schaffte es, von einigen der besten New Yorker Restaurants Essen für ihre Schützlinge zu erbetteln, das sie dann mit ihren freiwilligen Helfern verteilte, zusammen mit der Liebe Gottes – *und* der NTE. Das heißt, sie brachte ihren Schützlingen mit dem Essen auch Informationen über die NTE, und mir gegenüber betonte sie, wieviel diese Berichte den meist Schwerkranken bedeuteten. Durch diese Arbeit inspiriert, schrieb sie schließlich sogar ein Buch darüber, wie man anderen Menschen durch die NTE helfen kann, mit dem bevorstehenden Tod zurechtzukommen: *The Start of Conversation*. Es basiert auf einem sechswöchigen Kurs, den sie in New York hauptsächlich für Aids-Patienten gab. So half sie ihnen, sich der Todesangst und dem Schmerz zu stellen und sie zu überwinden, indem sie deutlich macht, daß es keinen Tod gibt und daß wir nicht unser Körper sind – eine Argumentation, bei der die NTE-Forschung eine zentrale Rolle spielt. Somit ist Ganga ein gutes Beispiel für jemanden, der NTE-Geschichten bei Menschen, denen ein baldiger Tod bevorsteht, als Gegenpol zur Todesangst einsetzt. Das Buch selbst glänzt durch einen erfrischenden Humor, zahlreiche Anekdoten und viele bewegende Geschichten und besticht durch eine schwungvolle Sprache. Ihr Stil mag nicht jedermanns Sache sein, doch ihre Botschaft ist heilsam und wird die Herzen vieler Leser erleichtern und nicht wenige zu herzhaftem Lachen anregen.

Von einem anderen Beispiel, wie dieses Material Aids-Kranken und ihren Angehörigen helfen kann, erfuhr ich ganz zufällig, als ich einmal einen Milchladen in der Nähe meiner Universität aufsuchte. Ich erkannte den jungen Mann, der mich bediente, nicht, aber er stellte sich als ein ehemaliger Teilnehmer meines NTE-Kurses vor. Da wir momentan allein im Laden waren, sagte er mir im Vertrauen, daß er homosexuell sei und sein Freund Aids habe. Er wolle mir mitteilen, wie sehr mein Kurs ihm und seinem Freund helfe, denn als dieser todkrank geworden sei, habe er sich auf die NTE-Materialien aus dem Kurs besonnen, und sie seien für seinen Freund nun ein großer Trost. Er habe schon seit längerem vorgehabt, zu mir ins Büro zu kommen, um mir das zu sagen, aber nie die Zeit gefunden; doch nun, da ich zu ihm in den Laden gekommen sei, wisse er, daß die Zeit dafür reif sei.

Eine weitere offenkundige »Zielgruppe« für Kenntnisse und Informationen zur NTE sind Patienten von Sterbehospizen. Natürlich würde ich es niemals gutheißen, einem Sterbenden NTE-Materialien aufzudrängen, aber jene, die dafür offen sind, scheinen vor allem im Hinblick auf die Bewältigung ihrer Angst vor dem Tod sehr davon zu profitieren. In den 20 Jahren, die ich inzwischen auf diesem Gebiet arbeite, habe ich natürlich von vielen in Sterbehospizen Beschäftigten, seien es Freiwillige, Priester, Pfleger oder auch Verwaltungsangestellte, bewegende Geschichten darüber erfahren, wie sie Sterbepatienten mit solchen Materialien effektiv helfen konnten.

Auch andere Forscher berichten von der Allgegenwart der NTE in Hospizen. Linda Barnett, Schwester auf einer Intensivstation, stellte fest, daß von 60 Pflegerinnen in einer Sterbeklinik 63 Prozent schon mindestens einmal mit einem NTE-Patienten gearbeitet hatten.[7] Die in einer Sterbeklinik arbeitende Ärztin Dr. Pamela Kircher gab im Rahmen einer Konferenz der National Hospice Organization bekannt, daß 73 Prozent der von ihr befragten in solchen Kliniken tätigen Menschen von unheilbar kranken Patienten Beschreibungen von NTEs gehört hatten.[8] Und die

Autorin eines sehr anerkannten Werkes über Tod und Sterben in Amerika stellte als Folge der großen Häufigkeit solcher Erfahrungen bei sterbenden Patienten kürzlich fest, daß in den neunziger Jahren ein praktisches Wissen über NTEs »in die Arbeit und den methodischen Ansatz von Sterbekliniken und darüber hinaus sogar in andere bedeutende medizinische Institutionen eingeflossen ist«[9], und fügte hinzu: »Diese Geschichten geben den unheilbar Kranken eine neue Art von Hoffnung«.[10]

Die NTE-Forschung hat bereits belegt, daß nicht wenige Nah-Tod-Erfahrene sich zu derartigen Arbeitswelten hingezogen fühlen, weil sie eine große Affinität zu den Sterbenden empfinden und wissen, daß sie diesen Menschen den Übergang in die andere Welt erleichtern und ihnen Angst nehmen können. Obwohl man nun denken könnte, daß Nah-Tod-Erfahrene ganz natürlich ihre Erfahrung mit den Sterbenden, die sie betreuen, teilen, ist dies nicht immer der Fall. Ich erinnere mich in diesem Zusammenhang besonders an Pat, die ich Anfang der achtziger Jahre in Kalifornien kennenlernte, als sie in einem Hospiz arbeitete. Ihre NTE hatte 19 Jahre zuvor stattgefunden, und seither hatte sie fast ausschließlich mit sterbenden Menschen gearbeitet. Als ich sie fragte, wie sie in ihrer Arbeit von ihrer Erfahrung Gebrauch mache, erklärte sie zu meiner Überraschung, sie könne sich an ganze vier Fälle erinnern, in denen sie mit Patienten darüber gesprochen habe! Mit anderen Worten, Nah-Tod-Erfahrene teilen ihre persönliche Geschichte durchaus nicht immer mit; oft reicht es, wenn sie mit ihrer Erfahrung und ihrer Furchtlosigkeit vor dem Tod einfach präsent sind. Ihre Gabe für jene, die im Begriff sind, in das Licht des Todes einzugehen, ist letztlich nicht, was sie durchgemacht haben, sondern was sie geworden sind.

Dannion Brinkley, ein prominenter Nah-Tod-Erfahrener, der selbst zwei Bücher über seine NTE und sein Leben danach veröffentlicht hat,[11] widmet jedoch einen großen Teil seines Privatlebens seiner Arbeit im Hospiz (er schätzt, daß er dort mehr als 150 Patienten, einschließlich seiner Mutter, in den Tod begleitet hat). Überdies versucht er mit seinen Vorträgen und Büchern die Menschen für diese Arbeit zu interessieren, und durch den großen Einfluß, den er sich im Lauf der Jahre bei NTE-Interessierten erwarb, hat er sicher eine ganze Flut von Freiwilligen für derartige Institutionen und Projekte gewinnen können. All das geht natürlich direkt auf die Lektionen zurück, die er selbst durch seine NTE empfing und die er aufgrund seines großen persönlichen Charismas vielen Menschen mit Erfolg nahebringen konnte.

Eine weitere Zielgruppe, die eine besondere Betrachtung verdient, sind natürlich alte Menschen – und zwar auch solche, die nicht wie die bisher angesprochenen Personen unmittelbar dem Tod ins Auge sehen müssen, sich aber nichtsdestotrotz der Tatsache bewußt sind, daß ihr Tod nicht allzu fern sein könnte.

Dieser Personengruppe ist bislang nicht viel Aufmerksamkeit von seiten der NTE-Forschung zuteil geworden, doch kürzlich wurde ein bescheidener Anfang gemacht: Einige meiner Studenten und ich arbeiteten für Senioren ein Seminar zum Thema NTE aus und präsentierten es in einigen Altenzentren in Connecticut. Es dauerte drei Tage und enthielt folgende Teile: 1. eine einführende Vorlesung über NTEs, 2. eine Präsentation von Videos zum Thema und 3. die persönliche Schilderung einer NTE durch einen älteren Nah-Tod-Erfahrenen, gefolgt von einer Diskussionsrunde.

Unsere bisherigen Ergebnisse sind nur vorläufig, und unsere Personenauswahl war zu klein, um daraus allgemeine Schlüsse zu ziehen – aber Fragebogen, die wir vor und nach diesen Kursen verteilten, zeigten folgende Resultate:

1. Ein Nachlassen der Angst vor dem Tod.
2. Eine Zunahme des Glaubens, daß der Augenblick des Todes friedfertig sein wird.
3. Eine Zunahme des Glaubens an ein Leben nach dem Tod.
4. Eine Abnahme des Glaubens, daß das Leben nach dem Tod unangenehm sein wird.
5. Eine Zunahme des Glaubens, daß man mit verstorbenen und geliebten Angehörigen und Freunden wieder vereint wird.
6. Eine Zunahme des Glaubens an Gott.

Überdies war die qualitative Reaktion auf dieses Angebot sehr stark; viele Teilnehmer drückten ihre Anerkennung für die vermittelten Informationen aus und äußerten den Wunsch, noch mehr zu diesem Thema zu erfahren.

Wir hatten leider keine Möglichkeit, diese Kurse weiterzuentwickeln, aber bei Vorträgen hauptsächlich vor in medizinischen und Pflegeberufen tätigen Personen wurde öfter ein Interesse an ähnlichen Veranstaltungen geäußert. Ich hoffe deshalb, daß wir in den kommenden Jahren weitere derartige Programme erstellen können, was uns darüber hinaus erlauben würde, vor allem ihre langfristigen Wirkungen genau zu eruieren.

Ein weiteres Gebiet, auf dem NTE-Berichte sich als nutzbringend und sogar im wörtlichen Sinne lebensrettend erwiesen, ist die Verhütung von Selbstmorden. Hier geht es also nicht nur darum, daß Menschen dem Tod ins Auge blicken, sondern daß sie sich genötigt sehen, ihn vorzeitig von eigener Hand herbeizuführen. Offenbar durch Informationen über die NTE, die sie – absichtlich oder auch nicht – erreichten, wurde zum Glück jedoch eine ganze Reihe dieser Personen zur Aufgabe ihres Vorhabens gebracht.

Als Beispiel für ersteren Fall möchte ich die Rolle der NTE in der Psychotherapie suizidgefährdeter Patienten erwähnen. Meines Wissens war der erste Kliniker, der in diesem Kontext NTE-Material einsetzte, der New Yorker Psychologe John McDonagh. 1979 präsentierte er im Rahmen eines psychologischen Kongresses eine Arbeit, in der er seine Erfolge mit einer Methode, die er als »NTE-Bibliotherapie« bezeichnete, bei mehreren selbstmordgefährdeten Patienten beschrieb.[12] Tatsächlich war seine »Methode« kaum mehr, als daß er seine Patienten einige relevante Passagen aus Raymond Moodys Buch *Nachgedanken über das Leben nach dem Tod* lesen ließ und danach mit ihnen die Schlußfolgerungen des Textes für ihre Situation diskutierte. McDonagh berichtete, daß dieser Ansatz im allgemeinen insofern erfolgreich war, als er die Gedanken an den Suizid reduzierte und die Tat als solche verhinderte.

Die Effektivität dieses Ansatzes schien im wesentlichen darauf zu beruhen, daß der Patient durch die NTE-Berichte die Nutzlosigkeit des Selbstmordes begriff, weil er auch nach dem Tod noch mit seinen Problemen konfrontiert sein und dann überdies keine Gelegenheit mehr haben würde, sie zu lösen. Eine von McDonaghs Patientinnen etwa brach, als sie einige Absätze aus Moodys Buch gehört hatte, in Tränen aus und rief: »Es gibt einfach keinen Ausweg!« McDonagh fügte hinzu: »Sie gelangte zu der Überzeugung, daß sie ihr Problem in diesem Leben anpacken mußte, auch wenn es noch so schwierig erscheinen mochte.«[13]

Außerdem hätte man dann auch noch die Konsequenzen einer nicht wiedergutzumachenden Tat zu tragen, und das überdies mit dem Wissen um den Schmerz, den man anderen zugefügt hat. Somit zwang die Erkenntnis, daß Selbstmord – wenn man den Folgerungen aus den NTEs Glauben schenken durfte – in der Tat nicht zu einer Auslöschung des Bewußtseins führt, die suizidgefährdeten Patienten, andere Wege zur Lösung ihrer Probleme zu finden. Der Selbstmord war keine Option mehr, weil er jetzt in gewissem Sinne als unmöglich betrachtet wurde: Man konnte nur den Körper töten, nicht aber das Selbst.

Seit McDonaghs Pionierleistungen haben auch andere mit dem Thema der NTE vertraute Kliniker von ähnlichen Erfolgen mit suizidgefährdeten Patienten berichtet. Der bekannteste ist vielleicht der Psychiater Bruce Greyson an der University of Virginia, der sich auf das Thema Suizidologie spezialisiert hat. Er hat eine bedeutende Arbeit über NTEs und Selbstmorde verfaßt, die für Fachleute vor allem aufgrund ihrer therapeutischen Auswirkungen interessant ist.[14]

Abgesehen von den Klinikern, die diese Form der sogenannten »NTE-assistierten Therapie« entwickelten, kann ich für zusätzliches Beweismaterial zur Frage, wie die NTE bei Suizidpatienten eingesetzt werden kann, auch auf eigene Erfahrungen zurückgreifen. Der folgende Fall ist ein Beispiel dafür, wie Wissen über die NTE eine zufällige Rolle im Leben eines Menschen übernehmen kann.

Vor einigen Jahren hörte ich von einer Frau in New York (später lernte ich sie auch kennen), die einen meiner Vorträge besucht hatte. In einer Reihe von Briefen teilte sie mir mit, daß sie an einer dauerhaften Schädigung der Nerven leide und durch eine chemische Vergiftung fast gestorben wäre. Ihre Krankheit hielt an, und obwohl sie noch nie von solchen Zuständen gehört hatte, erlebte sie immer wieder, daß sie in Bereiche in der Nähe des Todes abglitt. Während ihrer Aufenthalte in diesen Bereichen erhielt sie zahlreiche spirituelle Offenbarungen, die später für sie zur Basis eines vollkommen neuen Lebensstils wurden, welcher sich am Leben im Einklang mit der Natur und den Heilkünsten orientierte.

Doch während der ersten Phasen ihrer Krankheit waren diese Einsichten sehr überschattet von dem scheinbar unerbittlichen physischen und psychischen Leid, das sie durchzustehen hatte. Sie verfiel in schwere Depressionen, die sie an den Rand des Selbstmordes trieben. »Die Krankheit«, schrieb sie mir, »hatte mein Leben zerrissen, und der Drang, es fahrenzulassen, war oft verlockend und schrecklich zugleich.« Da sie von NTEs noch nie gehört hatte, verwirrten ihre innerlichen Erlebnisse sie so sehr, daß sie zusätzlich zu ihren anderen Problemen immer stärker befürchtete, auch noch verrückt zu werden.

Eines Tages suchte ich in einem Buchladen nach Lektüre, die mir die verwirrenden spirituellen Veränderungen in meinem Leben vielleicht erklären konnte, und dabei entdeckte ich Bücher über die Nah-Tod-Erfahrung, als erstes Raymond Moodys *Leben nach dem Tod*. Ich verbrachte noch vor dem Regal Stunden damit, die Kapitel dieses Klassikers durchzublättern, und kaufte schließlich mehrere Bücher zu diesem Thema. Auf vielen äußerst bewegenden Seiten fand ich Worte, die mir die Türen des Geheimnisvollen und der Angst eröffneten, hinter denen ich mich mehr als drei Jahre lang verborgen hatte. Hinweise auf Erfahrungen, die den meinigen ähnlich waren … und die alle das Unbeschreibliche und Ekstatische der Nah-Tod-Erfahrung bestätigten, vertrieben in kürzester Zeit all meine Angst und Zweifel bezüglich der Richtigkeit meiner Empfindungen.

Von da an war sie praktisch ein neuer Mensch und begann, den Weg der Spiritualität zu beschreiten. Später gestand sie mir, daß sie ihr Leben jedoch sicher beendet hätte, wenn sie diese Informationen über die NTE nicht in jener schweren Zeit entdeckt hätte, in der sie keine Hoffnung mehr sah.

Dieser Fall weist eine deutliche Parallele zu dem von Deborah Drumm auf, nur daß die Bedrohung hier durch Selbstmord anstatt durch Krebs gegeben war. Doch das psychologische Endergebnis war exakt dasselbe: Beide Frauen wurden durch Kenntnisse über die NTE aus ihrer verzweifelten Lage befreit und fanden einen neuen, spirituellen Sinn für ihr Leben. Und ebenso, wie Deborah Drumms Reaktion auf ihre Entdeckung der NTE wohl kaum einzigartig sein dürfte, können wir auch davon ausgehen, daß die Frau aus New York nicht die einzige war, die ihr Leben der zufälligen Entdeckung der NTE verdankt.

Der Umgang mit dem Leid durch Verlust

Es wird Sie nicht überraschen, daß sich in meinen Archiven im Laufe der vielen Jahre, seit ich in der NTE-Forschung tätig bin, zahllose Briefe angesammelt haben, die belegen, wieviel Trost und Hoffnung Berichte über NTEs Hinterbliebenen gebracht haben, insbesondere Menschen, die mit dem Tod eines Kindes fertig werden mußten. Ich werde hier nur einige wenige Beispiele dieser Art präsentieren und mit solchen beginnen, in denen Eltern oder ein Elternteil den Verlust eines geliebten Kindes zu beklagen hatten.

Zu Beginn ein Fall, der mir besonders am Herzen liegt und der vor allem zur Zeit der Veröffentlichung meines Buches *Den Tod erfahren – das Leben gewinnen* starke Reaktionen auslöste; dort ist diese Geschichte auch ausführlich wiedergegeben.[15] Hier kann ich zwar nur eine äußerst gekürzte Version anbieten, doch sie ist dennoch von besonderem Wert, da sie zeigt, wie eine NTE praktisch allen Kummer über den Tod eines Kindes *eliminieren* und statt dessen Freude schenken kann – selbst für den Fall, daß die betroffene Person solchen Phänomenen keinen Glauben schenkt. Wie das möglich ist, will ich nun versuchen, Ihnen nahezubringen.

Ich nannte die betreffende Frau in meinem obengenannten Buch Anne. Sie hatte ihre NTE im Alter von 22 Jahren im Zusammenhang mit der Geburt ihres zweiten Kindes, Tari. Im Verlauf ihrer Erfahrung fühlte sie sich von einer großen Kraft zu einem hellen Licht hingezogen, und als sie schließlich daraus hervorkam, war es eine strahlende Gestalt, die Anne folgendermaßen beschrieb:

Als er meine Hand ergriff, wußte ich sofort, daß er mein bester Freund war. Ich wußte auch, daß ich für ihn ein ganz besonderer Mensch war. Die Verzückung durch die Berührung unserer Hände übersteigt alles, was ich auf der Erde je erlebt habe.

Doch was Ann dann von diesem Wesen erfährt, ist – so möchte man meinen – für jede Mutter eines Neugeborenen das Schlimmste, was sie befürchten kann:

Ohne Worte »sagte« er mir, er sei gekommen, um mein Kind zu holen. »Mein Kind?« fragte ich, und dabei konnte ich meine Freude und mein Glück darüber, daß eines meiner Kinder mit *ihm* zurückgehen würde, kaum verbergen! Ich wußte, daß es eine überaus große Ehre war, dafür auserwählt worden zu sein. Mir wurde die Ehre zuteil, die Mutter eines ganz besonderen Kindes zu sein, und ich war so stolz, daß er sich für *mein* Kind entschieden hatte ... ich dachte keinen Augenblick daran, diesem Mann mein Kind zu verwehren.

Das Lichtwesen erklärte Ann, es werde Tari in vier Tagen abholen, und obwohl das Kind bei der Geburt wohlauf schien, wurde es bald krank und starb – genau vier Tage nach der Geburt, wie es Ann gesagt worden war. Die Krankenschwester, die der Mutter die Nachricht vom Tod ihres Kindes überbrachte, war verzweifelt.

»O Gott!« jammerte sie. »Der Arzt hätte schon längst dasein sollen! Ich darf es Ihnen eigentlich gar nicht sagen, aber ich bringe es einfach nicht übers Herz, Sie in dem Glauben zu lassen, daß Ihre Tari lebt. Sie ist heute morgen gestorben.«

»Geht es Ihnen gut?« fragte sie dann.

»Ja«, antwortete ich, viel zu ruhig für die gegebenen Umstände.

»Heute ist der vierte Tag!« (Ich spürte *Freude*!)

In den darauffolgenden Wochen fühlte ich keinen Kummer über meinen Verlust, aber ich hatte Mitleid mit meinen Freunden und Verwandten, die nicht wußten, wo Tari war, und nicht glauben konnten – wirklich glauben –, daß meine »Erfahrung« nicht nur ein lebhafter Traum gewesen war.

Ann schloß ihren Brief mit folgenden Bemerkungen:

Ich glaube, es wäre leichter gewesen, meinen eigenen Namen zu vergessen, als dieses wunderbare Gefühl, diese Woge purer Freude, die ich spürte, als er meine Hand ergriff und mir sagte, er sei *meines* Kindes wegen gekommen. Das war der großartigste Moment meines ganzen Lebens …

Nun, ich merkte schon bald, daß meine Anerkennung in dieser Welt davon abhing, daß ich vorgab, die NTE zu vergessen und um mein Kind zu trauern. Deshalb tat ich das wegen der anderen Leute – ausgenommen meinen Mann, der mir glaubte und ähnlich wie ich Trost daraus gewann …

Nach Tari hatte ich noch drei weitere Kinder. Mein geliebter Mann starb 16 Jahre später zu Hause in meinen Armen. Sieben Jahre nach seinem Tod kam mein erstgeborener Sohn mit 25 Jahren bei einem Verkehrsunfall ums Leben (er war sofort tot und mußte nicht leiden). Mein Kummer wurde bei jedem Verlust geringer. Die Leute sagten: »Sie steht unter Schock, sie wird später trauern.« Und später sagten sie dann: »Sie muß eine sehr starke Person sein, daß sie das alles so gefaßt überstehen kann.« Weder das eine noch das andere stimmte … Sie sind nicht tot. Sie leben, sie sind wohlauf und erwarten mich. Unsere Trennung ist zeitlich begrenzt und sehr kurz, gemessen an der Ewigkeit.

Das innere Wissen von Nah-Tod-Erfahrenen, das ihnen sagt, daß es keinen Tod gibt, ermöglicht ihnen nicht nur, ihre Geliebten gehenzulassen – manchmal sogar verbunden mit Freude –; nicht selten können sie damit auch anderen über ihren Kummer hinweghelfen, so wie Ann ihrem Mann Trost spenden konnte.

Ein weiterer Fall, in dem jemand diese Rolle sogar für die ganze Familie übernehmen konnte, ist Stella, eine der drei heilerisch begabten Nah-Tod-Erfahrenen, die wir im vorhergehenden Kapitel kennenlernten. Sie wurde mit dem tragischen Tod ihrer dreijährigen Enkelin Marissa konfrontiert, eines Zwillingskindes. Ihr Sohn arbeitete im Hof und hatte den Zwillingsbruder angewiesen, sein Schwesterlein an den Händen zu halten. Aber gerade als der Vater mit seinem Kleinlastwagen rückwärts in den Hof einfuhr, riß Marissa sich los und kam unter das Hinterrad. Sie war sofort tot. Stella schrieb mir über diesen Unfall:

Aufgrund meiner NTE war ich in der Lage zu *wissen*, anstatt nur zu »hoffen«, daß Marissas Geist weiterlebt. Ich glaube, dieses stille, starke »Wissen« half unserer Familie, alles durchzustehen. Ich habe mit niemandem darüber gesprochen, das war nicht notwendig. Aber ich hatte das Gefühl, daß sich jeder in unserer Familie im Gespräch mit mir noch einmal seiner Überzeugung bezüglich des Lebens nach dem Tod versicherte. Drei Wochen nach dieser Tragödie sagte unser Freund, ein Pastor, er habe noch nie eine Familie erlebt, die sich so schnell von einem solchen Schock erholt habe.

Natürlich hilft die NTE nicht nur Nah-Tod-Erfahrenen bei schweren Verlusterlebnissen. *Viele Menschen*, die mit solchen Erfahrungen vertraut wurden, haben ebenfalls große Hilfe aus dem tröstenden Wissen erhalten, das diese vermitteln; dies kann die NTE-Forschung vielfach belegen. Kürzlich stieß ich bei der Rezension des Buches einer Kollegin auf ein ergreifendes und lehrreiches Beispiel dieser Wirkung auf einen Menschen ohne eigene NTE, das ich Ihnen im folgenden vorstellen werde. Doch zunächst möchte ich Ihnen zu dem betreffenden Buch selbst einige Hintergrundinformationen geben; es hat den Titel *Children of the Light* und stammt von Cherie Sutherland, der australischen NTE-Forscherin, die ich bereits mehrfach erwähnt habe.

Durch Vorträge lernte Cherie Sutherland eine beträchtliche Anzahl von Eltern kennen, die ihr mitteilten, wie sehr NTE-Berichte ihnen über ihren Verlust hinweggeholfen hatten, und schließlich machte sie auch die Bekanntschaft von Menschen (einige davon selbst noch Kinder), die schon in sehr jungen Jahren eine NTE gehabt hatten. Die Erzählungen *dieser* Leute halfen jenen, die mit dem Schmerz, den der Verlust eines Kindes verursacht, fertig werden mußten, sogar noch mehr. Der Wunsch, diese Geschichten einem breiteren Publikum bekannt zu machen, brachte Sutherland dazu, *Children of the Light* zu schreiben. Besonders dachte sie dabei natürlich an die Eltern und Geschwister verstorbener Kinder, die nach langer Zeit noch immer trauern und diesen wohl schlimmsten Einschnitt im Leben einer Familie nicht überwinden können.

Sie präsentiert in diesem Buch auch einige überzeugende Beispiele dafür, wie heilsam es für solche Eltern sein kann, wenn sie von NTEs von Kindern erfahren. Schon am Anfang findet sich eine anrührende Geschichte einer solchen Entdeckung: Der fünfjährige Sohn einer Frau namens Maria war unter tragischen Umständen ertrunken, und die Mutter war in größter Verzweiflung. Zusätzlich zu ihrem ohnehin vorhandenen Kummer quälte sie auch noch die Frage, ob ihr Sohn unter großer Angst ertrunken war oder ob er verzweifelt nach seinen Eltern um Hilfe gerufen hatte. Ihren eigenen Worten zufolge war sie besessen von der Frage: »War es schrecklich zu sterben?«

Unerwartet und zufällig erfuhr sie von einem Kind, das *beinahe* ertrunken wäre und im Verlauf dieses Unfalls eine NTE gehabt hatte; die ganze Geschichte war der ihres Sohnes sehr ähnlich. Sie zu lesen war eine Offenbarung für Maria, die ihr augenblicklich große innere Ruhe verschaffte und sie von jahrelangem Leiden, Schuldgefühlen und Zweifeln befreite:

Ich fühlte mich erleichtert, nachdem ich [die Geschichte] gelesen hatte. Die erstaunlich ähnlichen Umstände beider Unfälle und das fast gleiche Alter der beiden Jungen überzeugten mich sofort davon, daß dieser »Zufall« in Wirklichkeit die Antwort war, die ich gesucht hatte. Von diesem Tag an entwickelte ich ein unstillbares Interesse an NTEs. Ich las alles, was ich zu diesem Thema finden konnte, und mit jeder neuen Geschichte ließ die bodenlose schwarze Verzweiflung nach, die ich so lange gefühlt hatte, und tief in meinem Inneren entstand eine wunderbare neue Hoffnung.[16]

Durch Sutherlands Buch kann Marias Erfahrung der Heilung zu einer Quelle von Trost und Hoffnung auch für andere Eltern verstorbener Kinder und Menschen mit einem ähnlichen Schicksal werden. Und aus der Lektüre von Geschichten wie jener von Maria und den vielen bewegenden Berichten von Kindheits-NTEs, die Sutherland in ihrem Buch vorstellt, lassen sich sogar noch mehr Vorteile ziehen, wie Marias eigene Erzählung nahelegt:

Schon bald danach ... bemerkte ich, daß mein Leid und mein schwerer Kummer zu Nachwirkungen geführt hatten, die jenen nach einer Nah-Tod-Erfahrung ähnlich waren: Ich hatte keine Angst mehr vor dem Tod; ich verspürte mehr echtes Mitgefühl für andere Menschen; ich wollte anderen Menschen helfen; ich spürte den Schmerz anderer deutlicher. In einem gewissen Sinn war auch ich selbst gestorben und dann wieder ins Leben zurückgebracht worden ... Heute glaube ich, daß der Tod wirklich nur ein Übergang von unserer begrenzten Existenz in ein herrliches neues Leben ist, ein Abenteuer, das selbst unsere kühnsten Träume übertrifft.[17]

Natürlich sind auch meine Aktenordner voll ähnlicher Geschichten über die tröstende Kraft, die NTE-Visionen Hinterbliebenen ohne eine eigene NTE spenden. Den folgenden Fall habe ich zwar schon in einem anderen Buch erwähnt, doch ich wiederhole ihn hier, weil er deutlich macht, was für die NTE-Literatur im allgemeinen gilt; außerdem steht er stellvertretend für viele derartige Aussagen, die ich erhalten habe.

Nachdem ich Ihr Buch *Den Tod erfahren – das Leben gewinnen* gelesen hatte, mußte ich Ihnen einfach schreiben. Mein Leben war in den letzten zwei Jahren ein einziger Alptraum, aber nach der Lektüre Ihres Buches fand ich die Kraft weiterzuleben. Ich denke, die größte Sorge von Eltern ist, daß ihren Kindern etwas zustoßen könnte, und meine schlimmste Angst bewahrheitete sich vor zwei Jahren, als mein 18jähriger Sohn bei einem Autounfall ums

Leben kam. Nachdem der erste Schock abgeklungen war, wandte ich mich angstvoll der Frage zu, was mit ihm geschehen war. Wo ist er jetzt? Gibt es wirklich ein Leben nach dem Tod? Die Religion, in der ich erzogen wurde, konnte mir nicht weiterhelfen, denn sie lehrte einen »Gott« des Zorns und der Unversöhnlichkeit gegenüber einem Kind, das in »Sünde« stirbt. Deshalb wandte ich mich von der Religion und von »Gott« ab.

Aber nachdem ich nun Ihr Buch gelesen habe, glaube ich, etwas besser zu verstehen, daß »das Licht« nicht der Gott ist, der mir als Kind nahegebracht wurde, sondern ein Gott der Liebe und des Friedens. Ich habe in den letzten zwei Jahren viele Bücher gelesen ... aber keines hat mich so bewegt wie das Ihre. Ich kann nun die Tatsache akzeptieren, daß ich meinen Sohn in diesem Leben nie mehr wiedersehen werde, aber ich weiß, daß er im Frieden ist und ich ihn wiedersehen werde, wenn es für mich Zeit ist zu gehen. Denn nun ist er »im Licht« und hat in einem Leben nach dem Tod den Frieden und die Liebe von Familie und Freunden gefunden (die beim selben Unfall umkamen). Vielleicht hat er versucht, mir das in wiederkehrenden Träumen mitzuteilen, in denen er zu mir kam und sagte: »Mama, schau, ich habe keine Schmerzen, alles ist gut.« Aber ich war nicht bereit, auf ihn zu hören.

Lassen Sie mich schließlich noch eine weitere Geschichte präsentieren, die durch einige Eigenheiten besonders lehrreich zu sein verspricht. Erstens geht es hier nicht um den Tod eines Kindes, sondern eines Ehepartners – ein Fall, der weitaus häufiger auftritt. Zweitens macht sie deutlich, wie das Dabeisein beim Tod eines geliebten Menschen manchmal einige Qualitäten von NTEs übertragen kann. Drittens zeigt sie, wie die Kenntnis von Literatur über NTEs Kummer wandeln und schließlich zu einem Leben im Dienste der Mitmenschen führen kann. Deshalb können wir in diesem Beispiel auch noch eine weitere beeindruckende und ansteckende Wirkung der NTE feststellen.

Peter hatte seine Frau sehr geliebt, und als sie nach zehn Jahren Ehe an Krebs starb, hatte er eine schwere Zeit durchzustehen. Er schrieb mir folgendes:

Sie starb an einem Gehirntumor, der nicht operiert werden konnte, und Lungenkrebs. In den letzten Wochen ihres Lebens durfte ich sie zu Hause pflegen. Ich hatte absolut keine Ahnung, daß nach ihrem Tod, den ich miterlebte, in mir eine Veränderung vorgehen würde. Sie starb friedvoll, umgeben von Liebe; ich hielt ihre Hand, als sie ging, und bat Gott, er möge gut für sie sorgen. Aber das Danach war die Hölle für mich. Ich wollte nicht mehr leben. Sie war mein Leben gewesen. Meine Welt stürzte ein.

Im folgenden beschrieb er, wie seine langsame und schmerzhafte Wandlung vonstatten ging. Es begann damit, daß er ehrenamtlich in dem Krankenhaus arbeitete, in dem seine Frau gelegen hatte. Er hatte das Bedürfnis, Menschen nahe zu sein, die leiden mußten – »so wie sie gelitten hat«, schrieb er. Allmählich kehrte er ins Leben zurück und stellte fest, »daß ein kleiner Teil von mir lebte und wuchs – wie ein Sproß, der aus einem umgestürzten Baum wächst«. Er begann, in die Kirche zu gehen, gab dies aber nach einem Jahr wieder auf, »weil ich diese Lehre nicht akzeptieren konnte und weil die Kirchen die wesentlichen Fragen, die mich bedrückten, nicht beantworten konnten«.

Schließlich stieß er auf Bücher über die NTE, das Leben nach dem Tod und ähnliche Themen, und in diesen fand er nach eigener Aussage das, wonach er gesucht hatte.

Als Ergebnis und mit meiner überwältigenden Überzeugung, daß Gloria nicht der Vergessenheit anheimgefallen war, sondern irgendwo, irgendwie noch lebte und sogar als unversehrte Seele mit Gedächtnis und Persönlichkeit in meiner Nähe war, »bastelte« ich mir eine Sicht von Leben und Tod zurecht – oder vielleicht wurde das auch für mich gemacht –, die in nichts dem ähnlich war, was ich mir bis dahin zu diesen Dingen gedacht oder auch nur erträumt hatte.

Im folgenden erlebte Peter ähnlich wie Nah-Tod-Erfahrene eine Veränderung seiner Sichtweise: Er begann, die Einheit in allen Formen des Lebens zu sehen, machte sich auf langen Spaziergängen Gedanken über Bewußtsein und Natur und öffnete sich der simplen alltäglichen Schönheit des Lebens – »Vögel, Bäume, Wolken, Wasser« –, die in ihm ein lange erstorbenes Gefühl der Hoffnung wieder aufleben ließ. Auch andere Veränderungen stellte er fest:

Seit dieser Nacht vom 18. Juni 1985 [als seine Frau gestorben war], habe ich keine Angst mehr vor dem Tod. Das war eine plötzliche Transformation, und zweieinhalb Jahre später hat sich daran kein bißchen geändert. Ich habe einen Durst nach Wissen über spirituelle Themen, und ich empfinde das so, als müsse ich mich auf etwas Größeres vorbereiten. Ich habe offenbar alle Interessen und Begierden nach materiellen Dingen verloren. Mein Interesse richtet sich nun auf das *Sein*, nicht auf das *Haben*.

Er dachte über die Bedeutung seines Lebens nach und fragte sich, welches seine Mission sein könnte; denn er wußte nun, daß er eine Mission hatte – wie jeder andere auch. Ehrenamtliche Arbeit mit leidenden und sterbenden Menschen ist der Weg, für den er sich entschieden hat.

Der kraftvollste Antrieb in meinem Leben ist mein Glaube an ein Leben nach dem Tod. Und was wir in dieser Welt tun, hat direkte Auswirkungen auf das, was wir in der nächsten vorfinden werden. Ich hatte keine Erleuchtung wie viele Nah-Tod-Erfahrene, keine persönliche Botschaft, keine Erfahrung im Licht, aber ich bin aus einem bestimmten Grund an diesen Punkt in meinem Leben gekommen, und das trägt mir auf, anderen zu helfen. Wie Albert Schweitzer sagte: »Wer selbst keinen Schmerz erleidet, ist aufgerufen, die Schmerzen anderer zu verringern.«

Peters Weg und sein Leben gehen weiter, doch seine Geschichte ist hauptsächlich deshalb von Interesse, weil sie zeigt, wie Kummer, unterstützt vom Wissen der NTE, manchmal tatsächlich zu einer Veränderung von Weltsicht und persönlichen Werten führen kann, die praktisch der von Nah-Tod-Erfahrenen entspricht. Zugegeben, er selbst hat viel zu dieser aus dem Schmerz über den Tod seiner Frau geborenen Veränderung beigetragen, aber sein Beispiel kann durchaus auch andere ermutigen, bei einem untröstlichen Verlust einem ähnlichen Weg zu folgen.

Im Lichte dieser Vielzahl persönlicher Zeugnisse über die Hilfe der NTE im Trauerfall kam mir der Gedanke, daß man neben Programmen für ältere Menschen auch solche für Trauernde entwickeln könnte. Deshalb begann ich vor einigen Jahren mit einer Gruppe Studenten, solche Präsentationen anzubieten. Sie orientierten sich in groben Zügen an den Programmen für Senioren, waren aber etwas kompakter, und unsere vorläufigen Ergebnisse zeigten, daß sie auch von der Wirkung her ähnlich, wenngleich etwas weniger intensiv waren.

Dennoch waren wir ermutigt durch die Reaktionen darauf, und wir sind der Ansicht, daß dies ein weiterer Bereich ist, in dem die NTE-Arbeit sicherlich gerechtfertigt wäre.

Von der NTE zur Nachtodkommunikation

Kürzlich formulierte jemand den Vorschlag, daß man in der Hilfe für Trauernde neben der NTE auch noch andere, ähnliche Erfahrungen einsetzen könnte. Am relevantesten in dieser Hinsicht wäre wohl die sogenannte Nachtodkommunikation, ein Phänomen, dessen unmittelbarer Zusammenhang mit der NTE schon vom Begriff her offenkundig ist.

Dieser Begriff wurde inzwischen bereits von mehreren Autoren verwendet, doch die ursprünglichen Verfechter des Nutzens der Nachtodkommunikation für trauernde Hinterbliebene sind Bill und Judy Guggenheim, die vor einigen Jahren ein umfangreiches Werk mit dem bedauerlich süßlichen Titel *Hello from Heaven!* vorlegten. Die plakative Titelformulierung sollte uns jedoch nicht blind machen für den Wert dieses Buches, das meiner Meinung nach einen wesentlichen Beitrag zur Erforschung der Trauer darstellt.

Die Guggenheims trugen für dieses Buch über 3300 Fallbeispiele zusammen, die auf einen *echten* – nicht halluzinierten – Kontakt mit verstorbenen Angehörigen schließen lassen; gut zehn Prozent dieser Geschichten, also etwa 350, gelangten zur Veröffentlichung. Und je weiter man sich in diese umfangreiche Kollektion von Zeugnissen hineinliest, desto schwerer wird es, ihre Folgen zu leugnen. Insgesamt scheinen sie nahezulegen, daß *Menschen, die wir lieben, nach dem Tod weiter existieren und mit uns auf eine Art und Weise kommunizieren können, die uns hilft, unseren Kummer zu heilen, und es uns erleichtert, sie gehenzulassen.* Überdies sind viele der von den Guggenheims gesammelten Berichte sehr beweiskräftig; das heißt, es scheint sich bei ihnen um authentische Vorfälle von Kontakt nach dem Tode zu handeln und nicht etwa um psychologische Phantasien, die aus verständlichem Kummer erwuchsen.

Um einige dieser Fälle von Nachtodkommunikation zu illustrieren und zu verdeutlichen, wie sie im Trauerfall helfen können, betrachten – und erwägen – Sie bitte die folgenden Fälle.

Die 39jährige Leslie arbeitet freiwillig im Sozialdienst in Virginia. Sie erlebte eine glückliche Wiedervereinigung mit ihrem Vater, nachdem dieser vier Monate zuvor an Krebs gestorben war:

Ich war gerade zu Bett gegangen und hatte das Licht ausgeschaltet, als ich meinen Vater in der Tür stehen sah! Alle Lichter im Haus waren aus, aber ich konnte ihn sehr deutlich sehen, weil es um ihn herum leuchtete. Ich dachte die ganze Zeit: »Das ist wirklich Daddy! Das ist er wirklich!« Und ich war so aufgeregt, daß ich mich im Bett aufsetzte und sagte: »Daddy!« Ich wollte zu ihm hingehen und ihn berühren und stieg aus dem Bett. Aber er lächelte und sagte: »Nein, du kannst mich jetzt nicht berühren.« Da begann ich zu weinen, und ich wiederholte immer wieder: »Laß mich doch zu dir kommen!« Er erwiderte: »Nein, das geht nicht. Aber du sollst wissen, daß es mir gutgeht. Es ist alles in Ordnung. Ich bin immer bei dir.«

Nach einer Pause sagte er dann: »Ich muß jetzt bei deiner Mutter und Curtis vorbeischauen.« Curtis ist mein Sohn; er war mit meiner Mutter im nächsten Zimmer. Ich stand auf und folgte meinem Vater in den Flur. Aber er verschwand – er verblaßte einfach. Also ging ich zurück ins Bett und sagte mir: »Das ist nur dein Kummer. Daddy war nicht wirklich hier.« Ich mußte mich noch eine ganze Weile hin und her wälzen, aber schließlich schlief ich dann ein.

Als ich am nächsten Morgen aufstand, kam Curtis, er war damals drei, fast vier Jahre alt, in den Flur und sagte: »Mami, letzte Nacht habe ich Opa gesehen!« Mir blieb der Mund offenstehen. »Wirklich?« fragte ich ihn, und er beteuerte: »Ja, er kam in mein Zimmer. Er stand neben meinem Bett.« Wie konnte ein dreijähriges Kind so etwas erfinden? »Hast du geträumt?« fragte ich ihn, aber er sagte: »Nein, Mami. Ich hatte die Augen auf. Ich war wach. Ich habe ihn gesehen!«

Da wußte ich, daß Daddy wirklich hiergewesen sein mußte. Es ließ sich einfach nicht abstreiten. Das war ein wunderschönes Erlebnis für mich, weil ich die Erfahrung machte, daß die Liebe weiterlebt.[18]

In einem zweiten Fall hatten zwei Personen gemeinsam eine Nachtodkommunikation: Benjamin, 21 Jahre alt, arbeitet bei einem Verlag in Iowa. Er und seine 20jährige Frau Mollie berichteten von praktisch identischen Nachtodkommunikationen mit seiner Mutter einige Tage, nachdem diese an Krebs gestorben war. Hier Mollies Erzählung:

Am Abend der Beerdigung von Benjamins Mutter besuchten wir ihre Familie zu Hause. Wir blieben lange dort. Als wir uns dann auf den Rückweg machten und schon im Auto saßen, schaute ich noch einmal zur Haustür zurück. Und da sah ich seine Mutter in der offenen Tür stehen und uns zum Abschied zuwinken! Sie sah aus wie immer – sie war es ganz bestimmt! Sie machte einen sehr friedvollen Eindruck, sehr gesund, und jünger. Wenn wir sie früher besucht hatten, war sie immer so dagestanden und hatte uns zum Abschied zugewinkt. Es war also ganz so, wie sie es früher immer gemacht hatte.

Ich drehte mich zu Ben um und fragte: »Hast du ...?«, und er begann, heftig zu weinen. Da wurde mir klar, daß wir seine Mutter beide gleichzeitig gesehen hatten, er aber nicht sprechen konnte. Sobald ich zu ihm schaute, war sie verschwunden. Ich glaube, der Grund dafür, daß ich seine Mutter sehen durfte, war, um es Ben bestätigen zu können; damit er wußte, daß er es sich nicht eingebildet hatte.

Und hier Benjamins Bericht:

Am Tag, als meine Mutter beerdigt wurde, besuchte ich mit Mollie, meiner Frau, meine Cousine und ihren Mann im Haus meiner Mutter. Wir blieben bis spätabends, und dann stiegen Mollie und ich in den Wagen. Als ich den Schlüssel ins Zündschloß steckte, schaute ich auf und sah in knapp zehn Metern Entfernung meine Mutter hinter der Glasscheibe der äußeren Haustür stehen! So, wie sie uns immer verabschiedet hatte – es war eine Gewohnheit von ihr; ich hatte das tausendmal miterlebt. Die innere Tür war offen, damit das Licht aus dem Haus sie von hinten beleuchtete, und das Terrassenlicht beschien sie von vorn. Sie sah gesund und kräftig aus. Und sie winkte uns zum Abschied zu. Sie schien erleichtert – weniger müde, weniger gestreßt.

Ich hatte den deutlichen Eindruck, daß sie uns zu verstehen geben wollte, wir sollten uns nicht um sie sorgen.

Ich spürte augenblicklich ein starkes körperliches Gefühl, fast, als ob ich am Boden angewachsen wäre. Wie eine Welle, die über mich kam und vom Kopf bis zu den Zehen durch mich hindurchging. Es kam mir vor wie eine Ewigkeit, aber gleichzeitig schien es nicht mehr als der Bruchteil einer Sekunde gewesen zu sein. Ich versuchte zu sprechen, aber es ging nicht. Im gleichen Augenblick sagte Mollie: »Ben, ich habe gerade deine Mutter in der Tür gesehen!« Ich senkte den Kopf und antwortete: »Ich auch«, und dann mußte ich weinen. Das war das erstemal, daß ich über den Tod meiner Mutter weinte. Nie in meinem ganzen Leben habe ich so sehr geweint. Und ich spürte so etwas wie Erleichterung, wie ein »Lebewohl für diesmal«.[19]

Schließlich, ebenfalls aus der Kollektion der Guggenheims, noch eine echte »Knüller«-Geschichte: Adele arbeitet als Fernsehproduzentin im Nordwesten der USA. Glücklicherweise folgte sie der Führung durch ihren neunjährigen Sohn Jeremy, nachdem er an Leukämie gestorben war.

Mein Sohn Jeremy starb einen Tag nach Muttertag. Drei Wochen später hörte ich eines Morgens vor dem Aufwachen, wie er mich fragte: »Was machst du mit meinem Geld?« – »Welches Geld?« fragte ich zurück, und er sagte: »Das ganze Geld, das du für mich gespart hast.« Ich hatte sein Sparkonto total vergessen, ich wußte nicht einmal, wo er sein Sparbuch versteckt hatte. Weil es ihm offenbar sehr wichtig war, fragte ich ihn, was ich damit machen solle. Er sagte: »Ich möchte, daß du damit zu Malcolm gehst.« Malcolm ist ein Freund von mir, der im Diamantenhandel arbeitet. Ich sagte: »Aber das, was du auf deinem Konto hast, wird für Malcolm nicht ausreichen!« Und Jeremy erwiderte: »Doch, es reicht! Geh einfach zu ihm, dann wirst du verstehen, was ich meine. Wenn du es siehst, weißt du Bescheid. Du wirst an mich denken.« Dann war er weg, und ich wachte auf.

Ich dachte zwar, daß es verrückt war, aber ich suchte trotzdem im ganzen Haus nach dem Sparbuch meines Sohnes, konnte es aber nicht finden. Ein paar Tage später war ich zufällig in dem Gebäude, in dem Malcolm seinen Schmuckgroßhandel hat. Also ging ich kurz hinein und schaute mich um. Ich entdeckte eine wunderschöne Halskette mit einem Schmetterling und einem Diamanten darin. Und plötzlich begriff ich, was Jeremy gemeint hatte. »Wenn du es siehst, weißt du Bescheid. Du wirst an an mich denken.« Mein Herz begann heftig zu schlagen, und ich wurde ziemlich nervös. Ich fragte Malcolm, wieviel die Kette kosten würde. Nach einigem Rechnen und Hin und Her meinte er 200 Dollar. Ich sagte, ich würde noch einmal wiederkommen.

Mein Herz klopfte noch immer, als ich ins Büro zurückkam und die Bank anrief. Ich erklärte, mein Sohn wolle wissen, wieviel er auf seinem Konto habe, aber er könne sein Sparbuch nicht finden. Man sagte mir, es seien zweihundert Dollar und siebenundvierzig Cent! Nach der Arbeit ging ich sofort zu Malcolm zurück und kaufte die Halskette mit Jeremys Geld. Ich trage sie ständig, und ich sage den Leuten gern: »Die hat mir mein Sohn zu unserem letzten gemeinsamen Muttertag geschenkt!«[20]

Diese sehr ergreifenden und bewegenden Geschichten rühren unser Herz an und bestärken unser Vertrauen darin, daß die in diesem Buch so oft wiederholte Aussage von Nah-Tod-Erfahrenen, es gebe keinen Tod, eine Wahrheit ist, die wir annehmen und nach der wir leben können. Damit könnten wir also sagen, daß NTEs und die Nachtodkommunikationen all jenen immense Hoffnung geben, die von Kummer gebeugt sind und von Fragen über die Existenz ihrer Geliebten nach dem Tod gequält werden.

Obwohl das Buch der Guggenheims ein reicher Schatz zeitgenössischer Berichte von Nachtodkommunikationen ist und einen äußerst bedeutsamen Beitrag zur Literatur über den Verlust durch Tod darstellt, sind die darin enthaltenen Geschichten erstaunlich unspektakulär, selbst wenn über dieses Thema bis vor kurzem im allgemeinen nicht gesprochen wurde. Ich bin auch in meiner Arbeit auf entsprechende Berichte gestoßen und möchte diesen Abschnitt mit einer beenden, die für mich eine besondere Bedeutung hatte. Sie betrifft den Tod von Ann, Taris Mutter.

Vor ein paar Jahren erhielt ich einen Brief von Anns Sohn, von dem ich bis dahin noch nie gehört hatte. Er teilte mir mit, seine Mutter sei kurz nach Weihnachten an Krebs gestorben. Im folgenden erklärte er mir:

An dem Tag, als sie starb, hätte meine Familie mit meinem Vater und Ann in der Klinik Weihnachten feiern sollen. Aber sie verschied eine halbe Stunde vor unserer Ankunft. Auf ihrem Regal sah ich Ihr Buch *Den Tod erfahren – das Leben gewinnen*. Das machte mich neugierig, weil ich kurz zuvor *The Omega Project* gelesen hatte, und auch, weil ich dieses Buch noch nie bei ihr gesehen hatte. Darin lagen auch Ihre Briefe an Ann. Ich fragte meinen Vater, ob ich das Buch haben könne, und er sagte ja.

Nachdem ich durch Ihre Briefe entdeckt hatte, daß Ann Ihnen über ihre Erfahrung berichtet hatte, las ich das Buch rasch durch. Beim Lesen ihrer Geschichte war ich erstaunt, daß das Thema nie zwischen uns zur Sprache gekommen war. Aber ich verstand es als eine Botschaft (der »Zufall«, daß ich das Buch an jenem Tag sah) von Ann noch nach ihrem Tod, daß wir sicher sein könnten, daß es ihr gutgeht und sie glücklich ist.

Der Rest von Anns überraschender Abschiedsbotschaft offenbarte sich rasch beim Weiterlesen des Briefes ihres Sohnes:

Aber damit ist ihre Geschichte noch nicht zu Ende. Am 31. Dezember beerdigten wir sie mit einer traurigen, aber inspirierenden Messe, in deren Verlauf ihr Patensohn, der Sohn ihrer besten Freundin, sie eine »Heilige« nannte.

Abends wollte ich dann meine drei Töchterchen zu Bett bringen (sie sind sechs, vier und drei Jahre alt) und ging nach unten ins Zimmer meiner Ältesten, Mallory. Es überraschte mich, ihren Kopf ins Kissen vergraben zu sehen, denn normalerweise wartet sie darauf, daß ich ihr noch ein wenig den Rücken und den Nacken massiere. Als ich ins Zimmer trat, hob sie den Kopf und sagte: »Ich schlafe nicht.«

»Was tust du dann?« fragte ich sie.

»Ich habe geweint«, war die Antwort.

»Warum hast du denn geweint?«

»Weil ich oben an der Decke Oma Ann gesehen habe.«

Als ich ihr dazu weitere Fragen stellte, erklärte sie: »Ann war weiß gekleidet, und sie sah aus wie ein Engel.«

Auf meine Frage, was Ann gemacht habe, antwortete sie: »Sie sagte, daß sie mich sehr liebt und daß ich sie das letzte Mal sehen würde.«

Als ich Mallory später fragte, warum sie deswegen geweint habe, sagte sie: »Weil ich so glücklich war, und manchmal muß man eben weinen, wenn man glücklich ist.«

Es ist ja allgemein bekannt, daß kürzlich Verschiedene dem Ehepartner oder einem Kind erscheinen, und ich dachte darüber nach, daß Ann sich womöglich dafür entschieden hatte, Mallory eine Botschaft von der anderen Seite zu schicken, weil mein Vater für solche Dinge nicht offen ist. Ich vermute schon seit langem, daß zumindest zwei meiner Töchter über Fähigkeiten verfügen, die ich selbst längst vergessen habe; aber sie haben sich mir »angepaßt«, indem sie mir einfach nicht mitteilten, daß sie Sinne haben, die den meinen überlegen sind. Aber ich fragte Mallory, weshalb sie sich dieses Mal dazu entschlossen habe, es mir zu sagen.

»Ann hat mir aufgetragen, es dir zu sagen«, war ihre Antwort.

Ich weiß noch, daß ich mich nach dem Lesen dieses Briefes unwillkürlich fragte – eigentlich war es eher ein Wissen –, ob meine teure Freundin Ann nun endlich wiedervereint war: nicht nur mit dem Lichtwesen, das sie als ihren besten Freund bezeichnet hatte, sondern auch mit ihrer geliebten Tari, die sie so viele Jahre zuvor voller Freude hingegeben hatte.

Was glauben Sie?

Eine neue Sicht des Todes im Lichte der NTE

Die vielen Geschichten dieses Kapitels und die zu Beginn zitierten Statistiken veranschaulichen meine eingangs aufgestellte These, daß heute, nach zwei Jahrzehnten der Erforschung von NTEs und verwandten Phänomenen, eine neue Sichtweise des Todes in den Vordergrund rückt. Man kann die in diesem Kapitel zitierten Dokumente nicht lesen, ohne zu spüren, daß wir endlich zu sehen beginnen, wie der dunkle Vorhang des Todes, an den wir seit so langer Zeit gewöhnt sind, aufreißt und den Tod in seinem wahren Licht zeigt – nämlich als das Licht selbst. Hatten wir ihn einst als eine endgültige, schreckliche und unwiderrufliche Trennung gesehen, so beginnen wir heute zu begreifen, daß er lediglich die Kontinuität des Lebens in Bereichen repräsentiert, die unserer gewöhnlichen Sinneswahrnehmung normalerweise, aber nicht immer, verschlossen sind. Schließlich besteht eine Art Verbindung zwischen diesen Bereichen, zwischen dem Leben hier und dem Leben anderswo, und nirgendwo gibt es den Tod, so wie wir ihn kannten beziehungsweise uns vorstellten. Im Lichte der NTE ist der Tod nichts als *die Illusion des Getrenntseins und der Endgültigkeit*, und wer wie die Nah-Tod-Erfahrenen an die neue Sichtweise des Todes glauben kann, verliert jegliche Angst vor ihm – denn wie kann man Angst haben vor etwas, das gar nicht existiert?

Überdies haben wir erkannt, wie heilsam dieses neue Verständnis des Todes ist. Jene, die ihm ins Antlitz sehen, fürchten ihn nicht; sie wissen, daß das Licht sie erwartet. Jene, die sich das Leben nehmen wollen, erfahren, daß dies unmöglich ist, denn es gibt *nur* das Leben. Jene, die bekümmert sind, werden getröstet, manchmal sogar gewandelt. Und jene, die gesegnet sind mit der Vision eines geliebten Menschen, der sie verlassen hat, sind sich dessen gewiß, daß er noch lebt und die Verbindung mit ihm nicht unterbrochen ist. Angesichts all dessen stiehlt sich der grimmige Schnitter mit der Sense fort, enttarnt als der Schwindler, der er immer war. Das Licht, der große Befreier, hat uns erlöst, indem es sich uns auf tausend Wegen gezeigt hat.

Und diese Sicht des Todes ist beileibe nicht auf jene begrenzt, die sich für NTEs und ähnliche Dinge interessieren, und auch nicht auf Menschen, die sich, aus welchen Gründen auch immer, intensiv mit Tod und Sterben beschäftigen. Nein, immer mehr Menschen aus der breiten Masse der Bevölkerung beginnen sich dafür zu interessieren, vor allem, seit im letzten Jahrzehnt die auf der NTE basierende praktische Arbeit an Eigendynamik gewonnen hat. Wir haben als Beispiel darauf hingewiesen, wie diese Arbeit und diese Sichtweise schon heute in amerikanischen

Hospizen greifen und sogar die Behandlung Sterbender und den Umgang mit Hinterbliebenen in traditionelleren Institutionen beeinflussen.

Auch erscheinen immer mehr Bücher nicht nur zur NTE, sondern auch zum speziellen Thema dieses Kapitels – wie das Wissen über NTEs im Umgang mit dem Tod, mit Sterbenden und Hinterbliebenen eingesetzt werden kann. Einige haben wir bereits erwähnt, etwa Marilyn Webbs monumentale Studie *The Good Death* über die Kunst des Sterbens im modernen Amerika oder Ganga Stones so respektlose wie wirkungsvolle Behandlung der neuen Sichtweise des Todes in *The Start of Conversation.* Es gibt aber auch andere, zum Beispiel Sogyal Rinpoches *Das tibetische Buch vom Leben und vom Sterben* und *Facing Death and Finding Hope* von Christine Longaker, Werke, die ein großes und aufgeschlossenes Publikum finden. Alle diese Bücher enthalten eingehende Diskussionen zum Einsatz der NTE im Kontext von Tod und Arbeit mit Hinterbliebenen. Darüber hinaus beinhalten Werke zum Thema Tod und Sterben zunehmend auch Abschnitte über die Erforschung und den Einsatz der NTE.[21] Das Licht der NTE scheint schon heute offenbar überall, um den Tod in seine Unterwelt zu verbannen, damit seine Schatten und Trugbilder uns nicht mehr verfolgen können.

Ich hoffe, daß die Aussagen dieses Kapitels – vor allem die Geschichten, die ich erzählt habe – dazu beitragen werden, dieses neue Verständnis des Todes auch in Ihnen zu wecken und verbleibende Zweifel und Ängste zu vertreiben. Dies wäre sicherlich der umfassende Wunsch aller Nah-Tod-Erfahrenen – daß ihr kurzer Blick auf das transzendentale Feld des Lichtes, das sowohl unsere wahre Heimat als auch unsere wahre Natur ist, uns allen, die wir auf dem Planeten Erde leben und sterben, direkt von Nutzen ist.

11

Ins Licht hinübergehen

Das Thema des vorhergehenden Kapitels – wie die NTE uns beim Umgang mit dem Tod helfen kann – führt uns ganz natürlich zu der immer spekulativen Frage, was nach der Beendigung aller biologischen Funktionen geschieht. Zwar kann niemand mit absoluter Sicherheit sagen, ob uns nach dem Tod ein neues Leben erwartet, doch viele Nah-Tod-Erfahrene äußern sich zu diesem Punkt mit großer Gewißheit, und als Gruppe sind sie praktisch uneingeschränkt der Meinung, daß uns alle nach dem Tod eine neue Form der Existenz erwartet. Selbst eine flüchtige Durchsicht der NTE-Literatur würde bereits zeigen, wie verbreitet diese Überzeugung bei jenen ist, die ohne Zweifel dem Ziel am nächsten waren, von welchem Shakespeare – fälschlicherweise, wie wir inzwischen wissen – behauptete, niemand komme von dort zurück.

Nach so vielen Erzählungen über NTEs haben Sie nun vielleicht schon ein tiefes Verständnis dafür, weshalb die, die von der Grenze zwischen Leben und Tod wieder zurückkamen, mit solcher Unerschütterlichkeit daran festhalten, daß ein Leben nach dem Tode ganz selbstverständlich ist. Doch bevor wir das diesbezüglich praktisch universale Überzeugungsmuster der Nah-Tod-Erfahrenen näher betrachten, lohnt es sich, noch kurz den Moment ins Auge zu fassen, der den Übergang vom physischen Leben in ein anderes ankündigt. Denn genau an diesem Punkt sehen wir am deutlichsten, wie ein Mensch mit einer derart kraftvollen Vision und solch überwältigenden Gefühlen konfrontiert wird, daß es einfach unmöglich ist, nicht mit ganzem Wesen zu erkennen, daß er in das Größere Leben hinübergeht.

Um diesen Punkt des Übergangs und Erwachens in der NTE zu verdeutlichen, ziehe ich die Schilderung meiner guten Freundin Jayne Smith heran, die mittlerweile in South Carolina lebt. Ich habe ihre Geschichte bereits ausführlich in meinem Buch *Den Tod erfahren – das Leben gewinnen* vorgestellt; hier möchte ich mich nur auf den Teil konzentrieren, in dem sie erkennt, daß sie gestorben ist:

Als nächstes bemerkte ich ... ich stand in einem Nebel und wußte *augenblicklich*, daß ich gestorben war, und ich war so glücklich, daß ich gestorben war und trotzdem noch lebte. Ich kann Ihnen nicht sagen, wie ich mich *fühlte*. Es war etwa wie »O Gott, ich bin tot, aber ich bin hier! Ich bin ich!« Und ich empfand ein enormes Gefühl des Dankes, weil ich noch existierte und trotzdem genau wußte, daß ich gestorben war.

Während dieses Gefühl aus mir herausströmte … wurde der Nebel von einem starken Licht durchdrungen, und das Licht wurde heller und heller und heller – es ist so hell, doch es tut deinen Augen nicht weh, aber es ist heller als alles, was du je in deinem Leben gesehen hast … und mir schien fast, als würde dieses ungeheuer helle Licht mich wiegen. Es kam mir vor, als würde ich darin existieren, als würde es mich nähren, und dieses Gefühl wurde immer stärker und ekstatischer und wunderbarer und vollkommener. Und alles, was mit ihm zu tun hatte – wenn man die tausend besten Dinge nimmt, die einem im ganzen Leben passiert sind, und sie mit einer Million multipliziert, dann käme man vielleicht in die Nähe dieses Gefühls, ich weiß nicht. Aber du bist von ihm überwältigt, und du beginnst, vieles zu wissen.

Ich wußte, daß alles, überall im Universum, okay war, daß der Plan perfekt war. Daß alles, was passiert – die Kriege, Hungersnöte, was auch immer –, okay war. Alles war perfekt. Irgendwie war alles ein Teil dieser Perfektion, so daß wir uns absolut keine Sorgen zu machen brauchten. Und die ganze Zeit, die ich in diesem Zustand war, kam mir unendlich vor. Es war zeitlos. Ich war einfach ein unendliches Wesen in Vollkommenheit. Und Liebe und Sicherheit und das Wissen, daß dir nichts passieren kann und du für immer zu Hause bist. Daß du auf ewig sicher bist. Und alle anderen auch.[1]

Für Jayne war dies zweifellos nicht nur eine Welt der Perfektion, sondern auch die Ewigkeit (»es war zeitlos«), in die sie und jeder andere Mensch nach dem physischen Leben zurückkehrt. Dort geht man ein in einen Zustand unerschöpflichen Glücks, ewigen übernatürlichen Lichts und absoluten Wissens – eine Vollkommenheit, die so vollständig ist, daß man alle Dinge als vollkommen sieht.

Dies ist die strahlend schöne Vision des Eingangs in das Leben nach dem Tod, die so häufig, wenngleich selten so eloquent, von jenen Nah-Tod-Erfahrenen geschildert wird, deren Reise sie so weit geführt hat.

Wenn Sie Jaynes Erscheinung gehabt hätten – wenn Sie sich zum Beispiel nur annäherungsweise vorstellen könnten, wie es wäre, wenn die tausend besten Dinge Ihres Lebens mit einer Million multipliziert werden –, könnten Sie dann noch daran zweifeln, daß Sie eine echte Vision der Welt jenseits des Todes erlebten?

Die Nah-Tod-Erfahrenen hegen keinen Zweifel; viele von ihnen erzählen natürlich dieselbe Geschichte über diesen Augenblick des Übergangs und die damit verbundenen Erkenntnisse. In diesen Berichten finden sich immer wieder genau die Elemente, die auch Jayne erwähnt – das Licht zu Beginn, das Gefühl, nach Hause zu kommen, das Gefühl absoluter Sicherheit, das Wissen, daß niemand aus diesem Bereich ausgeschlossen ist, und in manchen Fällen sogar eine Einsicht, die Jayne hier nicht zum Ausdruck bringt: daß wir selbst *unserem Wesen nach* aus demselben Licht bestehen, das wir dort wahrnehmen. Hier nur einige kurze Beispiele für diese Offenbarungen von Nah-Tod-Erfahrenen, die ebenfalls dorthin gelangten, wo Jayne war. Ich beginne mit Bill:

Ich schaute weiter den Tunnel entlang und sah das Licht. Ich erkannte sofort, wo ich war. Das Licht war mein Zuhause. Ich wußte, daß ich nur hierher zurückkehren konnte. Diesen Ort würde ich nie mehr verlieren können. Er war mein Zuhause, und ich und alle anderen würden hierherkommen, und ihn zu meiden oder nicht zu finden war gar nicht möglich. Das war das einzige, was absolut sicher war, die Rückkehr hierher.

Nel erzählte mir folgendes:

Meine Erfahrung war nicht tief genug, um weiter zu gehen als bis zum Licht und dem Wesen, aber ich weiß, daß ich im Licht und im Leben weiterleben und die gesamte Welt dort oben finden werde, wenn die Zeit gekommen ist und mein physischer Körper stirbt.

Mein Freund Steve wies in einem seiner Briefe auf die in dieser Hinsicht wesentliche Lehre der NTE hin:

Es ist ein Leben ohne Endpunkt ... Wir haben dieses Licht in uns. Innerlich sind wir alle diesem Licht gleich. Wir alle sind erschaffen, um wie die Gestalt aus dem intensiven, liebevollen Licht zu werden, die uns am Ende des Tunnels erwartet.

Kein Wunder also, wenn die mit derartigen Erfahrungen ausgestatteten Nah-Tod-Erfahrenen ihren Glauben an ein Leben nach dem Tod mit solcher Unerschütterlichkeit zum Ausdruck bringen. Um dies richtig einschätzen zu können, müssen wir nur kurz einige typische Meinungen anderer Nah-Tod-Erfahrener betrachten, mit denen ich im Laufe der Jahre zusammengearbeitet habe:

Ich *weiß*, daß es ein Leben nach dem Tode gibt! Niemand kann mir meinen Glauben daran nehmen. Ich habe keinen Zweifel – es ist friedvoll und nichts, wovor man Angst haben müßte. Ich weiß nicht, was jenseits dessen ist, was ich erfahren habe, aber es ist mehr als genug für mich ... Ich weiß nur, daß man vor dem Tod keine Angst zu haben braucht, nur vor dem Sterben selbst.

Nach dem Eintreten in das Licht ... die Atmosphäre, die Energie, es ist absolut reine Energie, es ist absolutes Wissen, es ist totale Liebe – alles, was damit zu tun hat, ist eindeutig das Leben nach dem Tod, wenn man so will ... Als Ergebnis dieser [Erfahrung] habe ich vor meinem natürlichen Tod nur sehr geringe Befürchtungen ... denn wenn der Tod auch nur annähernd dem gleichkommt, was ich erfahren habe, dann muß er das Schönste sein, auf das man sich freuen kann, das absolut Schönste.

Ich habe eine Botschaft für andere, die ein normales Erdenleben führen ...: »Es gibt noch mehr.« Unsere Identität wird fortbestehen – auf eine höhere Art und Weise. Sie werden Ihre Freunde nicht verlieren. Sie werden eine Schönheit, einen Frieden und eine Liebe kennenlernen, [und] das liebevolle Licht, das Sie umgibt und erfüllt, ist Gott.

Diese Erfahrung war ein Segen für mich, denn nun weiß ich mit Sicherheit, daß es eine Trennung von Körper und Seele und ein Leben nach dem Tod gibt.

Sie hat mir eine Antwort auf die Frage gegeben, die sich meiner Ansicht nach jeder irgend wann einmal in diesem Leben stellt. Ja, es gibt ein Leben nach dem Tod! Und es ist schöner als alles, was wir uns erträumen können. Wenn man es kennengelernt hat, gibt es nichts mehr, das ihm gleichkäme. Man weiß es einfach!

Was an diesen Zitaten auffällt – und ich werde zeigen, daß sie für die meisten Nah-Tod-Erfahrenen durchaus repräsentativ sind –, ist ihre Einmütigkeit und der Ton absoluter Gewißheit, der sie durchdringt. Wir finden in diesen Äußerungen nicht nur den konventionellen Glauben an ein Leben nach dem Tod, sondern die unerschütterliche Behauptung einer spirituellen Wahrheit, die offenbar unmißverständlich im Licht und durch das Licht erfaßt wurde. Wir beginnen hier also die Kraft der NTE zu sehen, mit der sie den Glauben an das Leben nach dem Tod geradezu zwingend macht und darüber hinaus ein *Wissen* zu vermitteln scheint, das, von einem subjektiven Standpunkt aus betrachtet, unbestreitbar ist. Kurz gesagt, der typische Nah-Tod-Erfahrene weiß ohne jeden Zweifel, daß das Leben keine Sackgasse ist, sondern in einer höheren Form weitergeht, nachdem der physische Körper seine Funktionen eingestellt hat.

Daß diese Zitate nicht nur ausgesuchte Beispiele für diese Überzeugungen sind, läßt sich leicht durch den Hinweis auf verschiedene Statistiken belegen, die seit Anfang der achtziger Jahre von mehreren NTE-Forschern erstellt wurden. Eine der ersten dieser Studien wurde 1982 in dem Buch *Recollections of Death* des Kardiologen Michael Sabom veröffentlicht. Darin berichtet er, daß von den 61 Nah-Tod-Erfahrenen, die er befragte, 47 (77 Prozent) aussagten, ihre NTE habe eine Zunahme ihres Glaubens an ein Leben nach dem Tod bewirkt. Ich selbst kam in meiner letzten großen NTE-Studie, *The Omega Project*, zu dem Ergebnis, daß 86 Prozent meiner 74 Befragten ebenfalls eine Zunahme des Glaubens an ein Leben nach dem Tod nach der NTE zu Protokoll gaben. Und Cassandra Musgrave stellte kürzlich in einer Studie mit 51 Nah-Tod-Erfahrenen fest, daß 22 Prozent von ihnen vor ihrer Erfahrung an das Leben nach dem Tod geglaubt hatten, aber 92 Prozent danach.[2] Doch die überzeugendsten Resultate erhielt vor einigen Jahren die australische Forscherin Cherie Sutherland in ihrer Studie mit 50 australischen Nah-Tod-Erfahrenen[3]. Sie stellte fest, daß der Glaube an ein Leben nach dem Tod vor der NTE im wesentlichen von etwa der Hälfte der Befragten vertreten wurde; mit anderen Worten, ungefähr die Hälfte glaubte daran, während die andere Hälfte nicht glaubte beziehungsweise diesbezüglich keine Meinung hatte. Doch *alle* Befragten glaubten nach ihrer NTE in der einen oder anderen Form an ein Leben nach dem Tod! Das heißt, die NTE führte in diesem Punkt zu einer absoluten Einmütigkeit des Glaubens. Ungeachtet dessen, was die von Sutherland Befragten davor geglaubt hatten und weshalb, die NTE genügte, um sämtliche Zweifel zu zerstreuen – bei allen.

Diese überall anzutreffenden Aussagen und der Ton der Gewißheit, mit dem sie geäußert werden, sind sicherlich zumindest jenen von uns eine Lehre, die ein Interesse an NTEs entwickelt haben. An den Skeptizismus von Wissenschaftlern und Philosophen wie auch an die verschwommenen Formulierungen vieler heutiger religiöser Führungsgestalten gewöhnt, könnten wir, wenn wir wollten, leicht einen modischen Agnostizismus bezüglich des Lebens nach dem Tode rechtfertigen oder einen solchen Glauben einfach in die verstaubten Archive der Geschichte ausgedienter Ideen verweisen. Doch wenn Scharen von Nah-Tod-Erfahrenen aus der ganzen Welt – *einschließlich* Wissenschaftlern, Ärzten, Philosophen und religiösen Führern – *auf der Basis eigener Erfahrung mit dem Tod* wie mit einer einzigen Stimme von ihrer Gewißheit bezüglich eines Lebens nach dem Tod sprechen, dann beginnt sich in der Mauer der überkommenen Meinungen ein peinlicher Riß zu zeigen. In Umschreibung eines alten amerikanischen Werbeslogans könnte man sagen: »Wenn Nah-Tod-Erfahrene zu sprechen beginnen, hören die Menschen zu.« Und durch das Zuhören kommen sie, wenn schon nicht in jedem Fall zum Glauben, zumindest dazu, sich wieder für einen Glauben zu öffnen. Und natürlich kann das von der Religionszugehörigkeit völlig unabhängige Zeugnis so vieler Nah-Tod-Erfahrener den bisherigen Glauben jener, die von einem Leben nach dem Tod bereits überzeugt sind, nur festigen.

Kurz gesagt, auch hier können wir bereits eine weitere Facette der NTE als gutartigem Virus feststellen. Die zunehmende Bekanntheit vieler Menschen mit Erfahrungen über den Glauben an ein Leben nach dem

Tod erzwingt in unserer Zeit ein Umdenken in dieser Angelegenheit, und für nicht wenige scheint auch die Sicherheit der Nah-Tod-Erfahrenen in diesem Punkt überzeugend zu sein. Daraus folgt, daß die Aufmerksamkeit, die der NTE heute zuteil wird, nicht nur zu einer neuen Sichtweise des Todes führt, wie ich im letzten Kapitel darzulegen versuchte, sondern auch den traditionellen Glauben an ein Leben nach dem Tode *erneuert*, der in unserer modernen, säkularisierten Welt auszusterben drohte.

Die Wirkung von NTE-Aussagen zum Glauben an ein Leben nach dem Tod

Jeder, der sich mit NTEs beschäftigt, muß sich natürlich über das Leben nach dem Tod Gedanken machen. Skeptiker mögen sich noch so sehr dagegen aussprechen, aus Berichten über Nah-Tod-Erfahrungen voreilige Schlüsse über ein *Leben nach dem Tod* zu ziehen – die machtvolle Faszination des durch die NTE implizierten Versprechens bleibt erhalten und wirkt. In der Tat begreift jeder, Kritiker eingeschlossen, daß heute so viele Menschen nicht nur deshalb von NTEs fasziniert sind, weil diese nahelegen, daß der Augenblick des Todes einer von Pracht und Glanz und Freude jenseits jeglicher Vorstellung ist. Nein – es ist noch weit mehr die unmißverständliche Andeutung, daß diese Art von Erfahrung *sich fortsetzt*, daß es wirklich ein Leben nach dem Tod gibt und daß dieses Leben überdies wunderbar sein wird.

Sicher ist dies ein triftiger Grund dafür, daß die NTE seit ihrer Propagierung durch Elisabeth Kübler-Ross und Raymond Moody vor fast einem Vierteljahrhundert die Vorstellungen der Menschen in der gesamten westlichen Welt beschäftigt und bis heute ein weitverbreitetes Thema geblieben ist. Es ist ebenjenes Bild des Todes und des Danach, das ich im ersten Teil dieses Kapitels mit Hilfe der Darstellungen von Nah-Tod-Erfahrenen gezeichnet habe, das sich als so unwiderstehlich wie herrlich erweist. Trotz eines vorherrschenden und verbreiteten postmodernen Skeptizismus haben die meisten von uns in sich immer noch etwas, das sich danach sehnt, daß diese Vision des Lebens nach dem Tode wahr sein möge, und das vor Erregung erschauert angesichts der Möglichkeit, daß NTEs uns schließlich und endlich glaubhafte Beweise dafür liefern.

Nach so vielen Jahren der Beschäftigung mit NTEs ist es nur natürlich zu fragen, was der Effekt all dieser Aussagen auf den Glauben der breiten

Öffentlichkeit an ein Leben nach dem Tode ist und ob die NTE in diesem Punkt einen Unterschied bewirkt hat.

Auch hier ist es wieder erstaunlich, daß wir – zumindest soweit ich weiß – über keine gesicherten Daten verfügen, die zeigen würden, daß der Glaube an ein Leben nach dem Tod bei Menschen wächst, sobald sie sich für die NTE interessieren. Ich persönlich hege kaum einen Zweifel, daß eine derartige Erhebung dies bestätigen würde; aber bis wir entsprechende Daten in Händen halten können, müssen wir uns mit Resultaten zufriedengeben, die wir aus anderen Studien heranziehen können. Ich möchte hier kurz auf zwei relevante Untersuchungen verweisen, die ich selbst durchgeführt habe.

Die erste ist die kleine Erhebung, die ich bereits im achten Kapitel im Zusammenhang mit der Hypothese vom gutartigen Virus erwähnte. Sie werden sich erinnern, daß ich zweimal zum Semesterende die Studenten meines NTE-Kurses zu möglichen Veränderungen ihres Glaubens und ihrer Einstellung befragte (und eine Kollegin, die einen NTE-Kurs an einer anderen Universität lehrte, tat das ebenso). Eine der Fragen betraf den Glauben an ein Leben nach dem Tod. Insgesamt 82 Prozent der Studenten dieser drei Umfragen gaben an, daß durch ihre Auseinandersetzung mit der NTE in diesen Kursen ihr Glaube an ein Leben nach dem Tod zugenommen habe. Also auch hier spiegeln die Antworten den tatsächlichen Effekt von NTEs wider und stützen somit die Hypothese vom gutartigen Virus.

Diese Resultate sind auch aus weiteren drei Gründen beeindruckend, die für Sie nicht unbedingt auf der Hand liegen. Der erste ist, daß die überwältigende Mehrheit meiner Studenten, einer Befragung zu Semesterbeginn zufolge, bereits am Anfang des Kurses an ein Leben nach dem Tod glaubte. Dennoch aber nahm bei mehr als 80 Prozent von ihnen dieser Glaube durch die Auseinandersetzung mit dem Thema NTE noch zu. Zweitens zeigte sich bei keinem einzigen Studenten dieser drei Kurse danach eine Verringerung des Glaubens an ein Leben nach dem Tod. Und drittens illustrierten die Bemerkungen, die die Studenten auf die Fragebögen oder in ihre Arbeitsunterlagen schrieben, wie tief viele von ihnen durch die im Verlauf des Kurses gehörten Aussagen Nah-Tod-Erfahrener berührt worden waren.

Die zweite zu diesem Thema relevante Studie ist meine Arbeit für *The Omega Project*. Sie werden sich erinnern, daß ich eine Untersuchung mit vierundsiebzig Nah-Tod-Erfahrenen und einer Kontrollgruppe aus 54 Personen durchführte, die keine NTE gehabt hatten, sich aber sehr dafür interessierten. Hier ist nun die letztere Gruppe von Belang: Auf die Frage bezüglich eines Lebens nach dem Tod gaben mehr als 80 Prozent dieser Gruppe an, daß ihr diesbezüglicher Glaube *seit* dem Beginn des Interesses am Phänomen der NTE zugenommen habe.

Natürlich, und wie auch schon mehrfach angedeutet, verfüge ich über mehr als genug Dokumente – zumeist Briefe –, die dieselbe Wirkung belegen, doch will ich Ihnen eine Ansammlung weiterer Zitate zur Illustration dieser Behauptung ersparen. Worauf es ankommt, ist dies: Wir können zwar aus den vorangehenden Studien und meinen anekdotischen Quellen nicht schließen, daß bloße Vertrautheit mit NTEs *notwendigerweise* den Glauben an ein Leben nach dem Tod fördert; wahrscheinlich wird man aber dennoch feststellen, daß man sich den diesbezüglichen Überzeugungen Nah-Tod-Erfahrener angenähert hat. Einmal mehr also scheint die Aussage der letzteren jene, die zum Zuhören bereit sind, zu beeinflussen.

Aber um diesen Punkt in den Vordergrund zu rücken, muß ich Sie daran erinnern, daß es im Augenblick nur um Sie allein geht. Wenn Sie dieses Buch bis hierher gelesen haben, dann gehören Sie ganz offensichtlich zu jenen, deren Interesse an NTEs geweckt wurde – wenn Sie sich nicht schon von Anfang an dafür interessiert haben. Und wie die Studenten in meinen Kursen haben auch Sie viel über NTEs – und in diesem Kapitel über ein mutmaßliches Leben nach dem Tod – erfahren. Deshalb könnte es gut für Sie sein, an dieser Stelle nun darüber nachzudenken, wie all diese Informationen Ihren Glauben an ein Leben nach dem Tod berührt haben. Wenn Sie sich noch daran erinnern können, wie Sie vor dem Lesen dieses Buches über diesen Punkt dachten, können Sie feststellen, ob und inwieweit es Sie in dieser Hinsicht beeinflußt hat. Natürlich haben auch Sie, wie viele meiner Studenten, den Weg zu diesem Buch vielleicht nur deshalb gefunden, weil Sie ohnehin schon an eine Form des Lebens nach dem Tod glaubten; und wie diese werden vielleicht auch Sie nach eingehenderer Betrachtung des Themas feststellen, daß in Ihrer Vorstellung von einem Leben nach dem Tod wie auch in Ihrer Überzeugung, daß ein solches Sie erwartet, einige bedeutsame qualitative Veränderungen aufgetreten sind. Wie dem auch sei – ich möchte Sie nun bitten, sich die Zeit zu nehmen und zu überlegen, wie das in diesem Buch, vor allem in den letzten beiden Kapiteln, dargelegte Material Ihre Einstellungen zum Tod und einem Leben danach beeinflußt hat. Was sehen Sie nun, wenn Sie sich vorstellen, an der Pforte des Todes zu stehen, und was erwartet Sie, wenn Sie diese Schwelle überschritten haben?

Der große Psychiater Carl Gustav Jung, der selbst im Alter von fast 70 Jahren eine tiefe NTE hatte, war ein eifriger Verfechter solcher Imaginationsübungen. In seinem berühmten Werk *Erinnerungen, Träume, Gedanken* ermahnt er seine Leser: »Ein Mensch sollte von sich sagen können, er habe sein Bestes getan, um sich eine Vorstellung vom Leben nach dem Tode oder zumindest ein Bild davon zu machen – selbst wenn er sich sein Scheitern eingestehen muß. Aber es nicht versucht zu haben ist ein schwerer Verlust.«[4] Doch selbst auf das Risiko hin, einem so berühmten Menschen zu widersprechen, erhebe ich hier den Einwand, daß man mit dieser Übung auch zu weit gehen kann. Ich denke, für uns dürfte die Überzeugung ausreichen, daß etwas, und zwar etwas wahrhaftig unfaßbar Großartiges, uns erwartet, wenn wir die Schwelle ins Licht überschreiten; aber ich persönlich bin gegen den Versuch, sich konkret vorzustellen, was danach kommt.[5] In dieser Hinsicht neige ich eher zur Meinung eines in diesem Kapitel bereits zitierten Nah-Tod-Erfahrenen, der, nachdem er seine absolute Gewißheit bezüglich eines Lebens nach dem Tod zum Ausdruck gebracht hatte, sagte: »Ich weiß nicht, was jenseits dessen ist, was ich erfahren habe, aber es ist mehr als genug für mich.«

Für mein Widerstreben, Jungs Mahnung zu genau zu beherzigen, habe ich mehrere Gründe. Zunächst denke ich, die Einzelheiten einer Reise nach dem Tod müssen letztlich sehr variabel sein, so daß es eine große Anmaßung wäre, sich vorzustellen, welchen Verlauf sie im individuellen Fall nehmen würde. Mit Sicherheit muß sie irgendwann von dem allgemeinen Handlungsverlauf abweichen, den wir aus unseren NTE-Erzählungen inzwischen so gut kennen. Wie wir gesehen haben, beginnt diese Geschichte mit dem reinen Licht der bedingungslosen göttlichen Herrlichkeit der Seele und muß dann, vermutlich nach der Lebensrückschau und anderen »Standard«-Teilen der NTE, notwendigerweise in die weiteren Einzelheiten der Reise des einzelnen nach seinem Tod übergehen, die sich nur anhand der NTE jedoch nicht bestimmen lassen.

Zweitens würde ich, sosehr wir uns auch an die Sprache der Nah-Tod-Erfahrenen gewöhnt haben mögen, immer noch behaupten, daß die *Essenz* dieser Erfahrungen die Grenzen jeglicher sprachlicher und bildhafter Ausdrucksmöglichkeiten des Wachbewußtseins überschreitet. Wir gehen deshalb bei dem Versuch, uns den Zustand nach dem Tod zu genau vorzustellen, nicht nur das Risko einer gewissen Selbstüberschätzung ein; sondern wir laufen auch Gefahr, aus einer Erfahrung voller unendlicher symbolischer Schattierungen und Anklänge höheren Bewußtseins etwas zu machen, das zu wörtlich, zu banal und zu sehr an konventionellen, stereotypen Vorstellungen orientiert ist. Sicher wird unsere Reise nach dem Tod trotz unseres Wissens um die NTE sein wie das, was J. S. Haldane über das Universum sagte. Um sein berühmtes Bonmot zu paraphrasieren: Unser Tod wird nicht nur seltsamer sein, als wir es vermuten, er wird auch seltsamer sein, als wir es vermuten *können*. Damit will ich natürlich nicht andeuten, daß unsere Reise nach dem Tod *seltsam* sein wird, sondern lediglich, daß sie wahrscheinlich so anders sein wird als alles, was wir uns vielleicht vorgestellt haben, daß wir am besten erst gar nicht zuviel Energie darauf verwenden sollten, uns einzureden, wir wüßten mehr, als tatsächlich der Fall ist.

Der dritte Grund schließlich ist meine Überzeugung, daß eine zu starke Konzentration auf das Leben nach dem Tode nur allzu häufig lediglich ein Ablenkungsmanöver darstellt, das unsere Aufmerksamkeit von den Lektionen abzieht, die wir hier in diesem Leben zu lernen und zu praktizieren haben. Auf diesen Punkt möchte ich später noch ausführlicher zu sprechen kommen.

Zunächst muß ich jedoch, um einem eventuellen großen Mißverständnis vorzubeugen, das eben Gesagte etwas näher bestimmen. Ich meine natürlich keinesfalls, daß es nutzlos ist, sich mit der umfangreichen Literatur zum Thema Leben nach dem Tod oder jenen voluminösen Bänden zu beschäftigen, die von sich behaupten, die Existenz nach dem Tod beschreiben zu können. Meine eigene Bibliothek enthält zahlreiche Werke beider Kategorien, und ich bin froh, sie zu besitzen. Ich habe beispielsweise viele Bücher mit Berichten über Nachtodkommunikationen, Sterbebettvisionen, Reinkarnationen oder Regressionen in Bewußtseinszustände zwischen den aufeinanderfolgenden Leben, deren Aussagen sich weitgehend mit den Andeutungen von NTEs und der Hypothese eines Weiterlebens nach dem physischen Tod decken. Ich hätte in diesem Kapitel auch viele derartige Fälle zitieren oder einige selbst gefundene beisteuern können, die noch weitere Beweise für die Existenz des Lebens nach dem Tod beigetragen und uns darüber hinaus geholfen hätten, es uns so vorzustellen, wie Jung es propagiert. Ebensogut hätte ich den Pfad der NTE, der am Eingang zur Halle des Lichtes endet, ausdehnen und mich der Schriften verschiedener spiritueller Adepten bedienen können, die für sich in Anspruch nehmen, das gesamte Gebäude, das uns im Reich des Lebens nach dem Tode erwartet, erforscht zu haben. Falls Sie Lust verspüren, diesen Teil der Literatur zu erforschen, werden Sie keine Schwierigkeiten haben, mehr als genug davon zu finden.

Aber wie Sie sehen, habe ich diesen Weg aus den bereits genannten Gründen nicht eingeschlagen. Meine Absicht in diesem Kapitel ist weitaus spezifischer und auf einen Punkt konzentriert. Ich möchte Sie nämlich nur auf eine einzige Tatsache noch aufmerksamer machen, als Sie es vielleicht ohnehin schon sind: *NTEs tragen zu einem Glauben an ein Leben nach dem Tod bei.* Punkt. Ich habe diese Fälle zu Beginn des Kapitels präsentiert, um Ihnen noch einmal zu zeigen, was Nah-Tod-Erfahrene an der NTE so sehr davon überzeugt, daß wir weiterleben, wenn wir gestorben sind, und wie verbreitet dieser Glaube bei Nah-Tod-Erfahrenen insgesamt ist.

Und weshalb ich weitere Einzelheiten aussparte, hat viel mit dem letztgenannten Grund zu tun, auf den ich nun zurückkomme. Es ging darum, daß eine zu eingehende Beschäftigung mit dem Leben nach dem Tod uns davon abhalten kann, uns mit *diesem* Leben auseinanderzusetzen, in dem es gilt, die Lektionen des Lichts umzusetzen. Für mich und für uns in diesem Buch besteht das wahre Versprechen der NTE nicht so sehr darin, was sie uns in puncto Leben nach dem Tod suggeriert – so inspirierend und tröstend solche Einblicke auch sein mögen –, sondern was sie uns darüber sagt, wie wir *jetzt* leben sollen. Schließlich sind wir nicht tot! Sie mögen dieses Buch lesen, um sich bezüglich des Themas Tod Ruhe und Seelenfrieden zu verschaffen, und ich hoffe und vertraue darauf, daß Ihnen das mit Hilfe dieser Zeilen gelingt; doch mein eigentliches Ziel beim Schreiben war, daß Sie von Nah-Tod-Erfahrenen lernen können, wie man lebt, oder besser lebt – mit mehr Selbstbewußtheit, mehr Mitgefühl für sich selbst und mehr Anteilnahme für andere. Leben Sie gut, und der Tod erledigt sich von selbst.

Meines Erachtens kann von einer zu intensiven Beschäftigung mit den Aussagen der NTE zur Unsterblichkeit noch eine weitere, sogar noch subtilere Gefahr ausgehen, obwohl ich bezweifle, daß ein aufmerksamer Leser ihr erliegen wird. Mit einem Wort: Die große Aufmerksamkeit, die NTEs von seiten der Medien heute zuteil wird, und die Hoffnungen, die sie bezüglich eines künftigen Lebens wecken, mag viele zu einer Einstellung bequemer Selbstzufriedenheit verlocken: Das Licht richtet sein bedingungslos akzeptierendes Strahlen schließlich und offensichtlich auf alle Menschen, und wie wir gesehen haben, scheint jeder in die Ewigkeit einzugehen in einer Atmosphäre alles durchdringender reiner Liebe, die die Seele in ihrer gesegneten immanenten Göttlichkeit offenbart. Doch *nur* das Licht zu betonen oder zu meinen, daß es aus sich heraus und unabhängig davon, wie wir gelebt haben, nach dem Tod alles gutmachen wird, ist meiner Meinung nach eine naive und irrige Lesart von Folgerungen der NTE-Forschung. Aus ebendiesem Grunde habe ich in diesem Buch die Bedeutung der Lektionen der Lebensrückschau so sehr betont und an anderer Stelle darauf bestanden, daß die bedingungslose, nicht verurteilende Liebe des Lichtes nicht bedeutet, daß jedes Verhalten gleichermaßen akzeptabel und somit »alles erlaubt« ist.

Im Gegenteil, was die NTE wirklich über das Leben nach dem Tode lehrt, ist, daß wir in jedem Augenblick unseres Lebens unser Lebensskript schreiben, das über die posthume Reise unserer Seele entscheiden wird – daß niemand anders als wir selbst also der Gestalter des Schicksals unserer Seele nach dem Tode sind. Das Licht mag zwar unser wahres Wesen reflektieren und unser Gefühl für die Sünde auflösen, aber es kann uns niemals von der Verantwortung für unser Leben freisprechen. Nach dem Tod wird nicht nur – womöglich auch mit Schmerzen – evident, was wir unserem Wesen nach sind, sondern auch, wie wir tatsächlich gelebt haben.

So gesehen will uns auch die Lektion dieses Kapitels, wenngleich es sich bislang mit den Folgerungen der NTE für ein Leben nach dem Tod beschäftigte, zwingen, unsere Aufmerksamkeit darauf zurückzulenken, was Nah-Tod-Erfahrene uns über das Leben in *dieser* Welt lehren wollen. Und wer könnte uns an dieser Stelle besser daran erinnern, wie wir vom Wissen der NTE und ihren Lehren Gebrauch machen sollen, als der große indische Dichter Kabir:

Freund, hoffe auf den Gast, solange du lebst.
Stürze dich in die Erfahrung, solange du lebst!
Denke … und denke … solange du lebst.
Was du »Rettung« nennst, gehört zur Zeit vor dem Tod.

Wenn du deine Seile nicht zerreißt, solange du lebst,
glaubst du, ein Geist wird es danach tun? …
Was jetzt gefunden wird, wird auch dann gefunden werden.
Und wenn du jetzt nichts findest,
wirst du einfach mit einer Wohnung
in der Stadt der Toten enden.[7]

Dennoch soll all dies nicht bedeuten, daß wir voll und ganz bereit sind, den Blick wieder dieser Welt zuzuwenden. Ehe wir das tun können, müssen wir noch einige Lektionen aus NTEs übernehmen, die wirklich die wichtigsten von allen sind und die weitreichendsten Konsequenzen hinsichtlich unseres täglichen Lebens haben. In einem gewissen Sinne sind sie nicht einfach weitere Lektionen des Lichts, sondern seine *ultimativen* Lektionen. Und sie kommen zu uns in ihrer verständlichsten und vollständigsten Form hauptsächlich durch jene, die tatsächlich *jenseits* des Lichtes gereist sind und somit weiter gelangten als jeder der Nah-Tod-Erfahrenen, deren Berichte Sie bislang gelesen haben. In der Tat sind sie, ohne zu sterben, den ganzen Weg gegangen.

12

Reisen an den Ursprung: Die ultimativen Lektionen des Lichts

Bei unserem Ausflug in die Bereiche des Lebens nach dem Tod kommen wir zwar fast bis zum Kern des Geheimnisses der Schöpfung, doch können wir, die lediglich die Erzählungen hören, welche Nah-Tod-Erfahrene von dort mit zurückbringen, über dieses letzte Mysterium bestenfalls staunen, nie aber Gewißheit erlangen. Einige wenige Menschen jedoch sind offenbar weit über die allgemeinen Zonen der Nah-Tod-Erfahrung vorgedrungen, an denen fast alle NTEs enden, und die Berichte ihrer Reisen *jenseits* des Lichtes gewähren uns einen bislang noch nicht offenbarten Blick auf ein strahlendes Universum, das in der Tat dem letzten Ursprung der Schöpfung ähnlich zu sein scheint. Vom Standpunkt ihrer außergewöhnlichen Erfahrungen besehen, erscheinen die bisher betrachteten NTEs, so großartig und strahlend sie auch sein mögen, unvollständig und geben nur einen Teil dessen wieder, wonach wir uns so sehr sehnen. Tatsächlich ist bei den Reisen jenseits des Lichts, von denen ich im folgenden berichten möchte, fast immer von der Existenz eines *zweiten* Lichts die Rede; oder sie scheinen ein solches zu implizieren, das gleichzeitig eine Art ultimatives Licht wie auch der Ursprung aller Wesen und Dinge ist und der Ort, von dem wir kamen und zu dem wir unentrinnbar zurückkehren werden. Die Glücklichen, die dorthin reisen, können uns vielleicht besser als alle anderen das nahebringen, was man »die ultimativen Lektionen des Lichts« nennen könnte – Lektionen, aus denen man, um es in einer mit den großen spirituellen Traditionen der Welt assoziierten Umschreibung auszudrücken, die wesentlichen »Weisheitslehren« der NTE extrahieren kann.

In diesem Kapitel, mit dem wir unsere ausgedehnte Meditation über das Geheimnis und die Bedeutung der NTE beenden werden, möchte ich Ihnen einige der tiefgründigsten und ausdrucksvollsten Erzählungen über Begegnungen dieser Art präsentieren, die, soweit Worte dies überhaupt vermögen, uns die größten und erhabensten Offenbarungen zuteil werden lassen können. Ferner lernen Sie mit diesen Geschichten einige der schönsten und anregendsten Darstellungen der NTE-Lehren kennen: Denn hier handelt es sich nicht einfach nur um weitere Lektionen, sondern um die Schätze des Lichts, die diese außergewöhnlichen Nah-Tod-Erfahrenen für uns alle mit zurückbringen durften.

Mellen-Thomas Benedict

Einer der bemerkenswertesten Nah-Tod-Erfahrenen, die ich je getroffen habe, ist zweifellos mein Freund Mellen-Thomas Benedict. Er lebt derzeit in Kalifornien und entwickelt mit Erfolg auf dem Licht basierende Heilmethoden; sie gehen zum Teil auf Informationen zurück, die er bei seiner ersten NTE erhielt. Ich lernte Mellen 1992 in Baltimore kennen; seine Persönlichkeit wie auch die damals sehr bruchstückhafte Schilderung seiner NTE beeindruckten mich so sehr, daß ich später mit einigen Freunden nach Fayetteville, North Carolina, reiste, wo er zu dieser Zeit lebte. Im Verlauf dieses Besuches im November 1992 hatte ich Gelegenheit, ein spontanes Gespräch mit ihm aufzunehmen, in dem er einige Teile seiner ungewöhnlich komplexen und umfangreichen NTE beschrieb. Das Folgende ist ein überarbeiteter Abschnitt dieses Gesprächs, bei dem Mellen insbesondere auf seine Reise zu einem von ihm so bezeichneten »zweiten Licht« eingeht. Schon allein dieser Ausschnitt wird Ihnen deutlich machen, weshalb ich seine Geschichte für eine der denkwürdigsten und bedeutsamsten halte, die mir während meiner gesamten Arbeit auf diesem Gebiet begegneten. Sie zeigt ferner, was geschehen kann, wenn man wie Mellen von einer unstillbaren Neugier besessen ist, soviel wie möglich über das Wesen der Realität zu erfahren, und über die Geistesgegenwart verfügt, bei der Begegnung mit dem Licht die richtigen Fragen zu stellen.[1]

Der Hintergrund von Mellens NTE ist kurz folgender: 1982 litt er an einer nicht näher diagnostizierten Erkrankung des Gehirns; die Ärzte gaben ihm noch sechs bis acht Monate zu leben. Während dieser Periode »starb« er tatsächlich – nach seiner Schätzung für mehr als eineinhalb Stunden –, und innerhalb dieser Zeitspanne hatte er seine äußerst profunde NTE. Ich beginne mit Mellens Darstellung der Anfangsphase seiner Reise:

Und das nächste, was ich mitbekomme, ist, daß ich in diesem dunklen Zimmer stehe, und auf dem Bett liegt mein Körper, und ich schaue darauf und erkenne mich und sage: »Oh.« Es ist irgendwie überraschend, weil du dich ja noch immer real fühlst. Es ist, als ob ich hier wäre, aber gleichzeitig bin ich auch dort drüben. Und ungefähr zu dieser Zeit wurde eine ganze Seite der Wand zu einer Szene mit einem dunklen Wald, hinter dem die Sonne aufging, und da war ein Pfad, der durch den Wald hinausführte. Und ich sah diesen Pfad und dachte: »Mann, ich will unbedingt da hinaufgehen. Ich will unbedingt diesen Pfad hinaufgehen.« Und ich setzte mich in Bewegung, und plötzlich dachte ich: »Oh, ich weiß, was los ist. Ich bin gestorben. Ich weiß, wenn ich diesen Pfad hinaufgehe und bis an den Rand des Waldes und in dieses Licht, dann bin ich tot.«

Aber es war *so* friedvoll, und ich fühlte mich so gut. Ich hatte mich noch nie so wohl gefühlt auf diesem Planeten. Also ging ich diesen Pfad hinauf, und das Licht wurde immer größer. Es wurde riesig groß, und ich begann, vergangene Dinge zu sehen, Erinnerungen, so eine Art Lebensrückschau. Und ich sah Dinge, die mich unglücklich machten, und wie schlecht es mir gegangen war und ähnliches, deshalb sagte ich an diesem Punkt »Stop!«, und alles hielt einfach an! Ich war total überrascht. Und plötzlich merkte ich, daß das eine interaktive Erfahrung sein mußte, weil ich mit ihr sprechen konnte.

Mellens Entdeckung, daß er tatsächlich mit dem Licht in Interaktion treten konnte, anstatt nur passiv zu reagieren, erwies sich insofern als eine wegweisende Einsicht, als sie ihn auf einen Kurs brachte, der ganz anders verlief als der der meisten NTEs. Er fährt mit seiner Erzählung fort:

Als nächstes war ich also unterwegs zu diesem Licht. Es war ungefähr wie ein Tunnel. Und ich ging auf dieses Licht zu, sagte wieder »Stop!«, und es hielt an. Und ich sagte – ich weiß die Worte nicht mehr genau, aber sinngemäß sagte ich: »Ich glaube, ich verstehe, was du bist, aber ich möchte wirklich verstehen, was du *wirklich* bist.« So etwa wie: Zeig dich, was ist dieses Licht? Ich habe gehört, es ist Jesus, ich habe gehört, es ist dieses, ich habe gehört, es ist jenes.

Und da zeigte sich mir das Licht auf einer Ebene, auf der ich noch nie gewesen war. Ich kann nicht sagen, daß es Worte waren; es war mehr als alles andere ein sehr lebhaftes telepathisches Verstehen. Ich konnte es fühlen, ich konnte dieses Licht fühlen. Und es reagierte einfach und zeigte sich auf einer anderen Ebene, und die Botschaft war: »Ja, [für] die meisten Menschen – es kommt darauf an, woher man kommt – könnte es Jesus sein, oder Buddha, oder Krishna, was auch immer.«

Doch ich fragte: »Aber was ist es *wirklich*?« Und da veränderte sich das Licht in – das einzige, was ich Ihnen sagen kann, ist, daß es zu einer Matrix wurde, zu einem Mandala menschlicher Seelen, und was ich sah, war, daß das, was wir unser höheres Selbst nennen, eine Matrix in jedem von uns ist. Es ist auch eine Verbindung zum Ursprung; jeder von uns kommt direkt, als direkte Erfahrung [vom] Ursprung. Und mir wurde sehr klar, daß alle höheren Selbste als ein Wesen verbunden sind; alle Menschen sind als ein Wesen verbunden, wir sind tatsächlich ein und dasselbe Wesen, verschiedene Aspekte ein und desselben Wesens. Und ich sah dieses Mandala aus menschlichen Seelen. Es war das Schönste, was ich je gesehen habe, ich [Stimme zittert], ich ging einfach hinein und [spricht stockend], es war einfach überwältigend [hält die Tränen zurück], es war wie alle Liebe, die man sich je gewünscht hat, und es war die Art von Liebe, die heilt und genesen läßt und regeneriert.

Aber auch wenn Mellen an diesem Punkt seiner Erfahrung noch so überwältigt ist, hält er an seiner Suche nach letzten Antworten fest:

M: Und je mehr ich hineinging, desto mehr sagte ich nur: »Ich will es wissen, ich will wirklich wissen, was los ist.« Ich sagte immer wieder nur: »Ich will es wissen, ich will es wissen.« Und ich wurde *in* das Licht gebracht, und zu meiner Überraschung *durch* es hindurch, bumm! Wie durch eine Art Schallmauer, durch die ich *hindurch* ging. Und wenn Sie sich vorstellen können, daß das höhere Selbst – es sieht mehr wie eine Röhre aus als wie ein Wesen, eine Nabelschnur oder so etwas Ähnliches. Es kam mir vor, als würde ich irgendwohin getrieben. Ich weiß nicht, ob ich mich im Weltraum bewegte, aber plötzlich sah ich, wie die Welt davonflog. Ich konnte sehen, wie das Sonnensystem davonflog. Dann sah ich Galaxien – und es ging immer weiter.

Schließlich bekam ich das Gefühl, daß ich durch alles hindurchging, was je gewesen war. Ich sah alles – Galaxien wurden zu kleinen Sternen und ganzen Galaxienhaufen, Welten über Welten, und Energiereichen – es war einfach ein überwältigender Anblick. Und es fühlte sich an, als würde ich mich mit rasender Geschwindigkeit bewegen, aber ich glaube, in Wirklichkeit war es mein Bewußtsein, das sich ungeheuer schnell erweiterte. Es geschah alles so schnell, aber es war auch so detailliert, daß ein weiteres Licht genau auf mich zukam, und als ich *dieses* Licht traf, war es [Pause], als würde ich mich auflösen oder so. Und in diesem Augenblick verstand ich, daß ich zum Urknall kam. Das war das erste Licht überhaupt, und ich flog *durch* den Urknall. Das war es, was passierte. Ich flog durch diese Membrane in dieses – was man im Altertum die Leere nannte, glaube ich. Plötzlich war ich in dieser Leere, und ich war mir aller Dinge bewußt, die jemals erschaffen worden waren. Es war, wie wenn ich aus Gottes Augen schaute. Ich war Gott geworden.

Frage: *Sie waren zum Ursprung aller Dinge gekommen.*

M: Ja. Plötzlich war ich nicht mehr ich selbst. Das einzige, was ich sagen kann, ist, daß ich mit Gottes Augen schaute. Und plötzlich wußte ich, warum jedes Atom war, und ich konnte *alles* sehen. Und ich blieb in diesem Raum, ich weiß nicht, wie lange. Und ich weiß, daß dort etwas sehr Tiefgehendes geschah.

Und dann lief die ganze Erfahrung rückwärts ab. Ich flog durch den Urknall zurück, und an diesem Punkt begriff ich, daß alles seit dem Urknall, seit dem, was das erste Wort genannt wird, eigentlich die erste Schwingung ist. Bevor es irgendeine Schwingung gab, gab es einen Ort.

Mit Beginn seiner Rückkehr wird Mellen eine Folge weiterer Offenbarungen zum Wesen der Realität und des Geistes zuteil, doch ich führe seine Erzählung hier mit einigen Bemerkungen darüber fort, was er bei diesem Teil seiner Reise über die Immanenz Gottes entdeckte:

Das Interessante war, ich war in der Leere, und bei meiner Rückkehr wußte ich, daß Gott nicht dort ist. Gott ist hier [lacht]. Darum geht es. Deshalb diese stetige Suche der Menschen nach Gott … Gott gab uns *alles, alles* ist hier – es geht um das Hier. Was uns heutzutage so beschäftigt, ist Gottes Erforschung von Gott durch uns. Die Menschen sind so sehr mit dem Versuch beschäftigt, Gott zu werden, daß sie eigentlich erkennen müßten, daß wir bereits Gott sind und Gott zu uns wird. Darum geht es wirklich.

Schließlich kommt Mellen zurück zu dem, was er als »das erste Licht« bezeichnet, durch das er aufgrund seiner unaufhörlichen Fragen anscheinend bis zum ultimativen Ursprung der Schöpfung vordringen konnte. Doch bei der Rückkehr ist seine Sicht der Dinge nicht die gleiche wie anfangs:

M: Als ich wieder zum ersten Licht zurückkam – und es geschah eine ganze Menge zwischen dem zweiten und dem ersten Licht [wovon ich hier nur Teile zusammengefaßt habe] –, war es wie eine Umkehrung, aber dieses Mal sah ich alles in seiner energetischen Form, in seiner reinen Essenz, so als ob ich Sie als atomare Form sehen könnte. Das war ein Anblick, das gesamte Universum, so wie wir es kennen, als Energieform zu sehen, wo alles mit allem in Interaktion war, und alles hatte seinen Platz und Reaktionen und Resonanzen! Es war wie ein unglaublicher Tanz, der sich da abspielte. Da war also dann das zweite Licht, die Matrix, durch die ich wieder kam, und an diesem Punkt …

Frage: (unterbricht): *Erschien sie immer noch als eine Matrix aus menschlichen Seelen?*

M: O ja, o ja. Aber noch mehr als menschliche Seelen. Menschliche Seelen waren ein Teil davon. Was ich beim Zurückkommen sah, war diese ganze Gaia-Sache, und das war, noch bevor ich überhaupt wußte, was Gaia ist. Ich sah, daß das Sonnensystem, in dem wir leben, unser größeres örtliches Zentrum ist. Das ist unser örtliches Zentrum, und wir sind viel größer, als wir es uns vorstellen. Ich sah, daß das Sonnensystem unser Zentrum ist. Ich bin ein Teil davon, und die Erde ist dieses große erschaffene Wesen, das wir sind, und wir sind jener Teil davon, der weiß, daß er ein Teil dieses Ganzen ist. Aber wir sind nur dieser eine Teil. Wir sind nicht das Ganze, aber wir sind der Teil, der weiß, daß er ein Teil ist.

Am Ende unseres Gesprächs versuchte ich, die Essenz dessen, was Mellen uns über seine Reise zum zweiten Licht und darüber hinaus mitzuteilen versucht hatte, herauszuarbeiten und klarzustellen.

Frage: *Als Sie über den ersten Teil Ihrer Erfahrung sprachen, hatte ich den Eindruck, als würden Sie sagen, daß Ihr Bewußtsein gewissermaßen in der Zeit zurückging, 15 Milliarden Jahre zurück bis zum Urknall, den Sie als das zweite Licht bezeichnen?*

M: Ja.

Frage: *Was Sie als das zweite Licht erfuhren, war also dann im wesentlichen die Rückkehr zum ursprünglichen Feuerball, der jegliches physische Leben erschuf. Danach gingen Sie sozusagen durch den Urknall hindurch, vor die Zeit zurück in die Leere, und dort hatten Sie die Offenbarungen, die Sie beschrieben. Und dann war es, als würden Sie eine Rückreise machen, bei der Sie mit der Perspektive, mit den Augen Gottes sehen konnten, wo Sie das Universum in seiner reinen Energieform sahen, und wo Sie schließlich bis zu unserer Umwelt gelangten, die Sie aber in ihrem kosmischen Kontext sahen.*

M: Ja, das hätte ich klarstellen sollen, denn ich verbrachte auf der Rückreise ziemlich viel Zeit mit dem Licht. Und als ich in der Leere war, hatte ich das Gefühl, daß ich ein Bewußtsein hatte, noch bevor ich erschaffen worden war.

Wie bereits zu Beginn gesagt, stellen diese Zitate nur einen Teil von Mellens NTE dar, aber ich denke, aus dem Gesagten geht klar hervor, daß seine Sichtweise eine absolut holistische ist, in der alle Dinge in einem lebendigen kosmischen Netz organischer Einheit miteinander verbunden sind. Das sichtbare Universum ist ein Universum schwingender Felder innerhalb von Feldern, ein Tanz höchster Harmonie, in dem Energie, nach Blake, »ewiges Entzücken ist«, und alles von Gottes immanenter Gegenwart kündet. In seinem Kern, sich entfaltend aus der Leere, ist jenes strahlende Licht, das als die Zentrale Sonne bezeichnet wurde und metaphorisch gesehen seine physische Repräsentation im Urknall haben mag – der Genesis von allem, einschließlich des Sternenstoffs, als den wir uns selbst bezeichnen. Weil bei dieser Sichtweise des Lebens wirklich alle Dinge eins sind, sind wir menschliche Wesen – in der Tat alle Lebewesen – ein unteilbares Ganzes und als solches auch nicht getrennt von Gott, aber wir sind seine Manifestation.

So sieht also, zumindest in der Sichtweise, die Mellen zuteil wurde, das Universum aus. Doch er war nicht der einzige, der eine solche Reise unternehmen durfte, und deshalb hängt ihre Realität nicht nur von seiner Erfahrung ab. Auch andere Nah-Tod-Erfahrene sind offenbar bis zu diesem Ursprung gereist, und ihre Einsichten stimmen zu großen Teilen mit jenen von Mellen überein. Wie die NTE selbst scheinen also auch diese Reisen zum uranfänglichen Licht, auch wenn sie nur von sehr wenigen Individuen unternommen wurden, zu einer gemeinsamen Sichtweise der ultimativen Natur der Realität zu führen. Doch jeder erzählt die Geschichte etwas anders, wenngleich mit ähnlichen Metaphern. Lassen Sie uns nun einige weitere Beispiele betrachten, damit wir die kostbaren

Wahrheiten, die diese begnadeten Besucher des Ursprungs uns mitteilen, noch klarer erkennen können.

Howard Storm

Vor seiner NTE war Howard Storm Kunstprofessor und Atheist gewesen. Danach wurde er ein Diener Gottes. Offenbar hatte er ein ontologisch erschütterndes Erlebnis, das zu diesem Wandel führte, und wenn Sie seine NTE in allen Einzelheiten lesen könnten, wäre Ihre Neugier sicher voll befriedigt.[2] Doch sie war äußerst komplex und beinhaltete Aspekte von Himmel und Hölle, so daß ich sie hier nur mit Mühe gerafft darstellen, keinesfalls aber in voller Länge wiedergeben kann. Ich werde mich dabei auf jenen Teil beschränken, bei dem von einem strahlenden zentralen Ursprung alles durchdringender Intelligenz die Rede ist, wie ihn bereits Mellen beschrieb.

Zuvor muß ich Ihnen jedoch noch einige Hintergrundinformationen zu Howard liefern. Ich kenne ihn nur aus unserer Korrespondenz und Telefonaten, einschließlich eines 45minütigen Interviews, das ich am 21. Januar 1993 mit ihm führte. Seine NTE ereignete sich am Ende einer dreiwöchigen Kunstreise nach Europa, die er mit Studenten unternommen hatte. Am 1. Juni 1985 brach er plötzlich mit entsetzlichen Schmerzen in seinem Pariser Hotelzimmer zusammen. Eine ärztliche Untersuchung ergab, daß sein Zwölffingerdarm durchgebrochen war, was ohne eine sofortige Operation rasch zum Tode führen würde. Er wurde in ein großes Pariser Krankenhaus eingeliefert, und dort hatte er seine NTE, während er auf seine lebensrettende Operation wartete.

Nach einigen äußerst furchterregenden Episoden begann er trotz seiner langen Vergangenheit als Atheist zu beten, und daraufhin wurde er, offenbar als Reaktion auf sein inniges Flehen, von einem strahlenden Lichtwesen gerettet, das »mehr Liebe aussandte, als man sich vorstellen kann«. Dazu nun Howards eigene Worte, wie sie von Judith Cressy zitiert werden[3]:

Es liebte mich mit einer überwältigenden Kraft. Von diesem Lichtwesen vollkommen erkannt, angenommen und intensiv geliebt zu werden, übertraf nach dem, was ich durchgemacht hatte, alles, was ich bisher gekannt hatte oder mir hätte vorstellen können. Ich begann zu weinen; meine Tränen wollten gar nicht mehr aufhören.

Ich stieg nach oben, eingehüllt in dieses leuchtende Wesen. Zuerst langsam, aber dann schossen wir mit ungeheurer Geschwindigkeit, gleich einer Rakete, aus diesem dunklen, abscheulichen Ort hinaus. Ich spürte, daß wir eine enorme Strecke zurücklegten, aber trotzdem schien nur sehr wenig Zeit zu verstreichen. Dann sah ich in der Ferne eine weite beleuchtete Fläche, die wie eine Galaxie aussah. In ihrem Zentrum herrschte ein ungeheuer konzentriertes Licht. Unzählige Millionen von Lichtkugeln flogen darum herum, die in diese große Wesenheit in der Mitte hineinflogen oder herauskamen.

Das von diesen leuchtenden Sphären ausgehende Licht strahlte in allen Farben und mit einer Intensität, die alles übertraf, was ich als Künstler je gesehen hatte. Es glich dem Farbenspiel, das man sieht, wenn man eine weiße Perle oder einen Brillanten unter einem starken Lichtstrahl betrachtet.

Als wir uns dem großen leuchtenden Zentrum näherten, wurde ich von einer fühlbaren Strahlung durchdrungen, die ich als intensive Gefühle und Gedanken erlebte. Menschen mit Nah-Tod-Erfahrungen, so habe ich inzwischen gehört, haben Begegnungen mit dem Licht derart beschrieben, daß sie vollkommenes Wissen besaßen. Aber wenn man sie fragt, woran sie sich noch erinnern können, sind das immer nur wenige Einzelheiten, falls sie überhaupt noch etwas wissen. Und so war es bei mir auch. Während der Erfahrung hatte ich das Gefühl, mit allem in Verbindung zu sein, aber danach konnte ich mich an das Wissen nicht mehr erinnern. Und für einige Zeit in der Gegenwart des großen Lichts war ich jenseits aller Gedanken. Den Austausch, der in dieser Zeit stattfand, in Worte zu fassen ist mir nicht möglich. Einfach ausgedrückt könnte ich sagen, ich erfuhr, daß Gott mich liebt.

Auch hier haben wir dieselbe grundlegende Konstellation von Motiven: eine Reise (Howard stimmte in dem Interview mit mir überein, daß der Ausdruck *Reise* passend sei) zu einem zentralen Punkt enormen Lichts (im Interview sprach er von einer riesigen »Ansammlung« von Lichtern mit einem überwältigend strahlenden Kern, den er wie aus der Ferne wahrnahm), von dem intensive Liebe und absolutes Wissen ausgingen.

Norman Paulsen

Obwohl die Erfahrung einer Reise zu einem zentralen Ursprung der Schöpfung, der alle Liebe und alles Wissen enthält, bei NTEs selten ist, ist sie natürlich nicht auf Personen beschränkt, die vom physischen Tod bedroht sind. In manchen Fällen scheinen ähnliche Reisen zum Beispiel bei Menschen in tiefer Meditation vorzukommen. Zu ihnen gehört der Autor Norman Paulsen, ein spiritueller Lehrer und langjähriger Schüler des indischen Yogis Paramahansa Yogananda, mit dem ich im Sommer 1987 einige Tage verbringen durfte. Paulsen hat die Geschichte seines außergewöhnlichen Lebens und seiner spirituellen Erfahrungen (darunter übrigens *mehrere* NTEs, die hier allerdings nicht unmittelbar zum Thema gehören) in einem faszinierenden Buch mit dem Titel

Christ Consciousness[4] veröffentlicht, dem ich die folgende Darstellung entnehme.

Die Erfahrung, die ich erzählen möchte, fand während einer siebenstündigen (!) Meditation Paulsens am 4. Februar 1952 statt. Damals übte er eine Form des Kriya-Yoga, das er von seinem Guru Yogananda gelernt hatte. Es ist in unserem gegenwärtigen Kontext von größter Bedeutung, daß Paulsen selbst von seiner Erfahrung als einer »Reise zum Zentrum der Großen Zentralen Sonne« spricht. Ich gebe nun eine kurze Zusammenfassung der wichtigsten Züge seiner Reise und einige Zitate von Paulsen wieder.

Als er in den Zustand der Meditation versank, wurde er als erstes einer »ungeheuren und intensiven Energie« am unteren Ende seiner Wirbelsäule gewahr, die sich, Flammen gleich, nach oben richtete. [Vermutlich hatte er seine Kundalini-Energie aktiviert.] Mit zurückgelegtem Kopf sah er vor sich eine

ungeheuer große, leuchtende Kugel … Sie kommt auf mich zu! Und [eine] unglaubliche Stimme, die von überallher zu kommen scheint, fragt: *»Mein Sohn, bist du bereit zu sterben und mit mir zu gehen?«* … »Ja, Herr, ich bin bereit zu sterben und mit dir zu gehen.« Ich spüre keine Angst in mir. Ich sterbe und werde mit ihm gehen, den ich mehr liebe als alles andere. Diese schimmernde, pulsierende Kugel, sie explodiert um mich herum mit einem Leuchten, das alles übertrifft, was ich je gesehen habe. Ich wirble nun in diesem unglaublichen Licht.[5]

(Auch Howard Storm sagte, er sei *innerhalb* des Lichts gewesen.)

Ich dehne mich kugelförmig aus, bewege mich mit unglaublicher Geschwindigkeit in alle Richtungen gleichzeitig … Jetzt ist überall um mich herum das Licht der Schöpfung im Überfluß. Ja, deine Bilder schweben direkt durch mich hindurch – Sternensysteme, Galaxien, Universen. Ich existiere in ihnen und sie in mir … Ekstase, ich fühle mich jenseits der Grenzen von allem, was ich je wahrgenommen habe.[6]

Ich höre die Stimme … wieder, aber woher kommt sie? Es ist meine Stimme und doch nicht meine Stimme. Was sagt sie? *»Mein Sohn, mein Sohn, nun hast du gesehen: Nun muß ich dich zurückbringen …«* Jetzt erscheint in mir das Bild der großen Kugel der Schöpfung, schwebend wie eine in allen Farben schillernde Blase im unendlichen Meer des Lebens und des Bewußtseins, von dem ich ein Teil bin.[7]

Schließlich kehrt Paulsen natürlich wieder in seinen Körper zurück, doch er bemerkt, daß er dabei Universen, Galaxien, bekannte Sternensysteme und »die hellblaue Sphäre« der Erde wahrnimmt, ehe er die kalifornische

Küste sieht (wo sich sein physischer Körper zu diesem Zeitpunkt befindet) – kurz gesagt, er nimmt die Reise umgekehrt wahr.

Hier haben wir eine Erfahrung, die einige offensichtliche Gemeinsamkeiten mit den zuvor in diesem Abschnitt zitierten NTEs aufweist, insbesondere mit jener von Mellen-Thomas, der ebenfalls weniger das Gefühl hatte, eine Reise durch den physischen Raum zu machen, sondern eher, daß sein Bewußtsein sich erweiterte, bis es das gesamte manifeste Universum umfaßte und er dessen strahlenden Ursprung und schließlich die Leere selbst erreichte. Von dieser Art Reise scheint auch Paulsen zu sprechen. Es ist darauf hinzuweisen, daß sie offenbar durch seine innere Bereitschaft zu sterben ausgelöst wurde, so daß man sie in gewissem Sinne auch als einen eigenständigen Typus der NTE betrachten könnte.

Virginia Rivers

Ginny Rivers aus Florida kenne ich, wenn auch nur telefonisch und durch Korrespondenz, seit 1994; damals schickte sie mir einen Bericht über ihre NTE. Er war so schön, daß ich beim Lesen fast weinen mußte, und so knüpfte ich unverzüglich einen Kontakt zu ihr, um ihr meinen Dank auszusprechen für eine der wunderbarsten Schilderungen der vollständigen Reise zum ultimativen Ort totaler Erkenntnis, die ich in der gesamten NTE-Literatur angetroffen habe. In der Tat ist die einzige in Umfang und Ausdruck vergleichbare Geschichte jene von Beverly Brodsky, auf die ich anschließend an diesen Fall eingehen werde. An Ginnys Beschreibung ihrer Reise sehen wir vielleicht noch besser als zuvor, daß die *volle Erfahrung* im Zentrum des Lichtes jede Lebensfrage beantwortet und dem Individuum das unerschütterliche Wissen über die ultimativen Lektionen verleiht, die wir lernen und praktizieren sollen, solange wir in unserem physischen Körper leben. Zudem – und dies mag für einige Traditionalisten so schockierend sein wie für andere selbstverständlich – glaube ich, daß es nun auch an der Zeit ist, im Hinblick auf das Wesen dieser Begegnung absolut offen zu sein: Es ist meiner Ansicht nach einfach, unzweifelhaft und unglaublicherweise eine Begegnung mit Gott selbst. Die Personen, deren Geschichten wir in diesem Kapitel erzählen, haben Gott direkt erfahren und seine persönliche Offenbarung erlebt, und ihre inspirierte Eloquenz läßt keinen Zweifel darüber zu, daß sie mit ihrer Rückkehr ins Leben seine Boten geworden sind, die in den Worten des Lichts dessen Wahrheit verkünden, auf daß wir sie hören und darüber staunen und damit auch wir uns an das erinnern können, was bereits tief in die Seele eines jeden von uns eingraviert ist.

Ginnys Geschichte begann 1986, als sie mit einer Lungenentzündung, die beinahe tödlich geendet hätte, im Krankenhaus lag. Sie war extrem geschwächt, hatte hohes Fieber, starken Druck in den Ohren und bekam kaum Luft. Sie erinnert sich, daß sie innerlich aufschrie: »Bitte, wo seid ihr alle? Ich liege im Sterben!« An diesem Punkt verlor sie das Bewußtsein, und damit begann ihre Reise zum Zentrum des Universums und Ursprung aller Dinge.

Es herrschte absoluter Friede; ich war auf allen Seiten von einer schwarzen Leere umgeben. Ich hatte keine Angst mehr. Ich fühlte mich wohl und war zufrieden, dort zu sein, wo ich war. Keine Angst ... kein Schmerz ... nur Friede und Trost und eine erstaunlich unverzagte Neugier. [Alle Auslassungen in dieser Erzählung stammen von Ginny. Es wurde nichts weggelassen.] Sofort begann die Schwärze in Myriaden von Sternen aufzubrechen, und ich hatte das Gefühl, im Zentrum des Universums zu sein, mit einem vollständigen, panoramischen Blick in alle Richtungen. Im nächsten Augenblick spürte ich eine nach vorwärts drängende Bewegung. Die Sterne schienen so schnell an mir vorbeizufliegen, daß sie einen Tunnel um mich formten. Ich begann Bewußtheit zu spüren, Wissen. Je weiter ich vorwärts getrieben wurde, desto mehr Wissen erhielt ich. Mein Geist fühlte sich an wie ein Schwamm, er wuchs und wurde mit jeder Hinzufügung größer. Das Wissen kam in einzelnen Wörtern und in ganzen Gedanken- oder Ideenblöcken. Ich schien fähig zu sein, alles, was ich aufsog oder absorbierte, zu begreifen. Ich fühlte, wie sich mein Geist erweiterte und wie er absorbierte, und jede neue Information schien irgendwie an den richtigen Platz zu kommen. Es war, als hätte ich schon alles gewußt, aber es vergessen oder verlegt, als würde es hier darauf warten, daß ich es im Vorbeikommen mitnahm. Ich wuchs mit dem Wissen immer weiter, ich entwickelte mich, expandierte und dürstete nach mehr. Es war erstaunlich, als wäre ich wieder ein Kind, das etwas absolut Neues und Schönes erlebte, einen wunderbaren neuen Spielplatz. Mit jeder Sekunde, die verstrich, gab es mehr zu erfahren, Antworten auf Fragen, Bedeutungen und Definitionen, Philosophien und Einsichten, Geschichten, Geheimnisse und noch so vieles mehr, und alles floß in meinen Geist ein. Ich weiß noch, daß ich dachte: »Ich wußte das, ich weiß, daß ich es wußte. Wo ist es alles gewesen?«

Die Sterne veränderten vor meinen Augen ihre Gestalt. Sie begannen zu tanzen und sich in feinen Mustern und Farben anzuordnen, die ich noch nie zuvor gesehen hatte. Sie bewegten sich und wiegten sich in einem Rhythmus, einer Musik von einer Eigenart und Schönheit, wie ich sie noch nie gehört hatte und an die ich mich doch ... erinnerte. Eine Melodie, die ein Mensch unmöglich hätte komponieren können, und doch war sie mir absolut vertraut und in vollkommener Harmonie mit dem innersten Kern meines Wesens. Als sei sie der Rhythmus meiner Existenz, der Grund meines Seins. Die Extravaganz dieser Bilder und Farben pulsierte in perfektem Einklang mit dem prachtvollen Ganzen.

Ich fühlte mich vollkommen im Frieden, beruhigt von dem, was ich sah, und dem melodischen Summen. Ich hätte die ganze Ewigkeit an diesem Ort bleiben können, mit dieser pulsierenden Liebe und Schönheit, die meine ganze Seele durchdrang. Von allen Seiten des Universums ergoß sich die Liebe in mich. Ich wurde noch immer mit anscheinend großer Geschwindigkeit vorwärts getrieben. Aber ich konnte alles, woran ich vorüberkam, beobachten, als würde ich stillstehen. Und mit jeder Sekunde nahm ich mehr und mehr Wissen in mich auf. Niemand sprach zu mir; ich hörte auch keine Stimmen in meinem Kopf. Das Wissen schien einfach nur zu »sein«, und mit jeder neuen Bewußtheit kam eine Vertrautheit. Dann erschien weit vor mir, am anderen Ende meines kaleidoskopischen Tunnels, ein winziger Lichtpunkt. Er wurde größer und größer, je näher ich ihm kam, bis ich endlich an meinem Ziel angelangt war.

Dort herrschte sofort totale, absolute Bewußtheit. Es gab keine Frage, die ich stellen konnte, auf welche ich nicht bereits die Antwort hatte. Ich schaute hinüber zu der Präsenz, von der ich wußte, daß sie dort sein würde, und dachte: »Gott, es war so einfach, warum habe ich das nur nicht gewußt?« Ich konnte Gott nicht sehen, so wie ich Sie sehen kann. Aber trotzdem wußte ich, daß er es war. Ein Licht, eine Schönheit, die von innen unendlich in alle Richtungen strahlte und jedes Atom des Daseins berührte. Die Harmonie von Farbe, Form und Melodie hatte hier im Licht ihren Ursprung. Es war Gott, seine Liebe, sein Licht, sein essentielles Wesen, die Kraft der Schöpfung, die bis an die Enden der Ewigkeit ausstrahlte … und sich als ein pulsierendes Leuchten der Liebe mir entgegenstreckte, um mich »nach Hause« zu bringen.

Es kam zu einem Austausch, einen Augenblick oder ein ganzes Zeitalter lang, vollständiges und absolutes Wissen und Anerkennung meiner selbst und dessen, was aus mir geworden war. Ich wußte, in diesem Augenblick oder Jahrtausend hatte er mein gesamtes Leben gesehen, und er liebte mich trotzdem. Reine, unverfälschte, selbstlose, ewig fließende, bedingungslose Liebe. Gott hatte mein Leben gesehen und liebte mich immer noch endlos, ewig um meiner selbst, um meines Seins willen. Er sprach nie mit Worten zu mir, die ich mit den Ohren hätte hören können, aber ich hörte seine Gedanken so deutlich, als seien es Worte. Seine Worte, seine Gedanken, seine Stimme in meinem Kopf waren großartig, entzückend, unwiderstehlich, nicht fordernd – sanft und gütig und liebevoller, als Worte es beschreiben können. In seiner Gegenwart zu sein war inspirierender, einladender als jede Art von Liebe oder Harmonie, die man in unserer Realität finden kann. Keine Erfahrung, keine Nähe war jemals so vollkommen gewesen.

Ich befand mich auf einer Art Felsvorsprung eines riesigen Berges. Die Vorderseite, wo wir standen, war abgeflacht, etwa wie eine halbe Spitzkuppe.

Ich stand oder schwebte an seiner Seite, und ich erinnere mich schwach an einen Altar aus golden leuchtendem Licht etwas rechts vor mir. Es war mir nicht bewußt oder unbewußt, einen Körper zu haben. Ich war dort, und das war das Wichtigste, was ich mir vorstellen konnte. Er sagte mir viele Dinge, an die ich mich kaum oder gar nicht mehr erinnern kann. Ich weiß nur noch, daß wir sprachen oder, genauer gesagt, er erleuchtete mich, und ich lernte. Damals schien es mir, als würde dieser Austausch Stunden oder ganze Zeitalter lang dauern; heute kommt es mir so vor, als wären innerhalb von Augenblicken ganze Zeitalter verstrichen. Ich weiß von diesem Austausch nur noch zwei Dinge. Erstens, daß Gott mir sagte, es gebe nur zwei Dinge, die wir mitnehmen können, wenn wir sterben ... *Liebe* und *Wissen* ... Also solle ich über beide soviel wie möglich in Erfahrung bringen. Zweitens sagte mir Gott, ich könne nicht bleiben, weil ich noch etwas zu erledigen habe. Ich weiß, daß ich, als er dies sagte, wußte, was er damit meinte, aber heute weiß ich es nicht mehr.

Ich erinnere mich an Schmerz. Großen emotionalen Schmerz, nicht körperlichen. Ich glaube, meine Seele weinte. Ich bat darum, nicht wieder gehen zu müssen. Ich flehte. Ich sagte ihm, niemand würde mich vermissen. Meinen Kindern würde es ohne mich bessergehen. Meine Eltern und mein Bruder könnten sich besser um sie kümmern als ich. Mein Herz schmerzte, als sei es zerdrückt worden. Er wiederholte, ich müsse noch etwas erledigen, und seine Liebe beschwichtigte meine Tränen und meinen Kummer. Ich begriff, und er wußte vom Grund meiner Seele, daß ich bei ihm sein wollte, sobald ich getan hatte, was ich tun mußte.

Seit ihrer Rückkehr in ihr physisches Leben voller Probleme und Herausforderungen hat Ginny oft Verwirrung und sogar große Frustration über ihre Aufgabe in diesem Leben geäußert. Obwohl ich niemals vorgeben könnte, die Lösung dieses Rätsels zu kennen, kann ich nicht umhin zu glauben, daß sie in irgendeiner Art und Weise eng mit dem Erzählen ihrer Geschichte zusammenhängen muß, und ich empfinde es als ein Privileg, daß ich Ihnen hier wenigstens einen Teil davon mitteilen konnte.

Beverly Brodsky

Nun kommen wir schließlich auf Beverly Brodsky zurück, von deren Geschichte ich Ihnen bereits im neunten Kapitel einen Teil erzählte. Zur Erinnerung: Beverly hatte einen Motorradunfall, bei dem sie zwar schwer verletzt wurde, doch sie war nicht in unmittelbarer Lebensgefahr, als sie ihre Reise jenseits des Lichts begann. Allerdings war sie so verzweifelt, daß sie sich *nur noch* den Tod wünschte, und in gewissem Sinne wurde ihr dieser Wunsch – und darüber hinaus noch weit mehr – erfüllt. Sie werden sich sicher auch noch daran erinnern, daß Beverly Jüdin ist und schon als Kind durch ihre Entdeckung des Holocaust zur Atheistin wurde; auch dies spielt bei ihrer Erfahrung eine Rolle.

Für diesen Teil ihrer Erzählung müssen Sie nun noch daran denken, daß sie zu Beginn ihrer Erfahrung ein Gefühl des Friedens und Wohlseins spürt, aus ihrem Körper entschwebt und sich in Gegenwart eines leuchtenden und liebenden Wesens findet, das sie freundlich aus dem Raum geleitet. An diesem Punkt, an dem ihre Reise wirklich beginnt, greife ich Beverlys Geschichte nun wieder auf und lasse sie im folgenden in ihren eigenen Worten sprechen:

Unter uns lag der wunderschöne Pazifische Ozean, über dem ich aufgeregt die Sonne hatte untergehen sehen, als ich angekommen war. Aber jetzt richtete sich meine ganze Aufmerksamkeit direkt nach oben, zu einer großen Öffnung, die auf einen runden Korridor zuführte. Obwohl er offenbar sehr lang war, schien von der anderen Seite ein weißes Licht hindurch und ergoß sich in das Dunkel auf der Seite mit der Öffnung. Es war das hellste Licht, das ich je gesehen hatte, obwohl ich nicht erkennen konnte, wieviel von seinem Glanz verdeckt war. Der Pfad führte schräg nach rechts oben, und ich wurde, immer noch Hand in Hand mit dem Engel, in die Öffnung des kleinen, dunklen Korridors hineingeführt.

Dann reiste ich eine große Entfernung nach oben auf das Licht zu. Ich glaube, ich kam sehr schnell voran, aber dies alles schien außerhalb der Zeit zu sein. Schließlich gelangte ich an mein Ziel. Erst als ich am anderen Ende ankam, merkte ich, daß das Wesen nicht mehr bei mir war. Aber ich war nicht allein. Dort, vor mir, war die lebendige Präsenz des Lichts. In ihm spürte ich eine alles durchdringende Intelligenz, Weisheit, Mitgefühl, Liebe und Wahrheit. Dieses vollkommene Wesen hatte weder eine Gestalt noch ein Geschlecht. Es – im folgenden werde ich in Übereinstimmung mit unserer allgemeinen Syntax von *ihm* sprechen – enthielt alles, so wie weißes Licht alle Farben des Regenbogens enthält, wenn es durch ein Prisma fällt. Und tief in meinem Inneren formte sich sofort eine wundersame Erkenntnis: Ich, ja ich, stand vor Gott.

Ich bestürmte ihn sofort mit sämtlichen Fragen, die ich immer mit mir herumgetragen hatte; mit all den Ungerechtigkeiten, die ich in der physischen Welt gesehen hatte. Ich weiß nicht, ob ich das absichtlich tat, aber ich entdeckte, daß Gott alle Gedanken sofort weiß und telepathisch darauf antwortet. Mein Geist lag bloß; ja, ich wurde zu reinem Geist. Der ätherische Körper, in dem ich durch den Tunnel gekommen war, schien nicht mehr da zu sein; es war nur meine Intelligenz, die diesem Universalen Geist gegenüberstand, welcher sich in ein prächtiges lebendiges Licht hüllte, das man mehr fühlen als sehen konnte, weil kein Auge in der Lage war, seine Herrlichkeit in sich aufzunehmen.

Ich kann mich nicht an den genauen Wortlaut unseres Gesprächs erinnern; ich konnte die Einsichten, die mir im Himmel so klar und vollständig kamen, nicht über den ganzen Prozeß meiner Rückkehr zur Erde mitnehmen. Aber ich bin sicher, daß ich die Frage stellte, die mich seit meiner Kindheit gequält hatte – die Frage zu den Leiden meines Volkes. Ich erinnere mich an dies: daß es einen Grund für *alles* gibt, was geschieht, auch wenn es in der physischen Welt noch so schrecklich erscheint. Und als ich die Antwort erhielt, reagierte in meinem Inneren mein erwachender Geist nun auf dieselbe Art und Weise: »Natürlich«, dachte ich, »das weiß ich bereits. Wie habe ich es nur vergessen können!« Es scheint in der Tat so zu sein, daß nichts ohne Grund geschieht und unser ewiges Selbst den Grund bereits weiß.

Mit der Zeit hörten die Fragen auf, denn plötzlich war ich erfüllt von der Weisheit des Wesens. Ich erhielt mehr als nur die Antworten auf meine Fragen; alles Wissen entfaltete sich vor mir wie das gleichzeitige, plötzliche Aufblühen einer unendlichen Zahl von Blumen. Ich war erfüllt vom Wissen Gottes, und in diesem kostbaren Aspekt seiner Wesenheit war ich eins mit ihm. Aber meine Entdeckungsreise war erst am Anfang.

Nun wurde mir eine außergewöhnliche Reise durch das Universum zuteil. In einem Augenblick gelangten wir zu dem Zentrum, in dem die Sterne geboren werden, Supernovas explodieren und viele andere himmlische Ereignisse stattfinden, für die ich keinen Namen habe. Der Eindruck, den ich heute von diesem Trip habe, ist der, daß es sich anfühlte, als sei das Universum ein einziges riesiges Objekt, das aus demselben Grundstoff besteht. Raum und Zeit sind Illusionen, die uns auf unserer Ebene festhalten; dort draußen ist alles simultan gegenwärtig. Ich war Passagier eines göttlichen Raumfahrzeugs, mit dem der Schöpfer mir die Fülle und Schönheit seiner ganzen Schöpfung zeigte.

Das letzte, was ich sah, bevor jegliches äußere Sehen endete, war ein prachtvolles Feuer – der Kern und das Zentrum eines wunderbaren Sterns. Vielleicht war das ein Symbol für die Gnade, die mir nun zuteil werden sollte. Alles verblaßte, bis auf eine volle, reiche Leere, in der er und ich alles, was ist, umfaßten. Hier erfuhr ich in unbeschreiblicher Herrlichkeit die Gemeinschaft mit dem Lichtwesen. Nun war ich nicht nur von allem Wissen erfüllt, sondern auch mit aller Liebe. Es war, als würde sich das Licht in mich und durch mich ergießen. Ich war Gottes Objekt der Anbetung; und seine/unsere Liebe schenkte mir Leben und Freude jenseits aller Vorstellung. Mein Wesen wurde verwandelt; meine Verblendungen, Sünden und Schuld wurden vergeben und geläutert, ohne daß ich darum bat: Nun war ich Liebe, uspründliches Sein und Glückseligkeit. Und in einem gewissen Sinn bleibe ich dort auf ewig. Eine solche Vereinigung kann nicht mehr gelöst werden. Sie war immer, ist immer und wird immer sein.

Plötzlich und ohne zu wissen weshalb oder wie kehrte ich wieder in meinen zerschundenen Körper zurück. Aber wundersamerweise brachte ich die

Liebe und Freude mit zurück. Ich war erfüllt von einer Ekstase, die jedes vorstellbare Maß überstieg. Hier, in meinem Körper, war jeglicher Schmerz verschwunden. Ich war noch immer wie verzaubert von einem grenzenlosen Entzücken. Und dieser Zustand hielt die nächsten beiden Monate an; der Schmerz konnte mir nichts anhaben …

Ich fühlte mich wie neugeboren. Überall sah ich wundersame Zeichen und Bedeutungen; alles war lebendig, voller Energie und Intelligenz.

Wie Sie sich vielleicht erinnern, setzt Beverly an dieser Stelle ihre Erzählung fort mit einigen bewegenden Bemerkungen über die Nachwirkungen ihrer NTE und einem Bericht über einige bedeutende Veränderungen, die ihre Erfahrung schließlich in ihrem Leben bewirkte. Hier gebe ich jedoch lediglich noch einmal ihren vorletzten Absatz wieder, in dem sie sich zur Realität der von ihr sogenannten »himmlischen Reise« äußert, und schließe mit ihrer letzten Bemerkung, mit der sie die ultimativen Lektionen des Lichtes auf wunderbare Weise noch einmal zusammenfaßt.

Obwohl meine himmlische Reise nun schon 20 Jahre zurückliegt, habe ich sie nie vergessen. Ebensowenig habe ich, Spott und Unglauben zum Trotz, jemals ihre Realität angezweifelt. Kein Traum und keine Halluzination hätte so intensiv sein können, daß mein ganzes Leben dadurch radikal verändert worden wäre. Ganz im Gegenteil – heute sehe ich mein restliches Leben als eine flüchtige Phantasie an, einen kurzen Traum, der enden wird, wenn ich in der ewigen Präsenz dieses Spenders von Leben und Segen wieder erwache.

Denen, die in Trauer oder Angst leben, kann ich versichern: Es gibt keinen Tod, und die Liebe endet niemals. Und denkt auch daran, daß wir Aspekte des einen vollkommenen Ganzen sind und als solche Gott und einander angehören. Eines Tages werden Sie, der Leser dieser Zeilen, und ich im Licht und in Liebe und unendlicher Glückseligkeit zusammensein.

Kann es irgendeinen Zweifel daran geben, daß Ginny Rivers und Beverly Brodsky an denselben Ort reisten – den ultimativen Ursprung, die große zentrale Sonne, das zweite Licht, den Schoß Gottes (welchen Ausdruck Sie auch immer vorziehen) –, wo beiden im wesentlichen dieselbe göttliche Offenbarung zuteil wurde, die sie zurückbrachten, um sie mit uns allen zu teilen? Und wenn Sie nach so vielen ähnlichen Worten aus dem Munde anderer Nah-Tod-Erfahrener in diesem Buch die Berichte dieser beiden Frauen lesen, können Sie dann noch daran zweifeln, daß die Stimmen, die in diesem Kapitel zu Gehör kamen, die höchsten Lehren bezeugen, welche Nah-Tod-Erfahrene uns bieten können?

Wir können von diesen Menschen nicht noch mehr verlangen oder noch weitere Fragen stellen und zusätzliche Beweise fordern. Nach allem, was wir in diesen Zeugnissen erfahren haben, können wir, falls wir für sie offen sind, nur mehr ein letztes Mal versuchen, sie in uns aufzunehmen, sie uns anzueignen, die Lektionen des Lichts in unserem eigenen Leben zu praktizieren und auf diese Weise das Licht in aller Welt zu verbreiten.

13

Die Erde erleuchten

In der Tradition des Zen-Buddhismus gibt es eine berühmte Reihe von Zeichnungen, die sogenannten »Ochs-und-sein-Hirte«-Bilder, die die unterschiedlichen Stufen bis zur Erleuchtung darstellen. Die letzte dieser Zeichnungen zeigte ursprünglich einfach einen weißen leeren Kreis, der die Erkenntnis der Einheit und die essentielle Leere aller Dinge symbolisierte. Aber ein späterer Zen-Meister erweiterte die Bilderfolge um die Zustände jenseits der Erfahrung des Erwachens und beendete sie mit einer Zeichnung eines Mannes, der vom Gipfel des Berges herabsteigt, das Dorf mit »Segen verleihenden Händen« betritt und sich unter die einfachen Leute begibt, um sie durch seine Gegenwart zu inspirieren und allen ohne Ansehen von Rang und Stand sein Mitgefühl zukommen zu lassen.

Auf dieselbe Art müssen auch wir, die durch die Erzählungen des letzten Kapitels nun zumindest einen »Blick aus zweiter Hand« ins himmlische Reich der NTE tun konnten, einen Weg finden, diese göttliche Vision in die Welt der Alltagsrealität zurückzubringen, denn hier findet die wahre Prüfung des auf der NTE basierenden Wissens statt. Sicherlich haben die beschriebenen Reisen zum Ursprung allen Lichtes die Kraft, uns zu bezaubern, aber wenn sie nicht mehr zustande bringen, als uns nur für Augenblicke zu erheben, dann haben sie das wahre Ziel dieses Buches verfehlt – das natürlich nicht nur darin besteht, uns zu inspirieren, sondern uns *zu Taten anzuregen*: Wir müssen die uns von den Nah-Tod-Erfahrenen zurückgebrachten Einsichten und ihre Sichtweise *in uns aufnehmen* und sie beim Aufbau unseres eigenen spirituellen Lebens im Kreise unserer Familien und sonstigen Beziehungen einsetzen.

Damit will ich natürlich nicht sagen, daß das Wissen aus der NTE den eigenen Glauben oder eine spirituelle Tradition ersetzen soll. Nein, es ist eher so, daß die Lektionen des Lichtes mehr der Gruppe 0 bei Bluttransfusionen entsprechen: Sie sind der »universale Spender« für Spiritualität und Religion, weil sie leicht und gut mit einer großen Vielzahl etablierter spiritueller Traditionen und Weltreligionen zusammenpassen. Überdies hat die Theologin Carol Zaleski, die viel über die NTE schrieb, gezeigt, daß die moderne NTE den religiösen Glauben nicht unterminiert, sondern sogar *revitalisiert*, indem sie neue, beweiskräftige Geschichten von ganz normalen Menschen beisteuert, die letztlich mit zeitlos gültigen spirituellen Lehren der ganzen Welt im Einklang stehen.[1] In diesem Sinne bestärkt die NTE im allgemeinen einen bereits bestehenden Glauben, indem sie etwas dazu Passendes *hinzufügt*, anstatt dazu in Konkurrenz zu treten. Andererseits ist es aber durchaus möglich, daß die spirituellen Lehren der NTE, die offenkundig eben nicht als Basis einer neuen Religion oder gar eines Kultes (!) gedacht sind, nicht-religiösen Menschen eine Sicht der Dinge bieten können, die auf einer glaubhaften, auf Erfahrung beruhenden und das moralische Verhalten leitenden Grundlage aufbaut. Letztlich, so könnte man sagen, gibt es nur die Herrlichkeit und das unvergleichliche Strahlen des Lichts. Was der einzelne aus diesem Licht macht, ist jedoch seine persönliche Angelegenheit.

Was uns hier beschäftigt, ist allerdings nicht so sehr die Frage, wie das Licht zu *interpretieren* oder inwieweit es mit anderen spirituellen oder religiösen Lehren in Einklang zu bringen ist (oder auch nicht), sondern *wie wir das Wissen, das es gewährt, einsetzen können*. Ich möchte hier die Nützlichkeit der Gaben des Lichts in den Vordergrund stellen, anstatt seinen Wert in fruchtlosen Diskussionen über das, was es repräsentiert, zu vergeuden, und das bringt uns zurück zum grundlegenden Thema dieses Kapitels: wie wir die Lektionen des Lichtes ins tägliche Leben einbringen können.

Wenn Sie bei der Lektüre dieses Buches bis hierher gelangt sind, haben Sie bereits viel über NTEs nachgedacht, ihre Geschichten ausgekostet, ihre Lehren mental im eigenen Leben angewandt und bestimmte Übungen durchgeführt, die Sie auf diesen Seiten fanden. Das ist sicherlich ein guter Anfang, aber mit dem Ende des Buches sind Sie nun, was die Fortführung dieser Übungen anbelangt, auf sich selbst gestellt. Die offensichtlichen Fragen sind also jetzt: *Was nun? Wohin gehe ich von hier aus?*

Anstatt die verschiedenen Einsichten, über die wir in diesem Buch sprachen, aufzulisten, erneut zu lesen und noch einmal aufzuwärmen – was an diesem Punkt kaum mehr wäre als eine sterile akademische Übung –, möchte ich Ihnen zusätzliche Quellen zur Verfügung stellen, mit denen Sie die über die vorhergehenden Kapitel verstreuten Lektionen vertiefen und verinnerlichen können. Aus diesem Grunde habe ich einen Anhang vorbereitet, in dem Sie eine Anzahl dieser Quellen finden – weitere Lektüre, Audio- und Videokassetten, Organisationen, die sich mit NTEs und ihren Wirkungen beschäftigen, NTE-Unterstützungsgruppen, wichtige Konferenzen und Namen und Adressen von Nah-Tod-Erfahrenen, die zu Kontakten bereit sind. Soweit möglich, habe ich auch Internet-Informationen angegeben. Wenn Sie von diesen Möglichkeiten Gebrauch machen, können Sie über den Rahmen dieses Buches hinaus nach Wegen suchen, das, was Sie durch das Lesen gelernt haben, in Ihr Leben zu integrieren. Ich möchte Ihnen für diesen Fall aber auch noch einen Rat mit auf den Weg geben.

Ich persönlich nehme zwar von jedem Versuch, aus der NTE einen Kult zu machen, Abstand, aber ich denke, es ist angebracht, darauf hinzuweisen, daß in einem gewissen Sinn eine »Kultur der NTE« im Entstehen begriffen ist. Sie wird getragen von Menschen, die entweder eine NTE hatten oder sich für dieses Thema interessieren, und ist jedem zugänglich, der mehr über NTEs erfahren oder sich sogar ganz in diese Materie vertiefen möchte. Aber wie immer, so sind auch hier Scharfblick und Urteilskraft gefragt, denn selbst in der »Nah-Tod-Welt«, wenn ich diesen Ausdruck hier gebrauchen darf, gibt es Leute, die nicht immer sind, was sie zu sein scheinen, und denen man als kluger Mensch am besten aus dem Weg geht, weil sie an offensichtlicher Selbstüberhebung oder anderen hochtrabenden Tendenzen leiden. Man könnte hier das alte, aber nach wie vor gültige Klischee »Wo Licht ist, da ist auch Schatten« zitieren, und deshalb sollten Sie sich bei Ihren Ausflügen in die NTE-Kultur nicht zu sehr auf das Licht konzentrieren, so daß Sie die Schatten nicht mehr wahrnehmen. Vergessen Sie nie, was ohnehin offensichtlich sein sollte: Nah-Tod-Erfahrene haben zwar das Licht gesehen, aber auch sie sind immer noch Menschen und als solche mit menschlichen Fehlern und Schwächen behaftet. Nicht sie sollte man »in den Himmel heben«, sondern nur das Licht. Sie sollten sich nicht wegen ihrer Begeisterung für die Lehren des Lichts und für das, was es repräsentiert, von möglichen Auswüchsen in seinem Namen blenden lassen.

Ferner muß darauf hingewiesen werden, daß die aufstrebende NTE-Gemeinschaft in vieler Hinsicht etwas repräsentiert, das dem nahekommt, was im Buddhismus als *sangha* bezeichnet wird. Das ist eine spirituelle Gemeinschaft, die durch einen bestimmten Katalog von Lehren zusammengehalten wird. Es wäre eine Übertreibung zu sagen, daß die NTE-Gemeinschaft – so vielfältig, geographisch aufgesplittert und von der modernen Kommunikationstechnologie abhängig, wie sie ist – ein *sangha* im strikten Sinn dieses Wortes darstellt; nichtsdestotrotz hat sich im letzten Viertel unseres Jahrhunderts etwas Derartiges entwickelt, und es ist auch für Sie da, falls Sie Kontakt aufnehmen wollen. Das traditionelle Ziel eines *Sangha* ist natürlich, einen Rahmen zur Anregung und Vertiefung spiritueller Praktiken zu geben. Und das kann es, neben den hier im Anhang aufgelisteten Quellen, auch für Sie tun.

Tatsächlich gibt es in der Zen-Tradition einen Spruch, der besagt: »Nach dem *satori* (dem ersten Erwachen, der Selbst-Wesensschau) kann die Übung wirklich beginnen.« In Anlehnung daran ließe sich im Kontext dieses Buches sagen, daß wir, nachdem wir so vieles über die Lektionen des Lichtes erfahren und so oft das Licht selbst gesehen haben, nun verstehen, warum wir üben und weshalb es notwendig ist zu üben – wobei Übung hier bedeutet, *das Erfahrene in die Praxis umzusetzen.* Dies nicht zu tun käme der Verschwendung eines kostbaren Geschenks gleich, das nur durch seinen Gebrauch verwirklicht werden kann.

Möge das Licht Ihre Schritte leiten und Sie zu erleuchtetem Tun in der Welt führen.

Anhang

Anmerkungen

Einleitung

1. Inzwischen bei Plenum Press veröffentlicht unter dem Titel *On the other side of life. Exploring the phenomenon of the near-death experience.*

Leben und Sterben im Licht der Nah-Tod-Erfahrung

1. Eine häufig zitierte Umfrage des Gallup-Instituts vom Anfang der achtziger Jahre zum Beispiel belegt, daß allein in der erwachsenen Bevölkerung der Vereinigten Staaten acht Millionen Menschen diese Erfahrung gemacht haben. Für eine Diskussion dieser Erkenntnisse siehe George Gallup jun., *Adventures in Immortality.*
2. Die bekanntesten Untersuchungen für den US-amerikanischen Raum finden sich in meinen Büchern *Den Tod erfahren – das Leben gewinnen* und *The Omega Project* sowie in den Werken *After the Beyond* von Charles Flynn, *Coming back to life* von Phyllis Atwater und *Verwandelt vom Licht* von Melvin Morse. In England war Margot Greys *Return from death* das erste Buch zum Thema, und in Australien Cherie Sutherlands Arbeiten *Transformed by the light* und *Within the light.* Ein neuerer Bericht aus Italien erschien im *Journal of Near-Death Studies*: »Extrasomatic emotions« von Emilio Tiberi.

Kapitel 1

1. Inzwischen hat Laurelynn ein Buch über ihre NTE und die daraus gelernten Lektionen geschrieben: *Searching for home.* St. Joseph, 1996.
2. Diesen Absatz erklärte mir Laurelynn später: Das sei die Botschaft ihres Bruders nur an sie gewesen, und sie sollte ihrer Meinung nach nicht als ein generelles Verbot verstanden werden.
3. Dr. Melvin Morse ist ein international bekannter NTE-Forscher, der mit seinen Studien von NTEs bei Kindern Pionierarbeit geleistet hat.

Kapitel 2

1. Richard Squires, »The Meaning of ecstasy«, in: *Gnosis*, 33 (Herbst 1994), S. 69.
2. Ebd. S. 70.
3. Janice Miner Holden, »Visual perception during naturalistic near-death out-of-body experiences«, in: *Journal of Near-Death Studies* 7 (Winter 1988), S. 107–120.
4. Nach ihrer Genesung erzählte mir diese Frau, sie habe später bei der Notaufnahme nachgefragt und man habe ihr bestätigt, daß die Zahlen korrekt gewesen seien. Zur Zeit des Interviews konnte ich diesen Sachverhalt jedoch nicht mehr nachprüfen.

5. Kenneth Ring, *Heading toward Omega*, New York 1994, S. 42. Deutsche Ausgabe: *Den Tod erfahren – das Leben gewinnen.* Bern 1986.
6. Ebd. S. 43.
7. Kenneth Odin Merager, »220 volts to my near-death experience«, in: *Seattle IANDS Newsletter*, März/April 1991.
8. Kimberly Clark, »Clinical interventions with near-death experiencers«, in: B. Greyson/C. P. Flynn (Hg.), *The near-death experience. Problems, prospects, perspectives* Springfield 1984, S. 242–255.
9. Ebd. S. 243.
10. Kenneth Ring/Madelaine Lawrence, »Further studies of veridical perception during near-death experiences«, *Journal of Near-Death Studies* 11 (Sommer 1993), S. 223–229.
11. Kathy Milne, persönliches Gespräch, 19. Oktober 1992.
12. Joyce Harmon, persönliches Gespräch, 28. August 1992.
13. Sue Saunders, persönliches Gespräch, 31. Dezember 1992.
14. Siehe insbesondere Michael Sabons Buch *Recollections of death. A medical investigation.* New York 1982), Kapitel 7. Ebenfalls relevant ist Saboms erster Artikel zum Thema: »The near-death experience: Myth or reality? A methodological approach«, in: *Anabiosis* 1 (Juli 1981), S. 44–56.

Kapitel 3

1. Susan Blackmore beispielsweise hat eine umfassende Studie zu solchen Fällen angelegt und kam zu dem Ergebnis, daß sie einer Grundlage entbehren. Madelaine Lawrence und ich kamen in unserer Arbeit zu demselben Schluß.
2. Dieser hypothetische Fall steht am Beginn von Larry Dosseys Buch *Recovering the soul. A scientific and spiritual search.* New York 1989, S. 17–19. Dossey gestand später voller Verlegenheit sowohl Susan Blackmore als auch mir gegenüber schriftlich ein, er habe den Fall erfunden. Dennoch blieb er damals bei seiner Überzeugung, daß solche Personen tatsächlich von NTE-Forschern interviewt worden waren.
3. Eine kurze Darstellung unserer Arbeit wurde jedoch bereits in der amerikanischen Zeitschrift *The Anomalist* publiziert. Siehe Kenneth Ring und Sharon Cooper, »Mindsight: How the blind can ›see‹ during near-death experiences«, in: *The Anomalist* 5 (1997), S. 28–40. Eine ausführlichere, mehr technische Präsentation unserer Erkenntnisse wurde kürzlich in der Fachliteratur veröffentlicht: Kenneth Ring/Sharon Cooper, »Near-death and out-of-body experiences in the blind. A study of apparent eyeless vision«, in: *Journal of Near-Death Studies* 16 (1997), Nr. 2, S. 101–147.
4. Diese Bemerkung von Vicki stimmt überein mit Berichten von lebenslang Blinden, die sich einer Operation zur Erlangung ihres Sehvermögens unterzogen. Solche Personen erleben die Tatsache, daß sie plötzlich sehen können, zunächst oft als verwirrend und beunruhigend; manche kommen sogar überhaupt nicht mit der visuellen Welt zurecht und bedauern ihren Schritt.
5. Bergström, persönliche Mitteilung, 3. November 1994.

Kapitel 4

1. Für bibliographische Hinweise zu den wichtigsten Untersuchungen von NTE-Nachwirkungen siehe Anmerkung 2 in Kapitel 1.

2. Einige meiner eigenen Ergebnisse hierzu habe ich in meinem jüngsten Buch *The Omega Project* (New York 1992) dargelegt. Es besteht diesbezüglich jedoch kein Mangel in der NTE-Literatur: Faszinierende Berichte zu diesem Phänomen sind zum Beispiel Melvin Morses *Verwandelt vom Licht* (München 1994) und P. M. H. Atwaters *Beyond the Light* (New York 1994). Eine gute Autobiographie zum Thema ist Dannion Brinkleys *Zurück ins Leben* (München 1996).
3. Für repräsentative Studien siehe beispielsweise mein Buch *The Omega Project*, Morses *Verwandelt vom Licht*, Atwaters *Beyond the Light* und Cherie Sutherlands *Transformed by the light* (Sydney 1992).
4. Siehe *The Omega Project*, S. 278.
5. Siehe Cherie Sutherlands *Transformed by the Light*, S. 128f.
6. Siehe die bereits zitierten Werke von mir, Morse und Atwater sowie auch die gesamte Ausgabe von *Journal of Near-Death Studies* 12 (1), 1994, die sich mit diversen neurologischen Theorien und Spekulationen zur NTE befaßt, vor allem in Zusammenhang mit Kundalini. Auch Bruce Greysons Artikel »Near-death experiences and the physio-kundalini syndrome«, in: *Journal of Religion and Health* 32 (4), 1993, S. 277–290, ist hier relevant.
7. Ich habe über diesen Effekt erstmals in *The Omega Project* berichtet. Kurz darauf beschrieb Melvin Morse praktisch identische Resultate in *Verwandelt vom Licht*. P.M.H. Atwater hat dieses Problem jüngst noch sorgfältiger untersucht und meine und Morses Resultate bestätigt und erweitert.
8. Siehe dazu unter anderem: Michael Shallis, *The electric connection*. New York 1988; Hilary Evans, *The SLI effect*. London 1993; Albert Budden, *Allergies and aliens*. London 1994.
9. Die relevantesten Studien hierzu sind meine und die Atwaters, beide bereits oben angegeben.
10. Ring, *The Omega Project*, S. 277.
11. Diese Studien finden sich in *The Omega Project*, bei Greyson (siehe Anmerkung 6) und in Yvonne Kasons Artikel »Near-death experiences and kundalini awakening. Exploring the link«, in: *Journal of Near-Death Studies* 12 (3), 1994, S. 143–157.
12. Es gibt bereits eine kleine Gruppe gut informierter Neurologen, die die Meinung vertreten, daß diese subjektiven Behauptungen durchaus berechtigt sein können oder ihnen zumindest einen gewissen theoretischen Rückhalt liefern. Siehe zum Beispiel Michael Persingers Arbeit »Near-death experience. Determining the neuroanatomical pathways by experiential patterns and simulation in experimental setting«, in: Luc Besette (Hg.), *Healing. Beyond suffering or death*. Chabanel 1993, S. 277–286. Ebenfalls relevant ist Jean-Pierre Jourdans Artikel »Near-death and transcendental experiences: Neurophysiological correlates of mystical traditions«, in: *Journal of Near-Death Studies* 12 (3), 1994, S. 177–200.
13. Am Ende ihres Dokuments nannte Mia mir in der Tat ungefähr 20 derartige Beispiele. Ich erwähne sie hier jedoch nicht, da sie in diesem Zusammenhang nicht unmittelbar relevant sind.

Kapitel 5

1. Kenneth Ring, *Life at death*. New York 1980, S. 117.
2. 43 Prozent der von ihnen befragten Beinahe-Ertrunkenen beschrieben solche Episoden – ein Wert, der beträchtlich höher liegt als die etwa 25 Prozent, die für

eine Lebensrückschau bei NTEs allgemein angegeben werden. Zur Arbeit von Noyes und Kletti siehe: »Panoramic memory. A response to the threat of death«, in: *Omega* 8 (3), 1977, S. 181–194. Für einen repräsentativen Überblick zum Thema Lebensrückschau siehe Bruce Greyson: »Near-death encounters with and without near-death experiences: Comparative NDE scale profiles«, in: *Journal of Near-Death Studies* 8 (Frühjahr 1990), S. 151–161.

3. Ring, *Life at death*, S. 116.
4. P.M.H. Atwater, *Coming back to life.* New York 1988, S. 36.
5. Noyes und Kletti, a. a. O (siehe Anmerkung 2), S. 188.
6. Für einige besonders eindrucksvolle Beispiele siehe Ring, *Den Tod erfahren – das Leben gewinnen*, Kapitel 7.
7. Ebd.
8. Ebd. S. 67.
9. Ebd. S. 69.
10. Myra Ka Lange, »To the top of the universe«,in: *Venture Inward* (Mai/Juni 1988), S. 40–45 (Myra Ka Lange war Minette Crows Pseudonym für diesen Artikel).
11. Ring, *Life at death*, S. 73.
12. Arvin S. Gibson, *Glimpses of eternity.* Bountiful, 1992, S. 281.
13. Ring, *Heading toward Omega*, New York 1984, S. 70 (deutsch: *Den Tod erfahren – das Leben gewinnen*)
14. Bruce Elder, *And when I die, will I be dead?.* Crows Nest 1987, S. 24.

Kapitel 6

1. Ich habe diese Erzählung Sidney Saylor Farrs Buch *What Tom Sawyer learned from dying.* Norfolk 1993, S. 29–31, entnommen. Um sie diesem Buch anzupassen, habe ich ein paar kleine Veränderungen vorgenommen und Überflüssiges eliminiert, ansonsten aber Toms Worte soweit wie möglich benutzt. Die in diesem Buch enthaltenen detaillierten Beschreibungen mehrerer Episoden von Toms Lebensrückschau machen es zu einem ungewöhnlich kostbaren Werk, das ich nur wärmstens empfehlen kann.
2. Dieser Bericht entstammt meinem Interview mit Neevon Spring vom 20. Mai 1994. Stellenweise habe ich seine Wortwahl geringfügig verändert, um hier einige meiner klärenden Fragen weglassen zu können.
3. Farr, Ebd. S. 33.
4. Ebd. S. 35.
5. P.M.H. Atwater, *Coming back to life*, S. 36.
6. Raymond A. Moody, *The light beyond.* New York 1988, S. 34 (deutsch: *Leben nach dem Tod.* Reinbek bei Hamburg 1993).
7. Der englische Schriftsteller David Lorimer baute sein Buch *Whole in one* auf genau diesen Punkt auf und argumentiert, die NTE trage dazu bei, eine postmoderne Ethik gegenseitiger Verbundenheit zu schaffen. Wer sich für die Erforschung der ethischen Dimensionen dieser Frage interessiert, sollte Lorimers gedankenreiches und engagiertes Buch auf jeden Fall lesen. Auch andere Schriftsteller befaßten sich im Rahmen der Diskussion von NTE und Lebensrückschau mit diesem Thema: Ich verweise auf Darryl Reanny, *Music of the mind.* (Melbourne 1994); Sogyal Rinpoche, *Das tibetische Buch vom Leben und vom Sterben* (München 1993) und Michael Talbot, *Das holographische Universum* (München 1994).

8. Siehe ihre Bücher *Full Circle* (New York 1990) mit Lionel Bascom und *Spiritual Awakenings* (Deerfield Beach 1995).
9. Ring, *Heading toward Omega*, S. 106f. (deutsch: *Den Tod erfahren – das Leben gewinnen)*.
10. Ebd. S. 106.
11. Farr, Ebd. S. 35.
12. Emily L. VanLaeys, »Life review revealed in near-death experience«, in: *Venture Inward* (Juli/August 1994), S. 51.

Kapitel 7

1. All diese Zitate aus *Heading toward Omega* (deutsch: *Den Tod erfahren – das Leben gewinnen*) S. 100f.
2. Zu Sutherlands Resultaten siehe *Transformed by the light*, S. 134f. Übrigens behaupten fast alle, die nicht von einer Zunahme des Selbstwertgefühls berichten, daß sie in dieser Hinsicht keine Veränderung feststellten.
3. Tatsächlich habe ich diese Fälle einem anderen Buch von Sutherland entnommen, *Within the light* (New York 1993), in dem sie noch weitere Fallbeispiele ihrer Interviewpartner von *Transformed by the light* präsentiert. Die von mir zitierten Bemerkungen stammen von ihren Gesprächspartnern Moira (S. 192) und Patrick (S. 207).

Kapitel 8

1. Siehe zum Beispiel D. Royse, »The near-death experience: A survey of clergy's attitudes and knowledge«, in: *Journal of Pastoral Care*, 1985; Roberta Orne, »Nurses' views of NDEs«, in: *American Journal of Nursing*, 1986; B. A. Walker/R. D. Russell, »Assessing psychologists' knowledge and attitudes towards near-death phenomena«, in: *Journal of Near-Death Studies*, 1989; E. R. Hayes/L. D. Waters, »Interdisciplinary perception of the near-death experience. Implications for professional education and practice«, 1989; Linda Barnett, »Hospice nurses' knowledge and attitudes toward the near-death experience«, in: *Journal of Near-Death Studies*, 1991; L. J. Bechtel/A. Chen/R. A. Pierce/B. A. Walker, »Assessment of clergy knowledge and attitudes toward the near-death experience«, in: *Journal of Near-Death Studies*, 1992; L. H. Moore, »An assessment of physicians' knowledge of and attitudes toward the near-death experience«, in: *Journal of Near-Death Studies*, 1994; Allan Kellehear/P. Heaven, »Community attitudes towards near-death experiences. An Australian study«, in: *Journal of Near-Death Studies*, 1989; Allan Kellehear/P. Heaven/J. Gao, »Community attitudes toward near-death experiences. A Chinese study«, in: *Journal of Near-Death Studies*, 1990.
2. Charles Flynn, *After the beyond*. Englewood Cliffs 1986), S. 7.
3. Leo Buscaglia, *Love*. New York 1982.
4. Flynn, Ebd. S. 7.
5. Kenneth Ring, *The Omega Project*. New York 1992.
6. Diese vierteljährlich erscheinende Zeitschrift wird veröffentlicht von Human Sciences Press, Inc., in 233 Spring Street, New York, NY 10013–1578.
7. Bruce Greyson, »Near-death experiences and personal values«, in: *American Journal of Psychiatry* 140 (5), 1983, S. 618–620.

Kapitel 9

1. Margot Grey, *Return from Death.* London 1985, S. 134.
2. P.M.H. Atwater, *Beyond the Light.* New York 1994, S. 132.
3. Kenneth Ring, *The Omega Project*, S. 278, sowie bisher unveröffentlichte Daten.
4. Barbara Harris/Lionel C. Bascom, *Full Circle. The near-death experience and beyond.* New York 1990.
5. Siehe zum Beipiel Kenneth Ring, *The Omega Project*; Melvin Morse/Paul Perry, *Verwandelt vom Licht*; P.M.H. Atwater, *Beyond the Light.*
6. Grey, Ebd. S. 136.
7. Paul Roud, *Making Miracles.* New York 1990.
8. Die Zitate stammen von einem auf Tonband aufgezeichneten Interview von Howard Mickel, das er mir schickte.
9. Grey, Ebd. S. 138.
10. Die Zitate stammen aus einem Brief an mich vom 27. Februar 1995.
11. Ich habe an anderer Stelle einen Bericht darüber geschrieben, aber mit Rücksicht auf Geralds Wunsch, anonym zu bleiben, zitiere ich keine Quelle.

Kapitel 10

1. Siehe meine Studie »The impact of near-death-experiences on persons who have not had them. A report of a preliminary study and two replications«, in: *Journal of Near-Death Studies,* 13 (4), S. 223–235.
2. Diese Zahl entnehme ich unveröffentlichtem Material für mein Buch *The Omega Project.*
3. Ring, *Heading toward Omega,* S. 59 (dt.: *Den Tod erfahren – das Leben gewinnen*).
4. Drumm, »Near-death experiences as therapy«, in: *Journal of Near-Death Studies* 11 (2), 1992, S. 68.
5. Ebd. S. 69.
6. Drumm, »Near-deathexperiences as therapy: Part II«, in: *Journal of Near-Death Studies* 11 (3), 1993, S. 189f.
7. Linda Barnett, »Hospice nurses' knowledge and attitudes toward the near-death experience«, in: *Journal of Near-Death Studies 9* (4), 1991, S. 225–232.
8. Pamela Kircher, »Near-death experiences and hospice work«, Arbeitspapier, vorgelegt bei der Jahreskonferenz der IANDS 1993.
9. Marilyn Webb, *The good death.* New York 1997, S. 248.
10. Ebd. S. 248.
11. Dannion Brinkley, *Zurück ins Leben*, München 1996 und *At peace in the light*, New York 1995.
12. John McDonagh, *Bibliotherapy with suicidal patients*, Arbeitspapier, vorgelegt vor der American Psychological Association, New York 1979.
13. Ebd. S. 2.
14. Siehe B. Greyson, »Near-death experiences and attempted suicide«, auch abgedruckt in der von Greyson und Charles Flynn herausgegebenen Anthologie *The near-death experience. Problems, prospects, perspectives*, S. 259–266. Relevant ist auch Greysons Arbeit »Near-death experiences precipitated by suicide attempts«, in: *Journal of Near-Death Studies* 9 (3), 1991, S. 183–188.
15. Siehe Ring, *Heading toward Omega* S. 76–82 (deutsch: *Den Tod erfahren – das Leben gewinnen*).

16. Sutherland, *Children of the light*, S. 6.
17. Ebd. S. 6f.
18. Guggenheim/Guggenheim, *Hello from Heaven!*. Longwood 1995, S. 292. Ich habe die Absätze in diesem und den folgenden Exzerpten verändert, doch der Inhalt ist selbstverständlich unverändert.
19. Ebd. S. 299f.
20. Ebd. S. 325.
21. Siehe beispielsweise Lynne Ann DeSpelder/Albert Strickland, *The last dance* (Mountain View 1996) und Michael R. Leming/George E. Dickinson, *Understanding dying, death and bereavement* (New York 1985) für einige repräsentative Behandlungen der Literatur zum Thema Thanatologie (Sterbeurkunde).

Kapitel 11

1. Ring, *Heading toward Omeag* S. 61f. (deutsch: *Den Tod erfahren – das Leben gewinnen*).
2. Cassandra Musgrave, »The near-death experience. A study of transformation«, in: *Journal of Near-Death Studies,* 15 (3), 1997, S. 194.
3. Cherie Sutherland, *Transformed by the light.* New York 1992.
4. C.G. Jung, *Memories, deaths, reflections.* New York 1961, S. 302, deutsch: *Erinnerungen, Träume, Gedanken.* Olten 1990.
5. Für eine alternative Annäherungsweise an das Leben nach dem Tod siehe meinen Essay »Shamanic initiation, imaginal worlds and light after death« in: G. Doore (Hg.), *What survives?*. Los Angeles 1990.
6. Für einen kürzlich erfolgten Versuch, genau das zu tun, siehe Leon Rhodes, *Tunnel to eternity: Beyond near-death* (West Chester 1997). Darin erweitert Rhodes die Einsichten der NTE auf die Bereiche nach dem Tod mit Hilfe der Schriften des großen schwedischen Weisen und Hellsehers Emanuel Swedenborg.
7. Aus: Robert Bly, *The Kabir Book.* Boston 1977, S. 24f.

Kapitel 12

1. Für eine ausführlichere Beschreibung von Mellens NTE in seinen eigenen Worten siehe Lee W. Baileys und Jenny Yates' Anthologie *The near-death experience. A reader.* New York 1996, S. 39–52.
2. Für die vollständigste Version von Howard Storms NTE in seinen eigenen Worten, die ich bisher gefunden habe, siehe Judith Cressy, *The near-death experience. Mysticism or madness.* Hannover 1994, S. 19–34.
3. Ebd. S. 28. Ich ziehe Cressys Interview dem meinigen vor, weil Howard dort direkter über die Punkte spricht, mit denen ich mich hier befasse.
4. Norman Paulsen, *Christ consciousness.* Salt Lake City Builders, 1984.
5. Ebd. S. 197.
6. Ebd. S. 198.
7. Ebd. S. 199

Kapitel 13

1. Siehe Zaleskis Buch *Otherworld journeys. Accounts of near-death experience in medieval and modern times.* New York 1987.

Quellen

Literatur

Brinkley, Dannion/Paul Parry: *Zurück ins Leben. Die wahre Geschichte des Mannnes, der zweimal starb.* München 1996.

Buscaglia, Leo: *Leben – lieben – lernen.* München 1991 und 1996.

Buscaglia, Leo: *Liebe das Leben – das Leben liebt dich!* Goldmann 1994.

Chamberlain, David B.: *Woran Babys sich erinnern.* München [4]1998.

Chimes, Julie: *Der Tag, an dem ich ermordet wurde. Erfahrungen an der Grenze zwischen Leben und Tod.* München 1997.

Cox-Chapman, Mally: *Begegnungen im Himmel. Beweise für ein Leben nach dem Tod.* Berlin 1997.

Eadie, Betty J.: *Im Licht. Bericht einer außergewöhnlichen Nah-Todes-Erfahrung.* München 1994.

Eadie, Betty J.: *Licht am Ende des Lebens. Bericht einer außergewöhnlichen Nah-Todes-Erfahrung.* München 1994.

Elsaesser-Valarino, Evelyn: *Erfahrungen an der Schwelle des Todes.* Kreuzlingen 1995.

Grof, Stanislav: *Das Abenteuer der Selbstentdeckung. Heilung durch veränderte Bewußtseinszustände.* München 1987.

Grof, Stanislav: *Geburt, Tod und Transzendenz. Neue Dimensionen in der Psychologie.* Reinbek 1991.

Grof, Stanislav: *Kosmos und Psyche. An den Grenzen des menschlichen Bewußtseins.* Frankfurt/Main 1997.

Grof, Stanislav: *LSD Psychotherapie.* Stuttgart 1983.

Grof, Stanislav: *Topographie des Unbewußten. LSD im Dienst der tiefenpsychologischen Forschung.* Stuttgart 1997.

Grof, Stanislav: *Totenbücher. Bilder vom Leben und Sterben.* München 1994.

Grof, Stanislav: *Begegnung mit dem Tod.* Vortrag 1994 (Audiokassette).

Grof, Stanislav/Joan Halifax: *Die Begegnung mit dem Tod.* Stuttgart 1992.

Hampe, Johann Christoph: *Sterben ist doch ganz anders. Erfahrung mit dem eigenen Tod.* Gütersloh [4]1995.

Jung, C. G.: *Erinnerungen, Träume, Gedanken.* Olten 1990.

Kübler-Ross, Elisabeth: *Erfülltes Leben – würdiges Sterben.* Hg. v. Göran Grip. Gütersloh [2]1994 und 1998.

Kübler-Ross, Elisabeth: *Interviews mit Sterbenden.* Gütersloh [17]1994.

Kübler-Ross, Elisabeth: *Das Rad des Lebens. Autobiographie.* München 1997.

Kübler-Ross, Elisabeth: *Über den Tod und das Leben danach.* Horhausen [10]1989.

Kübler-Ross, Elisabeth: *Verstehen was Sterbende sagen wollen.* Gütersloh [4]1995.

Longaker, Christine: *Dem Tod begegnen und Hoffnung finden.* München 1997.

Lorimer, David: *Die Ethik der Nah-Todes-Erfahrung.* Frankfurt/Main 1993.

Moody, Raymond A.: *Leben nach dem Tod.* Reinbek 1993.

Moody, Raymond A.: *Nachgedanken über das Leben nach dem Tod.* Reinbek 1997.

Moody, Raymond A.: *Das Licht von drüben.* Reinbek 1989.

Morse, Melvin/Paul Parry: *Zum Licht. Was wir von Kindern lernen können, die dem Tod nahe waren.* Frankfurt/Main 1993.

Morse, Melvin/Paul Parry: *Verwandelt vom Licht. Über die transformierende Wirkung von Nah-Todeserfahrungen.* München 1994.

Ring, Kenneth: *Den Tod erfahren – das Leben gewinnen.* München 1986.

Rogo, D. Scott: *Parapsychologie – hundert Jahre Forschung.* Stuttgart 1976.

Roszell, Calvert: *Erlebnisse an der Todesschwelle.* Stuttgart 1991.

Ritchie, George: *Mein Leben nach dem Sterben.* Stuttgart 1995.

Ritchie, George/ Elizabeth Sherrill,: *Rückkehr von morgen.* Marburg. [23]1994.

Sogyal, Rinpoche: *Das tibetische Buch vom Leben und vom Sterben. Befreit leben im Bewußtsein der eigenen Vergänglichkeit,* München 1993.

Steiger, Brad/Louis Gittner: *Worte aus der Quelle.* Horhausen [2]1989.

Stone, Ganga: *Über das Ende hinaus. Umgang mit dem Sterben – Wege, Erfahrungen, Hoffnung.* München 1997.

Sutherland, Cherie: *Tröstliche Begegnungen mit verstorbenen Kindern.* München 1998.

Talbot, Michael: *Das holographische Universum.* München 1994.

Zaleski, Carol: *Nah-Todeserlebnisse und Jenseitsvisionen.* Frankfut/Main 1993 und 1995.

Die folgende Liste von Audio- und Videokassetten zum Thema NTE ist keineswegs vollständig; sie enthält lediglich Titel, über die wir Informationen verfügen. Auch sagt sie nicht unbedingt etwas darüber aus, ob wir die entsprechenden Werke gutheißen oder ob nicht aufgelistete Titel nicht hörens- oder sehenswert sind.

Audiokassetten

Coming back to life von P. M. H. Atwater. Mithra Corporation, P. O. Box 447, Organ, NM 88052–0447; Fax (505) 382 9821.

Embraced by the light von Betty J. Eadie. Simon & Schuster Audio 1993.

The awakening heart: My continuing journey to love von Betty J. Eadie. Simon & Schuster Audio 1996.

Finding the light von Raymond A. Moody. CD Audio Edition 1994. (Verlag/Herausgeber unbekannt)

The door to the secret city von Kathleen J. Forti. Kontakt: Kids Want Answers Too!, 1544 Bay Point Drive, Virginia Beach, VA 23454 (NTEs für Kinder erklärt).

Bei folgender Adresse erhalten Sie viele Kassetten mit Diskussionen von *IANDS-Konferenzen*: IANDS International Association for Near-Death Studies Inc., P. O. Box 502, East Windsor Hill, CT 06028–0502 (oder E-Mail: services@iands.org).

Videos

A glimpse of forever von Nancy Maier. Kontakt: Nancy Maier, P. O. Box 9373, Marina del Rey, CA 90295; Tel. (310) 822 6767.

A message of hope. Kontakt: Counseling Institute, 40 Grand Avenue, Suite 304, Ft. Thomas, KY 41075; Tel. (606) 781 1344.

Life after life mit Raymond A. Moody. Kontakt: Victor Rumore, President, Cascom Inc., 806 Fourth Avenue South, Nashville, TN 37210.

Life after life von Reinee Pasarow. Kontakt: New Age Industries, 9 Cupania Circle, Monterey Park, CA 91754; Tel. (213) 888 6938.

Moment of truth. Dieses Video können Sie über folgende Adresse bestellen: Jayne Smith, 71 Skull Creek Drive, 303B Indian Springs, Hilton Head Island, South Carolina 29926.

Prophetic visions. Kontakt: Andrew Silver, 260 Beacon Street, Boston, MA 02116; Tel. (617) 266 6482.

Round trip. Kontakt: Tim O'Reilly Productions, P. O. Box 1701, Branford, NJ 07016–1701.

Shadows: Perceptions of near-death experiencers. Kontakt: Norman Van Rooy, 23632 Highway 99, Box 343, Edmonds, WA 98026; Tel. (206) 776 0152.

The aftereffects of the near-death experience von P.M.H. Atwater. Kontakt: Golden Tree Videos, 1714 Swann Street, Fayetteville, NC 28303; Tel. (919) 488 3150.

The near-death experience teaching unit. Kontakt: Theta Project, P.O. Box 618, La Jolla, CA 92038; Tel. (619) 456 0523. Texte: mit grundlegendem NTE-Material zur Einführung und Video von Raymond A. Moody mit einem Vortrag zur NTE.

Transcending the limits: The near-death experience. Produzent: Joan Peter. Kontakt: Seattle IANDS, Viedeo Resource Center, IANDS, P.O. Box 84333, Seattle, WA 98124; Tel. (206) 525 5489. Aufgenommen bei der Pacific Northwest Conference über Nah-Tod-Erfahrungen, produziert für IANDS Seattle.

Musik

Die folgende Musikliste zum Thema NTE stellte der kanadische Nah-Tod-Erfahrene Gilles Bédard für uns zusammen, der gegenwärtig das IANDS Quebec leitet. Beim Zusammenschneiden einiger der ausgewählten Titel teilte Gilles uns mit, er habe »das Band vielen Leuten vorgespielt, die eine NTE hatten, und die meisten waren von der Musik überwältigt; einige kehrten beim Hören sogar in das Licht zurück, dem sie während ihrer NTE begegnet waren«. Wir können diese Auswahl nicht kommentieren, geben Gilles' Empfehlungen aber gern an Sie weiter.

David Darling: *Eight string religion.* Hearts of Space HS 11037-2.

Constance Demby: *Aeterna.* Hearts of Space HS 11051-2.

Constance Demby: *Novus magnificat.* Hearts of Space HS 11003-2.

Constance Demby: *Set free.* Hearts of Space HS 11016-2.

Robert Haig Coxon: *The inner voyage.* (R.H.C. Productions CD-4401-2.

Robert Haig Coxon: *The silent path.* (R.H.C. Productions CD-5501-2.

Jon Mark: *The land of Merlin.* Kuckuck 11094-2.

Jon Mark: *The standing stones of Callanish.* Kuckuck 11082-2.

Vidna Obmana: *The spiritual bonding.* Extreme XCD 027.

Vidna Obmana: *The Trilogy '90-'92.* Relic14/Projekt/3 CDs.

Steve Roach: *Dreamtime return.* Fortuna 18055-2/2 CDs.

Steve Roach: *The magnificent void.* Fathom/Hearts of Space HS 11062-2.

Steve Roach: *Quiet music.* Fortuna 18043-2/2 CDs.

Steve Roach: *Structures from silence.* Fortuna 17024-2.

Steve Roach und Vidna Obmana: *Well of souls.* Projekt 60/2 CDs.

Therese Schoroeder-Sheker: *Rosa mystica.*(Hearts of Space HS 11008-2.

Internetadressen

Wir nennen hier nur einige ausgewählte NTE-relevante Adressen. Wir hätten weit mehr anführen können, unterließen dies aber aus zwei Gründen: 1. konnten wir nur wenige dieser Adressen selbst überprüfen, und 2. ist es aufgrund der Schnelligkeit, mit der sich das Internet ständig verändert, gut möglich, daß viele Websites bereits nicht mehr unter der angegebenen Adresse existieren, wenn Sie dieses Buch in der Hand halten. Wenn Sie über einen Zugang zum Internet verfügen, sollten Sie einfach selbst surfen, um die Vielzahl an Sites zum Thema NTE ausfindig zu machen. Als Suchmaschinen benutzen Sie dazu am besten *Alta Vista, Excite, Webcrawler, Yahoo, Magellan* und so weiter. Als *Suchbegriffe* sollten Sie *near-death experience* oder *Nahtoderfahrung* eingeben.

Spezielle Adressen

The International Association for Near-Death Studies (IANDS)
http://www.iands.org
Diese Organisation wird im nächsten Abschnitt kurz vorgestellt; wir empfehlen sie als Ausgangspunkt für Ihre Suche.

IANDS Seattle
http://www.serv.net/~seande/
Dieser Ableger des IANDS ist besonders aktiv; er stellt unter anderem eine kommentierte Bibliographie zum Thema NTEs zur Verfügung, und zwar unter der Adresse:
http://www.serv.net/~seande/biblio.htm l

The Journal of Scientific Exploration
http://www.spiritweb.org/Spirit/nde-scientific.html
Eine Sammlung von Artikeln, die im Journal of Scientific Exploration (SSE) erschienen und sich mit Nah-Tod-Erfahrungen befassen.

P. M. H. Atwater
http://www.cinemind.com/atwater
P. M. H. Atwater ist eine bekannte NTE-Forscherin.

Bill und Judy Guggenheim, The ADC Project
http://www.after-death.com
Bei dieser Adresse erhalten Sie Informationen zur Nachtodkommunikation, die im zehnten Kapitel behandelt wurde.

Die International Association for Near-Death Studies (IANDS)

Diese Gesellschaft wurde 1981 von Kenneth Ring, Bruce Greyson und John Audette gegründet. Sie ist die weltweit wichtigste Organisation zur Verbreitung und Förderung der NTE-Forschung. Jeder Interessierte kann ihr beitreten. Die IANDS publiziert eine vierteljährlich erscheinende Zeitschrift, *The Journal of Near-Death Studies*, und für ihre Mitglieder das ebenfalls vierteljährlich erscheinende Mitteilungsblatt *Vital Signs*. Darüber hinaus unterstützt sie regionale, nationale und internationale Konferenzen zum Thema NTE. In den USA gibt es inzwischen zahlreiche Ortsgruppen, aber auch in anderen Ländern arbeiten bereits mehrere Zweigstellen.
Im Anschluß erfahren Sie die wichtigsten Adressen für die Vereinigten Staaten sowie die neuesten Informationen zu den Zweigstellen außerhalb der USA. Sie sollten jedoch daran denken, daß manche dieser Angaben veraltet sein könnten, wenn Sie die-

ses Buch in Händen halten. Wenn Sie wissen möchten, ob es in Ihrer Nähe eine IANDS-Ortsgruppe gibt, oder wenn Sie eine vollständige Liste aller Gruppen wollen, wenden Sie sich bitte an die Hauptgeschäftsstelle:

IANDS
P. O. Box 502
East Windsor Hill, CT 06028-0502
Tel. (860) 528 5144, Fax (860) 528 9169
E-Mail: Services@iands.org
Homepage: http://www.iands.org

IANDS Kanada
British Columbia
Vancouver: Christopher Lovelidge, Tel. (604) 543 7446
Victoria: Christopher Kunz, 1269 Queensbury Avenue, Victoria, BC V8P 2E1; Tel. (250) 386 9208

Ontario
Ottawa: Marion Tapp, Tel. (613) 728 9199

Quebec
Gilles Bédard a/s Inerson, CP 1370, Succ, Desjardins, Montréal, Quebec, Canada H5B 1H3
Tel./Fax (514) 727 3827
E-Mail: inerson@microtec.net
Homepage: http://www.microtec.net/~inerson/iandsqc.html

Australien
Cherie Sutherland, School of Sociology, University of New South Wales, P. O. Box 1, Kensington, NSW, Australia
Linda Opolion, 123 Aquariuv Drive, Frankston, Victoria 3199; Tel. (61) 03 977 66121
Fler Beaumont, P.O. Box 145, Brunswick, East Victoria 3057

Frankreich
Marc-Alain Descamps, 18 rue Berthollet, F-75005 Paris
Tel. (33) 1 45 35 41 95
E-Mail: IANDS-France@cao-vlsi.ibp.fr
Homepage: http://www.europsy.org/iands-france

Belgien
Marie Haumont-Coolens
Place Van Meenen 2 Van Meenenplein 2
B-1060 Brüssel B-1060 Brüssel
Tel. (32) 253 73 531

Deutschland
Michael Schroeter-Kunhardt
Büro: Zentrum für Psychiatrie Weinsberg, D-74184 Weinsberg
Tel. 0 71 34/750, Fax (0 71 34) 7 53 34
Privat: Görresstraße 81, D-69126 Heidelberg
Tel./Fax (0 62 21) 33 62 40

Der skandinavische IANDS-Ableger beschloß 1997, seine Aktivitäten vorübergehend einzustellen, doch die hier aufgelisteten Personen, die ihm angehörten oder mit ihm zusammenarbeiteten, sind bereit, mit Lesern in diesem Teil der Welt Kontakt aufzunehmen:

Schweden
Göran Grip, Torbjörnsgatan 10, S-753 35 Uppsala
Tel. (46) 18 24 23 23 oder (46) 7 06 05 78 87 (Handy)
Fax (46) 18 24 23 24
E-Mail: goran.grip@uppsala.mail.telia.com

Finnland
Sture Enberg, Skagbackvagen 18, SF-65 870 Bjorkoby
Tel. (358) 63 52 41 63
E-Mail: sture.enberg@multi.fi

Norwegen
Rune Amundsen, Friheten, N-6900 Flora
Tel. (47) 57 74 01 07

Kontaktliste von Nah-Tod-Erfahrenen

Im Zusammenhang mit diesem Buch baten wir einige der darin erwähnten Nah-Tod-Erfahrenen sowie einige andere um ihr Einverständnis, eventuell mit Lesern in schriftlichen Kontakt zu treten. Die im folgenden aufgelisteten Personen erklärten sich dazu bereit. Wir empfehlen, Ihrem Brief nach Möglichkeit einen adressierten und frankierten Rückumschlag beizulegen.

Fler oder Andrea Beaumont
P. O. Box 772
Brunswick Lower Victoria 3056
Australia
Tel. (61) 03 93 87 16 34

Mellen-Thomas Benedict
P. O. Box 1848
Soquel, CA 95073
Tel. (408) 427 55 54

Nancy Clark
ist die Gründerin und Leiterin des IANDS-Büros in Columbus, Ohio. Sie schreibt derzeit ein Buch über ihre auf Erfahrung beruhende Begegnung mit dem Licht und die Einsichten, die sie dabei gewann. Ihre Adresse:
P. O. Box 835
Dublin, OH 43017

Patricia Coomes
1197 Ashover Drive
Bloomfield Hills, MI 48304

Bonnie Long
6601 210th Ave. SW
6601 210th Ave. SW
Lynnwood, WA 98036

Elaine Durham
P. O. Box 17616
Holladay, UT 84117

Laurelynn Glass Martin
Light Endeavors
P. O. Box 366
Danielson, CT 06239

Peggy Holladay
P. O. Box 5412
Shreveport, LA 71135-5412

Helen Nelson
33 Barton Stree
Torrington, CT 06790

Judy Poehler
318 West 105th Street
New York, NY 10025

Carolyn Talmadge
Continuing Education Dept.
College of Marin
835 College Avenue
Kentfield, CA 94904

Jayne Smith
P. O. Box 21005
Hilton Head Island, SC 29905-1005

Steve Tomsik
2000 Montego Avenue
Apt. 150
Escondido, CA 92026
E-Mail: stomisk@connectnet.com

Cullen Wheelock
1855 Coyote Point Drive
Colorado Springs, CO 80904
E-Mail: Cullen@poisys.net

Register

Dank

Ebenso, wie ein Film immer mehr zeigt als die Bilder und Visionen seines Regisseurs, hat auch ein Buch immer mehrere Autoren, unabhängig davon, was der Umschlag suggerieren mag. Ich möchte sie hier nennen und ihnen danken für das, was sie alle zu diesem Buch beigetragen haben.

Für die erste Phase der Textzusammenstellung schulde ich besonderen Dank meinen beiden guten Freundinnen Lucienne Levy und Sharon Cooper, die den Inhalt des Buches ausgiebig mit mir diskutierten und hervorragende redaktionelle Arbeit zur Klarstellung und zum besseren Verständnis meiner Gedanken leisteten. In einer gewissen Art und Weise stellen vor allem die Kapitel eins bis acht eine gemeinsame Leistung von uns dreien dar. Während dieser Zeit waren mir auch Gespräche mit zwei weiteren Freunden, Gary Greenberg und Suzan Powers, sehr hilfreich.

Nach meinem Umzug an die Westküste war es allen voran Evelyn Elsaesser-Valarino, die mir unschätzbare Unterstützung angedeihen ließ; ihre Rolle bei der Entstehung dieses Buches habe ich bereits in der Einleitung beschrieben. Darüber hinaus möchte ich meinem Freund Steve Tomsik, der mehr als einmal selbst im Text auftaucht, für seine Hilfe danken; er stellte Fallbeispiele zur Verfügung und half Evelyn und mir beim Erstellen des Anhangs. Andere Freunde und Kollegen lasen Teile des Textes oder diskutierten das Buch mit mir während der letzten Phasen seiner Entstehung; hier möchte ich vor allem Jenny Wade, Seymour Boorstein, Sukie Miller und Carolyn Talmalge nennen.

Schließlich habe ich noch einer Person zu danken, die anonym bleiben muß, die mir aber alles gab, was ich zum Schreiben dieses Buches brauchte. Eines Tages möchte ich ein Buch über sie schreiben.